KB190943

야고보서 주해

주는 가장 자비하시고
긍휼히 여기시는 이시니라

이 책은 유성씨엔에프 황호진 대표(합신 이사)의 후원으로 연구, 출판되었습니다

주는 가장 자비하시고
긍휼히 여기시는 이시니라

초판 1쇄 2022년 1월 20일

발 행 인 김학유
지 은 이 이복우
펴 낸 곳 합동신학대학원출판부
주   소 16517 수원시 영통구 광교중앙로 50 (원천동)
전   화 (031)217-0629
팩   스 (031)212-6204
홈페이지 www.hapdong.ac.kr
출판등록번호 제22-1-2호
인 쇄 처 예원프린팅 (031)902-6550
총   판 (주)기독교출판유통 (031)906-9191

ISBN 978-89-97244-97-3 93230
값은 뒤표지에 있습니다.

야고보서 주해

주는 가장 자비하시고
긍휼히 여기시는 이시니라

An Exegesis on the Epistle of James

이복우

합신대학원출판부

여기에 야고보서를 충실하게 해설한 이복우 교수의 무게감 있는 책이 나왔다. 야고보서는 자주 이래저래 찬밥처럼 대우를 받는다. 신학을 운운하는 사람들에게는 심오한 신학을 결여한 것 같은 인상을 주어 눈 밖에 나고, 윤리를 주장하는 사람들에게는 극단적 요구를 명하는 것 같은 느낌을 주어 멀리한다. 이복우 교수의 야고보서 주해는 이런 인상과 느낌을 떨쳐버리면서, 한편으로는 야고보서의 신학을 선명하게 드러내고, 다른 한편으로는 야고보서의 윤리를 명확하게 밝혀준다. 이렇게 하기 위해서 이 주해서는 본문을 면밀하게 해석하는 데 총력을 기울인다. 오늘날 주해서랍시고 떠도는 글들 가운데 본문을 제쳐놓고 엉뚱한 말을 늘어놓은 것들과는 사뭇 다르다. 이 책은 본문을 최대한 자세하게 파고든다.

먼저, 본문의 개인 번역을 제공하여 기존에 알려진 번역과 비교해 볼 수 있는 눈을 열어주어 본문을 정확하게 읽을 수 있도록 도움을 준다. 또한, 이 책은 여러 도표를 적극적으로 활용하여 본문의 문학 구조와 문학 특징을 샅샅이 분석함으로써 앞뒤 내용의 연결고리를 눈으로 직접 확인할 수 있는 효과를 자아낸다. 그리고는 낱말 뜻, 문장 의미, 문맥 관계 등을 살피면서 본문 내용을 하나씩 세밀하게 해설해나간다. 언뜻 보면, 본서가 택한 이런 방식들이 너무 딱딱하게 느껴질 수 있다. 그러나 오히려 딱딱하다는 것이 이 책의 특별한 장점이다. 생각을 가다듬고 천천히 꼭꼭 씹어 먹으면 놀라울 정도로 깊은 단맛이 우러나기 때문이다. 한 마디를 덧붙이자면, 이 주해서는 매 단락 끝에 설교를 위한 친절한 제안을 달고 있어서 설교자들에게 매우 유용한 도움을 준다는 것이다. 이복우 교수의 주해는 자주 만나보기 어려운 책인 만큼, 야고보서를 읽는 독자들에게 매우 큰 유익을 가져다 줄 것으로 자못 기대된다.

조병수 | 프랑스위그노연구소 소장, 합신 명예교수, 전 합신총장

야고보서는 신앙과 삶의 지혜에 대한 교훈을 많이 담고 있다. 야고보서는 "지혜"라는 말이 다섯 번이나 등장한다(약 1:5; 3:13x2, 15, 17). 이 책에는 구약의 지혜서(잠언)에 나올 법한 금언(金言)이 자주 나타난다. "욕심이 잉태한즉 죄를 낳고 죄가 장성한즉 사망을 낳느니라"(1:15). "사람마다 듣기는 속히 하고 말하기는 더디 하며 성내기도 더디하라"(1:19b). "영혼 없는 몸이 죽은 것 같이 행함이 없는 믿음은 죽은 것이니라"(2:26). "혀는 곧 불이요 불의의 세계라"(3:6a). "너희 생명이 무엇이냐 너희는 잠깐 보이다가 없어지는 안개니라"(4:14b). "너희 중에 고난 당하는 자가 있느냐 그는 기도할 것이요 즐거워하는 자가 있느냐 그는 찬송할지니라"(5:13). 이런 말씀들은 나그네 길을 가는 성도의 신앙에 탁월한 지혜의 안내자이다. 특히 야고보서는 성도이면 누구나 겪을 수 있는 시련과 고난의 문제를 중요하게 다룬다. 그러기에 구약에서 고난받는 성도를 대표하는 욥의 고난과 인내와 결말이 야고보서에 언급되는 것은 어쩌면 당연한 일이다.

실로 야고보서는 신앙과 삶에 대한 지혜의 보고라고 할 만큼 성도에게 유익하고 필요한 내용들로 가득하다. 야고보서에 기록된 한 단어 한 단어, 한 문장 한 문장은 도무지 값으로 매길 수 없는 보석과도 같이 귀하고 귀하다. 전체를 통째로 외우고 그 의미를 곱씹고 또 곱씹고 싶은 성경이 야고보서이다. 그러니 훌륭한 선생님이 있어 이 성경의 내용을 차근차근 설명해주면 얼마나 좋을까? 이복우 교수님이 그런 선생님이고 교수님이 쓰신 책이 그러하다. 이 교수님은 탁월한 성경주해자로서 독자의 손을 붙잡고 친절하게 야고보서가 품고 있는 신앙과 지혜의 세계 속으로 한 걸음씩 인도한다. 교수님의 글을 읽노라면 자세하면서도 복잡하지 않고 심오하면서도 명료한 설명에 탄복하게 된다. 교수님은 헬라어 원문을 꼼꼼히 살펴 단어의 뜻을 풀이하고 문장의 의미를 해석하며 본문의 문학적 특징을 설명한다. 끝없는 탐구와 기도 가운데 이루어진 이 수고는 마침내 본문이 가르치는 신앙과 지혜를 밝히 드러내는 아름다운 열매로 결실을 맺는다. 한 마디로 이 교수님의 글은 성경을 해석하는 주해의 아름다움과 가치를 새롭게 경험하도록 해준다.

특히 이 교수님의 책은 야고보서를 설교하고자 하는 목회자에게 큰 유익을 줄 것으로 확신한다. 교수님은 각각의 본문을 주해한 다음 핵심 내용을 간추려 설교자가 활용할 수 있도록 "설교를 위한 제언"을 제공한다. 설교자는 이를 통해 설교를 위한 구체적 도움을 받을 수 있다. 나아가 이 교수님은 신학자이면서도 영혼을 돌보는 목회자의 따뜻한 마음으로 글을 썼기에 목회자가 설교의 재료로 삼을 만한 내용이 곳간의 알곡처럼 책 속에 가득히 쌓여 있다. 교회를 살리고 성도를 살찌게 하는 것은 언제나 바르게 선포된 하나님의 말씀이다. 한국교회가 이 교수님의 귀한 책을 통해 이런 축복을 받아 누리게 될 것을 내다보며 독자들께 기쁨으로 추천 드린다.

김진수 | 합동신학대학원대학교 교수 구약신학

세상에 사연 없는 편지가 어디 있을까. 주의 형제 야고보도 참으로 많은 사연으로 흩어진 열두 지파에게 편지를 썼다. 수신 교회는 선생들(3:1)과 장로들(5:14)이 포함된 조직을 갖춘 안정된 교회였으나 여러 가지 시험을 당하고 있었고(1:2-4), 무거운 억압을 받고 있었다(2:6; 5:1-11). 이 외에도 그들은 유혹, 두 마음, 말씀 듣기와 행하기, 말, 차별, 빈부, 믿음과 행위, 지혜, 싸움, 교만, 비방, 착취, 맹세, 질병 등 참으로 다양한 부정적인 상황에 직면해 있었다. 야고보는 이러한 형편 속에 있는 교회에게 편지를 썼다.

하지만 야고보는 그들을 정죄하고 심판하려는 것이 아니라 권면하여 돌이키기 위해 편지를 썼다. 야고보서는 사망진단서(certificate of death)가 아니라 권면서(paraenesis)이다. 야고보서는 "행위 없는 믿음은 죽은 믿음이니, 행위 없는 너희의 믿음도 죽은 믿음이요 결국 너희는 구원 받지 못한다."는 영적 사망진단서가 아니라 "행위 없는 믿음은 죽은 믿음이니, 너희가 믿음에 합당한 행위를 회복하여 구원받은 신자답게 살라"는 충고요 간곡한 권면이다. 이런 까닭에 "너희가 알 것은 죄인을 미혹된 길에서 돌아서게 하는 자가 그의 영혼을 사망에서 구원할 것이며 허다한 죄를 덮을 것임이라"(5:20)는 마지막 말씀이 우리의 영혼에 큰 울림을 준다.

본서는 헬라어 원문 사역(私譯), 본문 내용분석, 본문의 문학적 구조와 특징, 해설(주해)로 이루어져 있다. 사역은 가능한 한 헬라어 원문을 직역했다. 거친 감이 없지 않으나, 독자들이 원문의 질감을 피부로 느끼고 다듬어진 보석이 아닌 원석을 경험할 수 있도록 노력했다. 또한 이를 개역개정판과 병기함으로써 독자들의 본문읽기에 도움을 주고자 했다. 다음으로 사역한 본문을 객관적으로 분석하고 짧은 제목을 붙였다. 이 두 가지에 근거하여 본문이 보여주는 다양한 문학적 구조와 특징들을 설명하였다. 이해를 더하기 위해 필요에 따라 도식을 사용하였으며, 일일이 헬라어 원문과 우리말 사역을 같이 실었다. 그러므로 헬라어에 대한 지식이 없어도 본서를 읽는 데 큰 어려움이 없을 것이다. 마지막으로 이 모든 것을 통합하여 본문의 의미를 밝히는 해설(주해)을 한 뒤, '설교를 위한 제안'을 간단하게 제시하였다.

본서가 출판되기까지 많은 분들의 도움이 있었다. 먼저 연구기금을 후원해 주신 유성화학 황호진 대표님(합신 이사)께 감사드린다. 하나님께서 대표님의 헌신을 기쁘게 받으시고 큰 은혜 주시길 기도한다. 부드러운 카리스마로 늘 자상하게 살펴주시는 김학유 총장님께 감사를 드린다. 총장님의 따뜻한 배려와 격려가 있었기에 이 책이 나올 수 있었다. 나의 야고보서 강의를 들으며 생각을 나눈 합동신학대학원대학교 학우들께 감사드린다. 그들의 질문과 토론은 나에게 통찰력과 사고와 해석의 깊이를 더해 주었다. 본 연구를 허락하고 원고 검수를 통해 책의 완성도를 높여 주신 합신연구윤리위원회(위원장 안상혁 교수) 교수님들과 본서 출판의 전 과정을 담당해 주신 출판부장 권호 교수님, 그리고 각별한 애정으로 책을 편집해 주신 김민정 디자이너님께 감사드린다.

바쁘신 중에도 졸고를 일일이 읽고 추천의 글을 써 주신 조병수 교수님(합신 명예교수, 전 합신총장)과 김진수 교수님(합신 구약신학)께 감사드린다. 조병수 교수님은 인격과 경건과 학문과 목회, 그리고 제자사랑에서 내가 평생 배우고 따라야 할 큰 스승님이시다. 이렇게 귀한 분을 스승으로 허락하여 주신 하나님께 머리 숙여 경배를 올린다. 김진수 교수님은 내가 본 연구를 시작할 때부터 많은 관심을 가지고 고견을 나누어 주시고 기쁘게 격려해 주신 귀한 선배이자 동료 교수님이시다. 김교수님의 진실한 인격과 학문적 진중함에서 나는 많은 위로와 도전을 받고 있다.

본서를 쓰는 중에 내 육체에 병이 찾아왔다. "여러 가지 시험을 당하거든 온전히 기쁘게 여기라"(1:2)는 말씀이 나의 말씀이 되었다. 나의 소식을 듣고 눈물로 기도해 주신 모든 합신 원우들, 목사님들, 성도님들, 남서울평촌교회(담임 방상웅 목사)의 성도님들께 이 자리를 빌려 감사를 드린다. 하나님께서 이 분들의 기도를 들으시고 다시 일어설 수 있도록 은혜를 베푸셨다. "믿음의 기도는 병든 자를 구원하리니 주께서 그를 일으키시리라"(5:15). 또한 많은 시간과 수고를 드려 도와 준 제자 임영광 목사님께 고마움을 전한다. 나아가서 큰 희생을 치르면서 헌신적인 사랑과 탁월한 의술로 성심을 다해 치료해 주시는 최진석 원장님(하동 참사랑연합의원)과 김덕수 원장님(포항 닥터웰의원)께 깊은 감사를 드린다. 끝으로 사랑하는 아내에게 감사드린다. 아내는 어려운 형편에도 늘 나를 지지하며 돕는 존귀한 배필로 신실하게 살아 왔다. 결혼 30주년 기념일을 병실에서 맞이할 줄은 상상도 못했지만, 아내는 함께 기도하고 인내하며 변함없이 내 곁을 지켜주었다. 그리고 지금도 그러하다!

하나님께서는 언제나 선하시며 옳으시다. 나는 하나님께서 언제나 나를 선대하시며, 나에게 행하시는 모든 일이 항상 옳은 것임을 내 심장으로 굳게 믿는다. 비록 당장에는 고통이 너무 크고 아픔이 깊어 이 사실이 이해되지 않을 때도 있지만, 그럼에도 하나님은 가장 자비하시고 긍휼히 여기시는 분이심을 변함없이 믿고 인내한다. 그리하여 나는 내가 당한 고난이 참으로 나에게 잘 된 일이며, 나는 진실로 행복한 신자라고 고백한다. 오직 하나님께만 영광을 올려 드린다.

πολύσπλαγχνός ἐστιν ὁ κύριος καὶ οἰκτίρμων
(약 5:11)

2021년 11월
가을 저물 즈음에

야고보서 / 4장

야고보서 / 5장

야고보서 1장

．．．．．．．．．．．．．．．．．．．．．

Epistle of James

I. 도입(약 1:1)

개역개정 1 하나님과 주 예수 그리스도의 종 야고보는 흩어져 있는 열두 지파에게 문안하노라.

사 역 1 하나님과 주 예수 그리스도의 종인 야고보는 흩어져 있는 열두 지파들에게 기쁨이 있기를 원하노라.[1]

- 내용분석 -

1. 발신자
   1) 야고보
   2) 종 - 하나님의 그리고 주 예수 그리스도의
2. 수신자
   1) 열두 지파
   2) 흩어진
3. 문안 인사
   1) 기쁨

1. 문학적 구조와 특징

1절의 내용은 다음과 같은 순서로 되어 있다.

   ⌐ Ἰάκωβος (야고보)   발신자

     θεοῦ καὶ κυρίου Ἰησοῦ Χριστοῦ   특징 설명

     (하나님의 그리고 주 예수 그리스도의)

   └ δοῦλος (종)

     ταῖς δώδεκα φυλαῖς (열 두 지파들에게)   수신자

      ταῖς ἐν τῇ διασπορᾷ (흩어진)   특징 설명

     χαίρειν (문안한다)   문안 인사

따라서 야고보서 1:1은 '발신자, 수신자, 문안 인사'의 전형적인 서신서 도입형식을 갖추고 있다. 그리고 각 항목 바로 뒤에 그들 각각의 특징에 대한 설명이 따라온다. 야고보는 자신(Ἰάκωβος)에 '하나님의'(θεοῦ)와 '주 예수 그리스도의'(κυρίου Ἰησοῦ Χριστοῦ)라는 소유격을 곧장 연결한다. 나아가서 하나님과 주 예수 그리스도를 가운데 두고 야고보와 종(δοῦλος)이 인클루지오(*inclusio*)를 이룬다.[2]

2. 해설

1) 발신자(약 1:1a)

(1) 야고보(Ἰάκωβος)

서신의 발신자는 단 한 번 자신을 "하나님과 주 예수 그리스도의 종 야고보"라고 밝힌다(약 1:1). 이외에는 야고보서 어디에서도 발신자에 대한 설명이 없다. 하지만 전통적으로 발신자 야고보는 예수의 형제이며, 예루살렘 교회의 중심 지도자로 생각되어 왔다. 그 이유는 다음과 같다.

첫째, 발신자가 야고보라는 이름 외에 자신에 대해 아무런 설명을 하지 않은 것은[3] 최소한 원 독자들은 야고보라는 이름만으로도 그가 누구인지를 잘 알 수 있었다는 의미일 것이다.[4] "저자가 더 이상의 신분 증명 없이 자신을 야고보라고 부를 때, 그것은 청중들이 그와 그의 이력에 대해 충분히 안다는 것을 암시한다."[5] 따라서 거의 틀림없이 야고보는 초기 기독교에 매우 중요하고 영향력이 큰 인물이었다.[6]

둘째, 그렇다면 이러한 '야고보'는 주의 형제 야고보밖에 없다. 신약성경에 야고보라는 인물이 최소한 세 명 등장한다.[7] 그들은 세베대의 아들(막 1:19) 야고보, 알패오의 아들(막 3:18)인 '작은'(막 15:40) 또는 '어린' 야고보, 예수의 형제(막 6:3) 야고보이다. 이들 중 널리 알려진 이는 세베대의 아들 야고보와 예수의 형제 야고보이다. 이 가운데 세베대의 아들 사도 야고보는 헤롯(아그립바 1세)에 의해 일찍 죽임을 당했다(44

년).[8] 그러나 주의 형제 야고보는 베드로와 요한과 함께 초기 예루살렘 교회의 중심 지도자로 활동했다(갈 2:1-14). "세베대의 아들 사도 야고보가 죽은 후에, 자기 편지에 그냥 '야고보'라고 서명하고 누구를 의미하는지 모두가 알 것이라고 생각할 만한 야고보가 신약에 또 누가 있겠는가? 요셉과 마리아의 아들, 주님의 동생 야고보밖에는 없을 것이다."[9]

셋째, 이 사실은 신약성경의 다른 사건에 의해서도 지지를 받는다. 사도행전 15장에 보면 어떤 사람들이 유대로부터 안디옥에 내려와 모세의 법대로 할례를 받지 아니하면 구원을 받지 못한다(1, cf. 15)고 말했다. 이 일로 인해 사도와 장로들이 예루살렘에 모여 의논을 했다(행 15:6). 많은 변론이 있은 후에 사도 베드로가 설교를 하고, 이어서 바나바와 바울이 그들을 통해 하나님이 이방인 중에서 행하신 표적과 기사에 관하여 말했다. 마지막으로 야고보가 일어나 이 문제를 최종 정리하고, 회의의 결정사항을 이방인 형제들에게 편지하기로 결의했다. 이 편지는 이렇게 시작한다. "사도와 장로 된 형제들은 안디옥과 수리아와 길리기아에 있는 이방인 형제들에게 문안하노라"(행 15:23). 그런데 이 편지의 '문안하노라'는 말이 야고보서의 문안 인사(약 1:1)와 동일하게 '기뻐하다'(χαίρειν)라는 한 단어로 되어 있다. 이처럼 예루살렘교회의 지도자인 야고보가 주도적으로 작성한 사도행전 15장에 있는 편지의 문안 인사와 야고보서의 문안 인사는 그 형식과 내용 모두에서 정확하게 일치한다. 게다가 신약의 서신서들 중에 이러한 형식과 내용, 다시 말해 '기뻐하다'라는 한 단어로 문안 인사를 하는 서신은 야고보서가 유일하다.[10]

넷째, 사도행전 15장(야고보의 말과 편지)과 야고보서 사이에는 다음과 같은 언어적 유사성이 있다.[11] 1) 야고보는 공의회에 제안할 때 "형제들아, 내 말을 들으라"(Ἄνδρες ἀδελφοί, ἀκούσατέ μου, 행 15:13)는 말로 시작하는데, 이는 "내 사랑하는 형제들아, 들을지어다"(Ἀκούσατε, ἀδελφοί μου ἀγαπητοί, 약 2:5)와 병행한다. 이 표현은 서신서들 중에 여기가 유일하다. 2) 공의회에서 야고보가 인용한 "내 이름으로 일컬음을 받은 모든 이방인"(πάντα τὰ ἔθνη ἐφ᾽ οὓς ἐπικέκληται τὸ ὄνομά μου ἐπ᾽ αὐτούς, 행 15:17, 인용 암 9:11-12)은 "너희에게 대하여 일컫는 바 그 아름다운 이름"(τὸ καλὸν ὄνομα τὸ ἐπικληθὲν ἐφ᾽ ὑμᾶς, 약 2:7)과 조화를 이룬다. 왜냐하면 이 둘은 공히 '부르다'(καλέω)의 수동태의 주어로 '이름'(ὄνομα)을 사용하고 있기 때문이며, 이는 매우 특이한 것이다.[12] 3) "우리가 사랑하는 바나바와 바울"(행 15:26)이라는 다정한 표기법은 야고보서에서 거듭되는 "형제들아", "내 형제들아", "내 사랑하는 형제들아"(약 1:16, 19; 2:5 등)에서도 동일한 특징을 보인다. 4) 야고보서와 사도행전 15장에는 비교적 드물게 사용되는 단어가 세 개 더 등장한다. 그것은 "돌보다"(ἐπισκέπτομαι, 약 1:27; 행 15:14), "돌아서다"(ἐπιστρέφω, 약 5:19-20; 행 15:19), "사랑하는"(ἀγαπητός, 약 1:16, 19; 2:5; 행 15:25)이다.[13] 따라서 연설과 회람용 서신에 있는 230개의 단어 중에 이처럼 많은 단어들이 완전히 다른 주제로 쓰인 야고보서에 다시 나타나는 것은 결코 우연의 일치일 수 없다.[14]

이상의 사실들에 비추어 볼 때, "분명 이 편지에서 주님의 동생이 저자가 아니라고 말하는 점은 전혀 없으며, 그가 저자라는 것을 지지해 주는 것이 많다."[15] 따라서 야고보서의 발신자가 주의 형제 야고보라는 전통적인 견해를 따르는 것은 타당해 보인다.[16]

(2) 하나님과 주 예수 그리스도와의 관계에서 자기이해

야고보는 발신자인 자신에 대해 다음과 같이 소개한다. "야고보 하나님과 주 예수 그리스도의 종"('Ιάκωβος θεοῦ καὶ κυρίου 'Ιησοῦ Χριστοῦ δοῦλος). 야고보는 자신을 교회에 소개할 때, 자신의 이름 바로 뒤에 하나님과 주 예수 그리스도를 언급한다.[17] "이것은 신앙고백적인 표현이다. 야고보는 자신을 하나님과 예수에게 연결하여 설명한다."[18] 다시 말해 야고보가 자신을 하나님과 예수 그리스도와의 관계에서 이해하고 있다는 사실을 잘 보여준다.

그는 자신을 사회적인 차원에서 설명하지 않는다. 그에게는 사회적인 지위는 물론이고 심지어 교회적인 위치까지도 중요하게 생각되지 않는다. 단지 그는 자신을 하나님과 예수 그리스도에 대한 관계에서 소개한다. 이것은 그가 절대적으로 하나님과 예수에게 부착되어 있다는 것을 의미한다. 말하자면 하나님과 예수와의 관계가 없이는 야고보도 의미가 없다. 그는 하나님에 의해서만 자신을 설명하는 것이 가능하다.[19]

따라서 하나님과 예수 그리스도를 빼 놓고는 이해될 수 없는 사람! 그가 바로 야고보이다. 이것은 모든 신자에게도 동일한 원리이어야 한다. 그러면 하나님과 예수 그리스도가 어떤 분이기에 야고보는 그분에게 소속되고 그 분의 종이 된 것을 교회 앞에 즐거이 제일성으로 말하는가? 야고보는 하나님에 대하여 다음과 같이 소개한다.[20]

후히 주시고 꾸짖지 아니하시는 분(1:5), 악에게 시험을 받지 아니하시고 친히 아무도 시험하지 아니하시는 분(1:13), 의로우신 분(1:20), 선택하시고 믿음을 주시며 나라를 약속하고 상속으로 주시는 분(2:5), 한 분이신 분(2:19), 칭의를 위한 믿음의 대상이며(2:23) 찬송의 대상이신 분(3:9), 인간 형상의 원형이며 창조주이신 분(1:18; 3:9), 세상을 대적하시며(4:4) 신자 안에 영을 거하게 하신 분(4:5, '하나님' 용어는 없고 하나님을 가리키는 3인칭 단수가 사용됨), 은혜를 주시는 분(4:6, '하나님' 용어는 없고 하나님을 가리키는 3인칭 단수가 사용됨), 신자의 복종의 대상이시며(4:7) 신자가 가까이해야 할 분(4:8), 입법자(νομοθέτης)와 재판관으로서 능히 구원하기도 하시며 멸하기도 하시는 분(약 4:12),[21] 은사와 선물을 주시는 아버지이시며(1:17, 27; 3:9), 빛들의 아버지이시며 빛의 근원, 원천, 기원이신 분(1:17), 주님(3:9)이시며,[22] 만군의 주님이신 분(5:4).

이와 함께 야고보는 주 예수 그리스도를 다음과 같이 설명한다.[23] 주님이시며 하나님과 동등하신 분(1:1, cf. 3:9), 주시는 분(1:7), 영광의 주시요 믿음의 대상이시며(2:1) 신자의 낮춤의 대상이신 분(4:10), 뜻을 가지신 분(4:15), 만군의 주(5:4), 강림하실 분(5:7, 8), 심판주이시며(5:9) 선지자들의 선포의 근거이신 분(5:10), 자비와 긍휼의 주시며(5:11) 기름부음의 근거가 되시는 분(5:14), 기도를 응답하시고 치유를 행하시는 분(5:15).

야고보는 예수 그리스도에 대한 입장도 분명히 한다. 그는 예수 그리스도가 하나님과 동등한 분이라고 믿는다. 예수 그리스도는 주님이시다. 그는 자신이 믿는 예수님에 대한 분명한 이해를 가지고 있다. 이것은 신앙의 대상에 대한 확실한 고백이 필요하다는 교훈을 준다.[24]

야고보는 하나님과 주 예수 그리스도가 이러하신 분으로 알고 믿었기에 자기의 이름을 밝힌 후, 제일 먼저 하나님과 예수 그리스도를 말하고 있다. 이처럼 야고보는 하나님과 예수 그리스도와의 관계에 기초하여 자신을 소개한다. 야고보는 자신을 교회에 소개할 때, 세상의 그 어떤 것도 아닌 하나님과의 관계 속에서 자신의 정체를 밝히고 있다. 심지어 그는 교회에서의 신분이나 지위로도 자신을 소개하지 않는다. 그는 교회에 제출하는 자기 소개서에 다른 이력은 말하지 않고 오직 하나님과 예수 그리스도와의 관계에서 자신이 누구인지를 말할 뿐이다.

이와 비교할 때, 오늘날 교인들의 모습은 어떠한가? 사회적 신분과 지위를 교회에서도 여전히 주장하지 않는가? 아니 교회의 직분을 마치 신분으로 생각하여 고압적이거나 분열을 조장하지는 않는가?

(3) 하나님과 주 예수 그리스도의 소유

또한 야고보는 자신에 대해 말하면서 '하나님의', '주의', '예수의', '그리스도의'(θεοῦ καὶ κυρίου Ἰησοῦ Χριστοῦ)라는 소유격을 반복한다. 이 소유격은 모두 그것이 수식하는 명사인 '종'(δοῦλος) 앞에 있다. 이런 형태는 야고보서에서 오직 세 번 나타나며(약 1:1, 17; 3:3),[25] 이는 소유격을 강조하기 위한 것이다. 이 소유격은 주격적 소유격으로서 하나님과 주 예수 그리스도가 야고보를 소유하신다는 의미로 사용되었다. 야고보는 바로 이 사실을 강조한다. 하나님과 주 예수 그리스도가 야고보를 소유하며 야고보는 하나님께 소유된 자이다. 하나님과 주 예수 그리스도가 야고보를 지배하며 야고보는 하나님께 소속된다. 야고보는 자신이 하나님과 예수 그리스도로부터 독립된 자가 아니라 하나님과 예수께 철저히 소속되고 소유된 자라는 자의식에 온전히 붙들려 있다. 이것이 그의 자랑이요 참된 영광이며 존재의 모든 이유이자 근거이다.

하나님과의 관계에서 나는 누구인가? 신자는 늘 이 질문으로 돌아가고 이 질문에 답해야 한다. 야고보는 자신이 하나님과 주 예수 그리스도에게 소유된 자라고 답하고 있다. 그는 육신으로는 예수의 형제이나 이런 개인적인 관계를 하나님 앞에서 다 상대화한다. 이것이 참된 신자의 자아인식이다. 우리는 혈연이나 지연이나 학연 등을 이용하여 특권을 누리고 이권을 얻으려는 세상 속에서 살고 있다. 그러나 모든 관계는 하나님과 그리스도와의 관계로 돌아가야 한다. 하나님과 주 예수님과의 관계에서 나는 누구인가? 야고보는 하나님과 주 예수 그리스도와의 관계에서만 의미가 있는 사람이다. 그는 하나님과 주 예수 그리스도를 빼 놓고는 설명이 불가능한 사람이다. 이것이 신자의 참 모습이다.

(4) 종(δοῦλος)

야고보는 하나님과 주 예수 그리스도에게 소유된 자이다. 그의 이러한 자의식을 잘 보여주는 것이 바로 종(δοῦλος)이라는 단어이다. 야고보는 반복적인 소유격을 사용하여 자신이 '하나님과 주 예수 그리스도에게' 소유된 종이라는 사실을 매우 강조한다. 종은 노예이다. 종은 단지 소유된 자일 뿐 독립된 자가 아니며, 철저히 주인에게 묶인 자요 매인 자이다. 야고보는 이 사실을 강조하기 위해 또 다른 문학적 장치를 사용했다. 그는 하나님과 주 예수 그리스도를 가운데 두고, 그 양 끝에 야고보와 종을 각각 배치했다.[26] 이것은 하나님과 예수의 '중심되심'과 자신의 종 됨을 잘 보여주는 일종의 그림언어이다. 종에게는 인권이나 주권이나 자기주장이 있을 수 없으며, 단지 주인을 '중심에' 모시고 주인의 뜻에 복종하며(마 8:9, cf. 마 10:24; 요 13:16) 주인을 위해 살 뿐이다. 종은 주인에게 소속되고 소유된 물건이요 재산이기 때문이다.

여기서 놀라운 것은 예수의 형제이자 예루살렘교회의 최고 지도자인 야고보가 자신을 노예로 소개한다는 사실이다. 이것은 수신자들에게 굉장한 충격을 주었을 것이다. 당시에는 법적으로 노예제도를 인정하고 있었다. 그래서 수신자들은 노예제도에 익숙해 있었고 노예가 어떤 존재인지에 대해서도 잘 알고 있었다(cf. 눅 17:7-9). 매일같이 매를 맞고 끌려 다니며 노예시장에서 물건처럼 팔리는 노예들을 보는 것은 그들의 일상생활이었다. 그들은 종은 자신에 대해 아무런 권한도 갖지 못하며 오직 주인의 뜻에 완전히 복종해야 하는 주인의 소유라는 사실도 잘 알고 있었다. 이런 상황에서 예수의 형제요 예루살렘교회의 중심 지도자인 야고보가 자신을 종으로, 노예로 소개한 것은 분명 수신자들에게 큰 충격을 주었을 것이다.

그런데도 야고보가 예수의 종이 된 까닭은 예수께서 그리스도이시기 때문이다. 그리스도이신 예수는 야고보의 구주이시다. 만일에 예수님이 그리스도가 아니라면 야고보는 그의 종이 되지 않았을 것이다. 또 된다고 해도 아무런 의미가 없다. 모든 신자는 예수의 종이다. 예수 그리스도만이 신자 개개인의 구주이시기 때문이다. 우리는 누구의 그리고 무엇의 종으로 살고 있는가? 모든 인생은 종이다. 결코 자유자는 없다. 사람은 반드시 무언가의 종으로 산다. 우리는 무엇의 종으로, 무엇의 소유가 되어 살고 있는가? 재물을 추구하는 순간 그는 재물의 종이 된다.[27] 어떤 것에 집착하고 그것을 추구하는 순간 그것의 종이 된다. 신자들 중에서도 많은 이들이 하나님이 아닌 다른 것을 섬기며, 그리스도가 아닌 다른 것에 종이 되어 있다. 신자는 그리스도의 소유이므로 그 분에게만 소속되고, 그 분만 섬기며 그 분에게 순종하는 종이어야 한다. 만일 그렇지 않다면 다른 무엇에 종노릇 하고 있는 것이다. 썩어지고 없어질 것에 종이 되어 살면서도 그것에 안정감을 느끼고 있다면 속고 있는 것이다.

신자의 참된 안정감과 평안과 위로와 기쁨은 어디에서 오는가? 신자의 진정한 자부심과 참된 자랑은 무엇인가? 신자의 안정이 어디에 있는가? 그것은 하나님의 소유됨에 있다. 하나님이 나를 소유하시고 내가 하나님께 소속되었다는 이 사실이 어떤 어려움이나 환난이나 역경이나 부정적인 상황에서도 평안을 잃지 않게 한다. 하나님이 나를 소유하고 계심이, 나를 잊지 않으심이 신자가 세상의 어려움과 절망과 좌절의 극심한 고통 중에도 변함없이 평안과 안정을 누리는 원인이요 동력이다.

재물이 많아서 평안한 것이 아니요 건강해서 평안한 것도 아니다. 설령 그럴 수 있을지라도 그것은 단지 일시적일 뿐이다. 오직 하나님이 나를 소유하셨다는 사실이 죽을 것 같은 아픔과 극도로 힘든 상황에도 절망하지 않고 소망 중에 살아가게 한다. 왜냐하면 내가 하나님의 소유이면 나의 생명뿐 아니라 나의 삶, 나의 모든 일, 나의 걱정과 염려와 아픔마저도 다 하나님의 소유가 된 것이기 때문이다. 나의 모든 것, 모든 일이 하나님의 소유이다! 하나님께서 나보다 나를 더 생각하시는 이유가 바로 여기에 있다. "우리를 향하신 주의 생각도 많아 누구도 주와 견줄 수가 없나이다 내가 널리 알려 말하고자 하나 너무 많아 그 수를 셀 수도 없나이다"(시 40:5).[28] 신자는 하나님의 소유가 되고 하나님의 종이 되어 하나님께 매이고 하나님을 중심으로 사는 자이다. 신자의 진정한 평안과 안정이 여기에 있다.

(5) 편지의 권위

또한 야고보는 "하나님과 주 예수 그리스도의"(θεοῦ καὶ κυρίου Ἰησοῦ Χριστοῦ)라는 소유격을 사용함으로써 그의 신분과 그가 쓰는 서신의 배경에 하나님과 주 예수 그리스도가 계신다는 것을 잘 보여준다. 야고보는 '하나님의' 야고보이며 '주 예수 그리스도의' 야고보이다. 이 표현은 하나님이 그에게 주신 특별한 지위와 권위를 염두에 둔 말이다. 야고보는 하나님이 주신 교회의 지도자적 지위를 자신을 높이는 수단으로 사용하지 않는다. 그는 자신의 지위를 자랑거리로 삼지도 않는다. 그렇다고 그가 하나님이 부여하신 권위나 직분을 무시하는 것도 아니다. 야고보는 하나님의 교회에서 지도자적 위치에 있었다. 이 지위는 자의적으로 취한 것이 아니라 성령이 그를 감독자로 삼아 하나님이 자기 피로 사신 교회를 보살피게 하신 것이다(cf. 행 20:28). 그는 이 직분을 신실하게 감당했고, 이를 위해 교회에게 편지를 썼다.

이 사실은 야고보서가 야고보 개인의 권위가 아니라 그를 교회의 지도자로 세우신 하나님의 권위를 가진다는 것을 의미한다. 야고보는 야고보서의 배경에 자신이 아니라 예수 그리스도가 계심을 말함으로써 본 서신의 권위를 명백히 밝히고 있다. 따라서 야고보서는 야고보 한 사람의 사사로운 가르침이 아니라 성령을 주시고 신자를 선택하시고 그들에게 믿음을 주시고 하나님의 나라를 상속하게 하시며 창조주이시며 만군의 주가 되시는 거룩하시고 영광스러우신 하나님의 교훈이다.[29] 야고보서는 하나님께서 신적 권위로 쓰신 하나님의 말씀이다. 따라서 모든 신자는 이 편지의 말씀에 절대 복종해야 한다.

2) 수신자(약 1:1b)

(1) 열두 지파(αἱ δώδεκα φυλαί)

본서의 수신자는 열두 지파이다. 성경에서 '열두 지파'는 1차적으로 구약의 이스라엘을 총칭하는 표현이다. 그러나 그리스도를 통한 구속이 성취된 후에는 이 말이 구원받은 하나님의 백성을 일컫는다. "내가 인침을 받은 자의 수를 들으니 이스라엘 자손의 각 지파 중에서 인침을 받은 자들이 십사만 사천이니"(계 7:4, cf. 계 21:12). 여기서 하나님으로부터 인침을 받은 이스라엘 각 지파, 즉 이스라엘 열두 지파는 구원받은 신자를 의미한다(계 7:5-17). 야고보가 말하는 열두 지파도 혈통적 아브라함의 자손이 아닌 예수를 믿고 구원받은 하나님의 참 백성, 즉 신구약을 통틀어 구원 받은 모든 신자를 가리킨다. 사도 바울도 이에 대해 다음과 같이 말씀했다. "그런즉 믿음으로 말미암은 자들은 아브라함의 자손인 줄 알지어다"(갈 3:7). "너희가 그리스도의 것이면 곧 아브라함의 자손이요 약속대로 유업을 이을 자니라"(갈 3:29). 따라서 야고보가 말하는 열두 지파는 구원받은 모든 신자, 즉 영적 이스라엘이자 참 이스라엘인 "하나님의 이스라엘"(ὁ Ἰσραὴλ τοῦ θεοῦ, 갈 6:16)을 뜻한다. 이들은 곧 우주적 교회이다.[30] 결국 야고보서는 땅에 존재하는 모든 신자와 교회가 받고 읽고 지켜야 할 하나님의 말씀이다.[31]

(2) 흩어진 자(διασπορά)

야고보는 신자를 흩어진 자(διασπορά)라고 부른다(cf. 벧전 1:1-2).[32] 신자는 흩어진 자이다. 분산이 신자의 정체성이다. 신자는 하나님과 주 예수 그리스도의 종(δοῦλος)이기에 묶인 자이지만 동시에 흩어진 자이므로 땅 끝까지 나아간다. 신자는 한 곳에 모여 지역교회를 이루지만 또한 세계 곳곳에 흩어져 사명을 감당한다. 신약의 신자는 땅 끝을 향해 나아가는 자이다. 이것은 이미 초대교회부터 실현되었다. 예루살렘 교회는 하늘만 쳐다보면 안 되고 땅 끝까지 나아가야 했다(행 1:6-11). 그러나 이것이 이루어지지 않았을 때 예루살렘에 있는 교회에 큰 박해가 일어났고 사도 외에는 다 모든 땅으로 흩어지게 되었다(행 8:1).

신자는 흩어진 사람이다. 신자는 어느 한 곳에 집착하지 않는다. 신자는 뺏으면 빼앗기고 흩으면 흩어지며 대항하지 않는다(cf. 약 5:6). 신자는 재물은 썩고 옷은 좀먹으며 금과 은은 녹이 슬 것을 알고 세상에 미련을 두지 않으며(약 5:2-3), 주께서 강림하시기까지 길이 참고 오래 참는다(약 5:7, 10). 신자는 육신의 생명이 잠깐 보이다가 없어지는 안개라는 것을 알며(약 4:14), 주의 강림이 가깝다는 것을 안다(약 5:8). 그래서 신자는 흩어지기를 주저하지 않는다. 사도 베드로는 이들을 '흩어진 나그네'(παρεπίδημος διασπορᾶς)라고 부른다(벧전 1:1). 신자는 정착민이 아니요 천국을 향해 길 가는 나그네이다. 그러므로 신자가 세상의 것에 매이면 땅 끝을 향해 흩어질 수 없으며, 이것은 신자의 본질을 잃어버리는 것이다.

교회와 신자의 특징은 모일 뿐 아니라 흩어지는 데 있다. 신자는 하나님과 예수 그리스도께 매인 종이지만, 매여 있기에 또한 어디든지 갈 수 있는 흩어진 자이다. 신자는 땅의 것에 매이지 않고 오직 그리스도께만 매여 있기에 이 땅 어디에도 미련 없이 나아갈 수 있다(매임과 나아감). 그리스도께 소속되고 매이는 것은 그 분에게 집중하는 것이다. 이 집중 때문에 전진하고 확산하며 분산할 수 있다(집중과 분산). 흩어짐은 매임이 있기에 가능하다. 그리스도에게 단단히 결속된 자가 멀리 나아가고 땅 끝까지 흩어진다. 이것이 신자의 역설적 정체성이다.

그리스도인은 종이기에 매인 자이며 흩어진 자이기에 나아가는 자이다. 이것은 마치 연과 얼레의 이치이고 원심력과 구심력의 원리이다. 신자에게는 머묾과 나아감, 집중과 분산, 묶임과 전진이 공존한다. 이것이 신자의 긴장이요 균형이다. 신자는 주께 묶인 자이기에 세상을 향해 흩어지며, 주께 소속되었기에 흩어져도 종의 도를 잃지 않는다. 신자는 주님의 종이기에 땅에 것에 매이지 않으며 흩어져도 방종하지 않는다. 신자는 주님께 매였기에 땅에 것에 자유하며, 온 땅에 분산해도 거룩함을 잃지 않는다. 신자는 주께 매여 땅 끝으로 흩어진 '거룩한' 나그네이다.

3) 문안 인사(χαίρειν)

야고보는 '기뻐하다'(χαίρειν)는 말로 문안 인사를 한다.[33] 이 단어는 야고보서를 제외하고 신약성경 서신서들 중 그 어느 서신에도 문안인사에 사용되지 않았다. 단지 사도행전에 등장하는 편지에서 두 번 사용되었을 뿐이다(행 15:23; 23:26, cf. 고후 13:11). 그러므로 야고보가 '기뻐하다'는 말로 문안 인사를 한 것은 매우 이례적이며, 그래서 의도적이다. 그의도가 무엇일까? 게다가 야고보는 이어지는 편지의 본론을 온전히 '기쁘게'(χαράν) 여기라(약 1:2)는 말로 시작한다. 이렇게 하여 야고보는 문안 인사(약 1:1b)에 사용한 '기뻐하다'는 단어를 서신의 본론 첫 절에서 재차 언급한다. 이 또한 의도적이다. 그러면 야고보가 이렇게 서신의 도입과 본론의 시작에서 연거푸 '기쁨'을 언급한 의도는 무엇인가?

야고보서를 받는 수신 교회(들)에는 여러 가지 어려움이 있었다. 그교회(들)는 여러 가지 시험과 행함이 없는 믿음, 가난한 자와 부자 사이의 갈등, 말로 인한 아픔, 분쟁, 세속화 등 매우 어려운 상황에 처해 있었다. 그런데도 야고보는 '기쁨'으로 인사를 하며(약 1:1), '기쁨'으로 권면의 첫 말을 연다(약 1:2). 이렇게 함으로써 야고보는 신자와 교회는 아무리 힘들어도 기쁨을 잃으면 안 된다는 교훈을 강조하고 있다.

수신 교회가 어려운 문제들에 맞닥뜨려 있고 불완전하며 여전히 지혜가 부족하고 하나님 앞에 온전하지 못하지만, 그럼에도 야고보는 그들에게 기쁨으로 문안한다. 상황이 부정적이고 흩어져 있지만 기쁨으로 인사할 수 있는 사람, 그가 바로 신자이기 때문이다. 비록 수신 교회가 온전하지 못하지만 하나님이 그들을 낳으셨고(약 1:18) 그들에게 믿음을 주셨으며 약속하신 나라를 상속하게 하셨다(약 2:5). 이것은 결코 번복되거나 변할 수 없다. 이 불변의 사실들 때문에 야고보는 어려움 중에 있는 신자들에게 기쁨으로 인사한다. 신자는 흩어져 있어도 기쁨을 잃지 않는 사람이다. 신자는 고난 중에도 기뻐하며 사는 신비한 능력을 가진 사람이다.

설교를 위한 제안 1

본문 : 야고보서 1:1

제목 : 신자는 어떤 사람인가?

1. 그리스도인은 어떤 사람인가?
   - 하나님과 주 예수 그리스도의 종 (1a)
2. 그리스도인은 어디에 사는가? - 흩어져 산다. (1b)
3. 그리스도인은 어떻게 사는가? - 기쁘게 산다. (1c)
4. 맺음말

II. 시험(약 1:2-4)

개역개정 ² 내 형제들아 너희가 여러 가지 시험을 당하거든 온전히 기쁘게 여기라 ³ 이는 너희 믿음의 시련이 인내를 만들어 내는 줄 너희가 앎이라 ⁴ 인내를 온전히 이루라 이는 너희로 온전하고 구비하여 조금도 부족함이 없게 하려 함이라.

사 역 ² 나의 형제들아, 너희는 여러 가지 시험들로 에워싸였을 때는 언제나 온전히 기쁘게 여기라. ³ 너희의 믿음의 시련이 인내를 산출한다는 것을 앎으로. ⁴ 그러므로 그 인내가 완전한 행위를 가지게 하라. 너희가 완전하고 온전하며 하나도 모자람이 없기 위하여.

- 내용분석 -

1. 시험을 만났을 때(2-3)
    1) 태도(2a) - 온전히 기쁘게 여김
    2) 시험의 특성(2c) - 시간, 공간, 종류
    3) 기쁨의 이유(3) - 인내 산출
2. 인내(4)
    1) 온전한 행위(4a)
    2) 목적(4b) - 부족함이 없이 온전하고 완전하도록

1. 문학적 구조와 특징

1) 본문은 다음에서 보는 바와 같이 연속되는 '명령법+접속사' 단락 중의 하나이다.

2.	… ἡγήσασθε, …	… 생각하라 …
4.	δέ … ἐχέτω,	그러나 … 가지라
5.	δέ … αἰτείτω …	그러나 … 요청하라 …
6.	αἰτείτω δέ …	그러나　요청하라
7.	μὴ γὰρ οἰέσθω …	실로 기대하지 말라 …

2) 연속되는 접두어 'π'

"πειρασμοῖς περιπέσητε ποιχίλοις"(2c)에서 연속된 접두어 'π'는 이 세 단어가 긴밀하게 관련되어 있음을 의미한다. 이들은 시험과 시험의 특성을 나타내는 하나의 꾸러미이다.

3) 끝 말 잇기

특히 본문은 아래에서 보여주는 것과 같이 끝말 이어가기 방식으로 전개되는 큰 단락 속에 들어 있다. 이 방식은 야고보서뿐 아니라 신약성경 전체에서 흔하지 않은 문학적 특징이다.[34]

기뻐하라(1)
ㄴ 기쁨 – 시험(2)
　ㄴ 시련 – 인내(3)
　　ㄴ 인내 온전 – 부족함 없도록(4)
　　　ㄴ 지혜 부족 – 구하라(5)
　　　　ㄴ 구하라 – 의심 없이(6a)
　　　　　ㄴ 의심하는 자(6b–8)

2. 해설

1) "나의 형제들아"(ἀδελφοί μου)(2b)

야고보는 수신 교회의 신자들을 "나의 형제"라고 부른다.[35] 이것은 야고보와 수신 교회의 신자들이 예수 그리스도의 피로 동일한 구속을 받았다는 사실을 의미한다. 이에 대해 야고보는 "아버지께서 … 그가 … 자기의 뜻을 따라 진리의 말씀으로 우리를(ἡμᾶς) 낳으셨느니라"(약 1:17-18)고 설명한다. 하나님이 야고보와 수신 교회의 신자 모두를 낳으셨고 그들 모두의 아버지가 되셨다.

야고보는 교회에서 특별한 권위를 가진 지도자 위치에 있었지만, 신자들에게 교훈을 할 때는 입법자나 재판관이 아닌(약 4:12) 동등한 형제의 입장을 강조한다. 특히 야고보는 수신자를 '나의' 형제라고 칭함으로써 그 자신도 야고보서의 교훈을 받고 실행해야 하는 자로 밝힌다.

그는 교훈을 주는 입장에 있지만 결코 교만하지 않다. 이미 밝힌 바, 야고보는 초기 기독교교회에서 특별한 지위와 권위를 가지고 있다. 하지만 그는 그것으로 형제들을 판단하거나 정죄하지 않는다. 그는 자신도 형제들과 똑같은 성정을 가진 자로서(약 5:17) 그들의 아픔과 연약함을 이해하고 공감하며 불쌍히 여기는 마음으로 이 교훈을 주고 있다. 바로 이 점에서 야고보로부터 설교자의 자세가 어떠해야 하는지를 배운다. 설교자는 하나님의 권위로 말씀을 전하되, 자기 자신도 그 말씀을 받고 순종해야 하는 한 명의 형제라는 사실을 잊지 않아야 한다.

2) 시험을 만났을 때(2-3)

야고보는 본론의 첫 주제로 시험(πειρασμός)에 대하여 말씀한다(2-3). 2절에는 "나의 형제들아"를 가운데 두고 다음과 같은 세 가지 비교가 있다. '모든'(πᾶσα)과 '여러 가지'(ποικίλος), '기쁨'(χαρά)과 '시험'(πειρασμός), '생각하다'(ἡγέομαι)와 '만나다'(περιπίπτω).

(1) 기쁨(χαρά)

야고보는 신자의 시험에 대한 설명을 '기쁨'(χαρά)이라는 말로 시작한다. 그는 수신자들을 부르기("나의 형제들아")도 전에 먼저 '기쁨'을 언급한다. 그가 수신자들에게 가장 먼저 하고 싶었던 말은 '형제'도 '시험'도 아닌 '기쁨'이었다. 게다가 그는 바로 앞에서 문안 인사를 할 때 이미 '기쁨'을 말했는데(1) 본론을 시작하면서 다시 '기쁨'을 언급한다(2). 이렇게 하여 야고보는 '기쁨'을 매우 강조하고 있다. 그러면 야고보가 기쁨을 강조한 이유는 무엇일까? 이것은 수신 교회의 상황 때문이다.

야고보가 편지를 쓰고 있는 당시에 아마도 수신 교회는 기쁨을 잃어버린 상태였을 것이다. 수신 교회가 봉착한 다양한 문제들이 이를 뒷받침 한다. 수신 교회는 여러 가지 시험을 당했고(1:2) 시험을 참지 못하며(1:12) 인내(1:4; 5:7-8, 10-11)와 지혜가 부족했다(1:5-8; 3:13-18). 또한 그들 중에는 믿음으로 구하지 않고 의심하는 자들이 있었으며(1:6), 아예 구하지 않는 자(4:2)와 정욕으로 쓰려고 잘못 구하는 이들도 있었다(4:3). 가난한 자와 부자 사이에 갈등이 심했고(1:9-11; 5:1-6), 유혹에 빠지고(1:13-15) 속임을 당하는 자들이 있었다(1:16-18). 말씀을 들으나 행하지 않았고(1:19-27) 사람을 차별했다(2:1-13). 행함이 없는 믿음(2:14-26)과 말로 인한 범죄(3:1-12)와 시기와 다툼(3:13-4:3)이 있었다. 세상과 벗되는(4:2-10) 세속화가 진행되고 있었으며 형제를 비방하고(4:11-12) 허탄한 자랑을 하였다(4:13-17). 신자들은 부자들에 의해 임금을 착취당했고(5:1-6) 서로 원망하였으며(5:9) 맹세로 인해 정죄를 당했다(5:12). 이외에도 고난을 당하는 자들(5:12a)과 병든 자들이 있었고(5:14-18) 유혹을 받아 진리를 떠나는 이들도 있었다(5:19-20).

이와 같은 수신 교회의 부정적인 상황 때문에 야고보는 가장 먼저 '기쁨'을 언급했을 것이다. 그 중에서도 특히 본 절(2)에 의하면, 그들은 여러 가지 시험으로 인해 기쁨을 잃어버렸다. 이런 형편 때문에 야고보는 기쁨을 가장 먼저 말해야 했을 것이다. 형제들은 시험에만 함몰되어 있었지 그 시험이 주는 유익에 대해서는 생각하지 못하고 있었다. 야고보는 이러한 교회에게 '기쁨'이라는 말로 편지를 시작함으로써 그들에게 충격을 주고 있다.

(2) 여기라 (생각하라, ἡγήσασθε)

신자가 시험을 만났을 때 취해야 하는 태도는 '온전히 기쁘게(πᾶσαν χαράν) 여기는 것'이다(2a). 이 말은 두 가지 번역이 가능하다. 첫째는 '모든 기쁨(πᾶσαν χαράν)을 생각하는 것'이다.[36] 여기서 '모든'은 '충만한', '최고의', '비할 바 없는', '궁극의'라는 의미이다. 따라서 이 말은 믿음의 시련을 인내한 후 마침내 인격과 믿음이 조금도 부족함이 없는 온전한 존재(ἦτε, 4)가 되는 최고의 기쁨, 궁극의 기쁨을 생각하라는 것이다(3-4). 둘째는 '온전히 기쁘게 여기는 것'이다.[37] 이 번역은 믿음의 시련인 시험을 기쁨으로 여기되, 어느 정도로 기뻐해야 하는지에 초점이 맞추어져 있다. 즉 기쁨의 강도나 농도나 질을 나타낸다.[38] 신자는 고난을 기뻐하되, 완벽하게 기뻐해야 한다.

이 중에 어느 번역을 선택하든지, 아니면 둘을 통합해서 이해하든지 간에 중요한 것은 신자의 시험이 기쁨과 직결된다는 사실이다. 성도도 시험을 당하면 정말 이상하게 생각하고 크게 놀란다. 이것이 일반적인 반응이다. 그러므로 야고보는 시험을 당한 성도가 기쁨 외에 다른 그 어떤 반응도 보여서는 안 된다고 말하는 것이 아니다. 단지 그의 요점은 시험은 진정한 기쁨을 위한 기회가 되어야 한다는 것이다.[39] 신자는 시험을 기쁘게 여기되, 온전히 기쁘게 여겨야 한다. 사도 베드로도 동일한 말씀을 했다. "사랑하는 자들아 너희를 연단하려고 오는 불 시험을 이상한 일 당하는 것 같이 이상히 여기지 말고 오히려 너희가 그리스도의 고난에 참여하는 것으로 즐거워하라(χαίρετε) 이는 그의 영광을 나타내실 때에 너희로 즐거워하고 기뻐하게(χαρῆτε) 하려 함이라"(벧전 4:12-13).

"여기라"(ἡγήσασθε)는 말은 "감정보다는 사고를 나타내는 동사이다. … 어떻게 느껴야 하는지를 명령하는 것이 아니라 어떻게 생각해야 하는지를 명령하고 있다."[40] 그러므로 이 말은 문제에 몰입하여 걱정과 염려에 함몰되지 말고 이 일을 통하여 주실 하나님의 결말을 헤아려 보라는 뜻이다. 신자는 문제 자체가 결론을 주관하는 것이 아니라 하나님이 문제에 개입하시고 마침내 선한 결말을 내신다는 사실을 믿고 기뻐해야 한다. 하나님은 결론의 하나님이시다. "주께서 주신 결말을 보았거니와"(약 5:11. τὸ τέλος κυρίου εἴδετε). 시험은 시험 자체로 끝나지 않는다. 하나님은 시험을 참고 견딘 자에게 믿음의 성장과 성숙의 은혜를 베푸시며 주님의 온전하심을 더욱 닮게 하신다. 그리하여 안팎으로 조금도 부족함이 없게 하신다. "어떤 시련도, 어떤 큰 재앙이나 잦은 압력도, 어떤 압도적인 슬픔이나 삶의 작은 마찰도 하나님의 계획 밖에 있는 것은 없다. 그로 인해 그러한 것들은 영광에 이르는 디딤돌이 된다."[41] 성도에게는 믿음의 시련이 있지만, 그의 현재를 주관하는 것은 당장의 고난이 아니라 하나님이 내시는 미래의 결말이다. 신자는 미래가 현재를 이끄는 삶을 산다. 신자는 미래에 의해 현재를 사는 사람이다. 그러므로 신자가 믿음의 시련 때문에 슬퍼해야할 이유는 단 하나도 없다. 신자는 기쁘게 시험을 감당하는 자이다. 따라서 '여기라'는 사고를 나타내는 동시에 믿음을 함의하고 있다.

신자의 시험은 기쁨과 직결된다. 신자는 믿음의 시련을 당했을 때, 낙심하거나 절망하거나 실족하거나 믿음에서 멀어지면 안 되고 오히려 그것을 온전히 기쁘게 여겨야 한다. 신자는 시험이 없는 사람이 아니라 시험을 당했을 때 온전히 기뻐하는 사람이다. 신자의 위대함은 시험을 받지 않는 데 있는 것이 아니라 시험을 전적으로 기쁘게 받아들이는 데 있다. 신자는 믿음의 시련을 원망과 불평이 아닌 기쁨을 표현하는 기회로 삼아야 한다. 신자에게 믿음의 시련은 숭고한 기쁨을 증언하는 절호의 기회이다. 시험을 만났을 때 그것을 온전히 기쁘게 여기라. 그리하여 시험이 기쁨을 표현하는 기회가 되게 하라.

(4) 시험의 특징 (2c)

명사인 '시험'(πειρασμός)은 야고보서에 두 번 나온다(약 1:2, 12). 이 단어는 시험(test, trial)과 유혹(temptation)의 의미를 모두 가지고 있지만, 야고보서에서는 모두 전자의 의미로 사용되었다.[42] 이 시험은 믿음의 시련을 의미하며(약 1:3),[43] 다음과 같은 몇 가지 특징이 있다.

첫째, 시험의 대상은 모든 신자이다. 모든 신자가 시험을 당한다. 야고보는 "너희가 시험을 당하거든"(περιπέσητε)이라고 말한다. 여기서 '너희'는 바로 앞에 나오는 '나의 형제들'과 1절의 '흩어진 열두 지파'를 가리킨다. 모든 신자는 믿음의 시련인 시험을 당한다. 신자가 되는 것에는 유대인이나 헬라인이나 종이나 자유인이나 남자나 여자나 가난한 자나 부자나 차별이 없다(갈 3:28; 엡 6:8; 골 3:11; 약 2:5). 구원은 인종과 신분과 성과 소유를 초월하여 이루어진다. 신자가 된 후에 받는 시험도 마찬가지이다. 신자라면 인종, 신분, 성과 나이와 소유를 뛰어넘어 그 누구도 예외 없이 시험을 당한다. 그러므로 우리는 시험을 당할 때, 하나님은 왜 나에게만 이런 아픔을 주시냐며 원망하거나 불평하면 안 된다. 믿음의 시련은 어떤 신자도 피해 갈 수 없다. 신자에게는 시험이 있는 것이 이상한 일이 아니라 시험이 없는 것이 이상한 일이다. 시험이 없으면 사생자요 친 아들이 아니기 때문이다(히 12:8). 그러므로 신자는 시험이 오는 것을 이상하게 여기지 않아야 하며, 오히려 시험을 하나님께서 베푸시는 관심과 사랑인 줄 알고 기뻐해야 한다.

둘째, 시험의 시간(때)은 따로 정해져 있지 않다. 시험을 "당하거든"(ὅταν περιπέσητε)의 원래 의미는 시험을 '당할 때는 언제든지', 또는 시험을 '당할 때마다'이다. 이 말은 시험의 때가 정해져 있지 않다는 뜻이다. 시험은 예고하고 오지 않는다. 시험의 시간은 별도로 결정되어 있지 않다. 시험은 무시로 닥쳐온다. 신자의 생애 모든 시간이 시험에 노출되어 있다. 신자는 시험의 시간을 선택할 수도 없고 피할 수도 없다. 신자의 시험은 전 시간적이다. 그러므로 신자는 언제나 깨어 있어야 한다.

셋째, 시험의 공간은 사방팔방이다. 신자의 시험은 동서남북을 가리지 않고 모든 곳에서 닥쳐온다. 시험을 '당하다'(περιπίπτω)는 말은 '에워싸서(περί) 떨어지다(πίπτω)'는 의미이다. 그래서 '당하다'는 포위되고, 둘러싸이고, 에워싸여 피할 길이 없다는 뜻이다. 예루살렘에서 여리고로 내려가는 어떤 사람을 강도들이 에워싼(만난, περιέπεσεν, 눅 10:30, cf. 행 27:41) 것처럼, 혹독한 시련이 전혀 예상하거나 대비하지 못한 곳에서 사방을 에워싸고 달려든다. 야고보는 이 사실을 실감나게 보여주기 위해 "너희가 당한다"를 가운데 두고 그 앞과 뒤에 "시험들"과 "여러 가지"를 배치했다(πειρασμοῖς περιπίπτω ποικίλοις). 태풍이 강한 바람과 함께 앞뒤를 가리지 않고 폭우를 쏟아 붓듯이 시험도 전후좌우를 따지지 않고 몰려온다. 이처럼 신자의 시험은 전 공간적이다. 가정과 직장과 학교가 시험의 장소이며 심지어 교회까지도 그러하다. 신자가 거하는 모든 곳이 시험의 자리이다.

넷째, 시험의 종류는 여러 가지이다. 신자의 시험은 매우 다양하다. 그래서 야고보는 시험을 '시험들'(πειρασμοῖς, pl.)과 '여러 종류들'(ποικίλοις, pl.)이라는 복수로 표현했다. '여러 종류(가지)'라는 말의 문자적 의미는 '많은 색깔들의'(many-colored), '다채로운'이라는 뜻이다. "이 기본적 의미로부터 '다양한, 복잡한, 뒤얽힌'이라는 의미가 나오게 되었다."[44]

마태는 우리 주님의 치유 사역에서 처리된 '온갖 종류'의 질병들을 묘사하는 데 이 말을 사용한다(마 4:24). 바울은 그것을 인간의 욕망이 취하는 무한한 형태들에 대해 사용하며(딤후 3:6), 베드로는 하나님의 은혜가 우리의 필요에 충분하다는 것이 입증된 무수한 방식들에 대해 그 말을 사용한다(벧전 4:10).[45]

세상에 다 셀 수 없을 정도로 많은 종류의 색깔이 있는 것처럼 시험의 종류도 매우 많고 다양하다. 신자의 시험은 총천연색이다. 그리고 그 색깔마다 고난이다. 시험은 너무나 많고 다양해서 다 헤아릴 수 없다. 이 시험은 물질과 건강, 인간관계, 말, 인격, 장래일, 자녀문제 등 인간 활동의 모든 부분에 관련되어 있다.

이처럼 모든 성도는 시간과 공간과 종류를 가리지 않고 시험을 당한다. 이 사실은 시험과 시험의 특성을 나타내는 세 단어인 "πειρασμοῖς περιπέσητε ποικίλοις"가 접두어 'π'로 결속되어 있다는 것에서도 잘 드러난다. 성도가 상대하는 모든 시간과 모든 공간과 모든 일이 다 시험의 자리요 시련의 때이며 연단의 사건이다. 신자의 시험은 주도면밀하며 신자의 연단은 결코 가볍지 않다. 하나님은 성도를 주도면밀하게 시험하시며 매우 혹독하게 단련하신다.

(3) 시험을 기쁘게 여겨야 하는 이유(3)

① 앎(γινώσκοντες)

신자는 왜 믿음의 시험(시련, 연단)을 기쁨으로 반응해야 하는가? 신자가 여러 가지 시험을 온전히 기쁘게 여겨야 하는 이유는 무엇인가? 야고보는 3절에서 "너희가 앎이라"(γινώσκοντες)고 말한다. 신자가 시험을 당했을 때 기뻐해야 하는 이유는 그가 어떤 사실을 알고 있기 때문이다. 믿음은 믿음의 내용에 대한 지식을 전제로 한다. 믿는 자는 '무엇을' 믿는지를 말할 수 있어야 한다. 우리는 이것을 신앙고백이라고 한다. 신앙고백이 없는 믿음은 허탄하다. 기독교 신앙은 신앙고백 위에 세워진다. 그래서 사도 바울은 "기록 된 바 내가 믿었으므로 말하였다 한 것 같이 우리가 같은 믿음의 마음을 가졌으니 우리도 믿었으므로 또한 말하노라"(고후 4:13)라고 말했다. 기독교는 2000년이 넘는 역사를 통해 이 신앙고백을 작성하고 가르치고 지켜왔다. 기독교의 역사는 신앙고백의 역사라고 해도 과언이 아니다. 기독교는 하나님에 대한 신앙고백에서 시작하여 인간, 예수 그리스도, 구원, 교회, 그리고 종말에 관한 내용에 이르기까지 체계적인 신앙고백을 가지고 있다. 이 신앙고백이 없으면 교회는 세워질 수 없다. 예수가 베드로의 신앙고백에 이어 "내가 이 반석 위에 내 교회를 세우리니"(마 16:18)라고 말씀한 것도 이와 일맥상통한다. 또한 사도 바울은 교회는 "진리의 기둥과 터"라고 말했다(딤전 3:15). 교회는 하나님의 말씀 즉 진리의 기둥과 터이다. 이 진리를 체계화한 것이 바로 신앙고백이요 교리이다. 신자 개인이든 교회든 간에 하나님의 계시의 말씀인 성경과 사도적 전통에 근거한(살후 2:15)[46] 신앙고백을 그대로 받고 믿고 따를 때 참된 신자가 되고 바른 교회가 된다.

믿음에는 내용이 있어야 한다. 내용이 없는 믿음은 헛것이요 미신이다. 기독교는 성경의 가르침을 믿음의 내용으로 한다. 그러므로 신자는 성경과 그것의 핵심 내용을 조직화한 교리를 부지런히 배우고 가르쳐야 한다. 신자는 이 지식으로 풍성할 때 믿음에 견고하여 흔들리지 않게 된다. 기독교는 '지식'의 종교이다. 기독교는 지식에 근거한다.[47] 지식을 떠난 기독교는 더 이상 기독교가 아니다. 그러므로 신자는 이 지식에서 성장해야 한다. "오직 우리 주 곧 구주 예수 그리스도의 은혜와 그를 아는 지식에서 자라 가라"(벧후 3:18).

② 앎의 내용 : 믿음의 시련이 인내를 만들어 낸다.

이 원리는 신자의 일상적인 삶에서도 마찬가지이다. 신자가 시험을 당했을 때나(약 1:3) 행함이 없는 믿음에 대해서나(약 2:20) 죄인을 유혹에 빠진 길에서 돌아서게 하는 것이나(약 5:20) 모두 성경적인 지식이 있어야 한다. 야고보는 수신자들이 어떤 믿음의 내용을 알고 있다는 것에 근거하여, 그들이 시험을 당할 때 온전히 기쁘게 여기라고 명령한다. 이 지식이 있으면 신자는 시험을 만났을 때도 그것을 기쁨의 기회로 삼는다. 이 지식은 바로 신자가 시험을 통해 얻게 되는 유익이 무엇인지 아는 것이다. 신자는 시험의 유익을 올바로 알고 있을 때 실족하지 않게 되며, 신자를 시험하시는 하나님의 목적을 이룰 수 있다.

그러면 야고보가 말하는 지식은 구체적으로 무엇인가? 그것은 시험이 신자의 인내를 만들어낸다(κατεργάζεσθαι)는 것이다. 2절의 시험(πειρασμός)은 3절에서 믿음의 시련(τὸ δοκίμιον τῆς πίστεως)으로 설명된다.[48] '믿음의 시련'은 문맥상 '믿음이 주는 시련'(nom. gen), 즉 믿음이 있기 때문에 겪어야 하는 시련이라기보다는 '믿음을 성장시키기 위한 시련'(acc. gen.)을 의미한다.[49] 이렇게 보는 까닭은 가깝게는 이어지는 내용(5-7)에서 조금도 의심하지 않는 믿음, 곧 하나의 마음으로 믿는 믿음을 요구하고 있기 때문이며, 좀 더 멀리는 야고보서 2:1-4에서 예수 그리스도의 신분과 성품에 근거하여 사람을 차별하지 않는 믿음을 요구하기 때문이다. 무엇보다 야고보서 2:14-26에서 행함이 있는 믿음을 가질 것을 강력하게 권고하고 있다. 이와 같은 수준의 믿음은 시련을 통해서 이루어지므로 '믿음의 시련'은 '믿음을 성장시키기 위한 시련'으로 보는 것이 합당하다.[50]

믿음의 시련은 믿음을 성장시키기 위한 시련이다. 시련(δοκίμιον)[51]은 일반적으로 시험의 수단, 시험의 행위(과정), 그리고 시험의 결과(벧전 1:7) 등을 의미한다.[52] 본 절의 '시련'은 이 가운데 두 번째, 즉 시험의 과정에 해당한다.[53] 왜냐하면 믿음의 시련이 인내를 '만들어 낸다'($\kappa\alpha\tau\epsilon\rho\gamma\acute{\alpha}\zeta o\mu\alpha\iota$)고 말하기 때문이다.[54] 인내는 믿음의 시련을 감당해 내는 '과정'에서 산출된다.

신자는 시험이 없는 사람이 아니라 시험을 당했을 때 도리어 기뻐하는 사람이다. 신자의 뛰어남은 고난이 없는 데 있지 않고 오히려 고난을 기쁨으로 받아들이는 데 있다. 신자는 여러 가지 시련으로 인해 힘들고 아프고 고통스러울 때도 그것이 마침내 가져 올 결과를 소망하며 온전히 기쁘게 여긴다. 고난과 환난과 병듦과 가난과 멸시와 천대 등 믿음의 시련은 결코 그 자체가 기쁜 것이 아니다. 그러나 이 모든 시련들을 믿음으로 감당했을 때 주어지는 놀라운 결과가 있다. 이것 때문에 신자는 고난이 와도 기쁨으로 여긴다. 야고보는 이 결과들 중에서도 특별히 인내($\acute{\upsilon}\pi o\mu o\nu\acute{\eta}$)를 말한다. 그는 믿음의 시련이 인내를 만들어 내는 줄 그들이 알기 때문에 시험을 온전히 기쁘게 여기라고 명령한다. 시험, 곧 믿음의 시련은 시련 자체로 끝나지 않고 시련의 과정을 통해서 인내를 결실한다. 인내는 신자가 반드시 갖추어야 하는 신자의 성품이요 특성이다(약 5:7-10). 그래서 사도 바울도 인내를 성령의 열매($\kappa\alpha\rho\pi\acute{o}\varsigma$, 단수)가 가지는 특성들 중의 하나라고 했으며(갈 5:22), 하나님의 선택을 받은 거룩하고 사랑 받는 자가 갖추어야 할 성품이라고 했다(골 3:12).

3) 인내(4)

따라서 4절의 '$\delta\acute{\epsilon}$'는 역접이 아닌 순접의 기능을 하여 '그러므로'라는 의미를 가진다.[55] "그러므로 그 인내가 완전한 행위를 가지게 하라. 너희가 하나도 모자람 없이 완전하고 온전하기 위하여"(4a). 이 말씀에 야고보가 말하는 인내의 특징과 목적이 잘 나타난다.

(1) 특징(4a)

첫째, 인내는 행위(ἔργον)를 가진다(ἔχω). 야고보는 인내를 행위와 연결한다. 인내는 단순히 개념이나 사상이나 머릿속의 생각이 아니라 행동이요 행위이다. '인내'(ὑπομονή)의 어원적 의미는 어떤 어려움 아래(ὑπό) 계속해서 머무는(μένω) '행동'이다.[56] 이것은 수동적인 복종이라기보다는 능동적인 견딤이다. "인내는 수동적인 것이 아니다. 참고 견디는 것은 강하고 적극적인 것이다. 참고 견딘다는 것은 지속하기 어려울 때 올바른 길을 계속 가는 것이다."[57] 따라서 인내에서 요구되는 것은 행위이며, 인내는 행위를 가짐으로써 증명된다.

둘째, 인내의 행위는 지속적이어야 한다. '가지라'(ἐχέτω)는 현재 명령법이며, 이는 반복적이고 지속적인 상태를 말한다. 잠시잠깐 견디다가 포기해 버리는 것은 인내가 아니다. 끝까지 참고 견디는 것이 요구된다. 이것은 신자가 당하는 시험이 매우 질기고 모질고 무겁다는 것을 암시한다. 그래서 신자로 사는 것은 결코 녹록하거나 만만하거나 호락호락하지 않다. 이 사실을 잘 알아야 시험을 당했을 때도 "원래 그런 것이지"하면서 참고 또 참을 수 있다. 인내의 길은 멀고 험하고 힘들다. 인내는 시련을 참고 또 참으며 견디고 또 견디는 '행위'이다(약 5:7-11). 이것은 구원의 전체 사역이 완수되는 그 시점까지 "십자가를 참으

신"(히 12:2) 주님의 인내를 본받는 것이다.[58]

셋째, 인내의 행위는 '온전한'(τέλειος) 행위이어야 한다. 인내는 단순히 관념이나 이론이 아니라 실제로 참고 견디는 행위이다. 이 행위는 '온전한'(τέλειος) 행위여야 한다. 그러면 '온전한' 행위, 즉 온전한 인내의 행위는 어떤 것인가? 이어지는 4b절에 이 질문에 대한 대답이 있다. "너희가 하나도 모자람 없이 완전하고 온전하기 위하여." 이것은 인내가 온전한 행위를 가져야 하는 궁극적인 목적 또는 그 행위의 결과를 가리킨다.[59] 따라서 인내의 온전한 행위라는 것은 이 목적(결과)을 '다 이룰 때까지' 참고 또 참는 지속적인 인내의 행위를 의미한다.

신자는 시련이 충분한 효과를 나타내고 성공적인 결과를 '얻을 때까지' 참고 견뎌야 한다. 신자는 하나님이 그 시험을 통해 이루고자 하는 목적을 성취하실 때까지 길이 참는 온전한 인내의 행위를 가져야 한다. 농부가 선한 열매를 얻기 위해 이른 비와 늦은 비를 길이 참아 '올 때까지' 기다리듯이(약 5:7), 선지자들이 하나님의 뜻이 '이루어지기까지' 고난 속에서도 오래 참았듯이(약 5:10), 욥이 하나님의 결말을 '보기까지' 환난과 사람들의 비난을 참고 견뎠듯이(약 5:11), 인내의 '온전한' 행위는 하나님이 시련을 주신 목적을 이루는 '그 때까지' 포기하지 않고 참고 또 참는 것이다. 그리하여 마침내 더 이상 인내가 필요하지 않는 데까지, 바로 그 때까지, 끝까지 참고 견디는 행위이다. 시험을 당한 신자의 인내는 시험의 목적을 성취하는 데까지, 즉 '끝까지' 견디는 온전한 행위로서의 인내여야 한다.[60]

(2) 목적(4b)

그러면 이러한 인내의 궁극적인 목적은 무엇인가? 야고보서 1:4b(너희가 하나도 모자람 없이 완전하고 온전하기 위하여)은 ἵνα로 시작함으로써 이 목적성(또한 결과)을 분명히 나타내며, 다음과 같은 구조를 가진다.

ἵνα ἦτε	너희가 ~이기 위하여
τέλειοι καὶ ὁλόκληροι (A)	온전하고 완전한 (A)
ἐν μηδενὶ λειπόμενοι. (B)	하나도 모자람이 없이 (B)

야고보가 "인내가 온전한 행위를 가지게 하라"고 명령한 목적은 다음과 같은 세 가지이다. 온전하다(τέλειος), 완전하다(ὁλόκληρος),[61] 하나도 모자람이 없다(ἐν μηδενὶ λειπόμενος)(4b). 여기에는 긍정과 부정(μηδενί)의 목적이 두드러진다. 긍정적 목적은 두 가지이며, 신자의 온전함과 완전함이다(A). 부정적 목적은 한 가지로서, 하나도 모자람이 없는 것이다(B). 그런데 이 부정적인 목적도 '결핍됨이 단 하나도 없다'이므로 결국 긍정을 말하고 있다. 믿음의 시련을 온전히 인내하는 것은 모두 긍정적인 목적을 이룬다.

여기서 '온전함과 완전함'을 이어지는 '단 하나도 부족함이 없다'(ἐν μηδενὶ λειπόμενοι)와 병행관계로 보면, '온전함과 완전함'의 문맥적 의미는 아무 것도 결핍함이 없는 상태에 대한 다른 표현이다. 그러면 무엇에 온전하고 완전하며 전혀 결핍이 없다는 것인가? 그것은 바로 앞에 있는 인내(4a)를 가리키는 것처럼 보이지만, 궁극적으로는 신자가 그렇게 된다는 말이다. 그래서 처음부터 이 시험은 '너희'의 시험이었으며 (2), '너희'의 믿음을 위한 시련이었고(3), '너희'(ἦτε)가 어떤 부족함도 없이 완전하고 온전하기 위해서라고(4b) 말씀한다. 이해를 돕기 위해 위의 내용을 도식으로 설명하면 다음과 같다.

너희의 시험(πειρασμός, 2b)

= **너희**의 믿음을 위한 시련(δοκίμιον, 3a) → 인내를 만들어 냄(3b)

인내 : 온전한 행위 가지게 하라(4a)

　　　└➤ 목적(ἵνα, 4b): 너희가 (ἦτε)　┌─ 온전함과 완전함

　　　　　　　　　　　　　　　　　　└─ 하나도 부족함이 없음

　　결국 시험의 목적은 신자의 온전한 인내를 통해 마침내 조금도 결핍됨이 없는 온전하고 완전한 믿음을 갖도록 하려는 것이다.[62] 이 믿음은 내용과 실행 모두에 전혀 부족함이 없는 믿음이며, 하나님이 시련을 주실 때 '목적한 그 수준'에 도달한 믿음이다. 따라서 야고보서 1:4b의 '온전한'(τέλειος)은 어떤 일이나 계획이 처음 의도된 목적에 도달하거나 성취되었다는 뜻이다.[63] 이러한 믿음은 '조금도'(μηδέν, 6, cf. 4b, μηδενί) 의심하지 않는 믿음이며 두 마음을 품지 않는 믿음이다(7). 이 믿음은 사람을 차별하지 않으며(2:1), 행위로 나타나며(2:14, 18), 행위로 온전하게 되는 믿음이다(2:22).

　　하나님은 모든 신자가 믿음에서 전혀 부족함이 없이 완전하고 온전

하기를 원하신다. 그래서 '믿음이 모자라는 신자'라는 말은 신자에게 어울리지 않는다. 그런데 이것은 믿음에서만이 아니다. 하나님은 신자가 모든 면에서 완전하기를 원하신다. 야고보가 목적을 알리는 구절(4b)에 믿음(πίστις)이라는 단어를 사용하지 않은 이유가 이것일 수도 있다. 하나님은 모든 신자를 단 하나의 결핍도 없는 온전하고 완전한 자로 세우시기를 원하신다. 하나님은 신자가 행위와 인격 모두에서 무흠하기를 원하신다. 이런 까닭에 예수님이 "하늘에 계신 너희 아버지의 온전하심과 같이 너희도 온전하라"(마 5:48)고 말씀하셨다. 하지만 이러한 완전함과 온전함은 그냥 되는 것이 아니다. 그것은 완전하고도 지속적인 인내의 행위를 통해서만 결실한다. 온전한 인내(4a, τέλειον)가 온전한(4b, τέλειος) 신자를 만든다. 신자가 당하는 시련은 온전한 인내를 통하여 인격과 행위와 신앙의 완벽함이라는 목적을 이룬다.

시험은 신자를 유혹으로 이끌거나 실족시키기 위한 것이 아니라, 더 풍성하고 더 고급하며 온전한 믿음의 사람으로 세우기 위한 하나님의 은혜의 방편이다(cf. 시 66:9-12). 그러므로 신자는 믿음의 시련을 당했을 때 낙심하거나 절망하거나 실족하거나 믿음에서 멀어져서는 안 되며 오히려 그것을 전적으로(πᾶσαν) 기쁘게 여겨야 한다. 신자는 고난을 통과한 후에 주어질 유익을 기대하며 기뻐해야 한다. 하나님은 온갖 좋은 은사와 온전한 선물을 주시는 분이시다(약 1:17). 하나님은 가장 자비하시고 긍휼히 여기시는 분이시다(약 5:11). 하나님은 꾸짖지 아니하시고 후히 주시는 분이시다(약 1:5). 이러한 하나님이 신자의 시련에 결말을 지으신다(약 5:11). 신자의 시련은 시련 자체로 끝나지 않고 조금도 결핍이 없는 온전하고 완전한 믿음의 사람으로 만든다. 그러므로 신자에게 시련이 없는 것은 축복이 아니라 불행이며,[64] 신자는 시련을 당해도 온전히 기쁘게 여겨야 한다.

설교를 위한 제안 2

본문 : 야고보서 1:2-4

제목 : 신자의 시험

1. 시험의 특징
   1) 인간(대상)
   2) 시간(때)
   3) 공간(장소)
   4) 종류
2. 시험에 대한 신자의 반응 - 온전히 기쁘게 여김
3. 기쁘게 여겨야 하는 이유 - 인내 산출
4. 시험의 목적 - 하나도 모자람 없이 완전하고 온전하기 위하여
5. 맺음말

III. 부족과 간구(약 1:5-8)

개역개정 5 너희 중에 누구든지 지혜가 부족하거든 모든 사람에게 후히 주시고 꾸짖지 아니하시는 하나님께 구하라 그리하면 주시리라 6 오직 믿음으로 구하고 조금도 의심하지 말라 의심하는 자는 마치 바람에 밀려 요동하는 바다 물결 같으니 7 이런 사람은 무엇이든지 주께 얻기를 생각하지 말라 8 두 마음을 품어 모든 일에 정함이 없는 자로다.

사　　역 5 그러나 만일 너희 중에 누구든지 지혜가 부족하다면,[65] 그는 모든 사람에게 관대하게 주시고 꾸짖지 아니하시는 하나님께 간구하라. 그리하면 그것이 그에게 주어질 것이다. 6 그러나 그는 믿음으로 간구하고 단 하나도 의심하지 말라. 왜냐하면 의심하는 자는 바람에 의해 밀려가며 날뛰는 바다의 거친 파도와 같기 때문이다. 7 실로[66] 이 사람은 그가 주님으로부터 어떤 것을 받을 것이라고 기대하지 말라. 8 (그는) 그의 모든 일에 변덕스러운 두 마음을 가진 사람이다.

- 내용 분석 -

1. 부족(5a) - 지혜 부족(5a)
2. 대책 - 간구(5b-8)
   1) 대상(5b) - 하나님

(1) 줌(행위)

(2) 관대함(마음)

(3) 꾸짖지 않음(성품)

(4) 모든 사람(대상)

2) 결과(5b) - 주심

3) 수단/제한(6a) - 믿음

4) 의심하는 자(6b-8)

(1) 거친 파도와 같은 자(6b)

(2) 어떤 것을 받을 수 없는 자(7)

(3) 두 마음을 품은 자(8)

1. 문학적 구조와 특징

1) 5-8절의 구조를 좀 더 상세히 살펴보면 다음과 같다.

5. ..., αἰτείτω	··· 간구하라 ···
παρὰ τοῦ θεοῦ	하나님께 (간구의 대상)
6. αἰτείτω ... ·	간구하라 ···
ἐν πίστει	믿음으로 (간구의 수단/제한)
... γὰρ	··· 왜냐하면 ···
7. μὴ γὰρ οἰέσθω ...	실로 기대하지 말라 ···

5-8절은 세 번의 명령으로 구성된다. 첫 번째 명령은 두 번째 명령에서 반복된다. 두 번째 명령은 두 번의 원인 진술(γάρ)에 그 근거를 둔다. "구하라"는 명령 뒤에는 각각 간구의 대상과 수단/제한이 언급된다.

2) 앞 단락에 이어 명령법이 자주 사용된다. 지혜가 부족하면 "간구하라"(αἰτείτω, 5b), 의심하지 말고 믿음으로 "간구하라"(αἰτείτω, 6a), 의심하는 자는 주님으로부터 무엇을 받을 것을 "기대하지 말라"(μὴ οἰέσθω, 7a). 이렇게 함으로써 저자의 강조점이 선명하게 제시된다.

3) '하나님'과 '사람', '주다'와 '받다', '관대하게'와 '두 마음' 사이에 대조가 있다.[67]

5. ··· τοῦ διδόντος θεοῦ ··· ἁπλῶς ···
     주시는 하나님   관대하게

7. ··· ὁ ἄνθρωπος ··· λήμψεται ···
     그 사람   받을 것이다

        ‖

8.   ἀνὴρ δίψυχος ···
     사람   두 마음

2. 해설

1) 지혜 부족(5a)

야고보는 앞 문장(4b)의 '부족'이라는 주제를 5절에서 다시 언급한다. 그는 여기서 '지혜'의 부족에 대하여 말한다. 그가 갑자기 지혜의 문제로 주제를 전환한 것은 어떤 의도일까? 우선 이것은 온전한 인내를 이루기 위해서(3-4) 지혜가 필요하다는 뜻일 수 있다.[68] 하지만 5절은 '지혜의 부족과 간구'라는 새로운 주제를 시작하고 있다. 특히 하나의 단락인 5-8절은 "지혜가 부족하다면"이라는 말로 시작하지만, 그 이하의 실제 내용은 지혜가 아니라 간구(αἰτεῖν)이다. 여기에서 야고보는 간구의 대상과 결과(5), 간구의 수단과 제한(6), 그리고 의심하는 자(7-8)에 대하여 자세히 설명한다. 따라서 5-8절을 2-4절에 억지로 연결하려는 시도는 피하는 것이 좋다. 본 단락의 중심 논제는 '부족과 간구'이다. 이를 위해 먼저 야고보는 지혜의 부족을 언급한다. "너희 중에 누구든지 지혜가 부족하다면"(5a). 신자도 지혜가 부족할 수 있다. 그러면 어떻게 해야 이 부족을 극복할 수 있을까?

2) 대책(5b-8) - 간구

야고보는 "누구든지 지혜가 부족하다면"이라는 조건문에 이어 "하나님께 구하라"(αἰτείτω παρὰ τοῦ θεοῦ)고 명령한다(5).[69] '구하다'는 요청하는 기도, 즉 간구를 의미한다(cf. 마 7:7-11. αἰτέω가 무려 5번 나옴).[70] 신자의 결핍을 해결하기 위한 야고보의 대책은 하나님께 '간구/요청'하는 것이다. 신자가 부족함을 해결하는 대책은 염려나 실망이나 좌절이 아니라 간구이다. 그리고 "αἰτείτω"의 현재시제는 계속적으로 간구하라는 뜻이다.[71] 신자는 결핍을 극복하기 위해 간구하되, 간구하고 또 간구해야 한다. 그는 간구를 멈추어서는 안 된다. 또한 지혜가 부족하면 하나님께 구하라는 명령은 신자의 지혜는 그 자신 안에서 생산되지 않는다는 사실을 분명히 한다. "위로부터 오는 지혜"(약 3:17)는 사람이 만들어낼 수 있는 것이 아니다. "이것은 인간 내적인 지혜가 아니다. 사람의 내부에서는 이런 지혜가 나올 수 없다."[72] 지혜는 우리 안에서 나오지 않고 우리 밖으로부터 주어진다. 그러므로 신자는 지혜를 얻기 위해 간구해야 한다. 결국 신자의 부족을 하나님이 채우신다.

(1) 간구의 대상(5b)

신자는 누구에게 지혜를 간구해야 하는가? 야고보는 '하나님께'(παρὰ τοῦ θεοῦ)[73] 구하라고 말한다. 신자의 간구의 대상은 하나님이시다(cf. 약 1:7, 12; 4:3). 신자가 하나님께 구해야 하는 이유는 다음과 같다.

첫째, 하나님은 '주시는'(ὁ διδούς) 하나님이시기 때문이다(5b)(하나님의 행위). 어떤 사람이 믿음이 있노라 하면서도 헐벗고 일용할 양식이 없는 형제나 자매에게 평안히 가라, 덥게 하라, 배부르게 하라고 말만하고 그 몸에 쓸 것을 '주지' 않는다면, 이것은 아무런 유익이 없다(약 2:15-

16). 그러나 하나님은 이런 사람과 같지 않다. 하나님은 '주시는' 하나님 이시다. 그래서 야고보서 4:6은 "하나님은 더욱 큰 은혜를 주신다 (δίδωσιν). ··· 하나님은 ··· 은혜를 주신다(δίδωσιν)"(약 4:6)라고 하나님의 주심을 반복하여 말한다. 특히 야고보는 기도와 관련하여 하나님의 주 심을 강조한다. "다시 기도하니 하늘이 비를 주고(ἔδωκεν) 땅이 열매를 맺었느니라"(약 5:18). 이 말씀은 기도에 대한 하늘의 반응을 설명한다. 여기서 하늘은 하나님을 상징한다. 하나님은 주시는 하나님이되, 특히 기도의 응답으로 주시는 하나님이시다. 기도하는 자에게 하나님이 주 신다. 신자의 기도에 하나님이 응답하신다. 그러므로 지혜가 부족한 자 는 하나님의 주심을 믿고 하나님께 지혜를 구하여야 한다. 신자는 하나 님께 기도함으로써 부족의 문제를 해결하여야 한다.

둘째, 하나님은 주시되, 후히 주시기 때문이다(하나님의 마음). "후 히"(ἁπλῶς)는 형용사 "ἁπλοῦς"에서 온 단어이다.[74] '후히'(ἁπλῶς)[75] 준다 는 말은 단순히 양적으로 많이 준다는 의미가 아니다. 하나님이 구하는 자에게 많이 주시고 넉넉히 주시는 것은 사실이다. 그러나 5절의 하나 님이 후히 주신다는 말은 하나님이 주시는 '분량'을 넘어서 그렇게 주 시는 것을 가능하게 만든 하나님의 '마음'에 대한 말씀이다. 이것은 5 절의 '후히'가 8절의 '두 마음을 품는 것'(δίψυχος)과 반대된다는 사실에 서 잘 드러난다.[76] 두 마음은 마음이 둘로 나누어지는 것이고 '후히'는 그 반대로 마음이 나누어지지 않은(undividedly) 하나의 마음을 가리킨 다. 따라서 하나님이 후히 주신다는 말은 넉넉하고 많이 주신다는 분량 의 의미를 넘어서 그렇게 주실 수 있는 원인인 하나님의 '하나의' 마음 을 강조하는 것이다. 이처럼 '후히'는 넉넉한 분량을 가능하게 만든 하나님의 마음에 대한 설명이다.

사람은 자주 두 마음을 품지만 하나님은 단 마음의 하나님이시다. 하나님의 마음은 언제나 단일하시다. 두 마음을 품으면 생각이 나누어지고 복잡해진다. 두 마음을 품으면 마땅히 주어야 할 때도 줄까 말까 고민한다. 이런 마음으로는 자기 것을 선뜻 내어주지 못하며 넉넉하고 관대하게 주지 못한다. 단순한 마음, 단 마음, 하나의 마음이어야 관대하게 줄 수 있다. 하나님이 그러하시다. 하나님은 단 마음이시므로 간구하는 자에게 "줄까말까, 줘야하나 말아야하나" 하면서 갈등하지 않으신다. 하나님은 간구하는 자에게 단 마음으로 관대한 마음으로 주신다. 신자가 단일한 마음으로 기도해야 하는 까닭은 하나님이 단일한 마음으로 주시는 분이라는 사실에 있다. "단일한 마음의 기도 윤리는 하나님의 단일성 신학에 근거한다. 하나님이 단일하게 주시는 분이시므로 신자는 단일한 마음으로 기도해야 한다. 하나님의 단일성은 신자가 조금도 의심하지 말고 믿음으로 하나님께 구해야 할 중대한 이유이다."[77] 하나님은 두 마음의 하나님이 아니라 단 마음의 하나님이시다. 그래서 하나님은 우리에게 주실 때, 갈등하지 않고 후히 주신다. 하나님은 단 마음이시기에 구하는 자에게 두 마음을 품지 않고 관대하게 주신다. 그러므로 구하는 자도 두 마음을 버리고 오직 하나의 마음으로 하나님께 구하여야 한다.

셋째, 하나님은 후히 주시되, 꾸짖지 않고(μὴ ὀνειδίζοντος) 주시기 때문이다(하나님의 성품). 하나님은 우리가 구하거나 생각하는 모든 것에 더 넘치도록 능히 하시는 분이시다(엡 3:20; 빌 4:19). 하나님은 하나님께 구하는 자를 멸시하거나 비난하거나 나무라거나 꾸짖거나 모욕하지 않고 단 마음으로 넘치게 주신다. 이 모든 것은 하나님의 성품의 반영이다. 하나님은 구하는 자에게 자신의 성품을 따라 주신다. "하나님의 성품이 성도들이 간구하는 것을 가능하게 하는 근거이다."[78] 하나님의 주심에는 하나님이 성품이 표현되고 실현된다. 그러므로 하나님께 지혜를 구하는 자는 하나님으로부터 지혜를 받지만 더 궁극적으로는 '하나님 자신'을 받게 된다. 이것이 바로 하나님께 구하는 자가 받는 가장 큰 응답이요 기도하는 자의 영광이다.

넷째, 하나님은 후히 주시고 꾸짖지 않고 주시되, 모든 사람에게(πᾶσιν) 그렇게 주시기 때문이다(하나님의 대상). 문맥에 의하면, '모든 사람'은 세상의 모든 사람이 아니라 의심하지 않고 오직 믿음으로 하나님께 구하는(6) 모든 사람이다. 이 사람은 하나님이 만물을 소유하시며 만물이 하나님께 속한 것과 예수님이 그의 구주이심을 믿는 사람이다. 또한 이 사람은 온갖 좋은 은사와 온전한 선물이 다 위로부터 빛들의 아버지께로부터 내려온다(1:17)는 사실을 믿는 자이다. 하나님은 이 믿음을 가지고 하나님께 구하는 모든 자에게 단 마음으로 주시며 책망하지 않고 주신다. 하나님은 사람을 차별하지 않으신다. 오히려 하나님은 차별하는 인간의 잘못을 지적하신다. 야고보는 사람을 차별하지 말라고 명령하며(약 2:1, 4) 사람을 차별하여 대하면 죄를 짓는 것이라고 경고한다(약 2:9). 하나님은 죄인과 같지 않아서 사람을 차별하지 않으시며, 간구하는 모든 사람에게 후히 주시며 꾸짖지 않고 주신다.

(2) 간구의 결과

야고보는 "하나님께 구하라"는 명령에 이어 그 결과에 대하여 밝힌다. "그리하면 그것이 그에게 주어질 것이다"(5b, καὶ δοθήσεται αὐτῷ). 야고보는 주신다는 말을 반복한다(… τοῦ διδόντος θεοῦ … δοθήσεται). 하나님은 주시는 하나님이시므로 구하는 자에게 반드시 주신다. "주어질 것이다"(δοθήσεται)는 신적 수동태이다. 이는 숨겨진 하나님의 행위를 나타내며, 신자의 간구에 하나님께서 주신다는 사실을 강조한다. 간구하는 자에게 주어지는 모든 것은 전적으로 하나님의 역사요 은혜이다. 구하는 자가 받을 수 있는 것은 그가 의롭거나 구하는 행위 자체가 능력이 있어서가 아니라, 기도를 들으시는 하나님이 책망하지 않고 너그럽고 관대하게 주시기 때문이다. 신자의 간구 자체에 능력이 있거나 신비한 효력이 있는 것이 아니다. 단지 신자의 간구에 자신의 성품을 따라 주시는 하나님의 은혜가 크실 뿐이다. 신자는 하나님의 성품을 의지하여 구하며 하나님은 자신의 성품을 따라 은혜를 베푸신다. 그러므로 기도는 하나님과 신자 사이의 상호작용이다.

(3) 간구의 수단과 제한(6a)

이어 야고보는 간구의 수단과 제한에 대하여 말한다. "그는 믿음으로 구하라"(αἰτείτω ἐν πίστει). 간구의 수단은 오직 믿음이다. 하나님께 구하는 모든 자는 믿음으로 구해야 한다. 신자는 오직 믿음을 통하여 하나님께 간구한다. 죄인이 믿음으로 구원을 받듯이 구원 받은 신자 또한 믿음으로 간구해야 한다. 믿음을 떠나면 간구도 없다. 또한 하나님은 모든 사람에게 차별하지 않고 후히 주시지만, 그렇다고 해서 아무에게나 주시는 것은 아니다. 하나님의 주심에는 분명한 제한이 있다. 그것도 믿음이다. 신자의 간구와 하나님의 주심은 오직 믿음 안에서만 유효하다. 그러므로 하나님께 구하는 자는 믿음 '안'에서 구하고 믿음'으로' 구해야 한다. 간구의 수단과 제한은 모두 믿음이다. "최소의 의심도 간구에 아무런 응답을 가져다주지 못하게 만든다. 이것은 마치 전화번호 한 자리만 잘못되어도 통화하기 원하는 상대방과 아무런 이야기를 나눌 수 없는 것과 같다."[79] 야고보는 이 점을 더욱 강조하기 위해 "단 하나도 의심하지 말고"(μηδὲν διακρινόμενος)라는 말씀을 덧붙였다.[80] 간구하는 자는 조금도 의심하지 말고 구해야 한다. 의심은 "하나님께 대한 충성의 흔들림이고 하나님의 성품에 대한 의심이다. 이것은 특별히 하나님의 관대하고 꾸짖지 않는 은혜를 손상시키는 것이다. 이 의심은 반항적인 태도를 취하게 된다."[81] 그러므로 구하는 자는 반드시 조금도, 그 어떤 것도, 단 하나도 의심하지 말고 오직 믿음으로 구해야 한다.[82] 하나님은 오직 의심하지 않고 믿음으로 구하는 자에게 주신다.[83]

(4) 의심하는 자(6b-8)

그러면 간구할 때 단 하나도 의심하면 안 되는 이유는 무엇인가? 야고보는 그 이유(γάρ)를 설명한다. "왜냐하면 의심하는 자는 바람에 의해 밀려가며 날뛰는 바다의 거친 파도와 같기 때문이다"(6b). 의심하는 자는 거친 파도와 같다. 파도가 늘 정함이 없고 불안정하듯이(ἀκατάστατος) 의심도 이와 같다. 뛰노는 파도의 힘은 엄청나다. 큰 배를 침몰시키고 단단한 콘크리트 방파제를 부수고 뛰어 넘어 집을 삼키고 사람을 휩쓸어 간다. 마찬가지로 의심도 모든 것을 깨뜨리고 무너뜨리고 삼켜버린다. 나아가서 파도는 끝없이 반복된다. 의심도 이와 같아서 끝도 없고 다함도 없다.[84]

야고보는 바다의 거친 파도가 일어나는 원인에 대해서도 설명한다. 그것은 바로 바람이다. "바람에 의해 밀려가는(ἀνεμιζομένῳ)." 거친 파도는 바람에 의해 밀려가며 날뛰고 요동친다.[85] 거친 파도는 솟구쳐 오르기와 다시 내려오기를 반복한다. 야고보는 이런 현상에 대해 두 마음을 품었다(8, δίψυχος)고 말한다. 의심하는 자는 거친 파도처럼 솟구쳐 오르기와 내리기를 반복한다. 그는 무질서하고 혼란스러우며 어지럽다. 의심하는 자는 이와 같이 그의 모든 길(행동, ὁδός)에 안정적이지 못하다(ἀκατάστατος). 그는 변덕스러운 사람이다. 그래서 의심하는 사람은 두 마음을 가진 사람이다. 그는 하는 일마다 변하기 쉽고 미덥지 못하다. 그는 불신의 사람이다.

실로 이런 사람은 주님으로부터 어떤 것을 받을 것이라고 결코 기대해서는 안 된다(7). "οἰέσθω"는 뻔뻔스럽거나 안하무인의 의미를 내포한다.[86] μή + pre. impv.은 일반적으로 이미 시작된 행위의 중지를 명령하거나(stop …!) 또는 항상 피해야 하는 행위를 청원한다.[87] 그리고 이 구절의 시작 부분에 있는 '사람'(ἄνθρωπος)과 마지막에 있는 '주'(κύριος)는 뚜렷한 대조를 이룬다. 5절의 "하나님께 요청하라"(παρὰ τοῦ θεοῦ)와 7절의 "주님으로부터"(παρὰ τοῦ κυρίου) 받는다는 말씀은 모두 전치사

$\pi\alpha\rho\alpha$를 사용하였다. 이것은 응답의 출처를 나타내는 것이며, '주'도 '하나님'과 마찬가지로 신자의 간구에 응답하시는 분임을 나타낸다.[88] 주님은 응답하시는 분이시다. 하나님은 주시는 분이요 믿음으로 구하는 모든 사람에게 책망하지 않고 너그럽게 주시는 분이시다. 그러나 이러하신 하나님을 의심하는 자에게는 그 어떤 것도 주시지 않는다. 믿음을 벗어난 자는 주님으로부터 받을 것이 아무 것도 없다. 야고보는 이 사실을 강조하기 위해 6b-8절을 다음과 같이 의도적으로 구성하였다.

> a. 의심하는 자(6b) : 바람에 의해 밀려가며 날뛰는 바다의 거친 파도와 같다.
> b. 이 사람(7) : 주님으로부터 어떤 것도 받을 수 없다.
> a'. 두 마음을 가진 사람(8) : 모든 길(행동)에 정함이 없다.

6b와 8절의 병행은 의심하는 사람이 곧 두 마음을 가진 사람이라는 것을 보여준다. '두 마음'($\delta\iota\psi\upsilon\chi\circ\varsigma$)은 5절의 '단 마음'(관대하게, $\dot{\alpha}\pi\lambda\tilde{\omega}\varsigma$)과 대조된다. 그러므로 두 마음을 가진 사람은 단 마음을 가지지 않고 의심하는 사람이다. 그리고 7절은 이런 사람의 간구가 어떤 결말을 맞게 되는지를 강조한다(7). 의심하는 자는 거친 파도와 같이 요동치는 자이며 두 마음을 가진 사람이다. 그는 하나님으로부터 어떤 것도, 단 하나도 받지 못한다.

본문 : 야고보서 1:5-8

제목 : 하나님께 구하라

1. 부족의 문제
2. 대책 - 간구
   1) 간구의 대상 - 하나님
      (1) 주시는 분 - 주체
      (2) 후히 주시는 분 - 마음
      (3) 꾸짖지 않고 주시는 분 - 성품
      (4) 모든 사람에게 주시는 분 - 대상
   2) 간구의 결과
   3) 간구의 수단과 제한
3. 의심하는 자
4. 맺음말

IV. 낮은 형제와 부유한 자(약 1:9-11)

개역개정 9 낮은 형제는 자기의 높음을 자랑하고 10 부한 자는 자기의 낮아짐을 자랑할지니 이는 그가 풀의 꽃과 같이 지나감이라 11 해가 돋고 뜨거운 바람이 불어 풀을 말리면 꽃이 떨어져 그 모양의 아름다움이 없어지나니 부한 자도 그 행하는 일에 이와 같이 쇠잔하리라

사 역 9 그러나 낮은 형제는 그의 높음 때문에 자랑하라. 10 그러나 부한 자(형제)는 그의 낮음 때문에 (자랑하라). 왜냐하면 풀의 꽃과 같이 그가 사라질 것이기 때문이다. 11 왜냐하면 태양이 태우는 듯한 열기와 함께 떠올라 풀을 말렸다. 그러자 풀의 꽃은 떨어졌고 꽃의 아름다운 모양(얼굴)도 사라졌기 때문이다. 이와 같이 부한 자도 그의 추구하는 일에서 쇠퇴할 것이다.

- 내용분석 -

자랑하라(9-11)

　　1. 낮은 형제(9) : 높음으로 인해 자랑하라

　　2. 부한 형제(10a) : 낮음으로 인해 자랑하라

　　　1) 이유(10b) : (비유)부자는 풀의 꽃과 같이 사라지기에

　　　2) 비유의 상세 내용(11a)

　　　3) 결론 : 부한 형제도 그의 일에서 쇠퇴한다(11b).

1. 문학적 구조와 특징

1) "자랑하라"(καυχάσθω)는 명령으로 단락을 시작함으로써 독자들의 관심을 이 단어에 집중시킨다.

2) 대조 : 낮은 형제와 부한 형제 사이의 대조를 통해 메시지를 선명하게 드러낸다.

3) 초점 : 낮은 형제에 관한 명령으로 시작하지만(9) 이것은 본 단락의 1/5(10 단어)에 불과하고 나머지 4/5는 부한 형제에 대한 내용이다(10-11)(44 단어). 그러므로 이 단락의 중심 주제는 부한 형제에 관한 것이다.

4) 논술 방식(10-11) : 명제 → 비유 → 비유의 상세 내용 → 결론

5) 연속적인 부정과거 시상 : ἀνέτειλεν, ἐξήρανεν, ἐξέπεσεν, ἀπώλετο

6) 비슷한 의미의 단어들을 나열하여 부자의 결말이 무엇인지를 강조한다(사라지다, 말리다. 떨어지다. 사라지다, 쇠퇴하다).[89]

2. 해설

본 단락에서 야고보는 또 다른 주제를 다룬다. 그것은 가난한 형제와 부한 형제 문제이다. 이 주제는 야고보서 2:1-12과 5:1-6에서 다시 등장한다.

1) 자랑하라(9)

야고보는 단락을 시작하면서 "자랑하라"(καυχάσθω)고 말씀한다. 그는 여기서 명령법을 사용하여 거부할 수 없는 단호함을 보여준다.[90] 그런데 이 말은 매우 어색하다. 성경은 많은 곳에서 자랑하는 것이 신자에게 어울리지 않는다고 말씀하기 때문이다.

"비방하는 자요 하나님께서 미워하시는 자요 능욕하는 자요 교만한 자요 자랑하는 자요 악을 도모하는 자요 부모를 거역하는 자요"(롬 1:30). "그런즉 누구든지 사람을 자랑하지 말라 만물이 다 너희 것임이라"(고전 3:21). "사랑은 오래 참고 사랑은 온유하며 시기하지 아니하며 사랑은 자랑하지 아니하며 교만하지 아니하며"(고전 13:4). "사람들이 자기를 사랑하며 돈을 사랑하며 자랑하며 교만하며 비방하며 부모를 거역하며 감사하지 아니하며 거룩하지 아니하며"(딤후 3:2). "그들이 허탄한 자랑의 말을 토하며 그릇되게 행하는 사람들에게서 겨우 피한 자들을 음란으로써 육체의 정욕 중에서 유혹하는도다"(벧후 2:18).[91]

야고보의 입장도 이와 다르지 않다. "이제도 너희가 허탄한 자랑을 자랑하니 그러한 자랑은 다 악한 것이라"(약 4:16, cf. 약 3:5, 14). 자랑에 대한 이와 같은 부정적인 말씀들 때문에 "자랑하라"는 야고보의 명령은 우리에게 서먹할 수밖에 없다. 그러나 성경이 무조건 자랑을 금하는 것은 아니다. 성경은 긍정적 의미의 자랑에 대해서도 많이 말씀한다(렘 9:24; 시 149:5;[92] 롬 15:17; 고전 1:31, 9:15; 고후 1:12, 14; 7:4, 14; 8:24; 9:2; 10:8, 17; 빌 1:26; 빌 2:16; 살전 2:19; 살후 1:4; 히 3:6 등). 그럴지라도 자랑을 늘 행하여야 하는 성도의 일반 덕목으로 보기에는 여전히 석연치 않다.[93]

그렇다면 야고보가 자랑에 대한 성경의 부정적 언급들을 뒤집기라도 하듯이 "자랑하라"는 명령으로 새로운 주제를 시작한 이유는 무엇인가? 자랑의 주체는 '낮은 형제'와 '부한 형제'이다.[94] 낮은 자도 자랑할 것이 있고, 부한 자도 자랑할 것이 있다. 야고보는 낮은 형제는 그의 높음으로 인해 자랑하고 부한 형제는 그의 낮음으로 인해 자랑하라고 명령한다.[95] 여기서 '낮은 형제'는 가난한 형제를 의미한다. 그 이유는 '낮은 형제'가 물질적으로 '부한 형제'($\acute{o}$ $\dot{\alpha}\delta\epsilon\lambda\varphi\acute{o}\varsigma$ … $\acute{o}$ $\pi\lambda o\acute{u}\sigma\iota o\varsigma$)와[96] 대조 ($\delta\acute{\epsilon}$)로 언급되기 때문이며(10a), '낮은'($\tau\alpha\pi\epsilon\iota\nu\acute{o}\varsigma$)이라는 말이 실제로 '가난한'을 의미하기도 하기 때문이다. 그럼에도 저자가 '낮은 형제'로 '가난한 형제'를 나타내려 했다면 직접적이고도 분명하게 '가난한'을 의미하는 '$\pi\tau\omega\chi\acute{o}\varsigma$'(cf. $\pi\tau\omega\chi\epsilon\acute{\iota}\alpha$, poverty)를 쓰지 않은 이유에 대한 궁금증은 여전히 남는다.

이에 대한 답변은 수신 교회의 형편에서 찾을 수 있다. 야고보가 가난한 형제를 낮은 형제로 지칭한 이유는 수신 교회의 상황 때문이다. 수신 교회의 중요한 특징 중 하나는 사람을 차별하는 것이었다. 그들은 가난한 자를 낮게 여기고 부유한 자를 높이 여겼다. 그들은 회당에 금가락지를 끼고 아름다운 옷을 입은 사람이 들어오면 그를 눈여겨보고 좋은 자리에 앉게 했다. 반면에 남루한 옷을 입은 가난한 사람이 들어오면 서 있게 하거나 발등상 아래에 앉게 했다(약 2:1-4). 가난한 자는 비천한 자로 취급받았고 부유한 자는 고귀한 자로 여겨졌다. 이것이 수신 교회의 상황이었다.

야고보는 이러한 상황을 염두에 두고 그들의 잘못을 바로잡고 있다. 이 시정의 핵심이 바로 '자랑하라'이다. 야고보서 4:16에서 야고보는 "그러한 자랑이 다 악한 것이라(πᾶσα καύχησις τοιαύτη πονηρά ἐστιν)"고 말한다. 여기서 말하는 자랑은 곧 "허탄한 자랑"(καυχᾶσθε ἐν ταῖς ἀλαζονείαις)을 가리킨다. 이것은 그릇된 긍지에서 나오는 거짓 자랑이다. 이것은 오만과 자만이며 우쭐댐이다(cf. 약 4:13-17).[97] 야고보가 금지한 자랑이 바로 이런 것이다. 그러나 그가 야고보서 1:9-10에서 자랑하라고 말한 이유는 그것이 오만이나 자만이 아니기 때문이다. 낮은 형제는 높아지고, 부한 형제는 낮아진다. 이것이 진리이다. 부한 형제는 이 말을 들었을 때 불편해 할 수 있지만 신자는 그리됨을 기뻐하고 자랑해야 한다. 신자는 진리를 자랑하고 기뻐하는 자이기 때문이다. 그리고 부한 형제는 이제 하나님의 뜻을 알았으니 그의 부를 하나님의 뜻에 합당하게 사용하면 된다.

2) 낮은 형제(9)

먼저 야고보는 낮은 형제에게 권면한다. "낮은 형제는 그의 높음 때문에 자랑하라."[98] 앞에서 말한 대로 "낮은 형제"는 가난한 형제를 의미한다. 그는 자신의 높음 때문에 자랑해야 한다.[99] 여기서 '높음'(ὕψος)은 '낮은'(ταπεινός)과 공간적 대조를 이루는데, 이것은 영원의 관점에서 본 것이다.[100] 그 이유는 야고보서 2:5에서 발견된다. "하나님이 세상에서 가난한 자를 택하사 믿음에 부요하게 하시고 또 자기를 사랑하는 자들에게 약속하신 나라를 상속으로 받게 하지 아니하셨느냐." 낮은 형제의 높음은 그가 종말론적으로 하나님의 나라를 상속받는 것을 의미한다. 하나님은 일반적으로 하늘, 즉 높은 곳(cf. 약 1:17; 3:15, 17)에 계시는 것으로 인식되므로 하나님의 나라도 그러하다. 그래서 하나님의 나라를 상속받는 가난한 형제는 공간적으로 높은 자가 된다. 또한 가난한 형제는 하나님의 나라를 상속받음으로써 신분적으로도 높은 자가 된다. "낮은 사람의 신분이 일약 귀한 사람의 신분으로 변한 것이다."[101] 이와 같이 낮은 형제는 공간과 신분의 변화를 통해 높음 안에 있게 되었으므로 자랑해야 한다.

3) 부한 형제(10-11)

반면에 부한 형제는 그의 낮음 때문에 자랑해야 한다(10a). 야고보는 이에 대한 분명한 이유를 한 가지 비유로 설명한다. "왜냐하면 풀의 꽃과 같이 그가 사라질 것이기 때문이다"(10b). 이어서 야고보는 부자가 왜 풀의 꽃과 같은지 그 이유(γάρ)를 말한다. "왜냐하면 태양이 태우는 듯한 열기와 함께 떠올라 풀을 말렸다. 그러자 풀의 꽃은 떨어졌고 꽃의 아름다운 모양(얼굴)도 사라졌기 때문이다"(11a). 이리하여 야고보는 부한 형제에 대한 자신의 명제적 선언을 확증한다. "이와 같이 부한 자도 그의 추구하는 일에서 쇠퇴할 것이다"(11b). 이 비유에는 다음과 같은 특징들이 나타난다.

첫째, 11a에 사용된 동사의 시상은 모두 부정과거(aor.)이다.[102] 이것은 어떤 사실(fact)을 말하려는 저자의 의지를 잘 나타낸다.[103] 해가 떠올라 뜨거운 열기를 뿜어내면 풀은 곧 마른다. 그러면 당연히 꽃은 떨어질 것이고 꽃의 아름다운 모습도 순식간에 사라지고 만다. 이는 이스라엘을 포함한 그 주변 지역에서 나타나는 불변의 자연현상이다. 이와 마찬가지로 인생이 아무리 강하고 부하며 아름답다 해도 반드시 마르고 쇠한다. 이 또한 불변의 진리이다. 이것을 거스를 수 있는 인생은 어디에도 없다. 따라서 부한 자가 쇠퇴하는 것은 단지 하나의 가능성이 아니라 반드시 그렇게 되는 필연을 의미한다.

둘째, 10b-11절은 비슷한 의미의 단어들을 나열하여 비유의 초점을 하나로 모은다. 사라지다(παρέρχομαι, 10b), 말리다(ξηραίνω, 11a), 떨어지다(ἐκπίπτω, 11a), 썩다, 사라지다(ἀπόλλυμι, 11a), 쇠퇴하다(μαραίνομαι, 11b). 이러한 묘사는 부한 자의 결국이 무엇인지를 강조한다. 부자는 반드시 사라지고 쇠퇴한다. 부유함은 금방 없어진다. 그래서 부유함을 추구하는 삶은 허망하다. 없어지거나 멸망하는 것에 대한 반복적인 표현들에 주의하라. "부자도 태양과 바람 앞에서 스러져가는 풀과 꽃처럼 초라한 존재에 지나지 않는다."[104]

4) 요약

가난한 형제는 하나님이 주신 공간적, 신분적 높음에 참여하게 된 것을 자랑하고, 부한 형제는 하나님을 믿어 이와 같은 인생의 비참함을 깨닫게 되었으므로[105] 자신의 낮아짐을 자랑해야 한다.[106] "만일에 부한 사람이 하나님의 은혜로 예수 그리스도를 믿고 인생의 의미를 깨닫게 된다면 그는 참으로 행복한 사람이다. 이때 그는 자신의 낮아짐을 자랑하게 될 것이다."[107] 특히 부한 형제는 인생의 쇠퇴함을 하나님이 정하신 원리로 알아 자신의 쇠함을 부정하거나 원망하지 말고 도리어 기뻐해야 한다. 그것이 진리대로 이루어진 일이기 때문이다. 또한 모든 신자들도 이 원리를 알고 가난한 이들을 낮게 여기거나 부유한 자들을 높이 여기는 편애와 차별을 하지 않아야 한다. 사라질 것에 매여 사는 것은 신자의 올바른 행위가 아니다.

본문 : 야고보서 1:9-11

제목 : 낮은 자와 부한 자

1. 가난한 자의 태도(9)

   가난한 자는 가지고 있는 것으로 인해 기뻐하라.

   종말론적 시각에서 자신의 존귀함과 부요함을 바라보라

2. 부자의 태도(10-11)

   물질과 생명과 아름다움은 일시적이므로

   하나님 앞에 낮은 자로 살아가라

3. 맺음말

V. 시험(약 1:12)

개역개정 ¹² 시험을 참는 자는 복이 있나니 이는 시련을 견디어 낸 자가 주께서 자기를 사랑하는 자들에게 약속하신 생명의 면류관을 얻을 것이기 때문이라.

사   역 ¹² 시험을 참는 사람이 복이 있다. 왜냐하면 시련(연단)을 받은 후 그가 주께서 그를 사랑하는 자들에게 약속하신 생명의 화관을 받을 것이기 때문이다.

- 내용분석 -

1. 복 있는 사람(12)
    1) 복 있는 사람 - 시험을 참는 자(12a)
    2) 이유 - 생명의 화관을 받음(12b)

1. 문학적 구조와 특징

2-4절에서 이미 다룬 주제인 시험(πειρασμός)을 다시 언급으로써 이 주제의 중요성을 강조한다. 그리고 2-12절은 이 주제로 언어적 인클루지오(inclusio, book-end) 구조를 이룬다.

2. 해설

1) 시험에 대한 재 언급(12)

야고보는 이미 2-4절에서 믿음의 시련인 시험(πειρασμός)과 그것이 산출하는 인내에 대하여 말씀했다. 그런데 몇 절 지나지 않아 12절에서 다시 시험에 대하여 언급한다. 이렇게 하여 "1:12에 나오는 시험의 인내는 인내와 시험이 긍정적으로 비슷하게 연결된 1:2-3과 인클루지오(inclusio), 즉 언어적 샌드위치를 이룬다."[108] 그러나 그는 단순히 동일 주제를 반복하는 것이 아니라 그것을 확장하여 절정으로 이끈다.[109] 이처럼 야고보는 시험이라는 주제를 서신의 첫 주제로, 그것도 반복하여 자세히 설명한다. 이는 성도가 믿음의 시련인 시험의 특징과 목적을 바로 이해하고 잘 감당하도록 하기 위해서이다. 성도에게 시험은 피하기 위해 있는 것이 아니라 잘 감당하기 위해 있다.

2) 복 있는 사람(12a)

야고보는 야고보서 전체에서 복 있는 사람이 어떤 사람인지를 크게 두
가지로 설명한다. 하나는 말씀을 행하는 자, 즉 율법을 실천하는 사람이
며(약 1:22-25),[110] 다른 하나는 인내하는 사람이다(약 1:12; 5:11).[111] 이처럼
야고보서는 복에 관해 세 번 말하며, 그 중에 두 번이 인내와 관련된다.

야고보는 12절을 "복 있는 사람"(μακάριος ἀνήρ)이라는 선언적인 말
로 시작함으로써 복 있는 사람이 어떤 사람인지를 강조한다. 그리고 그
는 곧장 관계대명사(ὅς)를 사용하여 복 있는 사람에 대한 정의를 내린
다. 복 있는 사람은 시험을 참는 자이다. 세상 사람들은 시련이 있어 참
고 견뎌야 하는 것을 고난이라고 하지 복이라고 하지 않는다. 그들은
시련이 없이 모든 일이 잘 되는 것을 복이라고 말한다. 그들에게 복은
만사형통을 의미한다. 그러나 신자의 복은 이와 완전히 다르다. 복 있
는 사람은 시험, 즉 믿음의 시련이 없는 사람이 아니라 시험을 참고 견
디고 인내하는 사람이다.

3) 이유(12b)

왜냐하면(ὅτι) 시험을 견딘 자가 생명의 화관(στέφανος)을 받을 것이기
때문이다. 신자의 복은 시련이 없는 것이 아니라 시련을 견디고 인내하
여 마침내 생명의 화관을 받는 것이다. 생명의 화관은 시험 없이 주어
지는 것이 아니라, 시험을 받은 후에(δόκιμος[112] γενόμενος)[113] 주어진다.

시련 없는 화관은 없다. 고난이 없으면 화관도 없다. 야고보는 이것을 분명히 하기 위해 단순히 생명(ζωή)을 받게 된다고 말하지 않고 특별히 생명의 '화관'을 받게 된다고 말한다. 화관은 왕관(διάδημα)이 아니라 운동선수가 인내하며 열심히 훈련한 결과로 경기에서 승리했을 때 받는 승리의 관이다.[114]

신약성경에는 이에 대한 예들이 종종 나타난다(cf. 딤후 4:8; 벧전 5:4). "이기기를 다투는 자마다 모든 일에 절제하나니 그들은 썩을 승리자의 관을 얻고자 하되 우리는 썩지 아니할 것을 얻고자 하노라"(고전 9:25). 경기에서 이기기를 힘쓰는 사람은 절제하는데 이것은 곧 인내이다. 또한 예수님은 에베소교회의 사자에게 "너는 장차 받을 고난을 두려워하지 말라 볼지어다 마귀가 장차 너희 가운데에서 몇 사람을 옥에 던져 시험을 받게 하리니 너희가 십일 동안 환난을 받으리라 네가 죽도록 충성하라 그리하면 내가 생명의 관을 네게 주리라"(계 2:10)[115]고 말씀하셨다. 고난을 두려워하지 말고 환난을 받되, 죽음에 이르더라도 끝까지 환난을 견디라고 하신다. 이것이 신자의 신실함이요 충성이요 믿음이다. 그리할 때 주님은 그에게 썩지 않고 멸하지 않는 생명의 화관을 주신다.

복 있는 사람은 누구인가? 그는 시험을 참는 사람이다. 왜냐하면 그가 시험을 인내한 후에 생명의 화관을 받을 것이기 때문이다. 여기서 "받을 것이다"(λήμψεται)는 미래 시제이다. 이것은 시험을 인내한 사람이 받을 생명의 화관이 종말론적인 상이며, 그 생명 역시 종말론적인 생명임을 의미한다. 만일 "생명의 화관"(τὸν στέφανον τῆς ζωῆς)에서 소유격인 '생명의'를 설명의 소유격(epexegetic genitive) 의미로 본다면, 또는 명사인 '화관'과 동격으로 본다면[116] "생명의 화관"은 '생명인 화관' 이 되어 화관은 곧 생명을 의미하게 된다.[117] 이 생명은 잠깐 보이다가 없어지는 안개와 같은 육신의 생명이 아니라(약 4:14) 영원한 생명이다. 신자의 진정한 복은 영생이다. 요컨대 신자에게는 시련이 복이다. 신자 는 시련을 통해 마침내 생명의 화관을 받기 때문이다.

하지만 그렇다고 해서 이 복을 단순히 신자가 인내한 결과로 생각 하면 큰 잘못이다. 생명의 화관은 어디까지나 주께서 약속으로 주시는 것이다(ἐπηγγείλατο, 12b). 신자의 인내보다 하나님의 약속이 먼저 있다. 생명의 화관은 단순히 노력의 결실이거나 승전의 전리품이 아니다. 주 님이 인내하는 자에게 쇠하거나 사라지지 않는 영원한 생명의 화관을 주시기로 약속하지 않았다면, 신자가 아무리 수고하고 노력하고 인내 하고 애를 써도 받을 것은 전혀 없다. 신자의 인내보다 하나님의 약속 이 앞서 있다. 그러므로 신자가 시련을 참은 후에 받는 생명의 화관도 결국 하나님의 은혜이다. 은혜가 없으면 생명의 화관도 없다. 하나님은 은혜로 신자의 인내에 생명의 화관을 주신다. 하나님이 이 모든 것을 약속하셨다. 신자의 인내에 대한 보상은 하나님의 은혜로운 약속에 근 거한 것이다. 그러므로 모든 신자는 하나님의 이 약속을 의지하고 모든 시련을 인내하며 기쁨으로(약 1:2) 감당해 내야 한다.

그런데 하나님은 생명의 화관을 "그를 사랑하는 자들"(τοῖς ἀγαπῶσιν αὐτόν)에게 약속하셨다(cf. 약 2:5).[118] 현재분사는 종종 진행의 의미를 갖 지만, 이 구절에서 현재분사인 '사랑하는 자들에게'(ἀγαπῶσιν)는 격언 적 의미의 초시간적 뜻을 가지고 있다. 그러므로 '하나님을 사랑하는 자'는 믿음의 시련들을 영원히 인내로 감당하는 자이다.[119] 여기에 놀라운 사실이 있다. 하나님을 사랑하는 것은 시험을 참는 것으로 드러난다! 고난을 참는 것이 하나님을 사랑하는 것이다. 하나님을 사랑하는 것은 단순히 생각이나 말이 아니라 인내하는 행위이다(cf. 1:4a). 행위로 실행되지 않는 하나님 사랑은 허구다. 이것은 허망한 것이요 죽은 것이다(cf. 약 2:26). 이처럼 인내의 필요성과 가치는 절대적이다.

　나아가서 신자의 인내는 부유한 자들의 아름다움과 비교할 수 없는 가치를 가지고 있다. 신자가 시련을 인내로써 통과한 후에 마침내 얻게 되는 것은 생명의 화관이며, 이는 영원한 것이다. 하지만 부유한 자들이 이 땅에서 아름다움(εὐπρέπεια)을 누리는 시간은 매우 짧다(약 1:10-11). 그것은 잠시 잠깐이면 지나가고 스러지며 사라진다(약 1:11a). 생명의 화관은 영원하나 부유한 자의 아름다움은 순간이다. 신자는 영원한 승리의 화관을 소망하며 살아야 한다. 그래야 부유한 자들의 짧은 영광을 부러워하지 않고 당하는 고난과 시련을 기쁜 마음으로 인내할 수 있다. 하나님을 사랑하여 시련을 인내하는 자는 장차 하나님으로부터 영생의 화관을 받을 것을 확신한다. 따라서 신자는 땅에서 시련을 당하나 이미 영원한 생명을 누리고 있는 사람이다. 신자는 비록 땅에서 잠시 고난을 당하지만 이미 영원을 살고 있다. 신자는 영원을 소유했기에 순간의 것에 연연하지 않으며, 잠깐 있다가 멸망하는 것에 매이지 않는다. 결국 신자의 시험과 인내는 현세적이면서 동시에 종말론적인 것이다.

VI. 유혹(약 1:13-18)[120]

개역개정 ¹³ 사람이 시험을 받을 때에 내가 하나님께 시험을 받는다 하지 말지니 하나님은 악에게 시험을 받지도 아니하시고 친히 아무도 시험하지 아니하시느니라 ¹⁴ 오직 각 사람이 시험을 받는 것은 자기 욕심에 끌려 미혹됨이니 ¹⁵ 욕심이 잉태한즉 죄를 낳고 죄가 장성한즉 사망을 낳느니라 ¹⁶ 내 사랑하는 형제들아 속지 말라 ¹⁷ 온갖 좋은 은사와 온전한 선물이 다 위로부터 빛들의 아버지께로부터 내려오나니 그는 변함도 없으시고 회전하는 그림자도 없으시니라 ¹⁸ 그가 그 피조물 중에 우리로 한 첫 열매가 되게 하시려고 자기의 뜻을 따라 진리의 말씀으로 우리를 낳으셨느니라.

사 역 ¹³ 유혹을 받을 때에 단 한 사람도 내가 하나님으로부터 유혹을 받는다고 말하지 못하게 하라. 왜냐하면 하나님은 악한 것들에 의해 유혹을 받을 수 없으며, 그 자신 또한 단 한 사람도 유혹할 수 없기 때문이다. ¹⁴ 도리어 각 사람은 그 자신의 욕망에 의해 이끌리고 유인되어 미혹된다. ¹⁵ 결국 욕망이 잉태하여 죄를 낳고, 죄가 다 자라서 죽음을 낳는다. ¹⁶ 나의 사랑하는 형제들아, 너희는 속지 말라. ¹⁷ 모든 선한 은사와 모든 온전한 선물이 위로부터 빛들의 아버지로부터 내려온다. 그에게는 변함이나 전환의 그림자가 없다. ¹⁸ 우리가 그의 피조물들 중에 어떤[121] 첫 열매가 되도록 하기 위해 그가 계획을 세우셨고 진리의 말씀으로 우리를 낳으셨다.

1. 문학적 구조와 특징

1) 본 단락은 명령법에 의해 두 개의 문단(13-15; 16-18)으로 구분된다.

   13. μηδεὶς … λεγέτω …   단 한 사람도 … 말하지 못하게 하라 …

   16. Μὴ πλανᾶσθε …   너희는 속지 말라 …

2) 인클루지오(inclusio)(μηδεὶς … οὐδένα, 13) 용법과 부정의 의미를 가진 단어를 세 번 사용한 뒤 역접 접속사를 사용하여(μηδεὶς … ἀπείραστος … οὐδένα … δέ, 13-14) 하나님과 유혹의 무관성을 매우 두드러지게 나타낸다.

3) 또한 13-14절의 'not A but B'의 논법은 B의 내용을 강조한다. 그리하여 유혹이 B의 문제라는 것을 부각하고 있다.

4) 16절은 13-15절과 17-18절을 연결하는 다리의 역할을 하며, 독자가 이 두 단락을 상호관련 속에서 이해하도록 한다.

이상의 설명을 도식으로 나타내면 다음과 같다.

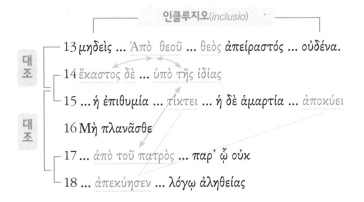

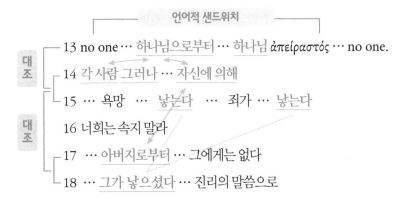

2. 해설

1) 유혹(13-15)

야고보는 바로 앞 절(12)에 있는 '시험'(πειρασμός)에 이어 '시험하다'(πειραζεῖν)의 분사형인 '시험받을 때'(πειραζόμενος)라는 말로 본 단락을 시작한다. 그러나 그 의미는 12절과 전혀 다르다.[122] 야고보서 1:1-4, 12의 시험은 믿음의 시련(testing)을 의미하며, 이는 인내를 이루며 종국에는 하나님이 약속하신 생명의 화관을 받는다. 반면에 야고보서 1:13-15의 시험은 죄에 의한 유혹(temptation)을 의미한다. 따라서 12절과 13-15절은 다른 주제를 다룬다. McCartney는 이에 대해 다음과 같이 설명한다. 첫째, 12절은 격언 형태의 특징을 가진다. 야고보는 이와 같은 잠언적 격언을 새로운 주제를 소개할 때보다 어떤 문제를 결론짓거나 요약할 때 사용한다(예를 들어, 1:27; 2:13, 26; 3:11-12, 18; 4:17. 그의 책 서론의 '구조'를 보라). 둘째, 1:12의 시험은 복의 원인이고 1:13-15의 유혹은 죄의 원인이므로 이 둘은 다른 주제이다. 셋째, 1:12의 시험의 인내는 인내와 시험이 긍정적으로 비슷하게 연결된 1:2-3과 인클루지오(inclusio)를 이룬다.[123] 그러므로 야고보는 하나의 단어를 서로 반대되는 두 가지 의미로 사용하여 독자에게 충격을 주며 시험과 유혹의 차이를 분명히 한다.

(1) 유혹과 하나님(13)

13절은 "아무도 …않다"(no one)를 뜻하는 μηδείς로 시작하고 또한 같은 의미를 가진 οὐδένα로 끝난다. 이렇게 "아무도 …않다"로 인클루지오(inclusio)를 구성한 것은 하나님이 유혹과 아무런 관련이 없다는 사실을 강조하기 위해서이다. 먼저 하나님은 악들의(κακῶν)[124] 시험을 받을 수 없는 분이다(13b). 이 말은 하나님이 악한 것들에 의해 시험을 받을 수도 있으나 의지적으로 거절하시는 분이라는 의미가 아니다. 하나님은 본성적으로 악의 시험을 받을 수 없는 분이시다. 하나님은 본질적으로 빛들의 아버지이시기 때문이다(약 1:17). 하나님은 빛이시므로 그에게는 어둠이 조금도 없다. "우리가 그에게서 듣고 너희에게 전하는 소식은 이것이니 곧 하나님은 빛이시라 그에게는 어둠이 조금도 없으시다는 것이니라"(요일 1:5). 하나님은 악에 의해 시험을 받지 못하신다. 이것은 의지성이 아니라 불가능성을 의미한다.[125] 이런 까닭에 하나님 자신도 다른 누군가를 유혹하지 못하신다('않는다'가 아니라)(약 1:13c). 하나님은 단 한 사람도 유혹할 수 없다. 하나님은 죄악과 무관하시다. 그래서 하나님은 심판주가 되신다(약 5:9). 만일 하나님이 죄와 관련되어 유혹을 당하거나 누군가를 유혹하는 분이라면 어찌 그가 다른 사람의 죄악을 판단하는 심판주가 될 수 있겠는가? 그러므로 그 누구도 유혹을 받을 때에 "내가 하나님으로부터 유혹을 받고 있다(ἀπὸ θεοῦ πειράζομαι)"고 말하면 안 된다(약 13a). 어떤 사람도 자신이 유혹에 빠진 것을 하나님의 탓으로 돌리거나 하나님께 책임을 전가할 수는 없다. 하나님은 어떤 유혹과도 관련이 없으며 그 누구의 유혹과도 무관하시다.

(2) 유혹과 각 사람(14-15)

이어서 야고보는 유혹의 원인과 번식에 관해 설명한다.

① 유혹의 원인 - 인간의 욕망(14)

야고보는 13절에서 부정의 의미를 가진 세 단어를 하나님과 관련하여 연속 사용함으로써(μηδεὶς … ἀπείραστος … οὐδένα) 하나님과 유혹의 무관성을 강조했다. 이어 그는 14절을 역접 접속사(δέ)로 연결하여 유혹이 결국 '각 사람'(ἕκαστος)의 문제라는 사실에 초점을 맞춘다. "그 자신의"(τῆς ἰδίας)도 유혹의 동인이 하나님이나 그 밖의 다른 사람에게 있는 것이 아니라 유혹을 받는 그 사람 자신에게 있다는 점을 강조한다. 유혹은 하나님으로부터 오지 못한다. 유혹은 하나님의 문제가 아니라 사람의 문제이다. 이 사실이 매우 중요하다. 유혹에 빠진 사람들은 그 원인을 하나님께 돌리며 자신의 잘못에 대한 정당성을 찾지만 야고보는 절대 그럴 수 없다고 단언한다. 단 한 사람도(μηδεὶς) 그렇게 말하면 안 된다(13a). 하나님은 악한 일을 하도록 유혹을 받지 못하시며 또한 단 한 사람도(οὐδένα) 유혹하지 못하신다(13b). 도리어 각 사람이 유혹에 빠지는 것은 그 사람 자신의 문제이다. 이 사실을 강하게 보여주는 것이 "하나님으로부터"(ἀπὸ θεοῦ, 13a)와 "그 자신에 의해"(ὑπὸ τῆς ἰδίας, 14) 사이의 대조이다. 유혹은 하나님으로부터 나오는 것이 아니라 유혹을 받는 그 사람 자신에 의한 것이다. 유혹의 원인은 유혹을 받는 사람 자신에게 있다. 그 사람 안에 유혹의 동인이 있다. 유혹의 빌미는 유혹을 받는 그 자신이다.

이것은 특정인의 문제가 아니라 '모든' 사람의 문제이다. 14절에 사용된 "각 사람"(ἕκαστος)은 각(each) 사람이라는 의미와 더불어 모든(every) 사람이라는 의미를 가지고 있기 때문이다. 이 세상 그 누구도 유혹으로부터 자유로울 수 없다. 이 말은 또한 모든 사람이 자신 안에 유혹의 동인을 가지고 있다는 뜻이다. 모든 인간은 유혹에 넘어갈 준비가 되어 있다. 신자는 이러한 인간의 특성을 바로 알고, 믿음 안에서 근신하고 깨어 있어야 한다.

인간은 자기 자신에 의해 유혹을 받는다. 이 유혹의 근본 원인은 인간 자신의 '욕망'(욕심, ἐπιθυμία)이다. 각 사람은 자신의 욕망에 의해 유혹을 받는다. 인간의 욕망이 화를 부른다. 인간의 욕심은 아무리 먹어도 만족할 줄 모른다. 인간의 욕망은 아무리 부어도 채워지지 않는 밑 빠진 항아리이며, 암만 내려가도 바닥에 닿을 수 없는 무저갱과 같다. 그래서 인간은 유혹에 잘 이끌리고 미혹된다. '이끌리다'(ἐξέλκω)는 끌다, 당기다, 꾀다(lure)의 의미이며, 수동태로는 '끌려오다', '꼬임을 받다'는 의미이다(cf. 창 37:28; 삿 20:31). '미혹하다'(δελεάζω)는 미끼(δέλεαρ)의 동사형으로서 '미끼로 유인하다', '미끼로 꾀어내다'는 뜻이며, 수동태로는 미끼에 유인되다, 미끼에 꾀어냄을 당하다는 뜻으로 유혹을 의미한다. 미끼는 유혹물이다. 그래서 "끌려"(ἐξελκόμενος καὶ δελεαζόμενος)는 이끌리고 유인된다는 뜻이다(원래는 역순이다. 미끼에 유인되어 끌려오는 것). 이 표현은 사냥이나 낚시와 관련된다.[126] "이 용어들은 대개 그물이나 줄, 그리고 미끼로 낚시나 사냥하는 과정을 설명하기 위해 사용된다."[127] 이것은 사람이 자신의 욕망에 의해 미끼에 유인되어 끌려가는, 즉 낚이고 사냥당하는 형국을 보여준다. 만족할 줄 모르는 인간의 욕망이, 채워지지 않는 인간의 욕구가 미끼를 따라가다가 결국에는 빠져나올 수 없는 올무에 걸려들고 만다.

야고보는 사람이 유혹을 받는 것이 마귀에 의한 것이라고 직접적으로 말하지 않는다. 대신 "자기 자신"(ἴδιος)에 의한 것이라고 말함으로써 유혹 받음이 개인 책임이라는 사실에 초점을 맞춘다. 이 말은 유혹을 받는 것이 신자에게 불가항력적이 아니며, 이기고 극복할 수 있다는 뜻이다. 문제는 욕심이다. 욕심을 버리면 미끼(유혹물)를 따라가지 않게 된다. 그러나 인간 안에 있는 결코 만족할 줄 모르는 욕망, 욕구, 욕심이 유혹으로 이끈다. 또한 유혹을 받는 것이 자기 자신에 의한 것이라 함은 사람이 유혹을 받는 것이 하나님에 의한 것이 아니라는 사실을 분명히 한다. "자기 자신"은 하나님 중심적 관심에 반하는 자기중심적 관심을 의미한다.[128] 이것은 전적으로 인간 개인의 욕망을 말하며 따라서 유혹은 당하는 사람에게 책임이 있다. 인간 안에 있는 욕망은 인간을 진리(약 1:18)가 아닌 것을 갈망하게 하고 그것에 집착하여 떠나지 못하게 한다. 인간의 욕망이 마침내 유혹하는 미끼를 덥석 물고 만다.

② 유혹의 번식(15)

15절은 아래와 같이 상, 하반절이 정확하게 병행을 이룬다.

15a ἡ ἐπιθυμία συλλαβοῦσα τίκτει ἁμαρτίαν
    욕망이   잉태하여   낳고   죄를

15b ἡ ἁμαρτία ἀποτελεσθεῖσα ἀποκύει θάνατον
    죄가   다 자라서   낳는다   죽음을

15a의 목적어인 죄($\dot{\alpha}\mu\alpha\rho\tau\dot{\iota}\alpha$)는 15b의 주어가 된다. 이것은 15a와 15b가 서로 긴밀히 연결되어 있다는 것을 의미한다. 유혹(13-14)은 그 자체로 끝나지 않고 다음 단계로 진행한다. 그래서 야고보는 '결국'($\epsilon\hat{\iota}\tau\alpha$, after all)이라는 말로 15절을 시작한다(개역개정에는 없음). 욕심에 의해 이끌리고 유인된 후에 결국 어떤 일이 벌어지는가? "욕망이 잉태하여 죄를 낳는다"(15a). "잉태하다"($\sigma\upsilon\lambda\lambda\alpha\mu\beta\alpha\nu\epsilon\hat{\iota}\nu$)는 붙잡다, 붙들다, 임신하다는 뜻이다. 욕심이 잉태하다는 말은 욕심에 의해 끌려가고 유인된 후에 미끼를 덥석 물거나 꽉 움켜잡는 것이다.[129] 욕심에서 시작된 일이 마침내 튼튼한 올무에 묶이고 강한 낚시 바늘에 단단히 걸려 죄를 짓는다. 야고보는 이것을 "욕심이 잉태하여 죄를 낳는다."고 말한다. '잉태하다'는 표현은 유혹에 넘어감이 사람의 적극적인 활동에 의한 것임을 나타낸다. "잉태하는 것은 씨가 뿌려졌거나 수정된 것이다."[130] 잉태는 실행에 옮긴 것이며, 적극적이고 자발적인 의지의 발현이다. 따라서 사람이 유혹에 넘어간 것은 그 사람 밖에서 일어난 일이 아니라 그 사람 안에서 일어난 일이다. 그리고 욕심에 의해 유혹에 넘어가면 반드시 죄를 범한다. 이 필연성을 강조하기 위해 야고보는 잉태와 출산의 비유를 든다. 잉태한 사람이 출산하지 않는 경우를 보았는가? 결코 그런 일은 없다. 마찬가지로 욕심으로 유혹에 빠졌는데 죄를 범하지 않을 수 있겠는가? 이 또한 그럴 수 없다. 그러므로 우리는 유혹에 넘어가지 않도록 욕심을 버리고 경건한 삶을 살도록 힘써야 한다.

그러나 범죄가 욕심에 의해 유혹된 자의 최종 결과는 아니다. 야고보는 욕심이 잉태하면 죄를 낳고($\tau\dot{\iota}\kappa\tau\omega$), 죄가 장성하면 죽음을 낳는다($\dot{\alpha}\pi\sigma\kappa\upsilon\dot{\epsilon}\omega$)고 말하기 때문이다. 죄는 출생한 후에 꿈틀 꿈틀 움직인다.

죄는 살아 있는 생명체이다. 죄는 살아서 거듭 죄를 지으며 성장한다. 작은 죄는 더 큰 죄로, 적은 죄는 더 많은 죄로 성장한다. 죄는 멈추지 않고 계속 재생산한다. 죄의 공장은 멈추지 않는다. 죄의 공장은 정전도 없고 고장도 없다. 죄는 이렇게 충분히 성장했을 때[131] 죽음을 낳는다. 죄는 죄로 끝나지 않고 죽음을 출산한다. 죄는 사망을 낳을 때까지 쉬지 않고 성장한다. 죄의 결국은 죽음이다. 시험은 인내를 온전히 이루어 온전하고($\tau\acute{\epsilon}\lambda\epsilon\iota o\varsigma$) 구비하여 조금도 부족함이 없는 신자를 만든다(약 1:4). 반면에 죄가 온전해지면($\dot{\alpha}\pi o\tau\epsilon\lambda\epsilon\tilde{\iota}\nu$, 다 자라다)[132] 죽음의 열매를 맺는다. 죄의 절정에 사망의 보좌가 있다. 시험을 인내하면 생명을 얻지만(약 1:12) 유혹에 빠지면 죽음에 이른다(약 1:15). 욕심이 잉태하여 죄를 낳고 죄는 충분히 자라서 죽음을 낳는다. 욕망과 죄는 출산한다. 출산은 재생산이요 번식이다. 이 번식의 과정을 도식으로 나타내면 다음과 같다.

각(모든) 사람($\check{\epsilon}\kappa\alpha\sigma\tau o\varsigma$)

자신의 욕심에 의해 → 이끌리고 유인되어 미혹됨

결국(그 다음, $\epsilon\tilde{\iota}\tau\alpha$)

잉태함(꽉 붙듦, $\sigma\upsilon\lambda\lambda\alpha\mu\beta\acute{\alpha}\nu\omega$)

　┗→ 죄를 낳음($\tau\acute{\iota}\kappa\tau\omega$)

　　┗→ 장성($\dot{\alpha}\pi o\tau\epsilon\lambda\acute{\epsilon}\omega$)

　　　┗→ 죽음을 낳음($\dot{\alpha}\pi o\kappa\upsilon\acute{\epsilon}\omega$)

이것은 죄악의 넝쿨이며 사망에 이르는 연결고리이다.[133]

2) 유혹에 대한 경고(16-18)

(1) 경고(16) - 속지 말라(μὴ πλανᾶσθε)

사람은 유혹의 원인이 자기 안에 있는 욕심이 아니라 하나님이라고 말한다(13a). 이것은 인간의 죄와 죽음의 책임을 하나님께 떠넘기는 악한 행위이다. 이것은 이미 지은 죄로도 모자라 또 하나의 죄를 더하는 행위이다. 하나님은 본성적으로 유혹을 받지 못하며 유혹하지도 못하신다(13b). 사람은 오직 자기 욕심 때문에 유혹에 빠져 죄를 짓고 마침내 죽음에 이른다(14-15). 그래서 야고보는 형제들에게 이와 같은 거짓 주장에 속지 말라고 경고한다. "속지 않음이 죄와 죽음이 번식하는 과정을 막는 방어 수단이다."[134] 하나님이 사람을 유혹한다는 생각이나 주장에 속지 말라. 사람이 유혹을 받는 것은 자신의 욕심에 의한 것이지 결코 하나님에 의한 것이 아니다.

(2) 하나님 아버지(17-18)

야고보는 13b에서 하나님이 유혹과 관련하여 어떤 분이신지를 설명했다. 그는 17-18절에서 다시 한 번 하나님이 어떤 분이신지를 설명함으로써 거짓 주장(13a)에 속지 말라고 교훈한다. 특히 그는 하나님을 14-15절이 말하는 인간 유혹의 과정과 비교하여 설명한다. 그러면 하나님은 어떤 분이신가?

첫째, 하나님은 선하시고 온전하신 분이시다. 모든 좋은 은사와 온전한 선물이 '위로부터'(ἄνωθεν) 내려온다. '위'는 하늘을 가리키며, 하늘은 하나님을 상징한다(cf. 약 5:18). 그러므로 하나님은 선하고 온전하신 분이다. 위로부터 내려오는 것, 즉 하나님으로부터 난 것은 성결하고 평화하고 관용하고 양순하며 긍휼과 선한 열매가 가득하고 편견과 거짓이 없다.[135] 한 마디로 말해 하나님으로부터 나와 하늘로부터 내려오는 것에는 하나님의 성품이 반영되어 있다. 이 모든 것은 하나님의 은혜에 의한 것이기에 선물이다. 야고보는 동의어인 은사(δόσις)와 선물(δώρημα)을 반복하여 이 사실을 강조하고 있다. 하나님은 선하고 온전한 것을 값없이 선물로 주신다. 하나님은 죄와 사망을 낳는 유혹의 출처가 아니라 선하고 온전한 선물의 출처이시다.

둘째, 하나님은 빛이시다. 모든 좋은 선물과 온전한 선물이 위로부터 빛들의 아버지로부터 내려온다(17a). 하나님은 빛들의 아버지로서 빛들을 낳으신 분이시다. 빛에서 빛이 나온다. 빛이 빛을 낳는다. 빛은 결코 어둠에서 나올 수 없다. 그러므로 빛의 아버지이신 하나님도 빛이시다(요일 1:4). 마찬가지로 어두움은 어두움에서 나온다. 빛은 어두움을 낼 수 없다. 하나님은 빛이시니 욕망과 유혹과 죄와 사망 같은 어두움이 하나님에게서 절대로 나올 수 없다.[136]

셋째, 하나님은 아버지이시다. 하나님은 미끼로 유혹하거나 속이거나 꾀거나 호려서 유혹에 빠뜨리는 분이 아니라 위로부터 선하고 온전한 선물과 은사를 주시는 분이시다. 야고보는 이러하신 하나님을 아버지(πατήρ)라고 부른다(약 1:27; 3:9). 복음서도 이와 동일하게 증언한다. 하나님은 하늘에 계신 아버지이시며(마 5:45), 하늘에 계신 아버지는 온전하신 분이다(마 5:48). 하늘에 계신 아버지는 자녀들에게 좋은 것으로 주신다(마 7:9-12, cf. 눅 11:11-13). 그러므로 유혹이 하나님으로부터($\dot{\alpha}\pi\grave{o}$ $\theta\epsilon o\tilde{v}$) 나올 수 없다(13). 아버지로부터($\dot{\alpha}\pi\grave{o}$ $\tau o\tilde{v}$ $\pi\alpha\tau\rho\acute{o}\varsigma$)는 모든 좋은 은사와 온전한 선물이 내려온다(17).

넷째, 하나님은 변함이 없으시다(17b). 변하는 것과 회전하는 그림자는 사람을 유혹한다. 이것들은 하나님의 불변성과 대조된다. 하나님 아버지는 빛이시므로 그에게는 변하는 것과 돌아가는 그림자가 없다. 변함($\pi\alpha\rho\alpha\lambda\lambda\alpha\gamma\acute{\eta}$)과 전환의 그림자($\tau\rho o\pi\grave{\eta}\varsigma$ $\dot{\alpha}\pi o\sigma\chi\acute{\iota}\sigma\mu\alpha$)는 당시의 천문학 현상을 가리킨다. 야고보는 하나님에 관한 생각을 표명하기 위해서 천체의 일정한 움직임을 사용했다.[137] '변함'($\pi\alpha\rho\alpha\lambda\lambda\alpha\gamma\acute{\eta}$)은 본질이나 성품의 변화를 의미한다.[138] 유혹하는 미끼는 모양이나 크기나 위치를 자주 바꾼다. 유혹하는 모든 것은 자신을 꾸미고 포장하며 변화한다. 그러나 하나님은 본질과 성품상 변하지 않는 분이시다. 또한 하나님은 빛이시기에 그 분에게는 전환하는 그림자($\tau\rho o\pi\grave{\eta}\varsigma$ $\dot{\alpha}\pi o\sigma\chi\acute{\iota}\sigma\mu\alpha$)도 없다. 하나님은 불변의 하나님이시다. "나 여호와는 변하지 아니하나니 그러므로 야곱의 자손들아 너희가 소멸되지 아니하느니라"(말 3:6). 이와 같이 하나님은 변할 수 없는 분이므로 누군가를 유혹할 수도 없다. 하나님의 불변성이 하나님의 유혹 불가능성을 담보한다. 나아가서 하나님은 변함도 없고 전환의 그림자도 없으므로 하나님이 주시는 은사와 선물도 변화거나 속임이 없다. 하나님의 선물은 다른 것으로 변하지 않으며 결코 올무나 미끼를 포함하지 않는다.[139]

다섯째, 하나님은 계획과 수단과 목적을 가지고 행하신다. 하나님은 계획하신다. "자기의 뜻을 따라"($\beta o\upsilon\lambda\eta\theta\epsilon\acute{\iota}\varsigma$)는 $\beta o\acute{\upsilon}\lambda o\mu\alpha\iota$의 부정과거 분사이며, 이 단어는 원하다, 뜻하다, 작정하다, 계획하다의 의미를 가

진다.[140] 즉 어떤 일을 실행하기 위해 의지적으로 계획하는 것을 뜻한다(cf. 엡 1:11).[141] 그러면 하나님의 원함은 무엇인가? 다시 말해 그분의 계획은 무엇인가? 그것은 하나님이 우리를 낳으시는(ἀποκυεῖν) 것이다(18). 이 말은 신자의 구원을 의미한다. "낳다"(ἀποκυεῖν)는 죄가 다 자라서 사망을 낳는다(ἀποκύει)고 한 말씀에 사용되었다(15).[142] 따라서 하나님의 낳음은 죄의 낳음과 대조되며 이는 구속을 말한다.[143] 게다가 하나님은 "진리의 말씀으로" 우리를 낳으셨다(약 1:18). 야고보서 1:21은 "너희 영혼을 구원할 수 있는 말씀"이라고 밝힌다. 하나님은 진리인 말씀으로 죄인을 구원하신다. 그러므로 진리의 말씀으로 우리를 낳았다는 말은 곧 그 말씀으로 우리를 구원하셨다는 의미이다. 이처럼 하나님 '자기의 뜻' 즉 하나님의 계획은 우리를 구원하시는 것이다. 하나님이 우리를 낳으심은 철저히 하나님의 뜻과 계획과 의지에 따라 이루어진 일이지 어쩌다가 우연히 된 일이 아니다. "이렇게 함으로써 야고보는 구원이 하나님의 일이지 인간의 일이 아님을 강조한다."[144] 그러므로 하나님의 계획에 의해 이루어진 신자의 구원은 결코 변하지 않는다. 하나님은 불변하시는 분이므로 그 분에 의한 구원 역시 변할 수 없다.

또한 하나님은 수단을 사용하여 계획을 이루신다. 하나님은 자신의 구원 계획을 실행하실 때에 수단을 사용하신다. 하나님은 "진리의 말씀으로"(λόγῳ ἀληθείας) 우리를 낳으셨다(18). 하나님은 진리의 말씀을 수단으로 우리를 구원하신다. 하나님의 말씀은 진리이므로 거짓이 없으며(약 3:14) 유혹하지 못한다(약 5:19). 하나님은 이 진리의 말씀으로 구원을 이루신다. 그러므로 신자의 구원도 진리이며 변함도 없고 속임도 없다. 신자의 구원은 진리를 거슬러 된 것이 아니라(cf. 약 3:14) 진리에 의해 이루어졌다. 그래서 이 구원은 불변하며 변개치 못한다.

나아가서 하나님은 분명한 목적을 가지고 계획하신다. 하나님의 구원 계획의 목적은 우리가 그의 피조물들 중에 첫 열매($\dot{\alpha}\pi\alpha\rho\chi\acute{\eta}$)가 되는 것이다.[145] 첫 열매는 여호와를 위한 성물이므로(렘 2:3) 여호와께 속한 열매이다. 이 사실은 요한계시록에서 더욱 분명하게 설명된다. "이 사람들은 여자와 더불어 더럽히지 아니하고 순결한 자라 어린 양이 어디로 인도하든지 따라가는 자며 사람 가운데에서 속량함을 받아 처음 익은 열매로 하나님과 어린 양에게 속한 자들이니"(계 14:4). 또한 "신약에서 첫 열매는 모든 피조물에 대한 하나님의 구속의 시작을 나타낸다(롬 16:5; 살후 2:13; 계 14:4). 그리스도 자신이 부활의 첫 열매다(고전 15:20, 23)."[146] 그러므로 첫 열매는 구원받아 하나님과 어린 양이신 예수 그리스도에게 속한 신자를 가리킨다.[147]

요약하면, 하나님은 계획하시고 그것을 이루시기 위해 진리를 수단으로 사용하시고 목적을 따라 행하신다. 하나님은 즉흥적이거나 생각 없이 일하지 않으신다. 하나님은 철저한 계획 속에 수단과 목적을 가지고 실행하신다. 하나님의 계획은 우리를 구원하는 것이며, 이것을 이루기 위한 수단은 진리의 말씀이다. 하나님이 우리를 구원하신 목적은 우리가 구원받아 하나님께 속한 자가 되도록 하기 위해서이다. 이 모두는 그 무엇에 의해서도 꺾이거나 침해 받을 수 없다. 따라서 하나님의 계획과 수단과 목적에 의해 이루어진 신자의 구원도 결코 변하지 못한다. 구원은 변할 수 없는 하나님의 계획과 변할 수 없는 진리에 의해 그리고 첫 열매가 되게 하려는 하나님의 목적에 의해 이루어진 것이기 때문이다.[148] 바로 이 점에서 야고보서의 구원론은 매우 분명하다.

하나님은 유혹하지 못하신다. 하나님은 오직 진리로 행하실 뿐이다. 하나님은 변함이 없으시다. 하나님은 진리의 말씀으로 우리를 낳으셨을 뿐, 변하는 것으로 유혹하여 죄와 사망을 낳게 하는 분은 결코 아니다. 그러므로 신자는 하나님이 유혹의 근원이라거나 참으로 좋은 것들이 하나님 외에 다른 근원에서 온다고 생각함으로써 속는 일이 없어야 한다.[149]

신자는 하나님이 진리의 말씀으로 우리를 낳으신 계획과 목적을 알고 그것에 부합되게 살아야 한다. 하나님은 하나님의 성물로, 하나님께 속한 자가 되도록 하기 위해 우리를 첫 열매로 낳으셨다. 그러므로 신자는 욕심에 붙들려 유혹에 넘어가 죄를 낳고 사망을 낳는 일을 해서는 안 된다. 신자는 하나님의 성물이요 그 분께 속한 자이므로 그 분의 성품을 닮아 선하고 온전하며 진리로 행하여야 한다.[150]

(3) 하나님의 불변성과 구원의 불변성

하나님은 좋으시고 온전하시고 위에 계신 아버지이시며 빛이시다. 그래서 하나님은 변함도 없고 전환의 그림자도 없으시다. 하나님의 이러한 완전성과 불변성은 그 분의 역사하심, 특히 구원하심에 그대로 반영된다. 하나님은 우리가 그의 피조물 중에 첫 열매가 되도록 하셨다. 이를 위해 하나님은 우리를 낳을 계획을 세우셨다. 하나님은 이 계획을 성취하기 위해 진리의 말씀을 수단으로 쓰셨다. 하나님은 아무런 계획이나 수단이나 목적 없이 행하시는 분이 아니다. 하나님은 아무렇게나 했다가 안 되면 금방 바꾸어버리는 '변함'의 하나님이 아니시다. 특히 하나님은 변하지 않는 '진리의 말씀'을 구원의 수단으로 사용하심으로써 자신의 불변하심과 자신이 목적을 가지고 뜻을 세워 행하신 구원의 불변성을 분명히 증언하셨다. 하나님의 이 불변성이 하나님이 행하신 구원의 불변성을 담보한다.

본문 : 야고보서 1:12-18

제목 : 시험과 유혹

1. 복 있는 사람(12)

    1) 시험을 참는 사람(12a)

    2) 이유(12b)

        (1) 시험을 견딘 자가 생명의 화관($\sigma\tau\acute{\epsilon}\phi\alpha\nu\sigma\varsigma$)을 받기 때문

        (2) 생명의 화관이 하나님의 약속이기 때문

        (3) 시험을 참는 것이 하나님을 사랑하는 것이기 때문

        (4) 생명의 화관이 영원한 것이기 때문

2. 유혹(13-18)

    1) 유혹과 하나님(13)

    2) 유혹과 각 사람(14)

    3) 유혹의 결과와 번식(15)

    4) 유혹에 대한 경고(16-18)

3. 맺음말 - 시험과 유혹이 한 사건 안에

    1) 물질

    2) 자녀

    3) 교회

    4) 그 외

VII. 화내기, 듣기, 말하기(약 1:19-27)

개역개정 ¹⁹ 내 사랑하는 형제들아 너희가 알지니 사람마다 듣기는 속히 하고 말하기는 더디 하며 성내기도 더디 하라 ²⁰ 사람이 성내는 것이 하나님의 의를 이루지 못함이라 ²¹ 그러므로 모든 더러운 것과 넘치는 악을 내버리고 너희 영혼을 능히 구원할 바 마음에 심어진 말씀을 온유함으로 받으라 ²² 너희는 말씀을 행하는 자가 되고 듣기만 하여 자신을 속이는 자가 되지 말라 ²³ 누구든지 말씀을 듣고 행하지 아니하면 그는 거울로 자기의 생긴 얼굴을 보는 사람과 같아서 ²⁴ 제 자신을 보고 가서 그 모습이 어떠했는지를 곧 잊어버리거니와 ²⁵ 자유롭게 하는 온전한 율법을 들여다보고 있는 자는 듣고 잊어버리는 자가 아니요 실천하는 자니 이 사람은 그 행하는 일에 복을 받으리라 ²⁶ 누구든지 스스로 경건하다 생각하며 자기 혀를 재갈 물리지 아니하고 자기 마음을 속이면 이 사람의 경건은 헛것이라 ²⁷ 하나님 아버지 앞에서 정결하고 더러움이 없는 경건은 곧 고아와 과부를 그 환난 중에 돌보고 또 자기를 지켜 세속에 물들지 아니하는 그것이니라.

사 역 ¹⁹ 너희는 알라. 나의 사랑하는 형제들아. 그러나 사람마다 듣기에 신속하라, 말하기에 더디어라, 분노하기에 더디어라. ²⁰ 왜냐하면 사람의 분노는 하나님의 의를 이루지 못하기 때문이다. ²¹ 그러므로 너희는 모든 더러움과 넘치는 악을 내어버리고 너희의 영혼을 구원할 수 있는 심겨진 말씀을 온유함으로 받으라. ²² 그러므로 너희는 말씀을 행하는 자들이 되고 자신들을 속이는 단지 듣기만 하는 자들이 되지 말라. ²³ 왜냐하면 만일 어떤 사람이 말씀을 듣는 자이나 행하는 자가 아니라면, 그는 거울로 그의 본래의 얼굴을 들여다보는 사람과 같기 때문이다. ²⁴ 왜

나하면 그는 자신을 보고 갔으나 그가 어떤 모양의 사람인지를 즉시 잊어버렸기 때문이다. 25 그러나 자유의 온전한 율법을 집중하여 지속적으로 들여다보는 자는 잘 잊어버리는 듣는 자가 아니라 행위를 하는 자이다. 이 사람은 그의 행위로 복이 있을 것이다. 26 만일 어떤 사람이 그의 혀를 재갈물리지 않고 도리어 그의 마음을 속이면서 그가 경건하다고 생각한다면, 이 사람의 경건은 무익한 것이다. 27 하나님 곧 아버지 앞에서 정결하고 더러움이 없는 경건은 이것이니, 고아들과 과부들을 그들의 고난안에서 돌보는 것이며 그 자신을 세상으로부터 흠 없이 지키는 것이다.

- 내용분석 -

1. 도입(19) - 알라 : 듣기, 말하기, 화내기
2. 화내기(20-21)
    1) 인간의 분노와 하나님의 의(20)
    2) 하나님의 의를 이루기 위한 방편(21)
        (1) 버릴 것(21a) - 더러운 것, 넘치는 악
        (2) 받을 것(21b) - 말씀
3. 듣기(22-25)
    1) 말씀을 행하는 자, 듣기만 하는 자(22)
    2) 말씀을 듣고 행하지 않음(23-24)
    3) 행하는 자(25) - 복 받을 자
4. 말하기(26-27)
    1) 혀를 재갈 물리지 않는 자(26) - 헛된 경건
    2) 정결하고 더러움이 없는 경건(27)

1. 문학적 구조와 특징

1) "나의 사랑하는 형제들아"(19b)는 주제의 전환을 알린다.

2) "너희는 알라"(Ἴστε, 19a)는 명령으로 시작한다.[151] 특히 이 명령을 "나의 사랑하는 형제들아"(ἀδελφοί μου ἀγαπητοί)보다 앞에 둠으로써 본 단락에 대한 독자의 각별한 주의를 요청하고 있다. 그리고 여기에 "이 어라"(ἔστω, 19c)는 명령이 이어져 이 사실을 강화한다.

3) "신속하라"(ταχύς, 19c) → "더디어라"(βραδύς, 19d) → "더디어라"(βραδύς, 19e)는 속도의 변화를 표현한다. '빠르게 → 느리게 → 느리게.' 이것은 점점 느려지는 속도의 변화를 한 눈에 보게 하며, 특히 마지막 주제인 분노하는 데 더딜 것을 강조한다.

4) 이 외에도 명령의 의미로 쓰인 분사 "내어 버리라"(ἀποθέμενοι, 21)와 명령형인 "받으라"(δέξασθε, 21), "되라"(γίνεσθε, 22)가 연속되어 하나의 강력한 권고 단락을 형성한다.

5) 전치사를 가진 합성동사(분사, 부정사)들을 대거 사용하여(20 κατεργάζομαι, 21 ἀποθέμενοι, 22 παραλογιζόμενοι, 23 κατανοοῦντι, 24 κατενόησεν, ἀπελήλυθεν, ἐπελάθετο, 25 παρακύψας, παραμείνας, 27 ἐπισκέπτεσθαι) 논지를 강력하게 이끌어 간다(cf. 25 ἐπιλησμονῆς). 부정의 α를 가진 형용사의 연속 사용도 이

를 뒷받침한다(27 ἀμίαντος, ἄσπιλος).

6) 문단 전체의 구조는 하나의 도입 구절(19)에 세 개의 주제를 압축적으로 선언한 뒤, 각각의 주제를 자세히 풀어 설명하는 얼개이다(아래 도식 참조).

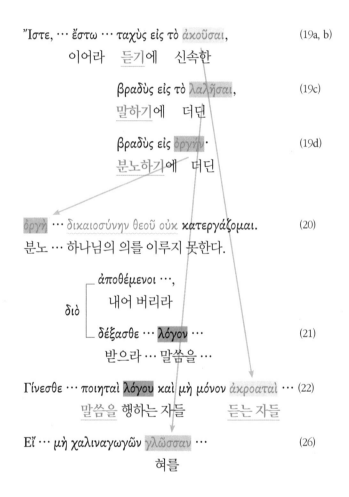

"Ἴστε, ··· ἔστω ··· ταχὺς εἰς τὸ ἀκοῦσαι,   (19a, b)
이어라   듣기에   신속한

βραδὺς εἰς τὸ λαλῆσαι,   (19c)
말하기에   더딘

βραδὺς εἰς ὀργήν·   (19d)
분노하기에   더딘

ὀργὴ ··· δικαιοσύνην θεοῦ οὐκ κατεργάζομαι.   (20)
분노 ··· 하나님의 의를 이루지 못한다.

        ┌ ἀποθέμενοι ···,
        │   내어 버리라
διὸ │
        └ δέξασθε ··· λόγον ···   (21)
              받으라 ··· 말씀을 ···

Γίνεσθε ··· ποιηταὶ λόγου καὶ μὴ μόνον ἀκροαταὶ ··· (22)
        말씀을 행하는 자들   듣는 자들

Εἴ ··· μὴ χαλιναγωγῶν γλῶσσαν ···   (26)
              혀를

7) 단어로 문단 연결

주제가 '분노'(20-21)에서 '말씀을 듣는 자와 듣고 행하는 자'(22-25)로 바뀐다. 주제의 전환은 '되라'(γίνεσθε, 22)[152]는 명령문과 '행하는 자들'(ποιηταί), '듣는 자들'(ἀκροαταί)이라는 핵심 용어(key word)의 변화에서 잘 나타난다. 그럼에도 21절의 '말씀'(λόγος)이 22절에서 반복됨으로써 단어에 의한 단락의 연결이 나타난다. 이러한 전개방식, 즉 주제의 변화에 의해 단락이 바뀌어도 전후 단락이 공통단어로 연결되는 문학방식은 야고보서의 특징 중 하나이다. 예를 들면 다음과 같다.

1. 야고보서 1:4은 인내에 대하여 말하지만 1:5은 지혜에 대하여 말한다. 그런데도 이 둘은 '부족'(λείπω)이라는 공통의 단어를 가지고 있다.

2. 야고보서 1:12의 주제는 믿음의 시련인 시험이고 13-15절의 주제는 유혹이다. 그래서 전자는 '생명'을, 후자는 '사망'을 말한다. 그렇지만 이 두 단락은 '시험'(πειρασμός, 12)과 '시험하다'(πειράζω, 13, 14)로 연결되어 있다.

3. 야고보서 1:19-27에서 언급된 '말하기'(19, λαλῆσαι)는 차별금지를 다루는 2:1-13에서 다시 거론된다(3, εἴπητε … εἴπητε, 13, λαλεῖτε).

4. 야고보서 2:1-13에서 야고보는 차별금지에 대한 교훈을 마무리하면서 "너희는 자유의 율법대로 심판받을 자처럼 말도 하고 행하기도 하라"(약 2:12)고 말한다. 여기에 '말'과 '행위'의 문제가 언급된다. 야고

보서 2:14-26은 '믿음'과 '행위'라는 다른 주제를 다룬다. 그럼에도 이 단락도 '말'과 '행위'라는 단어에 의해 앞 단락과 연결되고 있다.[153]

5. '말'(약 3:2a)에 의해 야고보서 3:1-12과 1:19-20; 2:12, 14, 16이 연결되며,[154] 또한 '혀'(약 3:5, 6bis, 8)에 의해 야고보서 1:26(참된 경건은 '혀'를 재갈 물리는 것)과 관련된다.[155] 이렇게 하여 말의 문제는 행위가 있는 믿음의 문제(약 2:14-26)와 연결되며,[156] 언어의 사용은 참된 경건과 상관한다.

6. 야고보서 3:1-12은 사람의 혀의 문제에 대하여 말하고 이어진 3:13-18은 지혜에 대하여 진술한다. 이렇게 다른 두 주제 사이에 "쓴"($\pi\iota\kappa\rho\acute{o}\nu$, 11//14), "제어할 수 없는"($\acute{\alpha}\kappa\alpha\tau\acute{\alpha}\sigma\tau\alpha\tau o\varsigma$, 3:8)과 "무질서, 불안정"($\acute{\alpha}\kappa\alpha\tau\alpha\sigma\tau\alpha\sigma\acute{\iota}\alpha$, 3:16), "가득한"($\mu\epsilon\sigma\tau\acute{\eta}$, 3:8//17) 등의 단어가 동일하게 반복된다.

7. 야고보서 3:1-12에서 말(혀)의 문제를 다룰 때 사용된 '지체'($\mu\acute{\epsilon}\lambda o\varsigma$)(3:5, 6)가 4:1에서 다시 나타난다.

8. 야고보서 3:13-18은 위로부터 난 지혜에 대하여 말하는 반면에 4:1-10은 욕심에 대하여 다루지만, 이 둘 사이에는 '질투'(시기, $\zeta\tilde{\eta}\lambda o\varsigma$, 3:14, 16)와 '질투하다'(시기하다, $\zeta\eta\lambda\acute{o}\omega$, 4:2)가 병행한다(cf. 귀신과 마귀 약 3:15; 4:7).

이와 같이 야고보서는 단어로 문단과 문단을 느슨하게 이어가는 독특한 문학 장치를 사용하고 있다. 이 방식은 때로 주제의 반복으로 나타난다. 이것은 야고보서가 단락들 사이에 논리적 연결 없이 단순히 여러 주제들을 나열한 모음집이 아니라는 사실을 의미한다.[157]

2. 해설

1) 도입(19)

야고보는 독자의 주의를 환기시키기 위하여 "너희는 알라"(Ἴστε)는 명령으로 단락을 시작한다.[158] 그런데 그는 이 말을 "나의 사랑하는 형제들아"(ἀδελφοί μου ἀγαπητοί)보다 앞에 둠으로써 그들이 알아야 할 내용에 초점을 맞춘다. 이러한 방식, 즉 '명령 + 형제들아'는 야고보가 강조를 위해 즐겨 쓰는 표현기법이다(약 1:2, 16, 19; 2:5; 3:1; 4:11; 5:7, 9, 10. cf. 형제들아 + 명령, 약 2:1; 5:12). '너희'는 이 편지의 수신 교회이며 또한 이 땅의 모든 신자들을 가리킨다. 야고보는 19절에서 신자들이 알아야 할 내용을 다음과 같이 밝힌다. "사람마다 듣기에 신속하라, 말하기에 더디어라, 분노하기에 더디어라." 신자들이 알아야 하는 것은 하나님, 예수 그리스도, 성령, 인간, 구원, 교회, 종말 등에 관한 내용만이 아니다. 신자는 듣기와 말하기와 성내기에 대해서도 잘 알아야 한다. 그래서 야고보는 "형제들아"에 이어 "사람마다"(πᾶς ἄνθρωπος)라는 주어를 씀으로써 이 세 가지 문제가 신자 각 사람에게 해당된다는 사실을 분명히 한다. 본 단락의 구조를 분석하면 다음과 같다.

Ἴστε, ...	너희는 알라. ⋯
ἔστω πᾶς ἄνθρωπος	사람마다 하여라(이어라)
ταχὺς εἰς τὸ ἀκοῦσαι,[159]	듣는 것에 신속
βραδὺς εἰς τὸ λαλῆσαι,[160]	말하는 것에 더디
βραδὺς εἰς ὀργήν·[161]	분노하는 데 더디

야고보는 "이어라"(ἔστω)는 명령 동사에 목적을 나타내는 전치사 '…에(εἰς, 위하여)를 연결하여 세 가지 주제를 나열한다. 이것은 이 주제들이 '동일하게' 중요하다는 의미이다. 이 사실은 20-27절에서 이들에 대한 설명의 순서가 바뀌고 있는 것에서도 분명하다.

2) 화내기(20-21)

(1) 인간의 분노와 하나님의 의

야고보는 먼저 사람의 분노에 대하여 설명한다. "분노하는 데 더디어라"(19d). 신자는 분노하는 데 더디어야 한다. 그 이유는 20절에 있다. "왜냐하면(γάρ) 사람의 분노는 하나님의 의를 이루지(실행하지) 못하기 때문이다." 여기에 '사람의 분노'와 '하나님의 의'가 대조된다. 그러면 사람의 분노가 하나님의 의를 성취하지 못하는 이유는 무엇인가?

① 사람에게 의로움이 없기 때문

무엇보다도 사람에게는 의로움이 없기 때문이다. 하나님의 의를 이루지 못하는 분노는 그냥 분노가 아니라 '사람의'(ἀνδρός) 분노이다. 하나님도 분노하시고 사람도 분노한다. 하나님의 분노는 공의를 이루지만 사람의 분노는 그렇지 않다. 야고보서는 사람이 어떤 특성을 가지고 있는지에 대해 여러 가지로 말씀한다. 사람은 욕심 때문에 쉽게 유혹에 빠지며(약 1:14) 사람을 차별하며 악한 생각으로 판단하며 가난한 자를 업신여긴다(약 2:1-13). 사람은 말로 범죄하며(약 3:1-12) 마음속에 독한 시기와 다툼이 있고 진리를 거슬러 거짓말을 한다(약 3:13-14). 사람의 지체에는 싸우는 정욕이 있고, 두 마음을 품고 있다(약 4:1-10). 사람은 형제를 비방하며(약 4:11-12) 허탄한 자랑을 하며(약 4:13-17) 정당한 임금을 착취한다(약 5:4). 사람은 사치하고 방종하며(약 5:5) 서로 원망하며(약 5:9-11) 거짓맹세를 하며(약 5:12) 유혹되어 진리를 떠난다(약 5:19). 무엇보다도 사람은 의인을 정죄하고 죽인다(약 5:6). 이것이 야고보가 말하는 사람의 본 모습이다. 인간은 단지 악하고 불의할 뿐이다. 그렇다면 어떻게 인간 안에서 거룩하고 의로운 분노가 나올 수 있겠는가! 인간은 불의하기에 그 안에서 나오는 모든 분노도 불의하여 하나님의 의를 행하지도 못하고 이루지도 못한다. 아무리 거룩해 보이고 정당하게 여겨지는 분노일지라도 그것이 인간 안에서 나오는 한 불의한 것이어서 결국 하나님의 의를 성취하지 못한다.

② 사람에게 의를 이루려는 성향이 없기 때문

또한 사람은 생래적으로 하나님의 의를 이루려는 성향을 가지고 있지 않기 때문이다. 사람은 가장 경건한 때에도 하나님의 일을 생각하기 보다는 자신의 일을 생각한다(cf. 막 8:33). 사람은 하나님의 영광보다 자신의 영광을 더 생각한다(요 12:43). 사람은 하나님의 뜻을 따르기보다 사람의 정욕을 좇아가기를 더 좋아한다(cf. 벧전 4:2). 인간은 쉽게 세상과 벗이 됨으로써 하나님과 원수가 된다(약 4:4). 육신을 따르는 인간의 생각은 하나님과 원수가 된다(롬 8:7). 한 마디로 인간은 본질상 부패한 존재이다. 그러므로 인간은 가장 정당하고 의로울 때조차도 악하다.

③ 사람의 분노는 자신의 의를 드러낼 뿐이다.

그러므로 사람의 분노는 자신의 의를 드러낼 뿐이다. 사람은 가장 선할 때에도 자신을 향하여 있다. 일반적으로 사람이 화를 내는 이유는 자신이 옳다는 것을 나타내기 위해서이다. 사람이 화를 내고 분노하는 것은 하나님의 의를 나타내고 이루기 위해서가 아니라 자신의 의를 드러내고 확인하고 싶어서이다. 사람의 분노를 아무리 아름답게 포장해도 그것은 언제나 자기의 의로움을 드러낼 뿐이다. 거룩한 분노니 의로운 분노니 하면서 아무리 좋은 말로 꾸며도 그것은 단지 자기의 의로움을 나타내려는 것일 뿐, 그것을 통해 하나님의 의가 드러나는 것은 아니다.

그 반대도 마찬가지이다. 사람은 자신의 불의를 숨기기 위해 화를 내기도 하고 다른 사람을 비난하기도 한다. 그러나 결론은 같다. 자신이 불의하지 않다는 말은 자신이 의롭다는 말과 같기 때문이다. 이 둘 중에 어느 쪽이 되었든지 사람이 화를 내는 이유는 자신의 의로움을 나타내려는 것일 뿐, 하나님의 의를 이루지는 못한다.

이처럼 사람의 분노는 하나님의 의를 이루지도 못하며(οὐκ ἐργάζομαι), 이룰 수도 없다. 사람의 분노는 하나님의 의로움을 실행하지도 못하고 성취하지도 못한다. 요컨대 하나님의 의는 인간의 분노를 통해 이루어지지 않는다. 하나님의 의로움은 인간의 분노를 필요로 하지도 않고 의존하지도 않는다. 사람이 화를 내는 것은 단지 자신의 의로움을 자랑하려는 것일 뿐, 하나님의 의와는 아무런 관련이 없다.

(2) 분노하기를 더디 하라는 말의 진의

그렇다고 해도 성경이 분노를 완전히 금한 것은 아닌 듯하다. "분을 내어도 죄를 짓지 말며 해가 지도록 분을 품지 말고"(엡 4:26). 인간이 불의한데 정말로 분을 내어도 죄를 짓지 않을 수 있을까? 불의한 인간에게 온전히 거룩한 분노가 나올 수 있을까? 이것은 불가능하다. 그러므로 이 말씀은 사람의 분노를 정당화하는 것이 아니라 오히려 분노하지 말라는 권면이다. 타락한 인간이 죄와 무관하게 전적으로 의로운 분노를 낼 수는 없기 때문이다.

성내는 것이 하나님의 의를 이루지 못하므로 성내는 것을 더디 하라고 말한 것은 분노를 천천히, 더디 내는 것은 괜찮다는 뜻이 아니라 더디 내려고 하다보면 안 내게 된다는 의미일 것이다. 이는 분노를 금지한 것과 다르지 않다. 또한 이는 예수께서 "일흔 번씩 일곱 번이라도 용서하라"(마 18:22)고 하신 말씀이 491번째부터는 용서하지 않아도 된다는 뜻이 아니라 완전한 용서를 하라는 의미인 것과 같다.

(3) 하나님의 의를 이루기 위한 방편(21)

신자는 하나님이 의로우시다는 사실을 나타내며 하나님의 의를 따라 행하고 이루며 사는 사람이다. 하지만 사람(ἀνήρ)의 분노는 자기의 의로움을 드러낼 뿐 하나님의 의를 이루지 못한다.[162] 그러면 어떻게 해야 신자가 하나님의 의를 이룰 수 있을까? 야고보는 "사람의 분노가 하나님의 의를 이루지 못함이라"고 밝힌 뒤, "그러므로"(διό)라고 말함으로써 이에 대한 답을 준다. 야고보는 불의한 우리가 하나님의 의를 이룰 수 있는 두 가지 비결을 말씀한다. 하나는 버리는 것(ἀποτίθημι)이고 다른 하나는 받아들이는(δέχομαι) 것이다. 그리고 이때의 태도는 온유함(πραΰτης)이다. (아래 도식 참조)

20. ὀργὴ ··· δικαιοσύνην θεοῦ   분노 ··· 하나님의 의를
　　　　　　οὐκ ἐργάζεται.　　　　　　　이루지 못한다.

21. διὸ ···　　　　　　　　　　그러므로 ···
　┌─ ἀποθέμενοι ···　　　　　┌─ 내어버리고 ···
　│　ἐν πραΰτητι　　　　　　│　온유함으로
　└─ δέξασθε ··· .　　　　　　└─ 받으라 ···

① 버릴 것(21a) - 모든 더러움과 넘치는 악

첫째로 신자가 하나님의 의를 이루기 위해서는, 다시 말해 하나님의 의를 실행하고 성취하기 위해서는 먼저 '버려야' 한다(21a). '내버리다'(ἀποτίθημι)는 문자적으로 옷을 벗는 것을 의미하며, 상징적으로는

어떤 습관이나 죄를 제거하다, 떨쳐버리다, 관계를 끊다, 그만두다, 버리다 등의 의미가 있다.[163]

그러면 신자는 무엇을 제거하고 관계를 끊고 버려야 하는가? 신자가 자신의 삶에 하나님의 의를 실행하려면 모든 더러움과 넘치는 악(περισσεία κακίας)을 내버려야 한다. 사람의 분노는 더러움과 넘치는 악에서 나온 것이다. '모든 더러운 것'이 더러움의 종류를 설명한다면, '넘치는 악'은 악한 것의 양을 나타낸다. '더러움'(ῥυπαρία)은 신약성경에 단 한번 나오며, 나쁜 행실로 인한 도덕적 불결함과 더러움과 추잡함과 부정을 의미한다.[164] '넘치는 악'은 기본적으로 악의 많음(abundance)과 범람을 의미하며, 신자에게 악이 넘쳐흐를(overflow) 정도로 많다는 사실을 강조한 표현이다. 이것은 신자 주변에 유행하고 있는 악한 것들을 의미할 수도 있다.[165] 교회라고, 신자라고 시대와 환경에서 범람하는 악으로부터 자유 할 수는 없다. 그러나 근본적으로 '넘치는 악'은 회심하기 이전은 물론이고, 회심한 후에도 없어지지 않고 남아 있는 악이다. 예수를 믿고 신자가 된 후에도 이전의 구습에서 완전히 벗어나는 것은 아니기 때문이다. 그래서 바울은 에베소교회에게 유혹의 욕심을 따라 썩어져 가는 구습을 좇는 옛 사람을 벗어 버리라(ἀποθέσθαι)고 권면했던 것이다(엡 4:22).

그런데 여기에 언급된 '악'(κακία)은 바로 앞에 있는 '더러움'과 동의어일 수 있다. 더러운 것이 따로 있고 악한 것이 따로 있는 것이 아니라 도덕적으로 더러운 것은 악한 것이며 악하기 때문에 더러운 것이다. 따라서 '넘치는 악'이 바로 앞에 나오는 '모든 더러움'과 서로 다른 어떤 것을 지칭하는 것일 수도 있으나 실은 같은 것을 다르게 표현한 것으로 볼 수도 있다. 이럴 경우에 본문은 "모든 더러움 곧 넘치는 악을 내어버리라"가 된다. 이렇게 해석하는 이유는 '모든 더러운 것과'에서 '과'(καί)가 설명적 보어로 쓰일 수 있기 때문이다(cf. 골 3:8; 벧전 2:1).[166]

야고보는 수신 교회의 신자들이 여전히 다양한 죄와 수없이 많은 악을 행하고 있다는 사실을 알고 그들에게 이 모든 것을 내버리라고 명령한다. 신자는 모든 더러움과 범람하는 악을 제거해야 한다. 신자가 하나님의 의를 이루는 비결은 분노가 아니라 모든 더러움과 넘치는 악을 버리는 것이다. 다시 말해 분노하는 대신에 악의와 훼방과 부끄러운 말(골 3:8)과 악독과 궤휼과 외식과 시기와 비방(벧전 2:1)을 버려야 한다. 로마서는 이것을 어둠의 일이라고 하며 방탕함과 술 취함과 음란과 호색과 다툼과 시기와 정욕을 위한 육신의 일들이라고 말한다(롬 13:12-14). 이 모든 것은 예수를 믿기 전에 행한 옛 사람의 구습이며 유혹의 욕심을 따라 썩어져 가는 것이며(엡 4:22), 거짓을 행하는 것이며(엡 4:25), 모든 무거운 것과 얽매이기 쉬운 죄들이다(히 12:1). 이 모든 것들은 다 더러운 것들이며 넘치는 악이다. 그러므로 신자는 이 중에 어느 것 하나도 남기지 말고 아낌없이 벗어버리고 내버려야 한다. 신자가 이런 것들에 매여 있는 한, 하나님의 의로우심을 나타내는 것은 불가능하다.

신자는 분노가 아니라 거룩한 행실을 통해 하나님의 의를 성취한다. 신자는 분노를 그치고 모든 부정한 것을 벗어버리고 더러운 것과 악한 것들을 내버릴 때 하나님의 의로움을 나타내고 증언할 수 있다. 신자는 오물이 잔뜩 묻은 더러운 옷을 훌훌 벗어 버리듯이 더러움으로 찌든 행실을 제거하고 악한 일들을 내던져버릴 때 하나님의 의로움을 이룰 수 있다.

② 받을 것(21b) – 영혼을 구원할 수 있는 말씀

하지만 신자가 하나님의 의를 실행하고 성취하려면, 모든 더러운 것과 넘치는 악을 내버리는 것만으로는 부족하다. 내버리는 것과 함께 받아야 하는 것이 있다. '받다'(δέχεσθαι)는 말에는 단단히 붙든다는 의미도 있다.[167] 신자는 버림과 받음, 버림과 붙듦이 함께 있을 때, 하나님의 의를 이룰 수 있다. 우리가 받고 붙들어야 하는 것은 다름 아닌 '말씀'이다(약 1:21b).[168]

야고보는 이 '말씀'(λόγος)을 두 가지로 설명한다. 첫째로 이 말씀은 '심겨진'(ἔμφυτος) 말씀이다. 이 말씀은 우리가 예수님을 믿고 구원받을 때, 우리의 영혼에 심겨진 그 말씀이다. 신자가 자신의 삶에서 하나님의 의를 드러내려면 예수를 믿을 때 심겨진 말씀을 꼭 붙들고 있어야 한다. 성령의 역사로 영혼에 심겨진 복음의 말씀, 구원의 말씀에 뿌리를 내려야 한다. 둘째로 이 말씀은 영혼(ψυχή)을 구원할 수 있는 말씀이다. 왜냐하면 그것이 하나님의 말씀이기 때문이다. 하나님은 입법자와 재판관이시며 능히 구원하기도 하시며 멸하기도 하시는 분이다(약 4:12). 하나님은 구원자요 심판자이시다(약 5:9). '말씀'은 이러하신 하나님 자신이 내신 말씀이다. 하나님은 구원하시는 분이므로 그 분의 입에서 나오는 말씀도 구원하는 말씀이다. 말씀의 능력은 그 말씀을 내신 하나님의 권능에서 나온다. 그러므로 하나님의 말씀은 능히 우리의 영혼을 구원하실 수 있으며, 말씀을 통한 구원은 하나님처럼 능력 있고 하나님처럼 선하고 온전하며 변함이 없는 구원이다(약 1:17). 신자는 이와 같은 하나님의 말씀을 받고 이 말씀을 변함없이 붙들고 가르침을 받을 때 하나님의 의를 이루며 살 수 있다.

그런데 이렇게 하나님의 말씀을 받아들이는 일은 온유함으로($\dot{\varepsilon}\nu$ $\pi\rho\alpha\ddot{\upsilon}\tau\eta\tau\iota$) 해야 한다.[169] 하나님의 말씀을 받는 기본적인 태도는 온유함이다. 온유함은 '성내기'($\dot{o}\rho\gamma\dot{\eta}$, 20)와 대조된다.[170] 분노가 하나님의 의를 이루지 못한다는 것을 기억하고 하나님의 말씀을 온유함으로 받아야 한다. 하나님의 말씀이 우리의 죄악과 더러움을 지적하고 버릴 것을 촉구할 때, 우리는 분노하지 말고 온유함으로 받고 순종해야 한다. 지혜있는 자는 지혜의 '온유함으로' 그의 행함을 나타낸다(약 3:13). 신자는 온유함으로 행하는 자이다. 마찬가지로 신자는 온유함으로 하나님의 말씀을 받는 자이다. 그리하여 신자는 하나님의 의로우심을 실행하며 드러내게 된다.

(4) 분노가 아니라 화평으로

하나님의 의는 인간의 분노를 통해 이루어지는 것이 아니다. 사람에게는 의로움이 없으며, 본성적으로 하나님의 의를 이루고자 하는 성향도 없다. 사람은 자신의 의를 나타내려는 욕구가 커서 가장 의로울 때조차 자신을 향해 휘어져 있다. 하나님이 선지자 이사야를 통해 인간의 의에 대하여 이렇게 선언하셨다. "무릇 우리는 다 부정한 자 같아서 우리의 의는 다 더러운 옷 같으며"(사 64:6). 인간은 다 부정한 자이며 인간의 의도 다 더러운 옷과 같을 뿐이다. 사람의 의로움은 의로움이 아니요, 거기에서 나오는 분노도 결코 의롭지 않다. 하나님의 의는 인간의 분노를 의존하지 않으며, 그것을 통해 이루어지는 것도 아니다.

사람들은 자신의 분노를 하나님의 의를 이루기 위한 의로운 분노라고 정당화한다. 그러나 성경은 단언한다. "사람이 성내는 것이 하나님의 의를 이루지 못함이라." 화를 내는 것이 하나님의 의를 이루지 못한다. 우리의 옳음은 우리의 분노를 정당화하지 못한다. 그런데도 의로움을 빌미삼아 화를 낸다면 그것은 하나님의 의를 구실로 화풀이를 하는 것일 뿐이다. 화내는 것은 자신의 의를 이룰지는 모르나 하나님의 의는 이루지 못한다. 사람의 "성냄은 대부분의 경우 인간적이며, 육신적이며, 무절제하며, 격정적이며, 죄와 연결된다. … 사람의 성내는 것이 말씀의 역사를 가로막고 그럼으로 말미암아 그것이 마침내 불의를 이루게 된다."[171] 신자는 야고보서 3:18의 말씀을 마음에 새겨야 한다. "화평하게 하는 자들은 화평으로 심어 '의의 열매'를 거두느니라." 의로움은 '분노의 열매'가 아니라 '평화의 열매'다. 하나님의 의는 인간의 분노로 이루어지지 않고 화평으로 이루어진다. 그러므로 신자가 정말 하나님의 의를 이루기 원한다면, 그는 분노의 사람이 아니라 화평케 하는 사람이 되어야 한다.

본문 : 야고보서 1:19-21

제목 : 성내기도 더디 하라

1. 성내기를 더디 해야 하는 이유(20-21)
    1) 사람에게 의로움이 없기 때문
    2) 사람에게 의를 이루려는 성향이 없기 때문
    3) 사람의 분노는 자신의 의를 드러내는 것이기 때문
2. 성내기를 더디 하라는 말의 진의
3. 하나님의 의를 이루기 위하여
    1) 내버릴 것
    2) 받을 것(붙잡을 것)
4. 맺음말 - 분노가 아니라 화평으로

3) 듣기(22-25)

(1) 말씀을 행하는 자, 듣기만 하는 자(22)

'말씀'은 하나님의 불변성과 구원의 불변성에 대한 설명(18)과[172] 사람의 분노에 대한 설명에 나타나며(21), 또한 듣는 자와 실천하는 자에 대한 진술에서 등장한다(22). 주제가 세 번 바뀌었지만 '말씀'은 계속하여 이어지고 있다. 이를 통해 야고보는 하나님의 속성뿐 아니라 인간의 분노와 행함도 '말씀'과 관련되어 있다는 사실을 증언한다. 인간의 감정과 행위는 하나님의 말씀과 무관할 수 없다. 전인(全人)이 하나님의 말씀에 관련된다. 그러므로 야고보는 하나님께서 말씀으로 자신의 사역을 이루시는 것처럼(약 1:18) 신자도 분노(20-21)와 행위의 문제(22-25)를 말씀으로 해결할 것을 요청하고 있다.

야고보는 듣기의 문제를 "너희는 되라 … 되지 말라"(γίνεσθε … μὴ …)로 시작한다.[173] 사람이 신자가 되는 것은 하나님 아버지의 '낳으심'으로만 된다(약 1:18). 그리고 출생한 신자는 그 상태로 멈추어 있으면 안 되고 계속해서 성장해 가야 한다. 야고보는 이 성장을 "되라"와 "되지 말라"는 말로 설명한다. 신자는 출생 후에 마땅히 어떤 부류(종류)의 사람이 될 것과 어떤 부류의 사람이 되지 말 것을 요구받는다. 신자는 하나님의 말씀을 듣기만 하는 자가 되지 말고 그 말씀을 행하는 자가 되어야 한다. 결국 야고보는 합당한 신자인가 아닌가를 판단하는 기준으로 하나님의 말씀에 대한 반응을 제시한 것이다. 사람은 하나님의 말씀으로 '신자'가 되며(약 1:18), 또한 하나님의 말씀에 바르게 반응함으로써 '신자답게' 된다. 신자가 되는 것도 신자답게 사는 것도 하나님의 말씀에 의존한다. 그러므로 신자는 말씀으로 시작되고 말씀으로 진행하는 '말씀의 사람'이다.

그런데 사람이 신자로 출생하는 것(신자가 되는 것)은 사람의 의지와 무관하지만 신자답게 되는 것은 그의 의지와 노력이 있어야 한다. 그래서 야고보는 말씀을 행하는 사람이 "되라"고 명령한다. 신자는 하나님의 말씀을 행하는 자이어야 한다. 신자가 하나님의 말씀을 지키고 실천하는 것(25)은 너무나 당연한 일이다. 여기서 주목할 것은 22절과 25절 사이의 병행이다.[174] 22절의 "말씀을 행하는 자"(ποιηταὶ λόγου)와 25절의 "행위를 실행하는 자"(ποιητὴς ἔργου)가 병행한다. 따라서 말씀과 행위가 동의어로 사용되었다. 말씀은 단순히 개념이나 사상이 아니라 일(work)이요 행위(deed)이며 활동(action)이다. 말씀은 그 자체가 실천적 표현(practical expression)이다.

또한 야고보는 하나님의 말씀을 자유의 온전한 율법(25, cf. 약 2:12)[175]이라고 말한다. 하나님의 말씀은 자유하게 하는 온전한 율법이다. 하나님의 말씀은 율법이기에 지켜야 한다. 여기에서 말씀의 실천적 성격이 다시 한 번 강조된다. 하지만 말씀은 옥죄고 속박하는 법이 아니라 자유하게 하는 법이다. 신자는 하나님의 말씀을 지킴으로써 참된 자유를 누린다.

더 나아가서 야고보는 말씀을 듣기만 하는 자가 되지 말라고 명령한다. 말씀을 행하지 않고 듣기만 하는 자는 자신을 속이는 사람이다. 말씀을 듣는 것은 잘 하는 일이다. 하나님의 말씀을 듣지 않는 것은 문제이다. 신자는 말씀을 듣는 데 열심을 내야 한다. 그러나 말씀을 듣기만 하고 그 말씀대로 실행하지 않는다면 그는 자기 자신을 속이는 자이다. 신자는 거짓과 악에게(약 1:13) 속임을 당하지 말아야 하지만(약 1:16) 또한 자신을 속여서도 안 된다. 신자는 아무도 교묘한 말로 그들을 속이지 못하게 해야 하지만(골 2:4)[176] 또한 그 자신도 스스로를 속이는 일을 하면 안 된다. 이를 위해서 신자는 말씀을 행하는 자이어야 한다.

(2) 말씀을 행하지 않는 자(23-24)

이어서 야고보는 말씀을 듣기만 하는 자가 되지 말고 말씀을 행하는 자가 되어야 하는 이유(ὅτι)를 한 가지 비유로 설명한다. 만일 어떤 사람이 말씀을 들으나 행하지 않는다면, 그는 거울로 자신의 본래 얼굴을 들여다보는 사람과 같다. 그는 거울로 자신의 얼굴을 들여다보고도 돌아가서는 자신이 어떤 부류의 사람인지를 즉시 잊어버린다. 말씀을 듣는 데 빨라야 하나(19c) 오히려 이 사람은 말씀을 잊어버리는 데 빠르다(24, '즉시', εὐθέως). 그는 자기의 얼굴조차 기억하지 못하는 사람이다. 그는 거울로 자기 얼굴을 보지만, 자기가 어떻게 생겼는지를 알지 못한다. 말씀을 들으나 행하지 않는 사람이 이와 같다.

(3) 행하는 자(25) - 복 있는 자

그러나 이와 반대되는 사람이 있다. 그래서 야고보는 25절을 "그러나"(δέ)로 시작한다. 율법을 집중하여 지속적으로(παραμένω) 들여다보는 자는 잘 잊어버리는 듣는 자(ἀκροατὴς ἐπιλησμονῆς)[177]가 아니라 행위를 실천하는 자(ποιητὴς ἔργου)이다.[178] 자기의 얼굴이 어떻게 생겼는지 열심히 거울을 들여다보지만 돌아가서는 금방 잊어버리는 자와 대조적으로 율법을 열심히 계속적으로 들여다보는 사람은 율법의 내용을 듣고 잊어버리는 자가 아니라 그것을 행동으로 옮기는 자이다. 여기에서 야고보는 "…이 아니라 … 이다"(οὐκ … ἀλλά)의 문장을 사용하여 행위를 실천하는 자에 초점을 맞춘다(25b). 이러한 강조는 22-25절 전체의 구조에서도 두드러진다. 야고보는 행하는 자와 듣는 자를 각각 세 번씩 사용하는데, 그것의 구조는 다음과 같다.

22. ... ποιηταί ... ἀκροαταί	··· 행하는 자들 ··· 듣는 자들
23. ... ἀκροατής ... ποιητής	··· 듣는 자 ··· 행하는 자
25. ... ἀκροατής ... ποιητής	··· 듣는 자 ··· 행하는 자

이렇게 함으로써 본 단락은 '행하는 자'(ποιητής)로 인클루지오(inclusio)를 이루어 '행하는 자'에 초점을 맞추고 있다. 이 사람은 '잘 잊어버리는 듣는 자'(듣고 잊어버리는 자)가 아니라 말씀을 집중하여 지속적으로 연구하고, 들은 말씀을 행동으로 실행하는 자이다. 그는 그의 '행위로'(ἐν τῇ ποιήσει) 복이 있을 것이다. 이 말은 복을 받게 되는 수단을 의미한다. 또한 이 말은 '행위 안에서'라는 표현이며, 복을 받을 수 있는 제한과 한계를 의미한다. 행위를 벗어나면 복은 없다. 행위가 없으면 복도 없다. "예수 안에" 구원이 있듯이, 그리고 선지자들이 말씀을 선포할 때 오직 "주의 이름 안에서" 말했던 것과 같이(약 5:10) 복도 역시 행위 안에서만 존재한다. 복 있는 사람이 누구인가? 그는 말씀을 듣기만 하는 자가 아니라 듣고 실천하는 사람이다.[179]

(4) 말씀과 신자(25)

여기서 특별히 주의해야 할 것은 하나님의 말씀에 대한 야고보의 이해이다. 첫째로 하나님의 말씀(λόγος)(약 1:22, 23)은 율법(νόμος)이다(약

1:25b). 말씀을 듣고 행하는 자(ποιηταί)(22)는 곧 율법을 들여다보고 행위를 실천하는 자(ποιητής)이기 때문이다(25). 그래서 말씀을 행하는 자는 율법을 실천하는 자이다. 이 율법은 성경에 기록된 것으로서 사람의 법이 아니라 왕의 법(νόμος βασιλικός)이다(약 2:8).

둘째로 신자는 하나님의 말씀인 율법을 열심히 연구해야 한다. "들여다보다"(παρακύπτω)는 무언가를 자세히 살펴보기 위해 몸을 굽히고 집중하여 관찰한다는 의미이다.[180] 하나님의 말씀은 우리가 허리를 굽히고 지속적으로 자세히 그 안을 들여다보아야 하는 말씀이다. 하나님의 말씀은 대충 훑어보고 지나쳐버릴 말씀이 아니라 몸을 굽혀 집중하여 들여다보고 살펴야하며 게다가 지속적으로(παραμένω) 그렇게 해야 하는 말씀이다. 말씀을 듣는 것은 단지 들려오는 소리를 듣는 것이 아니다. 그것은 몸을 굽혀 정밀하게 그리고 끊임없이 집중하여 말씀을 연구하는 것이다. 신자는 이와 같이 고도의 집중력을 가지고 말씀에 착념하는 자이어야 한다. 말씀을 쉬지 않고 강도 높게 연구하는 자가 신자이다. 신자는 말씀을 연구하는 일을 마치 구원의 복음을 천사들이 살펴보기를(παρακύψαι) 원했던 것(벧전 1:12)과 같이 그렇게 해야 한다.

셋째로 하나님의 말씀인 율법은 반드시 지켜 행하여야 하는 법이다. 율법은 신자가 부지런히 지속적으로 연구해야 할 법이면서 동시에 지켜 행하여야 하는 법이다. 연구자(ὁ παρακύψας)는 행위자(ὁ ποιητής)이다. 법은 지키기 위해 있다. 그래서 '법'(νόμος)은 자주 "지키다"(τηρεῖν, 약 2:10), "실행하다"(τελεῖν, 약 2:8), "행하다"(ποιεῖν, 약 2:12), "행하는 자"(ποιητής, 약 4:11)라는 말과 함께 언급된다. 그리고 "말씀을 실행하는 자"(ποιηταὶ λόγου, 약 1:22)는 "행위를 실행하는 자"(ποιητὴς ἔργου, 약 1:25b)

이다. 말씀은 개념이 아니라 일이요 행위이다. 하나님의 말씀의 이러한 성격 때문에 말씀을 듣는 자는 곧 말씀을 실천하는 자이어야 한다. 하나님의 말씀은 왕의 법이며 실행의 법이다. 말씀은 왕의 법이므로 하나님을 왕으로 섬기는 신자는 마땅히 말씀을 실행해야 한다. 신자가 하나님의 말씀을 실천하는 것은 특별한 일이 아니라 지극히 당연한 일이다. 왕의 법인 하나님의 말씀을 지켜 실행하는 것은 신자의 일상이 되어야 한다. 만일 그렇지 않다면 우리는 이것을 매우 이상하게 여겨야 한다.

넷째로 하나님의 말씀은 자유의 온전한 율법이다. 율법은 신자를 옥죄고 억압하며 속박하는 법이 아니다. 하나님의 법은 '자유의 법'이기에(νόμος ἐλευθερίας, 약 1:25; 2:12) 신자에게 자유를 주며 신자를 자유롭게 만든다. 그리고 신자는 하나님의 법 안에서 참된 자유를 누린다. 또한 율법은 '완전한'(τέλειος) 법이다. 율법이 완전한 이유는 그것이 하나님에게서 나왔기 때문이다. 율법의 완전성은 그 법의 기원이신 하나님의 완전성에 근거한다. 하나님은 미혹하지 못하시며 죄의 원인이 아니시다. 하나님은 빛들의 아버지시다. 빛에서 빛이 나온다. 어두움은 빛을 낼 수 없다. 하나님이 빛들의 아버지이신 이유는 하나님 자신이 빛이시기 때문이다. 그러므로 하나님에게는 누군가를 미혹하기 위한 변함이나 회전하는 그림자도 없다(약 1:13-17). 이러한 하나님의 성품을 가장 잘 보여주는 표현이 바로 하나님의 '선한'(ἀγαθός)과 '온전한'(τέλειος)이다(약 1:17). 이 두 단어는 사실 동의어로 사용되었다. 하나님은 선하시기에 온전하시며, 그 분의 온전하심은 선하심을 통해 나타난다. 이런 까닭에 하나님이 주신 율법 또한 하나님처럼 '온전하다'(약 1:25, τέλειος). "율법은 거룩하고 계명도 거룩하고 의로우며 선하도다"(롬 7:12). 율법의 온전성은 그것을 내신 하나님의 온전하심을 증언한다.[181] 그래서 율법을 지키는 자에게는 참 자유가 있다. 율법은 '자유의'(ἐλευθερίας) 율법이다. 율법의 원래 기능은 속박이나 제한이 아니라(cf. 갈 3:23) 참 자유를 주며 평안과 기쁨을 누리게 하는 것이다. 그래서 율법은 은혜이다(요 1:16-17). 단지 율법이 정죄하는 기능을 하는 것은 율법 자체의 문제가 아니라 율법의 지키지 못하는 인간의 연약함 때문이다(cf. 히 8:7-8).

4) 말하기(26-27)

이어서 야고보는 '말하기'를 다룬다. 이것은 19절에서 다룬 세 가지 주제 중 두 번째 것이다. 거기서 야고보는 말하기에 더디라고 명령했다. 왜 말하기는 더디 해야 하는가?

(1) 혀를 재갈과 고삐로 이끌지 않는 자(26)

사람들은 말(horse)을 자기가 원하는 곳으로 이끌기 위해 말의 입에 재갈을 물리고 고삐를 걸어 통제한다. 마찬가지로 신자도 자신의 혀에 재갈을 물리고 고삐로 묶어 이끌어야 한다. 이것은 비유이며, '재갈물리다'(χαλιναγωγέω)가 담고 있는 의미이다.[182] 만일 어떤 사람이 혀를 재갈물리지 않고 도리어 자신의 마음을 속이면서 자신을 경건하다고 생각한다면, 이 사람의 경건은 헛것이다.[183]

그래서 결국 신자의 말은 경건의 문제이다. 야고보는 야고보서

3:1-12에서 다시 말의 문제를 자세하게 다룬다. 사람들은 말이 경건 (θρησκεῖα), 즉 예배[184]의 문제가 아니라고 생각하기 쉽다. 그러나 야고보는 신자의 말이 경건과 예배의 문제라고 선언한다. 신자의 말은 단순히 공기를 통해 전해지는 물리적인 소리를 넘어 경건의 문제, 즉 하나님을 예배하는 일에 관련되어 있다. 이 사실은 '헛된 것'(μάταιος)이라는 말에서도 잘 드러난다. 왜냐하면 '헛된'이라는 말이 예레미야의 우상 숭배에 대한 심판을 암시하기 때문이다. "너희 조상들이 내게서 무슨 불의함을 보았기에 나를 멀리하고 가서 헛된 것을 따라 헛되이 행하였느냐"(렘 2:5). "그들이 어찌하여 그 조각한 신상과 이방의 헛된 것들로 나를 격노하게 하였는고"(렘 8:19, cf. 렘 10:15; 51:18). 이처럼 잘못된 신자의 말은 우상숭배의 죄와 관련될 수 있다. 그러므로 신자는 말을 매우 신중하게 해야 하고, 신자의 말에는 하나님을 경외함이 배어 있어야 한다. 신자는 하나님께 예배하듯이 말해야 한다. 사도 바울도 신자의 말이 하나님과 관련되어 있다는 것을 분명히 했다. 그는 성령충만의 현상으로 제일 먼저 말을 거론했다. 성령으로 충만한 사람은 "시와 찬미와 신령한 노래로 서로 말한다(λαλεῖν)"(엡 5:19). 그러므로 신자의 말은 성령충만의 문제이며 영적인 문제이며 예배의 문제이며 결국 하나님과 관련된 경건의 문제이다. 사람은 참 연약해서 헛된 생각과 믿음을 가지기 쉽다.[185] 그래서 사람은 자신의 혀를 제어하지 않고 자신의 마음을 속이면서도 자신이 경건하다고, 하나님을 경외한다고 생각한다. 그러나 사실 이 두 가지는 그의 경건이 헛되다는 것을 나타낼 뿐이다. 이런 사람의 경건은 허망하고 쓸 데 없으며 무가치하다.

그러면 어떻게 해야 혀를 제어할 수 있는가? 사람이 진짜로 자기 입에 재갈을 물리고 고삐로 묶어 다닐 수는 없다. 우리는 어떻게 해야 말을 억제하여 참된 경건을 유지할 수 있을까? 이에 대한 해답이 19절에 있다. "말하기에 더디어라"(ἔστω …, βραδὺς εἰς τὸ λαλῆσαι, …). 야고보는 말하기는 더디 하라고 명령한다. 이것은 말을 늘어지게 하거나 느릿느릿 하라는 의미가 아니라 말을 하기 전에 오래 생각하라는 뜻이다. 조급한 마음으로 말을 빨리 쏟아내다 보면 반드시 실수를 한다. 급하게 하는 말은 제어가 되지 않는다. 그러므로 말하는 데 빠르지 말고 더디어야 한다. 혀를 제어하는 것은 급한 마음을 진정시키고 생각하고 또 생각하고 미루고 또 미루어 유익하다고 생각되는 말만 하는 것이다. 신자의 경건은 말에서도 나타나므로 급한 말로 경건을 무너뜨리지 않도록, 하나님을 거짓으로 예배하지 않도록 각별히 유의해야 한다.

(2) 정결하고 더러움이 없는 경건(27)

이제 야고보는 정결하고 더러움이 없는 경건(θρησκεία)이 어떤 것인지를 알려준다. 여기서 가장 중요한 것은 신자의 경건이 누구 앞에서 평가되느냐 하는 점이다. 신자의 경건은 "하나님 곧 아버지 앞에서(판단에서)"(παρὰ τῷ θεῷ καὶ πατρί) 평가된다(27a). 그리고 평가의 기준은 돌보는 것(ἐπισκέπτεσθαι)과 지키는 것(τηρεῖν)이다.

첫째로 신자의 경건은 고아들과 과부들을 그들의 환난 안에서 돌보는 것(ἐπισκέπτεσθαι)이다(27b). 신자의 경건은 기도하고 말씀을 읽는 것과 더불어 고통과 아픔 속에 있는 고아와 과부들을 돌보는 것이다. 여기서 고아와 과부를 말한 것은 이들이 성경이 말하는 대표적인 약자들이기 때문이다. 주변에 약한 자들을 찾아가 그들의 아픔과 고통을 살피고 그들의 필요를 채워주는 것이 신자의 경건이다. 그들도 하나님의 형상대로 지음을 받은 하나님의 피조물이며(약 1:17-18; 3:9), 만일 그들이 신자라면 빛이신 하나님을 한 아버지로 고백하는 한 형제자매들이기 때문이다. 그래서 야고보는 "하나님 곧 아버지 앞에서"(παρὰ τῷ θεῷ καὶ πατρί) 경건을 평가하라고 권면했다. 하나님의 아버지 되심이 신자의 경건생활의 근간이 되어야 한다.[186]

하나님은 구하는 자에게 후히 주시고 꾸짖지 아니하시며(약 1:5), 더 큰 은혜를 베푸신다(약 4:6). 하나님은 '아버지'로서 온갖 좋은 은사와 온전한 선물들을 주신다(약 1:17). 주님은 아버지이신데(τὸν κύριον καὶ πατέρα, 약 3:9), 그 분은 가장 자비하시고 긍휼히 여기시는 분이시다(약 5:11). 신자의 경건은 바로 이러한 "하나님 즉(καί) 아버지" 앞에서 행하는 경건이다. 따라서 신자의 경건은 이와 같은 하나님의 성품을 이루고 표현하는 것이다. 신자의 경건은 하나님을 닮는 것이요 하나님의 성품을 실천하는 것이다. 그러므로 신자가 약한 자들을 그들의 환난 안에서 돌보는 것은 세상의 인본주의적인 선행이나 윤리 도덕과는 본질적으로 다른 것이다.[187]

이 때 중요한 것은 "그들의 환난 안에서"(ἐν τῇ θλίψει αὐτῶν) 돕는 것이다. '안에서'(ἐν)는 일차적으로 계속적인 의미의 '동안'(during) 또는 '때'(when)의 뜻을 가진다. 환난 당한 자들이 그들의 환난을 받는 동안 내내 돌보는 것이 하나님 아버지 앞에서 정결하고 더러움이 없는 경건이다. 이와 함께 '안에서'(ἐν)에는 또 다른 의미가 있다. 약자를 돌보고 돕는 데 있어서 무엇보다 우선되어야 하는 것은 그들의 '고난 밖에서'

이런 저런 말들을 하는 것이 아니라, 그들의 '고난 안에' 들어가 그들과 같은 마음을 가짐으로써 그들의 아픔과 고통을 함께 경험하고 나누는 일이다. 예수께서 이 일에 본을 보이셨다. "우리에게 있는 대제사장은 우리의 연약함을 동정하지 못하실 이가 아니요 모든 일에 우리와 똑같이 시험을 받으신 이로되 죄는 없으시니라"(히 4:15). 여기에 사용된 '동정하다'(συμπαθεῖν)는 단순히 남의 아픔을 딱하고 가엽게 여긴다는 말이 아니라 '함께 고통하다'는 뜻이다. 이는 고통당하는 이의 그 고통 속으로 들어가 동일한 아픔을 느끼고 나누는 것이다. 즉 고통 받는 이의 그 고통에 직접 참여하고 동참하는 것이다. 이때 그 아픔은 남의 고통이 아니라 내 고통이 된다. 이것이 바로 성경이 말하는 동정의 의미이다.[188] 신자는 두 마음을 품은 자가 아니다(약 1:8). '말'로는 환난당한 자들을 동정하는 척하면서 실제로 그들의 아픔 속에 들어가지 않는다면 이것은 정결하고 더러움이 없는 경건이 아니다. 약자를 돌볼 때, 그들의 '고난 안에' 들어가 그들과 같은 마음을 가지고 그들의 아픔과 고통에 참여하지는 않고 오직 그들의 '고난 밖에서' 혀에 재갈을 물리지 않은 채 이런 저런 말만한다면 이것은 헛된 경건이요 더러운 경건이다. 신자의 경건은 삶뿐만 아니라 말에서도 나타나야 한다. 야고보가 고아와 과부를 그들의 고난 가운데서 돌보는 신자의 경건을 '혀'의 문제, 즉 말에 관한 문맥에서 다루는 이유가 바로 여기에 있다. 어려움을 당한 이들의 고통 안에 들어가 그들에게 실제로 힘이 되는 대신에 말로만 힘내라, 괜찮을 거야라고 하는 '경건'은 헛것이다(약 1:26b; 2:15-16).

둘째로 신자의 경건은 세상으로부터 그 자신을 흠이 없도록 '지키는 것'(τηρεῖν)이다(27c).[189] 신자는 자신의 거룩함을 '지키기' 위해 수고

하고 애쓰는 사람이다. 신자 '됨'은 반드시 신자 '다움'을 요구한다. 야고보서가 끊임없이 말하는 것이 '행위'인데, 이것은 신자의 신자다움, 즉 자신을 세상으로부터 지켜나가는 것이다. 따라서 '다움'의 문제를 '됨'의 문제에 강요해서도 안 되지만, 또한 '됨'의 문제로 '다움'의 문제를 대신하려 해도 안 된다.

야고보서에서 세상은 주로 부정적으로 다루어진다. 경건은 '세상으로부터' 자신을 거룩하게 지키는 것이며(약 1:27), 하나님은 '세상에서' 가난한 자를 택하여 믿음에 부요하게 하시고 자기를 사랑하는 자들에게 약속하신 나라를 상속으로 받게 하신다(약 2:5). 또한 야고보는 '불의'를 '세상(계)'이라는 말로 비유하며(약 3:6), 세상이 하나님과 원수라고 말한다(약 4:4). 따라서 신자는 하나님의 나라를 사모하며 땅의 것을 추구하지 않아야 한다(cf. 골 3:1). 신자는 불의를 거절하고 하나님의 의를 추구해야 한다. 신자는 하나님과 원수 되고 세상과 벗이 되는 간음을 물리쳐야 한다. 이렇게 함으로써 신자는 세상으로부터 자신을 거룩하게 지킨다.

결국 신자의 경건은 세상에서 살되, 세상과 구별되고 하나님께 연합됨으로써 정결하게 된 자신을 세상의 오염으로부터 지키는 것이다. 사도 바울도 이러한 관점에서 다음과 같이 기원을 했다. "너희의 온 영과 혼과 몸이 우리 주 예수 그리스도께서 강림하실 때에 흠 없게 보전되기를(τηρηθεἰη) 원하노라"(살전 5:23 cf. 벧후 3:14). 신자는 이미 그리스도의 피로 정결케 된 자이다. 그러므로 신자는 자신의 거룩함이 세상에 의해 더럽혀지지 않도록 자신을 지키고 보존해야 한다. 무엇보다도 신자는 하나님 앞에서 이것을 유지해야 한다. 왜냐하면 하나님은 의의 하나님이시기 때문이며(약 1:20), 세상과 벗되는 것은 하나님과 원수 되는 것이기 때문이다(약 4:4). 이로 보건데 하나님 앞에서 평가되는 신자의 경건은 앞에서 말한 바와 같이 하나님의 성품의 표현이요 실현이다. 다시 말해 하나님을 닮는 것이다.[190]

특히 신자는 자신의 말을 세상에 물들지 않도록 해야 한다. 문맥상 지금 다루어지는 경건의 문제는 '혀'의 문제, 즉 말의 문제이기 때문이다. 혀를 세상의 영향으로부터 지키지 않으면 더럽지 않은 자(ἄσπιλος, 약 1:27c)도 금방 온 몸이 더러워진다(σπιλόω, 약 3:6).[191] 신자가 세속에 물드는 세속화는 여러 가지로 나타난다. 그 중에 아주 무서운 것이 말의 세속화, 언어의 세속화이다. 이렇게 되지 않도록 우리는 혀에 재갈을 물리고 고삐로 단단히 잡아매어 강력하게 제어해야 한다. 신자의 경건은 언어에서도 나타나기 때문이다. 신자는 말에서도 하나님의 성품을 실현해야 한다. 그러므로 말을 함에 있어서 절대로 조급하지 말고 거룩한 말을 하기 위해 마음을 잘 다스려야 한다(25b). 그리하여 덕을 세우고 은혜를 전하며 복이 되는 말을 해야 한다.

요약하면, 신자의 경건을 판단하는 이는 사람이 아니라 하나님 아버지이시다. 신자의 경건은 하나님 곧 아버지 앞에서 정결하고 더러움이 없는 것이어야 한다. 이 경건은 연약한 자들을 그들의 아픔과 고통 '안에서' 돌보는 것이며, 자신의 거룩함을 세상으로부터 지키는 것이다. 이것은 특히 혀를 제어하는 것과 관련된다. 신자의 말은 경건(θρησκεία)의 문제이며, 하나님께 드리는 예배(θρησκεία)이기 때문이다. 본질적으로 신자의 경건은 하나님과의 관계에 기초하며, 신자의 삶에 하나님의 성품을 표현하고 성취하는 것이다. 이런 까닭에 경건한 신자는 영광스러운 존재이며 그의 경건은 하늘에 속해 있다.

설교를 위한 제안 7

본문 : 야고보서 1:22-27

제목 : 듣기와 말하기

1. 듣기(22-25)

    1) 말씀을 듣고 행하는 자(22)

    2) 이유(23-25)

    3) 하나님의 말씀

2. 말하기(26-27)

    1) 혀를 재갈 물리지 않는 자(26)

    2) 정결하고 더러움이 없는 경건(27)

3. 맺음말

1 "하나님과 주 예수 그리스도의 종"(θεοῦ καὶ κυρίου Ἰησοῦ Χριστοῦ δοῦλος)을 "하나님이시며 주님이신 예수 그리스도의 종"으로도 읽을 수 있다. 그 이유는 본 절이 다음과 같은 교차구조로 되어 있기 때문이다. 여기서 야고보는 종으로, 예수 그리스도는 하나님으로 연결된다.

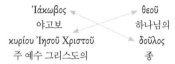

J. A. Motyer, *The Message of James* (The Bible Speaks Today) (Illinois: InterVarsity Press, 1985), 27: "We have become accustomed to the standard English translation, *a servant of God and of the Lord Jesus Christ*. But the Greek could equally well sustain the rendering 'a servant of Jesus Christ who is God and Lord." Esp. f.n. 3): "… where neither of the nouns 'God' and 'Lord' has a definite article (*theou kai kyriou Iēsou Christou*). There are examples which show how both the nouns joined by the conjunction can refer to the Lord Jesus: … therefore, 'Jesus Christ, God and Lord' can be resisted only if there are clear dogmatic grounds for saying that such an ascription of deity to the Lord Jesus is impossible. Such grounds do not exist."

2 Ἰάκωβος θεοῦ καὶ κυρίου Ἰησοῦ Χριστοῦ δοῦλος.

3 물론 저자는 야고보라는 말 외에 "하나님과 예수 그리스도의 종"이라는 설명을 덧붙인다. 하지만 이 외에 예수의 형제라든지, 예루살렘 교회의 지도자라든지 하는 설명은 전혀 없다.

4 Christopher W. Morgan, *A Theology of James* (Phillipsburg: P&R Publishing, 2010), 1: "This lack of elaboration probably means that he had no need to do so, as he was known by his readers and was probably recognized widely in the church." Chris A. Vlachos, *James* (Exegetical Guide to the Greek New Testament. EGGNT) (Nashville: Broadman & Holman Publishing Group, 2013), 3: "The author identifies himself simply as 'James, a servant of God and of the Lord Jesus Christ' (1:1), the lack of elaboration suggesting that he was well-known to the community to which he writes." Craig L. Blomberg, Mariam J. Kamell, *James* (ECNT) (Grand Rapids: Zondervan, 2008), 48: "while this addressees would have already known of his role as chief elder in Jerusalem." Paul J. Achtemeier, Joel B. Green and Marianne Meye Thompson, 『새로운 신약성서개론』, 소기천, 윤철원, 이달 공역 (서울: 대학기독교서회, 2004), 601. Thomas Manton, *A Practical Commentary or an Exposition with Notes on the Epistle of James* (1842) (London, 1842), 1.

5 Daniel M. Doriani, *James* (Reformed Expository Commentary) (Phillipsburg: P&R Publishing, 2007), 4.

6 Dan G. McCartney, 『야고보서』 (BECNT), 강대이 옮김 (서울: 부흥과개혁사, 2016), 30, 31. Pheme Perkins, *First and Second Peter, James, and Jude* (Interpretation: A Bible for Teaching and Preaching) (Louisville: John Knox Press, 1995), 83: "Readers must have been able to identify the author with a familiar figure in early Christianity." Douglas J. Moo, *The Letter of James* (Grand Rapids: Eerdmans, 2000), 48: "We should accept the straightforward claim of this verse: the best-known James in the early church, the Lord's brother, wrote this letter."

7 Moo, *The Letter of James*, 9: "The Greek name it translates, Iakōbos, occurs forty-two times in the NT and refer to at least four different men." McCartney, 『야고보서』, 30-31.

8 Motyer, *The Message of James*, 18.

9 Motyer, *The Message of James*, 22. Moo, *The Letter of James*, 9-11.

10 Vlachos, *James*, 11: "The pre. act. inf. χαίρειν (from χαίρω, lit. 'rejoice'), only here in NT epistolary salutations but common in the papyri, occurs in the Jerusalem Council letter, which may have been drafted by the same James (Acts 15:23; see also Acts 23:26)." Cf. 행 23:26; 요이 1:10, 11.

11 McCartney, 『야고보서』, 51. McCartney는 여기서 Mayor, *The Epistle of St. James: The Greek Text with Introduction, Notes and Comments*, 2nd edition (New York: Macmillan, 1897), iv.의 내용을 인용한다. Reprinted, (Grand Rapids: Baker Academic, 1978).

12 Moo, *The Letter of James*, 10.

13 Doriani, *James*, 5. f. n. 3. Mayor, *The Epistle of St. James*, iv: "τηρεῖν and διατηρεῖν, James i. 27 ἄσπιλον ἑαυτοὺς τηρηεῖν ἀπὸ τοῦ κόσμου, Acts xv. 29 ἐξ ὧν διατηροῦντες ἑαυτοὺς εὖ πράξετε."

14 Mayor, *The Epistle of St. James*, iii: "I cannot but think it a remarkable coincidence that, out of 230 words contained in the speech and circular, so many should reappear in our Epistle, written on a totally different subject."

15 Motyer, *The Message of James*, 22.

16 Perkins, *First and Second Peter, James, and Jude*, 83: "James, the brother of the Lord, appears to be the individual referred to as the sender of the letter." Perkins, *First and Second Peter, James, and Jude*, 95: "Readers must have been expected to recognize that "James" was the brother of the Lord." Morgan, *A Theology of James*, 9-10. 조병수, "야고보서 1:1-11 주해", 『신약신학 열두 주제』 (수원: 합동신학대학원출판부, 2001), 182: "아마도 이 사람은 예수의 형제 야고보일 것이다." 야고보서의 저자에 관한 자세한 논의는 Donald Guthrie, *Introduction to the New Testament* (Downers, Ill.: InterVarsity Press, 1990), 723-746을 보라.

17 Cf. 롬 1:1 Παῦλος δοῦλος Χριστοῦ Ἰησοῦ; 고전 1:1 Παῦλος κλητὸς ἀπόστολος Χριστοῦ Ἰησου; 엡 1:1 Παῦλος ἀπόστολος Χριστοῦ Ἰησοῦ .

18 조병수, "야고보서 1:1-11 주해", 182.

19 조병수, "야고보서 1:1-11 주해", 182.

20 하나님(θεός)은 야고보서에 모두 16회 나타난다. - 약 1:1, 5, 13bis, 20, 27; 2:5, 19, 23bis.; 3:9; 4:4bis, 6, 7, 8. 야고보서의 신론에 대하여는 조병수, "야고보서의 신론 윤리", 「신학정론」 30권 2호 (2012, 11) (수원: 합신대학원출판부), 545-570을 보라.

21 여기서 입법자는 하나님을 가리킨다(약 2:11 간음하지 말라 하신 이가 또한 살인하지 말라 하셨은즉). 하나님 한 분만이 구원을 행하신다.

22 Cf. 약 1:1. 주 예수 그리스도. 따라서 하나님과 예수 그리스도 공히 주님이시다.

23 주(κύριος)는 야고보서에 14회 나타난다. 약 1:1, 7; 2:1; 3:9; 4:10, 15; 5:4, 7, 8, 10, 11bis, 14, 15. Cf. 약 4:10 이하에서는 θεός가 언급되지 않고 오직 κύριος만 나타난다.

24 조병수, "야고보서 1:1-11 주해", 182.

25 약 1:1 θεοῦ καὶ κυρίου Ἰησοῦ Χριστοῦ δοῦλος; 1:17 τροπῆς ἀποσκίασμα; 3:3 τῶν ἵππων τοὺς χαλινούς.

26 Ἰάκωβος θεοῦ καὶ κυρίου Ἰησοῦ Χριστοῦ δοῦλος.

27 Cf. 네 보물 있는 그 곳에는 네 마음도 있느니라(마 6:21) … 한 사람이 두 주인을 섬기지 못할 것이니 혹 이를 미워하고 저를 사랑하거나 혹 이를 중히 여기고 저를 경히 여김이라 너희가 하나님과 재물을 겸하여 섬기지 못하느니라(마 6:24).

28 Cf. 사람이 무엇이기에 주께서 그를 생각하시며 인자가 무엇이기에 주께서 그를 돌보시나이까(시 8:4, cf. 시 144:3). 너희를 향한 나의 생각을 내가 아나니 평안이요 재앙이 아니니라 너희에게 미래와 희망을 주는 것이니라(렘 29:11).

29 조병수, "야고보서 1:1-11 주해", 182: "그가 글을 쓰는 것은 자신의 사상을 드러내기 위함이 아니다. 그는 단지 하나님과 예수의 생각을 드러내려고 한다. 자신의 생각을 드러내는 것이 무슨 의미가 있는가? 오늘날 설교자들의 오류가 여기에 있다. 많은 설교자들이 자신의 지식과 사상을 전달하려고 하는데 이것이 무가치한 것이다. 하나님의 생각을 보여주기보다는 자신의 유식함이나 지식의 풍성함을 자랑하는 것은 의미가 없다."

30 야고보서가 말하는 열두 지파의 의미 : 1) 구약의 혈통적 열두 지파는 장차 구원받을 영적 열두 지파를 예표 한다. 2) 야고보서를 기록할 당시에 아직 교회가 회당으로부터 완전히 독립되지 않은 상황을 암시한다. 수신자를 열두 지파로 칭하는 곳은 오직 야고보서 밖에 없다. 이 사실은 다른 서신서들에서 수신자로 등장하는 교회가 바로 열두 지파라는 것을 다시금 확증하는 것이다. 3) 구약과 신약의 연속성과 통일성을 보여준다.

31 조병수, "야고보서 1:1-11 주해", 183: "마치 이것이 이스라엘 백성 전체를 가리키듯이 기독인 전체를 가리킨다. 따라서 야고보서는 모든 기독인에게 해당되는 메시지를 담고 있다."

32 조병수, "야고보서 1:1-11 주해", 183: "이것은 상징적인 용어이다. 유대인의 디아스포라에 해당하는 기독인의 디아스포라이다. 마치 유대인이 사방에 흩어져 있기 때문에

디아스포라라고 불리듯이 기독인도 사방에 흩어져 있기 때문에 디아스포라라고 불린다. …
이것은 수신자가 넓은 대상이며 무명의 대상인 것을 알려준다."

33 개역개정판에는 "문안하노라"이다.

34 Cf. 요일 3:1-4:6 - 고리식(chain) 서술

하나님의 자녀(3:1-6)
　Ｌ 죄/의(3:6-10)의 반복
　　Ｌ 형제사랑(3:10-19)
　　　Ｌ 마음(3:19-22)
　　　　Ｌ 계명(3:22-24)
　　　　　Ｌ 성령(3:24-4:6)

35 야고보서에는 "형제들아"가 다음과 같이 세 가지 형태로 모두 15회 나타난다.
ἀδελφοί(4회) - 4:11; 5:7, 9, 10, ἀδελφοί μου(8회) - 1:2; 2:1, 14; 3:1, 10, 12; 5:12, 19, ἀδελφοί
μου ἀγαπητοί(3회) - 1:16, 19; 2:5.

36 이 경우에 'πᾶσαν'은 'χαράν'을 수식하는 형용사의 형용적 용법이며, 'χαράν'은 목적어가
된다.

37 이 경우에도 'πᾶσαν'은 'χαράν'을 수식하며, 'χαράν'이 부사적 목적격으로 기능하므로
πᾶσαν 역시 부사적으로 사용되었다. Blomberg, Kamell, James, 48: "it does not form part of
the direct object ("consider everything") but identifies the type of joy one should have."

38 이 때 '모든'(πᾶσα)은 두 가지 해석이 가능하다. 첫째는 기쁨의 농도/강도이다. 이것은
'순전한 기쁨', '순수한 기쁨', '완벽한 기쁨'을 의미한다. Cf. 벧전 2:18 ἐν παντὶ φόβῳ. 둘째는
기쁨의 배타성이다. 이것은 '기쁨밖에 없는'(nothing but joy) 또는 '오직 기쁨'을 의미한다.

39 Moo, The Letter of James, 53: "trials should be an occasion for genuine rejoicing."

40 Blomberg, Kamell, James, 49.

41 Motyer, The Message of James, 34.

42 πειρασμός의 동사형인 πειράζω는 약 1:13에 세 번, 1:14에 한 번 사용되었다. 이들은 모두
'유혹하다'의 의미로 사용되었다.

43 시험에 대하여는 약 1:3의 설명을 보라.

44 Motyer, The Message of James, 29-30.

45 Motyer, The Message of James, 30.

46 ἄρα οὖν, ἀδελφοί, στήκετε, καὶ κρατεῖτε τὰς παραδόσεις ἃς ἐδιδάχθητε εἴτε διὰ λόγου
εἴτε δι᾽ ἐπιστολῆς ἡμῶν(살후 2:15).

47 엡 3:18 능히 모든 성도와 함께 지식에 넘치는 그리스도의 사랑을 알고.
빌 1:9 내가 기도하노라 너희 사랑을 지식과 모든 총명으로 점점 더 풍성하게 하사.

빌 3:8 또한 모든 것을 해로 여김은 내 주 그리스도 예수를 아는 지식이 가장 고상하기 때문이라.

골 2:3 그 안에는 지혜와 지식의 모든 보화가 감추어져 있느니라.

골 3:10 새 사람을 입었으니 이는 자기를 창조하신 이의 형상을 따라 지식에까지 새롭게 하심을 입은 자니라.

48 흔히들 야고보서는 행위에 대해 강조한다고 말한다. 하지만 야고보서는 그 시작부터 믿음(약 1:3)을 말하며, 이러한 기조는 끝까지 이어진다. 그 용례는 다음과 같다. 'πίστις'(16회): 약 1:3, 6; 2:1, 5, 14bis, 17, 18tres, 20, 22bis, 24, 26; 5:15, 'πιστεύω'(3회): 약 2:19bis, 23.

49 Vlachos, *James*, 18: "The phrase τῆς πίστεως is an objective genitive."

50 물론 이 소유격을 주격적 소유격으로도 해석이 가능하다. 이 경우에 시험은 믿음이 주는 시련, 다시 말해 믿음 때문에 받는 시련이다. 그러나 그 결과는 목적격적 소유격으로 해석할 때와 크게 다르지 않다. 믿음이 주는 시련도 결국 신자의 신앙과 인격을 온전함과 완전의 수준으로 성숙, 성장시키기 때문이다.

51 Moo, *The Letter of James*, 54: "'Testing' translates a rare Greek word (*dokimion*), which is found elsewhere in the NT only in 1 Pet. 1:7 and in the Septuagint only in Ps. 11:7 (ET 12:6) and Prov. 27:21."

52 [FRI] δοκίμιον, ου, τό (1) *means of testing, criterion, test*; (2) as the act of testing *trial, proving* (JA 1.3); (3) as the result of testing *proof, genuineness* (1P 1.7). [BDAG] (1) the process or means of determining the genuineness of someth., *testing, means of testing*. (2) genuineness as result of a test, *genuine, without alloy*. Vlachos, *James*, 18: "There are three possible renderings of τὸ δοκίμιον: 1. the result of testing, i.e., genuineness; 2. the means of testing, i.e., trials; or 3. the process of testing, i.e., the testing of your faith."

53 Moo, *The Letter of James*, 54: "But the two OT occurrences both denote the process of refining silver or gold, and this is the way James uses the word." Vlachos, *James*, 18: "This understanding fits nicely into the context since both the multiplicity of trials and the progressive notion inherent in κατεργάζομαι suggest that a process is in view."

54 [BDAG] to cause a state or condition, *bring about, produce, create*.

55 Vlachos, *James*, 19: "… perhaps even a climactic force (ZG 691)."

56 Moo, *The Letter of James*, 55: "The etymology of the Greek word points to the idea of 'remaining under,' and, in this case, etymology steers us in the right direction. The picture is of a person successfully carrying a heavy load for a long time." Cf. Vlachos, *James*, 19: "In general, ὑπομονή differ from μακροθυμία (on which, see comments on 5:7) in that the former is used mostly in contexts of adverse circumstances, the latter of adverse people."

57 Doriani, *James*, 21. = 『야고보서』, 47.

58 Motyer, *The Message of James*, 32.

59 4b절의 ἵνα는 목적뿐만 아니라 결과를 나타내기도 한다.

60 따라서 4a절의 '온전한'(τέλειος)은 목적에 도달했다는 뜻의 '끝까지'(end), 또는 그 과정을 마쳤다(finish)는 의미를 가진다. [LS] τέλειος, *having reached its end, finished*.

61 ὅλος(all) + κλῆρος(part, lot, share). Vlachos, *James*, 20: "The adj. ὁλόκληρος, … The term bears a sense of completeness and is synonymous with τέλειος, 'complete.' The terms differ semantically, however, in that τέλειος is aspectual, connoting a perfection beyond which there is no degree, whereas ὁλόκληρος is quantitative, denoting a totality in all its facets."

62 Moo, *The Letter of James*, 54-55: "The difficulties of life are intended by God to refine our faith: … The 'testing of faith' here, then, is not intended to determine whether a person has faith or not; it is intended to purify faith that already exists."

63 τελειόω, Vlachos, *James*, 97: "The vb. is variously rendered in EVV(English Versions of the Bible), either with the notion of something being *perfected or completed/made complete*. The sense appears to be 'brought to its intended end' (the end, in view of v. 18, likely being vindication). For this sense of τελειόω, cf. 1 John 4:12: ἐὰν ἀγαπῶμεν ἀλλήλους, ὁ θεὸς ἐν ἡμῖν μένει καὶ ἡ ἀγάπη αὐτοῦ ἐν ἡμῖν τετελειωμένη ἐστίν: 'if we love one another, God lives in us and his love is *made complete* in us' (i.e., reaches its intended goal)." [FRI] bringing something to its goal. [Thayer] bring to an end. Blomberg, Kamell, *James*, 137: "His confidence in God's trustworthiness was 'brought to the goal for which it was intended."

64 조병수, "야고보서 1:1-11 주해", 185.

65 [BDF] §.180: "The related idea 'to be in need of' takes the genitive: χρῄζειν Mt 6:32; Lk 11:8, 12:30, R 16:2; 2C 3:1; προσδεῖσθαι A 17:25; λείπεσθαι 'to lack' Ja 1:5, 2:15 (ἐν μηδενί 'in nothing' 1:4)." A. T. Robertson, *A Grammar of the Greek New Testament in the Light of Historical Research*, 4th ed. (Nashville: Broadman, 1934), 518: "*Verbs of Missing, Lacking, Despairing*. Thus we note ὧν τινες ἀστοχήσαντες (1 Tim. 1:6), λείπεται σοφίας (Jas. 1:5), ὑστεροῦνται τῆς δόξης (Ro. 3:23), ὅσων χρῄζει (Lu. 11:8), προσδεόμενός τινος (Ac. 17:25), ἐξαπορηθῆναι ἡμᾶς καὶ τοῦ ζῆν (2 Cor. 1:8)." Vlachos, *James*, 24: "λείπω normally takes a genitive object."

66 γάρ는 일반적으로 "왜냐하면"의 뜻을 가진 접속사이지만, 여기서는 강한 부정을 표현하는 '실로 …이 아니다', '결코 …이 아니다'의 의미로 해석할 수 있다. Cf. [Fri], "… to make a strong denial *of course not, no indeed, by no means* (AC 8.31; 16.37; JA 1.7)."

67 Craig L. Blomberg and Darlene M. Seal, with Alicia M. Duprée, *From Pentecost to Patmos – Acts to Revelation* (London: Apollos, 2021), 575: "Perfection/Wholeness versus Duplicity in James"

68 박윤선, 『계시의존사색』(수원: 도서출판 영음사, 2015), 232: "지혜는 한낱 관념적인 것이 아니라 신앙생활의 완전을 실현시키는 영적 은혜이다." Cf. 고전 2:6; 골 1:28.

69 약 1:5 Εἰ δέ τις ὑμῶν λείπεται σοφίας, αἰτείτω παρὰ τοῦ διδόντος θεοῦ.

70 Vlachos, *James*, 25: "Being addressed to God, αἰτέω functions here as a prayer request."

71 Vlachos, *James*, 25: "As with ἐχέτω in v. 4, the 3rd pers. impv. expresses more than mere permission; since wisdom "is the lack most critical to remedy" (Johnson 179), those in need "must" (NJB) ask for it. The pre. impv. adds to this the idea of ongoing action: such a person (τις) must *continually* ask."

72 조병수, "야고보서 1:1-11 주해", 187.

73 Vlachos, *James*, 25: "The phrase παρὰ τοῦ θεοῦ denotes source. The preposition stresses the divine point from which request is granted." [Fri] παρά preposition with a root meaning *beside*; I. with the genitive; (1) spatially, coming from the closeness of a person from (beside) (JN 6.46), *from (the presence of)* (JN 15.26).

74 ἁπλοῦς, 마 6:22; 눅 11:34, [Fri] ἁπλοῦς, strictly *single, without folds*; hence *simple, sincere, innocent*; of the eye *healthy, clear* (MT 6.22); ἁπλότης, 롬 12:8; 고후 1:12; 8:2; 9:11, 13; 11:3; 엡 6:5; 골 3:22. [Fri] ἁπλότης, (1) *simplicity*; as a moral trait *purity of motive, sincerity, integrity* (EP 6.5); (2) as an openness and sincerity in sharing with others *generosity, liberality* (RO 12.8).

75 ἁπλῶς, [Fri] *in simplicity, openly; of giving wholeheartedly, generously, without reserve* (JA 1.5); [BDAG] *simply, above board, sincerely, openly, simplicity.* Motyer, *The Message of James*, 38-39. ἁπλῶς는 주님이 '성한' 눈에 대해 사용하신(마 6:22) 형용사(ἁπλοῦς)의 부사형이다. 문자적으로는 '하나의'라는 뜻. 물체가 겹쳐서 보이거나 맑고 투명한 시력을 훼손시킬

만한 어떤 병에도 걸리지 않았다는 뜻. 명사 ἁπλότης는 '한 마음'(고후 11:3 주 예수에 대한 우리의 헌신; 엡 6:5 주인에 대한 종의 충성)을 나타냄. 주는 것, 관대함의 사역(롬 12:8; 고후 8:2)에도 사용됨.

76 Vlachos, *James*, 25: "Moreover, the idea of God giving in an unwavering manner suits the context since the adv. appears to stand in contrast to 'double-minded' in v. 8 (cf. v. 17). Cf. Matt 6:22; Luke 11:13."; J. B. Adamson, *James: The Man and His Message* (Grand Rapids: 1989), 349: "*haplos*, describing the single-minded generosity of God, is implicity contrasted with the *dipsychos* or divided human nature(1:8)."

77 조병수, "야고보서의 신론 윤리", 553-554.

78 조병수, "야고보서 1:1-11 주해", 187.

79 조병수, "야고보서 1:1-11 주해", 188.

80 διακρίνω는 distinguish, separate, dispute 등의 의미를 가진다. 이 단어는 중간태로서 "의심하다"는 뜻을 가진다. 분사(διακρινόμενος) 앞에 있는 주동사(αἰτείτω)가 명령법이므로 μηδὲν διακρινόμενος 역시 "단 하나도 의심하지 말라"는 명령으로 해석이 가능하다.

81 McCartney, 『야고보서』 152.

82 이 믿음은 어떤 믿음인가? 이미 앞에서 말했듯이, 문맥에 따라 이 믿음은 하나님의 성품에 대한 믿음이다. 하나님은 관대하시며 꾸짖지 아니하시고 사람을 차별하지 않으시고 주시는 분이시다. 구하는 자는 이러한 하나님의 성품을 믿고 간구한다. 그러므로 간구의 근거와 동기는 전적으로 하나님에게 있다.

83 바로 여기에 하나님의 은혜의 제한성(유효성)이 있다. 하나님의 은혜는 세상 모든 사람에게 주고도 남을 충분한 은혜이지만 그렇다고 해서 하나님은 은혜를 남발하는 분이 아니시다. 하나님은 의심하지 않고 믿음으로 구하는 모든 자에게 은혜로 응답하신다. 이것은 하나님의 은혜의 제한성(유효성)이다.

84 조병수, "야고보서 1:1-11 주해", 188.

85 조병수, "야고보서 1:1-11 주해", 189: "바다는 스스로 요동하지 않는다. 바다는 외부의 세력에 의해 영향을 받는다. 의심은 대체적으로 외부적인 요인에 의해 일어난다. 그것은 사람, 사물, 사건 등이 될 수 있다. 어쨌든 의심하는 사람은 외부적인 세력에 민감하게 영향을 받는다. 그러므로 하나님께 간구하는 사람은 외적인 영향을 경계하고 오직 하나님을 지향하며 확신해야 한다."

86 Vlachos, *James*, 28.

87 Vlachos, *James*, 28.

88 Vlachos, *James*, 28: "In James κύριος usually denotes God (cf. 3:9; 4:10, 15; 5:4, 10, 11)."

89 παρελεύσεται, ἐξήρανεν, ἐξέπεσεν, ἀπώλετο, μαρανθήσεται

90 Vlachos, *James*, 32. 비록 지금 야고보가 일반적인 여러 가지 시험들($\pi\epsilon\iota\rho\alpha\sigma\mu\omicron\grave{\iota}$ $\pi\omicron\iota\kappa\acute{\iota}\lambda\omicron\iota$)에서 가난한 자와 부자라는 특수한 시험으로 주제를 옮김에도 불구하고, 역접접속사와 명령법인 $\kappa\alpha\upsilon\chi\acute{\alpha}\sigma\theta\omega$에 나타난 몹시 기뻐함의 어조는 독자들을 2절에 있는 "너희는 모든 것을 기쁘게 생각하라"($\pi\tilde{\alpha}\sigma\alpha\nu$ $\chi\alpha\rho\grave{\alpha}\nu$ $\dot{\eta}\gamma\acute{\eta}\sigma\alpha\sigma\theta\epsilon$)로 되돌리는 듯하다. Luke Timothy Johnson, *The Letter of James* (Anchor Bible) (New York: Doubleday, 1995), 189-190을 보라.

91 Cf. 고전 4:7; 5:6; 요일 2:16; 유 16 등.

92 시 149:5 (LXX) $\kappa\alpha\upsilon\chi\acute{\eta}\sigma\omicron\nu\tau\alpha\iota$ $\ddot{\omicron}\sigma\iota\omicron\iota$ $\dot{\epsilon}\nu$ $\delta\acute{\omicron}\xi\eta$ $\kappa\alpha\grave{\iota}$ $\dot{\alpha}\gamma\alpha\lambda\lambda\iota\acute{\alpha}\sigma\omicron\nu\tau\alpha\iota$ $\dot{\epsilon}\pi\grave{\iota}$ $\tau\tilde{\omega}\nu$ $\kappa\omicron\iota\tau\tilde{\omega}\nu$ $\alpha\grave{\upsilon}\tau\tilde{\omega}\nu$.

93 Vlachos, *James*, 32: "Though typically negative in Biblical Greek …." Vlachos, *James*, 33: "The present tense suggests that this should be a characteristic response."

94 낮은 '형제'라고 말한 반면에 '부유한 자'에서는 왜 '형제'를 생략했을까? $K\alpha\upsilon\chi\acute{\alpha}\sigma\theta\omega$ $\delta\grave{\epsilon}$ $\dot{\omicron}$ $\dot{\alpha}\delta\epsilon\lambda\phi\grave{\omicron}\varsigma$ $\dot{\omicron}$ $\tau\alpha\pi\epsilon\iota\nu\grave{\omicron}\varsigma$ $\dot{\epsilon}\nu$ $\tau\tilde{\omega}$ $\ddot{\upsilon}\psi\epsilon\iota$ $\alpha\grave{\upsilon}\tau\omicron\tilde{\upsilon}$, $\dot{\omicron}$ $\delta\grave{\epsilon}$ $\pi\lambda\omicron\acute{\upsilon}\sigma\iota\omicron\varsigma$ $\dot{\epsilon}\nu$ $\tau\tilde{\eta}$ $\tau\alpha\pi\epsilon\iota\nu\acute{\omega}\sigma\epsilon\iota$ $\alpha\grave{\upsilon}\tau\omicron\tilde{\upsilon}$에서 $\tau\alpha\pi\epsilon\iota\nu\grave{\omicron}\varsigma$ 바로 앞에 있는 관사는 $\dot{\alpha}\delta\epsilon\lambda\phi\acute{\omicron}\varsigma$가 $\tau\alpha\pi\epsilon\iota\nu\acute{\omicron}\varsigma$뿐 아니라 $\pi\lambda\omicron\acute{\upsilon}\sigma\iota\omicron\varsigma$에도 적용된다는 것을 의미할 수 있다. 이럴 경우 "형제, 즉 낮은 자 … 부유한 자 … "로 번역된다. See Vlachos, *James*, 32.

95 조병수, 『신약성경총론』 (수원: 합동신학대학원출판부, 2006), 466: "야고보는 낮은 형제가 높음을 자랑하듯이(그리스도를 믿음으로 성도가 높아졌다는 의미), 부한 형제는 낮아짐을 자랑하라고 권면한다(하나님 앞에서 인간의 비천함을 발견하게 되었다는 의미)."

96 Vlachos, *James*, 32: "When used without qualification in the letter, $\pi\lambda\omicron\acute{\upsilon}\sigma\iota\omicron\varsigma$ is applied to the materially wealthy (cf. 2:6; 5:1), and this is its connotation here."

97 [Fri] $\dot{\alpha}\lambda\alpha\zeta\omicron\nu\epsilon\acute{\iota}\alpha$, $\alpha\varsigma$, $\dot{\eta}$ (also $\dot{\alpha}\lambda\alpha\zeta\omicron\nu\acute{\iota}\alpha$) characterized by presumption in word or action *arrogance, pretension* (JA 4.16); in regard to one's possessions *false pride, conceit, boasting* (1J 2.16).

98 $K\alpha\upsilon\chi\acute{\alpha}\sigma\theta\omega$ $\dot{\omicron}$ $\dot{\alpha}\delta\epsilon\lambda\phi\grave{\omicron}\varsigma$ $\dot{\omicron}$ $\tau\alpha\pi\epsilon\iota\nu\grave{\omicron}\varsigma$ $\dot{\epsilon}\nu$ $\tau\tilde{\omega}$ $\ddot{\upsilon}\psi\epsilon\iota$ $\alpha\grave{\upsilon}\tau\omicron\tilde{\upsilon}$. $\dot{\epsilon}\nu$은 $\kappa\alpha\upsilon\chi\acute{\alpha}\omicron\mu\alpha\iota$와 함께 쓰일 때 보통은 자랑의 대상을 소개하는 역할을 한다(예, 고전 1:31). 그러나 $\dot{\epsilon}\nu$은 또한 자랑의 근거나 원인을 의미할 수 있다(Vlachos, *James*, 33). 이럴 경우에 이 구절은 "낮은 형제는 그의 높음 때문에 자랑하라"가 된다. $'E\nu$의 원인적 사용에 대하여는 Maximilian Zerwick S. J, *Biblical Greek* (Rome: Editrice Pontificio Instituto Biblico. 2001), 40 (§. 119)을 보라.

99 이와 비슷한 반전으로 "주 안에서 부르심을 받은 자는 종이라도 주께 속한 자유인이요 또 그와 같이 자유인으로 있을 때에 부르심을 받은 자는 그리스도의 종이니라"(고전 7:22), "그러므로 우리가 낙심하지 아니하노니 우리의 겉사람은 낡아지나 우리의 속사람은 날로 새로워지도다"(고후 4:16), "그러므로 내가 그리스도를 위하여 약한 것들과 능욕과 궁핍과 박해와 곤고를 기뻐하노니 이는 내가 약한 그 때에 강함이라"(고후 12:10) 등이 있다.

100 Motyer, *The Message of James*, 43: "가난한 형제는 자신의 재정적 어려움을 향해 '하지만 나는 얼마나 부유한가!'라고 말한다. 부자 형제는 자신의 세상적 행복을 향해 '하지만 나는 얼마나 비참한 죄인인가!'라고 말한다. 각각은 삶을 영원의 관점에서 본다."

101 조병수, "야고보서 1:1-11 주해", 190.

102 ἀνέτειλεν, ἐξήρανεν, ἐξέπεσεν, ἀπώλετο.

103 Zerwick S. J, *Biblical Greek*, 83(§. 188. 253): "the aorist will be used so long as the writer wishes simply to record the fact of the act or acts, and not to present the action as in progress or habitual." 또한 부정과거로 표현된 것은 격언적(gnomic) 부정과거이거나 히브리어 완료시제의 번역(사 40:7)이거나 또는 예기적(proleptic) 부정과거일 수 있다(Vlachos, *James*, 34f.)

104 조병수, 『야고보서 - 요한계시록』, 미 출간 제본집 (2017), 25-26.

105 Doriani, *James*, 27: "the words translated 'pass away' and 'fade away' never refer to the final judgment of sinners elsewhere in the New Testament. More likely, James regards the rich man as a believer. The 'low position' of the rich believer is the same low position every Christian share. We all bow to request mercy and forgiveness of our sin. The rich believer knows the ground is level at the foot of the cross."

106 조병수, 『야고보서 - 요한계시록』, 26.

107 조병수, "야고보서 1:1-11 주해", 191.

108 McCartney, 『야고보서』, 145.

109 Vlachos, *James*, 39: "Verse 12 recapitulates and culminate the theme of trials that was introduced in vv. 2-4."

110 약 1:25b οὗτος μακάριος ἐν τῇ ποιήσει αὐτοῦ ἔσται.

111 약 1:12 Μακάριος ἀνὴρ ὃς ὑπομένει πειρασμόν; 5:11 ἰδοὺ μακαρίζομεν τοὺς ὑπομείναντας·

112 δοκιμάζω test, examine, approve. δόκιμος approved (by test), genuine; respected, valued. Blomberg, Kamell, *James*, 69: "the word for approval refers to the approval that comes from actually passing the test." δοκίμιον trial (as the act of test), proving. δοκιμή (시련, 시험을 겪은, 통과한 특성, 품질, 속성, 자질로서의) 성숙함, 인격, 특성, 특질.

113 Vlachos, *James*, 39: "The phrase δόκιμος γενόμενος, a restatement of ὑπομένω in the first clause = 'when he has been proven to be genuine' (NET), i.e., 'when he passes the test' (HCSB)."

114 Blomberg, Kamell, *James*, 69: "This is not a royal crown but the laurel wreath that was given to winners in athletic competitions, including the Olympics."

115 μηδὲν φοβοῦ ἃ μέλλεις πάσχειν. ἰδοὺ μέλλει βάλλειν ὁ διάβολος ἐξ ὑμῶν εἰς φυλακὴν ἵνα πειρασθῆτε καὶ ἕξετε θλῖψιν ἡμερῶν δέκα. γίνου πιστὸς ἄχρι θανάτου, καὶ δώσω σοι τὸν στέφανον τῆς ζωῆς.

116 Blomberg, Kamell, *James*, 69.

117 τῆς ζωῆς를 재료의 소유격으로 이해해도 화관은 생명을 의미한다. See BDF §. 167.

118 Vlachos, *James*, 40: "Since the phrase is virtually formulaic, it need not imply that love for God is the condition of salvation; the phrase may simply characterize who endures the test (see Davids 80)."

119 Blomberg, Kamell, *James*, 69: "The substantive participle 'those loving' (ἀγαπῶσιν) functions as a synonym for all true believers."

120 미혹은 마음이 흐려지도록 무엇에 홀림 또는 정신이 헷갈려서 갈팡질팡하며 헤맴을 의미하며, 유혹은 꾀어서 마음을 현혹하거나 좋지 아니한 길로 이끎을 의미한다(Daum 국어사전). 약 1:13-15의 '시험하다'(πειράζω)는 미끼로 꾀어서 이끌어 내다(약 1:14)는 의미이므로 미혹(迷惑)보다 유혹(誘惑)이 더 합당하다.

121 McCartney, 『야고보서』, 158, f.n. 13: "야고보는 부정대명사 τινα를 비유적 표현을 부드럽게 하기 위해 사용한다(BDF §.301.1). 그래서 '일종의 첫 열매'로 번역된다."

122 McCartney, 『야고보서』, 144f.: "대개 야고보서 1:12는 1:9-11과 함께 묶지 않는다. 대부분의 주석가는 1:12의 주제를 '시험/유혹'(πειρασμός는 '시험'을 의미할 수도 있고 '유혹'을 의미할 수도 있다)으로 언급한다. 따라서 이 절을 1:13-15에 나오는 유혹이라는 주제를 소개하는 것으로 여긴다. 더욱이 1:12을 1:9-11에 나오는 종말론적 반전과 어떻게든 연결시키기는 어렵다. 그럼에도 나는 최근 몇몇 주석가의 의견에 동의한다(Moo 2000:71-72, Johnson 1995:174-176. 참조, Penner 1996: 144-147). 이 주석가들은 '시험/유혹'이 단순히 새로운 주제로 넘어가기 위한 중심축과 같은 표어이기 때문에 1:12과 13절이 단절되어야 한다고 생각한다. 1:12의 시험은 복의 원인이고 1:13-15의 유혹은 죄의 원인이기 때문에, 다른 종류라는 사실을 주목하라.

123 McCartney, 『야고보서』, 145.

124 Daniel B. Wallace, *Greek Grammar Beyond the Basics: An Exegetical Syntax of the New Testament* (Grand Rapids: Zondervan Publishing House, 1996), 125. 수단의 소유격(the genitive of means)으로 볼 수 있다. 수단의 소유격은 수단이나 도구를 나타내는 소유격이며, 이것은 "어떻게"라는 질문에 답한다.

Rom. 4:11 τῆς δικαιοσύνης τῆς πίστεως (the righteousness by [means of] faith).

Jas. 1:13 ὁ γὰρ θεὸς ἀπείραστός ἐστιν κακῶν (for God is not tempted by evil).

Cf. McCartney, 『야고보서』, 159. 하나님은 '악에게'(κακῶν, m/n.p.g) 유혹을 받으실 수 없다. 여기서 '악'은 중성의 의미, 즉 "하나님은 악한 일을 행하도록 유혹을 받으실 수 없다"는 의미로 사용되었다(목적격적 소유격). 이것은 유혹을 받으실 수 없는 하나님의 성품을 가리킨다.

125 McCartney, 『야고보서』, 152: "부정의 알파와 동사적 형용사 어미(-τος)의 자연스러운 결합은 '유혹을 받을 수 없다'를 이해하는 것을 매우 자연스럽게 한다. … 그래서 대부분의 번역가와 주석가가 이것이 하나님을 시험하는 것이 부적절함을 의미하는 것이 아니라 악에 대한 하나님의 불가능성에 대한 언급으로 이해한 것은 옳다."

126 Vlachos, *James*, 45: "Both terms were applied to hunting and fishing."

127 McCartney, 『야고보서』, 153.

128 Ralph P. Martin, *James* (WBC) (Waco, TX: Word, 1988), 36.

129 συλλαμβάνειν은 '잉태하다', '붙들다', '꽉 움켜쥐다' 등의 의미를 모두 가지고 있다.

130 McCartney, 『야고보서』, 154.

131 Vlachos, *James*, 45: "ἀποτελέω, means 'to bring to completion or maturity' ... The reproductive imagery in the verse suggests the picture of sin becoming 'full-grown' (NET)."

132 개역개정은 ἀποτελεῖν을 "장성하다"로 번역했다.

133 잠 7:21-23 "여러 가지 고운 말로 유혹하며 입술의 호리는 말로 꾀므로 젊은이가 곧 그를 따랐으니 소가 도수장으로 가는 것 같고 미련한 자가 벌을 받으려고 쇠사슬에 매이러 가는 것과 같도다. 필경은 화살이 그 간을 뚫게 되리라. 새가 빨리 그물로 들어가되 그의 생명을 잃어버릴 줄을 알지 못함과 같으니라"

134 McCartney, 『야고보서』, 155.

135 이에 반하여 땅 위의 것은 마귀의 것이다(약 3:15). 이것은 진리를 거스르는 거짓말과 정욕, 시기 다툼, 혼란, 악한 일 등이다(약 3:14-15).

136 조병수는 "야고보서의 신론 윤리", 564f.에서 빛들의 아버지라는 표현이 가지는 의미들을 다음과 같이 정리했다. 1) 하나님이 빛의 창조주이시다(cf. 창 1:3; 시 136:7; 고후 4:6). 하나님은 빛을 창조하셨다는 점에서 빛들의 아버지이시다. 2) 하나님이 빛의 영역에 속한다는 것을 보여준다. 빛의 영역은 하늘이다. 이 때문에 '빛들의 아버지'는 부사 '위로부터'(ἄνωθεν), 동사 '내려오다'(καταβαίνω)와 함께 사용되었다(약 1:17b). 3) 빛들의 아버지는 하나님이 모든 좋은 은사와 온전한 선물을 수여하시는 분임을 가리킨다(약 1:17a). 따라서 빛이란 단순히 영역을 뜻할 뿐 아니라 좋음(ἀγαθός)이나 온전함(τέλειος) 같은 성격을 뜻하기도 한다. '빛들의 아버지'는 '선하고 온전한' 하나님을 의미한다. 4) 빛들의 아버지는 변화도 없고 전환의 그림자도 없다(약 1:17c). 빛에는 두 가지 근본적인 본질이 있다. 빛은 그 자체가 변질되지 않는다는 것이며, 모든 물체는 빛을 받는 방향에 따라 그림자를 가지지만 빛 자체에는 그런 그림자가 없다. 하나님은 빛이 일정하듯이(cf. 호 6:3) 변질도 없고(cf. 말 3:6), 빛에 그림자가 없듯이 전환의 그림자도 없다는 것을 의미한다.

137 Moo, *The Letter of James*, 78f.

138 [Fri] παραλλαγή, ῆς, ἡ of the nature or character of something *variation, change* (JA 1.17).

139 McCartney, 『야고보서』, 157.

140 Cf. 엡 1:11 ἐν ᾧ καὶ ἐκληρώθημεν προορισθέντες κατὰ πρόθεσιν τοῦ τὰ πάντα ἐνεργοῦντος κατὰ τὴν βουλὴν τοῦ θελήματος αὐτοῦ.

141 [BDAG] 1. to desire to have or experience someth., with implication of planning accordingly, *wish, want, desire*. 2. to plan on a course of action, *intend, plan, will*.

142 "죄가 장성한즉 사망을 낳느니라(ἀποκύει)."

143 Moo, *The Letter of James*, 79.

144 Martin, *James*, 39.

145 이에 대한 자세한 설명은 McCartney, 『야고보서』 158를 참조하라. "야고보가 신자를 '첫 열매'로 부른 것은 그들을 거룩하다고 선포한 것일 뿐 아니라 나머지 피조물이 기다리고 있는 완전한 구속을 이미 경험하고 있는 자로 분류한 것이다."

146 McCartney, 『야고보서』 158.

147 Blomberg, Kamell, *James*, 75: "부분 소유격인 '그 피조물 중에'(κτισμάτων)라는 말은 신자들이 하나님이 우주 전체를 궁극적으로 재창조하시기에 앞서 자신이 지으신 모든 것에서 거둬들이고 있는 첫 번째 수확임을 확증한다."

148 이 사실은 하나님이 창조주시라는 사실에서도 분명하다(cf. 약 1:18 "그의 피조물"). 하나님은 창조주이시므로 그 어떤 존재에 의해서도 침범을 당하지 않으시며, 그의 구원 계획과 목적도 중단되지 않고 성취된다.

149 McCartney, 『야고보서』 154.

150 McCartney, 『야고보서』 158. 첫 열매는 "하나님의 성품을 세상에 반영하는 본보기다. 이것은 믿음이 있다고 하면서 하나님의 성품을 분명히 나타내지 않는 사람들 때문에 야고보가 깊이 고민하는 이유다."

151 명령으로 해석한 이유에 대하여는 해당 구절 해설을 참조하라.

152 여기서 γίνεσθε는 "되다"라는 진입적인 또는 시발(ingressive)의 의미가 아니라 "이다"(be)의 의미이다. 그러나 우리말로 옮길 때는 "되다"가 훨씬 부드럽다. Cf. 약 3:1.

153 "어떤 사람이 믿음을 가지고 있다고 말할지라도(ἐὰν … λέγῃ) 그러나 그가 행위를 가지고 있지 않다면(ἔργα … μὴ ἔχῃ)"(약 2:14). 이에 대한 더 자세한 내용은 약 2:14-26에 대한 해설을 보라.

154 약 1:19 Ἴστε, ἀδελφοί μου ἀγαπητοί· ἔστω δὲ πᾶς ἄνθρωπος ταχὺς εἰς τὸ ἀκοῦσαι, βραδὺς εἰς τὸ λαλῆσαι, βραδὺς εἰς ὀργήν. 약 2:12 οὕτως λαλεῖτε καὶ οὕτως ποιεῖτε ὡς διὰ νόμου ἐλευθερίας μέλλοντες κρίνεσθαι. 약 2:12과 3:1-12은 '심판'(κρίμα, 약 3:1)에 의해서도 연결된다. 약 2:14 λέγῃ, 2:16 εἴπῃ.

155 Εἴ τις δοκεῖ θρησκὸς εἶναι μὴ χαλιναγωγῶν γλῶσσαν αὐτοῦ ἀλλὰ ἀπατῶν καρδίαν αὐτοῦ, τούτου μάταιος ἡ θρησκεία. 여기에서는 재갈물리다(χαλιναγωγέω)라는 말로도 병행을 이룬다.

156 이 연결은 약 2:22의 "그 믿음이 온전해졌다(ἐτελειώθη)"와 약 3:2의 "이 사람이 온전한(τέλειος) 사람이다"라는 병행에 의해서도 나타난다.

157 Cf. 조병수, 『신약성경총론』 450.

158 Bible Works, Ἴστε, verb indicative perfect active 2nd person plural OR (simple) verb imperative perfect active 2nd person plural from οἶδα. Cf. Vlachos, *James*, 53: "Ἴστε is 2nd pl. act. of οἶδα and could be an indic. or a rare example of a pref. impv. (most EVV)."

Since James always elsewhere precedes the phrase ἀδελφοί μου ἀγαπητοί with an impv., it is likely that he does so here as well; 'Take note of this.'"

159 Vlachos, *James*, 53: "Though in v. 18 this construction denotes purpose, here the preposition limits or qualifies the adjective.: quick 'with respect to' hearing (cf. 1 Thess 4:19)."

160 Vlachos, *James*, 53: "The aor. here and in the previous inf. is likely ingressive; i.e., 'quick to begin hearing, slow to begin speaking'(see Robertson, *Pictures* 21; on this category, see BDF § 331)."

161 Vlachos, *James*, 53: "The notion of time is carried into the third part of the predicate, but here εἰς + noun breaks the pattern of εἰς + inf. -either for rhetorical effect or, more likely, because 'anger' is the theme that James will develop in the next verse."

162 야고보는 의도적으로 20절의 '사람'(ἀνήρ)과 21절의 '너희'(신자)를 구분하고 있다.

163 Cf. [BDAG] ἀποτίθημι

164 [Fri] ῥυπαρία, ας, ἡ literally *filth, dirt*; figuratively, as bad behavior *moral uncleanness, impurity, filthiness* (JA 1.21)

165 [BDAG] *all the evil prevailing* (around you) Js 1:21.

166 설명적 보어는 그것 뒤에 따라 오는 명사가 그것에 앞서는 명사의 의미를 분명하고 명료하게 나타내거나 또는 확장, 상술, 부연하는 역할을 한다. Cf. Larry Paul Jones, *The Symbol of Water in the Gospel of John* (Sheffield: Sheffield Academic Press, 1997), 70. f. n. 113, 116.

167 [Thayer] δέχομαι, *to take hold of, take up; make one's own, approve, not to reject.* Cf. 엡 6:17 καὶ τὴν περικεφαλαίαν τοῦ σωτηρίου δέξασθε καὶ τὴν μάχαιραν τοῦ πνεύματος, ὅ ἐστιν ῥῆμα θεοῦ.

168 이 말씀은 진리의 말씀으로서 구원하는 말씀이며(약 1:18) 신자가 듣고 행하여야 할 말씀이다(약 1:22, 23). 이 말씀은 곧 하나님의 말씀이다.

169 Vlachos, *James*, 57: "The phrase ἐν πραΰτητι is connected either to the participial clause that precedes or to the impv. that follows, with the preposition phrase being placed forward for emphasis. Most commentators and all EVV read it in the latter sense, understanding the dat. as an adv. dat. of manner." Blomberg, Kamell, *James*, 87: "'In humility' (ἐν πραΰτητι) could be taken either with the previous clause or with the following, meaning either 'take off … in humility' or 'in humility receive … .' Either way, the prepositional phrase employs an instrumental dative of manner, describing here the way in which one should act. … But if we must choose, the case seems stronger for taking it with the second clause, because receiving this transformed nature is impossible unless one displays an attitude of humility, and the verb that would be modified is much closer in the sentence."

170 [TDNT] 931: "Jms. 1:21 contrasts πραΰτης with anger (v. 20)."

171 Matthew Poole, 『야고보서 ~ 요한계시록』, 정충하 옮김 (서울: 크리스천다이제스트, 2016), 20.

172 하나님의 불변성이 하나님에 의한 구원의 불변성을 담보한다.

173 μή 뒤에 명령의 γίνεσθε가 생략되었다. 부정을 표현하는 데 οὐ를 쓰지 않고 μή를 쓴 이유가 여기에 있다.

174 22절과 25절 사이의 병행은 교차대구를 이룬다.

22 *Γίνεσθε δὲ* ποιηταὶ λόγου ⟶ μὴ μόνον ἀκροαταί
되라 말씀을 행하는 자들 ⟋ 듣기만하는 자들이 (되지) 말라
25 οὐκ ἀκροατὴς ⋯ *γενόμενος ἀλλὰ* ποιητὴς ἔργου
듣는 자가 아니다 그러나 행위를 하는 자이다

175 약 1:25 νόμον τέλειον τὸν τῆς ἐλευθερίας. νόμος는 21-23절의 λόγος와 동의어이다. Cf. 약 2:12 νόμος ἐλευθερίας

176 골 2:4 Τοῦτο λέγω, ἵνα μηδεὶς ὑμᾶς παραλογίζηται ἐν πιθανολογίᾳ.

[UBS] πιθανολογία, ας f attractive (but false) argument; [Fri] πιθανολογία, ας, ἡ persuasive speech, plausible arguments that are not necessarily true.

177 Vlachos, *James*, 61f.: "The gen. is highly idiomatic and reflects the Heb. gen., where the gen. is translated as an adj.: 'forgetful listener' (NET) or with a rel. clause: 'a hearer who that forgets' (ESV; on the Heb. gen., see BDF § 165). The ptc. γενόμενος, nom. sg. masc. of the 2nd aor. mid. of dep. γίμομαι, 'be,' 'become,' can function in either of following ways: 1. adv. ptc., denoting the result of 'looking and abiding': *not having become a forgetful hearer* (NASB); or 2. adv. ptc. of manner, describing the nature of 'looking and abiding': *being not hearers who forget* (NRSV)."

178 ἔργου는 목적격적 소유격으로 보는 것이 타당하다. Cf. 약 1:22 ποιηταὶ λόγου; 약 4:11 ποιητὴς νόμου.

179 야고보서의 복은 모두 행위와 관련된다. 시험을 참는 자가 복이 있다(약 1:12). 말씀을 행하는 자가 복이 있다(약 1:25). 인내하는 자가 복이 있다(약 5:11). 이 중에 둘이 인내에 관련된다. 인내는 행위이다(약 1:4).

180 [FRI] παρακύπτω, from a basic meaning *stoop to see*, with the meaning modified by the situation of the observer; literally *stoop down (to look in)* (LU 24.12); figuratively *look intently into* (JA 1.25); *look into (a matter), investigate* (1P 1.12).

181 그러므로 약 1:25의 '온전한'(τέλειος)은 빛이신 까닭에 미혹, 죄, 사망과 전혀 무관하며 변함이나 회전하는 그림자도 없는 하나님의 절대 거룩하심을 의미한다. 이것은 곧 하나님의 선하심이기도 하다.

182 [Fri] χαλιναγωγέω (χαλινός, ἄγω) literally, of a horse *guide with a bit and bridle* (JA 3.2); figuratively *hold in check, restrain, control* (JA 1.26).

183 약 1:26의 구조를 분석하면 다음과 같다.

Εἴ τις δοκεῖ	만일 어떤 사람이 생각한다면
θρησκὸς εἶναι	그가 경건하다고
μὴ χαλιναγωγῶν γλῶσσαν αὐτοῦ	그의 혀를 재갈물리지 않고
ἀλλὰ ἀπατῶν καρδίαν αὐτοῦ,	그러나 그의 마음을 속이면서
τούτου μάταιος ἡ θρησκεία.	이 사람의 경건은 헛것이다.

184 θρησκεῖα, worship, religion. 이 말은 우리말 성경에 '경건'으로 번역되었다. 그러나 이 말의 우선적인 의미는 '예배'이다. 물론 넓게는 '경건'의 의미도 포함될 수 있을 것이다. 참된 예배는 언어와도 관련된다. 이것은 롬 12:1ff.의 내용을 생각나게 한다. [UBS] θρησκεία, ας f religion, worship, [Fri] θρησκεία, ας, ἡ (also θρησκία) religion, religious service or *worship* (CO 2.18)

185 [BDAG] δοκέω to consider as probable, *think, believe, suppose, consider.*

186 조병수, "야고보서의 신론 윤리", 566f.: "신자의 이 경건은 하나님이 아버지라는 신학에 근거한다. 그래서 야고보는 이 경건을 "하나님 곧 아버지 앞에서" 경건이라고 부른다. 하나님은 아버지로서 모든 좋은 은사와 온전한 선물을 주시며(약 1:17), 더욱 큰 은혜를 주신다(약 4:6). 야고보는 하나님이 아버지라는 사실에 근거하여 신자들에게 사회적 약자들을 돌볼 것을 권면한다. 다시 말해서 하나님이 은사와 은혜를 주시는 아버지라는 신학은 낮은 자들과 가난한 자들을 도와주어야 할 강력한 동기가 된다. 이것이 신자의 사회참여를 위한 신학적 근거이다."

187 조병수, "야고보서의 신론 윤리", 569f.: "야고보서에서 윤리적 삶에 대한 가르침은 결코 하나님에 대한 가르침과 분리해서 생각할 수 없다. 이런 의미에서 야고보가 말하는 기독교의 윤리는 양심에 기초를 두는 자연윤리도 아니며, 질서에 목적을 두는 사회윤리도 아니다. 야고보에 의하면 진정한 윤리는 오직 하나님에 대한 신학에서만 나오기 때문에 기독교 윤리는 신학윤리이다. … 야고보의 시각으로 볼 때 기독교 윤리는 신에 의한 인간에의 요구이다."

188 이런 의미에서 개역판의 '체휼하다'는 말이 개역개정의 '동정하다'보다 훨씬 잘 된 번역이다.

189 "ἄσπιλον ἑαυτὸν τηρεῖν ἀπὸ τοῦ κόσμου."에는 두 개의 목적격이 사용되었다. 이중 목적격(double accusative)에 대하여는 Robertson, *A Grammar of the Greek New Testament in the Light of Historical Research*, 479-484를 보라. Cf. James A. Brooks and Carlton L. Winbery, 『헬라어 구문론』(=*Syntax of New Testament Greek*), 하문호 옮김 (서울: 성광문화사, 1993), 79-80. Brooks and Winbery, 『헬라어 구문론』, 108: "어떤 경우에는 형용사가 명사보다는 오히려 동사적 개념을 수식한다. 그러므로 마치 부사와 같이 사용된다. 부사적 형용사는 통상적으로 목적격으로 나타난다." Robertson, *A Grammar of the Greek New Testament in the Light of Historical Research*, 480f.: "This second accusative may be either *substantive, adjective or participle.* As specimens of the adjective take ὁ ποιήσας με ὑγιῆ

(Jo. 5:11), τοὺς τοιούτους ἐντίμους ἔχετε (Ph. 2:29). In 1 Cor. 4:9 indeed the adjective makes three accusatives and with ὡς four, ὁ θεὸς ἡμᾶς τοὺς ἀποστόλους ἐσχάτους ἀπέδειξεν ὡς ἐπιθανατίους." See. 약 2:5b. "οὐχ ὁ θεὸς ἐξελέξατο τοὺς πτωχοὺς τῷ κόσμῳ πλουσίους ἐν πίστει καὶ κληρονόμους τῆς βασιλείας …"

190 McCartney, 『야고보서』, 182: "세속에 '물들지 아니하게' 또는 '흠 없이'(ἄσπιλος) 자신을 지키는 것은 다시 말하지만 하나님을 닮는 모습이다. 베드로전서 1장 19절에서 예수는 '흠 없는' 어린 양이다. 야고보서 1장 27절은 베드로후서 3장 14절, 디모데전서 6장 14절과 매우 흡사하다."

191 McCartney, 『야고보서』, 182: "야고보서에서 이 형용사는 아마도 말의 순결함을 특별히 언급하는 것 같다. 왜냐하면 3장 6절이 혀를 '온몸을 더럽히는(σπιλοῦσα) 불의의 세계'로 말하기 때문이다."

야고보서 2장

Epistle of James

I. 차별에 대한 경고(약 2:1-13)

개역개정 ¹ 내 형제들아 영광의 주 곧 우리 주 예수 그리스도에 대한 믿음을 너희가 가졌으니 사람을 차별하여 대하지 말라 ² 만일 너희 회당에 금가락지를 끼고 아름다운 옷을 입은 사람이 들어오고 또 남루한 옷을 입은 가난한 사람이 들어올 때에 ³ 너희가 아름다운 옷을 입은 자를 눈여겨보고 말하되 여기 좋은 자리에 앉으소서 하고 또 가난한 자에게 말하되 너는 거기 서 있든지 내 발등상 아래에 앉으라 하면 ⁴ 너희끼리 서로 차별하며 악한 생각으로 판단하는 자가 되는 것이 아니냐 ⁵ 내 사랑하는 형제들아 들을지어다 하나님이 세상에서 가난한 자를 택하사 믿음에 부요하게 하시고 또 자기를 사랑하는 자들에게 약속하신 나라를 상속으로 받게 하지 아니하셨느냐 ⁶ 너희는 도리어 가난한 자를 업신여겼도다 부자는 너희를 억압하며 법정으로 끌고 가지 아니하느냐 ⁷ 그들은 너희에게 대하여 일컫는 바 그 아름다운 이름을 비방하지 아니하느냐 ⁸ 너희가 만일 성경에 기록된 대로 네 이웃 사랑하기를 네 몸과 같이 하라 하신 최고의 법을 지키면 잘하는 것이거니와 ⁹ 만일 너희가 사람을 차별하여 대하면 죄를 짓는 것이니 율법이 너희를 범법자로 정죄하리라 ¹⁰ 누구든지 온 율법을 지키다가 그 하나를 범하면 모두 범한 자가 되나니 ¹¹ 간음하지 말라 하신 이가 또한 살인하지 말라 하셨은즉 네가 비록 간음하지 아니하여도 살인하면 율법을 범한 자가 되느니라 ¹² 너희는 자유의 율법대로 심판 받을 자처럼 말도 하고 행하기도 하라 ¹³ 긍휼을 행하지 아니하는 자에게는 긍휼 없는 심판이 있으리라 긍휼은 심판을 이기고 자랑하느니라

사 역 ¹ 나의 형제들아, 너희는 우리의 영광의 주 예수 그리스도의 믿음을 외모로 취하는 것들과 함께 가지지 말라. ² 왜냐하면 만일 화려한 옷을 입고 금반지를 낀 사람이 너희의 모임/회당에 들어온다면, 그러나 또한 더러운 옷을 입은 가난한 사람이 들어온다면 ³ 너희가 그 화려한 옷을 입은 사람을 주의해서 보고 "당신은 여기 좋은 곳에 앉으라"고 말한다면, 그러나 그 가난한 자에게 "당신은 거기에 서 있든지 또는 나의 발판 아래에 앉으라"고 말한다면, ⁴ 너희가 너희 자신들 안에서 나누어진 것이 아니며 또한 너희가 악한 생각들을 가진 판단자들이 된 것이 아니냐?

⁵ 너희는 들으라. 나의 사랑하는 형제들아. 하나님이 이 세상에서 가난한 자들을 믿음에 부요한 자들로 그리고 그를 사랑하는 자들에게 그가 약속한 그 나라의 상속자들로 선택하시지 않았느냐? ⁶ 그러나 너희는 가난한 자를 멸시하였다. 부자들은 너희를 억압하며 그들 자신이 너희를 법정으로 끌고 가지 않느냐? ⁷ 그들 자신이 너희 위에 불린 그 고귀한 이름을 비방하지 않느냐? ⁸ 만일 너희가 성경을 따라 "너는 너의 이웃을 너 자신처럼 사랑하라"는 왕의 법을 지키고 있다면 너희가 참으로 잘 행하고 있다. ⁹ 그러나 만일 너희가 외모로 취한다면 너희는 범법자들처럼 율법에 의해 유죄선고를 받는 죄를 범하고 있다. ¹⁰ 왜냐하면 누구든지 온 율법을 지키다가도 그러나 하나에서 죄를 범하면, 그는 모든 것을 범한 자가 되었기 때문이다. ¹¹ 왜냐하면 너는 간음하지 말라고 말씀하신 이가 또한 너는 살인하지 말라고 말씀했기 때문이다. 그러므로 만일 네가 간음하지 않으나 살인하면 너는 율법을 깨뜨린 자가 되었다. ¹² 너희는 자유의 율법에 의해 장차 심판을 받을 자들인 것처럼 그렇게 말하고 또한 그렇게 행하라. ¹³ 왜냐하면 그 심판은 긍휼을 행하지 않는 자에게 긍휼이 없기 때문이다. 긍휼이 심판을 이긴다.

- 내용 분석 -

1. 예수의 신분과 성품에 근거한 차별 금지(1-4) : 말의 문제
   1) 도입(1) - 차별 금지의 근거
   2) 이유(2-3) : 차별에 대한 실례(實例)
   3) 결과(4) : 분열과 판단자가 됨
2. 하나님의 선택에 근거한 차별 경고(5-7) : 행위의 문제
   1) 들으라(5a)
   2) 첫 번째 질문 : 하나님의 선택(5b)
   3) 수신 교회의 잘못(6a) : 가난한 자들을 멸시함
   4) 두 번째 질문 : 부자들의 억압과 횡포(6b)
   5) 세 번째 질문 : 부자들의 비방(7)
3. 왕의 법에 근거한 차별 비판(8-11)
   1) 긍정적 설명(8) : 왕의 법을 이행
   2) 부정적 설명(9) : 차별하는 것
   3) 이유(10-11) : 법의 기원
4. 결론(12-13) : 말과 행위
   1) 말과 행위의 표준(12) : 율법에 의한 심판
   2) 이유(13) : 긍휼이 심판을 이긴다.

1. 문학적 구조와 특징

1) 문단 구분

야고보서 2:1-13은 두 개의 부름(vocative, 나의 형제들아, 나의 사랑하는 형제들아)과 두 개의 명령(imperative, 너희는 가지지 말라, 너희는 들으라), 그리고 두 인물(예수 그리스도, 하나님)에 의해 두 개의 문단으로 선명하게 나누어진다. 그럼에도 이 둘은 '차별'(προσωπολημψία, 1)과 '차별하다'(προσωπολημπτέω, 9)에 의해 동일 주제로 연결되어 있다. 두 번째 문단은 '너희는 들으라'로 시작하며, 1절의 "나의 형제들아"에 '사랑하는'을 첨가하여 "나의 사랑하는 형제들아"로 시작함으로써 첫 번째 문단의 내용을 확대하고 강화한다.

1. Ἀδελφοί μου　…　μὴ　…　ἔχετε　　…　τοῦ κυρίου Ἰησοῦ Χριστοῦ
　　나의 형제들아 … 너희는 가지지 말라 … 주 예수 그리스도

5. Ἀκούσατε,　　ἀδελφοί μου ἀγαπητοί·　…　ὁ θεὸς
　　너희는 들으라, 나의 사랑하는 형제들아　…　하나님

2) 야고보서 2:5-13의 구조

야고보서 2:5-13의 구조는 다음과 같다.

Ἀκούσατε, ⋯ , (5a)	너희는 들으라, ⋯ ,
οὐχ ὁ θεὸς ἐξελέξατο ⋯ ; (5b)	하나님이 선택하시지 않았느냐?
ὑμεῖς δὲ ⋯ , (6a)	*그러나* 너희는 ⋯
οὐχ οἱ πλούσιοι ⋯ ; (6b)	부자들은 ⋯ 않느냐?
οὐκ αὐτοὶ βλασφημοῦσιν ⋯ ; (7)	그들 자신이 ⋯ 비방하지 않느냐?
εἰ μέντοι νόμον τελεῖτε ⋯ · (8)	만일 너희가 법을 지키고 있다면 **참으로**
εἰ δὲ προσωπολημπτεῖτε, ⋯ . (9)	*그러나* 만일 너희가 외모로 취한다면 ⋯
ὅστις γὰρ ⋯ . (10)	왜냐하면 누구든지 ⋯
ὁ γὰρ εἰπών, ⋯ . (11)	왜냐하면 말씀하신 이가, ⋯
οὕτως λαλεῖτε	너희는 그와 같이 말하라
καὶ οὕτως ποιεῖτε ⋯(12)	또한 너희는 그와 같이 행하라
ἡ γὰρ κρίσις ⋯ . (13)	왜냐하면 그 심판은 ⋯

본 단락은 "너희는 들으라"는 명령에 이어 긍정의 대답을 전제로 한 세 번의 질문(οὐχ)이 등장한다. 그리고 상호대조를 표현하는 두 개의 조건문(εἰ)과 이에 대한 두 번의 이유(γάρ)가 나타난다. 그러므로 "들으라"는 명령은 이어지는 세 번의 질문을 경청하라는 뜻이며, 수신 교회는 이에 대한 대답을 요구받고 있다.

3) 결론 부분(12-13)

야고보서 2:12-13은 본 단락의 결론이며, 말하기와 행하기에 관한 것
이다. "너희는 … 말도 하고 행하기도 하라"(12). 말하기는 1-4절과 관
련 된다: "너희가 … 말하되 … 말하되"(… εἴπητε, … εἴπητε, 3a, c). 행하
기는 5-11절에 관계 된다: "너희는 가난한 자를 멸시하였다"(ὑμεῖς δὲ
ἠτιμάσατε …. 6a). "너희가 … 지키면"(… τελεῖτε … , 8a). "만일 너희가 외
모로 취한다면"(εἰ δὲ προσωπολημπτεῖτε, 9a). "모든 율법을 지키다가 하나
에 넘어지면"(…τηρήσῃ πταίσῃ …, 10a). "네가 간음하지 않으나 살인하
면"(εἰ δὲ οὐ μοιχεύεις φονεύεις δέ, 11b). 신자의 말하기와 행하기는 모두 장
차 있을 심판을 의식한 것이어야 한다(12-13). 신자의 말과 행위는 결국
이 땅에서 종말론적인 삶을 표현하는 것이 되어야 한다.

1. 예수의 신분과 성품에 근거한 차별 금지 ┐
2-4. "너희가 … 말하되 … 말하되" ┘ 말로

5. 하나님의 선택에 근거한 차별 경고 ┐
6-11. 멸시, 지킴, 차별, 율법에서 넘어짐 ┘ 행위로

12-13. 결론 - 말, 행위, 긍휼

2. 해설

본 단락은 "나의 형제들아"(1)와 "나의 사랑하는 형제들아"(5)에 의해 두 단락으로 나누어진다. 앞 단락은 "가지지 말라"(μὴ … ἔχετε, 1)는 금지명령으로 시작하며 사람을 차별하지 말아야 하는 이유를 기독론에 근거하여 제시한다. 이어 수신 교회가 가난한 자들에게 어떤 말을 했는지에 대하여 설명한다. 뒤 단락은 "경청하라"(5)는 경고명령으로 시작하며, 신자가 차별하지 말아야 하는 이유로 하나님의 선택과 약속을 제시하고 있다. 하지만 이러한 구분과 차이에도 불구하고 두 단락 모두 "차별"(1, 9)이라는 하나의 주제에 의해 연속되고 통일된다. 그리고 12-13절은 이 모두에 대한 결론을 맺고 있다.

1) 예수의 신분과 성품에 근거한 차별 금지(1-4)

(1) 도입(1)

"나의 형제들아"에 의해 단락이 바뀐다. 야고보는 수신 교회를 자신의 형제라고 부르고 있다. 이것은 그들이 야고보와 동일하게 하나님으로부터 출생한 자들로서 그와 동일한 믿음을 가진 자들이라는 것을 의미한다. 이런 전제적 선언 후에 야고보는 첫 단어로 부정의 용어 'μὴ'(not)를 사용한다. 이것은 이후에 이야기할 내용에 독자들의 관심을 집중시키기 위한 것이다. 야고보는 이런 문장 기법을 통해 그 뒤에 말할 내용을 강조하는 효과를 얻고 있다. 그는 "너희는 믿음을 가지지 말라"고 명령한다. 이것은 믿음 자체를 가지지 말라는 것이 아니다. 그는 야고보서 전체에서 믿음의 중요성을 매우 강조한다. 그는 결코 믿음을 부정하지 않는다. 단지 그는 사람을 외모로 취하는 것(προσωπολημψία)들,[192] 즉 사람을 차별하는 것들과 함께(ἐν) 믿음을 가지지 말라고 말한다. 야고보가 이렇게 금지하는 근본 이유는 신자의 믿음의 특성에 있다. 이 특성을 이해하기 위해서 1b를 자세히 살필 필요가 있다.

"너희는 우리의 영광의 주 예수 그리스도의 믿음을 … 가지지 말라."(μὴ … ἔχετε τὴν πίστιν τοῦ κυρίου ἡμῶν Ἰησοῦ Χριστοῦ τῆς δόξης). '형제'로 지칭되는 너희가 소유한 믿음은 "우리의 영광의 주 예수 그리스도의(τοῦ κυρίου Ἰησοῦ Χριστοῦ τῆς δόξης) 믿음"이다. 야고보서 1:1을 제외하고, 이 구절은 야고보가 이 서신에서 예수 그리스도를 직접적으로 언급하는 유일한 구절이다. 예수 그리스도를 두 번 언급하는데, 그 중 한 번이 차별금지에 관련된다. 이는 차별금지가 예수 그리스도와 매우 밀접하게 연결되어 있다는 사실을 강조하는 것이다. 여기에 사용된 소유격은 목적격적 소유격이다. 따라서 신자의 믿음은 "우리의 영광의 주 예수 그리스도를" 믿는 믿음이다. 그런데 야고보는 이 믿음을 '외모로 취하는 것들과 함께' 가지지 말라고 명령한다. 이것은 영광의 주님이신 예수 그리스도를 믿는 믿음과 사람을 외모로 취하는 것은 서로 화합할 수 없다는 말이다. 여기서 우리는 신자가 사람을 외모로 취하면 안 되는 근본 이유가 예수의 신분과 성품에 근거한다는 것을 깨닫는다. 이것을 구체적으로 설명하면 다음과 같다.

첫째, 예수는 '주'(κύριος)이시다.[193] 주님이신 예수님은 모든 좋은 것을 주시며(약 1:7, 12, 17; 5:18), 사람을 높이기도 하시고(약 4:10) 살리기도 하신다(약 4:15). 그래서 부한 자도 주님의 뜻이면 풀의 꽃과 같이 지나가고 한 순간에 쇠잔해진다(약 1:10-11). 따라서 주님을 믿는 신자는 가난한 자들에게도 은혜를 베푸시며 그들을 높이시며 그들에게 영원한 것을 주시는 주님의 은혜를 알고, 그들을 외모로 취하여 편견을 가지고 홀대하지 않아야 한다. 또한 주님이신 예수님만이 사람을 판단할 권한을 가진다. 판단하시는 분은 오직 한 분 예수님 밖에 없다. 가난한 자나 부한 자나 이들 모두의 주인은 오직 예수 그리스도이시기 때문이다. 따라서 신자 중 그 누구도 가난한 사람을 판단하여 차별할 권한이 없다. "너는 누구이기에 이웃을 판단하느냐"(약 4:12). 우리는 바울이 한 말을 기억해야 한다. "남의 하인을 비판하는 너는 누구냐 그가 서 있는 것이나 넘어지는 것이 자기 주인에게 있으매 그가 세움을 받으리니 이는 그를 세우시는 권능이 주께 있음이라"(롬 14:4). 그러므로 신자는 가난한 자를 외모로 판단하여 업신여기거나 억압하거나 억울하게 해서는 절대로 안 된다. 나아가서 주님이신 예수님은 억울한 자의 부르짖는 소리를 들으시며(약 5:4) 다시 오셔서(약 5:7, 8) 심판하신다(약 5:9). 주님은 재림하셔서 차별하는 자들을 반드시 심판하실 것이다. 주님이신 예수는 재림주이시자 심판주이시다. 이처럼 차별금지는 인본주의적인 윤리도덕이 아니라, 예수께서 주님이시라는 예수의 신분에 기초한 기독론적 윤리이자 신적윤리이다. 따라서 신자는 차별하지 않음으로써 주 예수 그리스도가 어떤 분이신지를 나타내고 종말론적 삶을 실현해야 한다.

둘째, 예수는 '우리의'(ἡμῶν) 주님이시다. 야고보는 아브라함을 '우리의' 조상이라고 말한다(약 2:21). 이것은 그와 수신자들이 아브라함 안에서 영적인 하나의 혈통이라는 뜻이다. 마찬가지로 예수님이 '나의' 주가 아닌 '우리의' 주님이라는 말은 그들 모두가 한 분 예수님을 주로 모시고 한 몸을 이룬 지체라는 뜻이다. 그러므로 가난한 자를 차별하는 것은 주님의 몸을 해치는 악한 행위이므로 당장 멈추어야 한다. 예수 그리스도는 주님이시되, '우리의' 주님이시다. 이러한 예수의 신분이 차별을 금지하는 근거이다. 따라서 기독교의 차별금지는 기독론에 근거한 교회론적 윤리이다.

셋째, 예수는 '그리스도'(Χριστός)이시다. 예수는 메시아요 구원자이시다. 하나님께서 예수 그리스도를 통해 행하시는 구원은 사람의 외모나 소유에 근거하지 않는다. 하나님은 가난한 자를 차별하지 않고 선택하셨다. "하나님이 세상에서 가난한 자를 택하사"(약 2:5). 예수님은 가난한 자라도 차별하지 않고 선택하시고 구원하신다. 예수 그리스도를 믿음으로 말미암아 모든 믿는 자에게 미치는 하나님의 의는 차별이 없다(롬 3:22). 누구든지 예수님을 믿는 자는 부끄러움을 당하지 않는다. 여기에는 유대인이나 헬라인이나 차별이 없다(롬 10:12). 그러므로 예수님에 의해 구원받은 신자도 차별 없이 구원하시는 그리스도를 잘 드러내기 위해 사람을 차별하지 않아야 한다. 이처럼 기독교의 차별금지는 기독론에 근거한 구원론적 윤리이다.

넷째, 예수는 '영광의'(τῆς δόξης) 주님이시다. '영광의'(τῆς δόξης)는 일반적으로 '주님의'(τοῦ κυρίου)를 수식하는 것으로 이해된다.[194] 이것은 관사 사용의 일치에서 분명하다. 예수는 '영광의' 주이시다.[195] 여기에 사용된 소유격은 속성을 나타낸다. 주님은 영광스러운 신적 속성을 소유하신 분이시다. 이 영광스러움은 차별에 전혀 어울리지 않는다. 영광을 소유한 예수 그리스도가 성도의 평등성을 위한 근거가 되며, 영광을 소유하신 예수 그리스도 때문에 사람을 차별하면 안 된다.[196] 주님의 영광은 사람을 차별하지 않는 데서 드러난다. 영광의 주님은 가난한 자를 차별하지 않으신다. 주님은 사람을 외모로 취하지 않으시기에 영광스러운 분이시다. 주님을 믿는 신자도 그의 삶과 성품에서 예수님의 이와 같은 모습을 표현하고 실현해야 옳다. 그러므로 우리는 사람을 차별하거나 편애하지 않아야 한다. 신자는 영광스러운 예수님을 믿는 자이기 때문에 그의 모습도 예수님처럼 영광스러워야 한다. 예수님을 믿는 신자는 자신의 삶과 인격과 성품에서 주님의 영광의 광채를 발산해야 한다. 신자는 사람을 외모로 취하지 않으시는 예수님의 영광스러운 신적 성품을 따라 차별하지 않는 성품을 세상 속에서 드러내야 한다. 신자와 교회의 차별 금지는 세상 윤리를 따른 것이 아니라 예수님의 성품에 기반을 둔 윤리이다.

요약하면 교회 안에, 신자들 상호간에 외모로 취하는 차별이나 편애가 없어야 한다. 그 근본 이유는 우리 모두가 주 예수 그리스도를 믿기 때문이다. 예수님은 영광스러운 분이시고 우리의 주이시며, 그리스도이시다. 예수님은 자신의 영광스러운 성품을 따라 주권을 행하시며 구원하시고 판단하신다. 신자는 이러한 예수님을 주님으로 믿고 모시며 따르는 자이다. 그러므로 신자는 예수의 신분과 성품의 특성이 자신의 인격과 신앙과 삶에서 나타나고 표현되고 실현되도록 해야 한다. 야고보가 수신 교회에 사람을 외모로 취하지 못하도록 명령한 근본적인 이유가 여기에 있다.

신자는 예수님에 의해 구원받은 자이므로 예수님처럼 영광스러운 자들이다. 예수님이 사람을 편애하지 않고 차별하지 않는 것처럼 신자도 그리해야 마땅하다. 신자는 예수님을 믿는 믿음을 외모로 취하는 것과 함께 가질 수는 없다. 결국 차별금지는 인본주의적 윤리나 세상의 사상이 아니라 예수의 신분과 성품을 따르는 기독론적 윤리이며 신학이다.

(2) 야고보가 차별에 대하여 말한 이유(2-3) : 수신 교회 내의 차별

이어서 야고보는 외모로 사람을 취하는 한 가지 실례를 든다(2-3).[197] 야고보는 부자와 가난한 자가 신자들의 회당/모임(συναγωγή)에 들어오는 상황을 예로 들면서 이 둘을 병행시킨다. "만일 화려한 옷을 입고 금반지를 낀 사람이 … 들어온다면, 그러나 또한 더러운 옷을 입은 가난한 사람이 들어온다면"(2). 이것은 신자들의 모임에 부자와 빈자가 일반적으로 섞여 있다는 것을 의미한다. 그리고 이 병행 중에도 부자를 먼저 말한 것은 부자를 존대하는 수신 교회의 상황을 반영한 것으로 보인다. 화려한 옷을 입고 금반지를 낀 사람이 신자들의 회당/모임에 들어오고 또한 더러운 옷을 입은 가난한 사람도 그 모임/회당에 들어온다. "더러운 옷을 입은 '가난한 자'(πτωχός)"라고 말하는 것으로 보아 화려한 옷을 입고 금반지를 낀 사람은 부자를 의미한다(2, 3). 신자들은 이들이 모임/회당에 들어왔을 때 각각 다른 말로 그들을 맞이한다(… εἴπητε, … εἴπητε, …, 3). "당신은 여기 좋은 곳에 앉으라"(3b), "당신은 거기에 서 있든지 또는 나의 발판 아래에 앉으라"(3d). 신자들이 이처럼 다르게 말하는 기준은 단지 들어온 자들의 외모이다. "화려한 옷 안에 있는 사람"(ἀνὴρ … ἐν ἐσθῆτι λαμπρᾷ, 2a), "더러운 옷 안에 있는 가난한 사람"(πτωχὸς ἐν ῥυπαρᾷ ἐσθῆτι, 2b), "화려한 옷을 입은 사람을"(τὸν φοροῦντα τὴν ἐσθῆτα τὴν λαμπράν, 3a). 그러므로 신자들은 그들의 모임/회당에서 조차 사람을 외모로 취하고(προσωπολημψία) 있었다(약 2:1). 수신 교회는 그들의 모임/회당에서 사람의 외양으로, 겉모양으로, 보이는 것으로 판단하여 편견을 가지고 차별했다. 어떤 사람이 단지 가난하여 남루한 옷을 입었다는 이유로 "너는 거기에 서 있든지 나의 발판 아래에 앉으라"는 말을 들었다면, 그의 심정이 어떠했겠는가. 이에 대하여 야고보는 "그러나 너희는 가난한 자를 멸시하였다"(ὑμεῖς δὲ ἠτιμάσατε τὸν πτωχόν, 6a)고 말한다.

(3) 차별의 결과(4) : 분열과 악한 생각의 판단자가 됨

이어서 야고보는 사람을 외모로 취한 차별의 결과가 무엇인지를 말한다. "너희가 너희 자신들 내부에 나누어진 것이 아니며 또한 너희가 악한 생각들의 판단자들이 된 것이 아니냐?"(4, οὐ διεκρίθητε[198] ἐν ἑαυτοῖς καὶ ἐγένεσθε κριταὶ διαλογισμῶν[199] πονηρῶν;). 이 질문은 이미 "예"라는 긍정의 답을 전제로 한 질문이며, 몰라서 묻는 질문이 아니라 강조를 위해 명백한 사실을 다시 확인하는 물음이다. 이 질문형식을 통해 야고보는 한 가지 결과를 도출한다. 신자들은 차별로 인해 서로 분열하고 악한 생각들을 가진 판단자가 되었다. 그런데 이 결과는 이미 1절에서 예수의 성품과 신분에 근거하여 차별을 금지한 이유와 정확하게 일치한다. 예수는 신자들을 '우리' 즉 하나로 만들며, 주와 구주와 심판주이시며, 영광스러운 분이시다. 그러나 분열은 한 분 예수를 주로 모신 '우리'의 하나 됨을 헐며, 신자 스스로가 판단자가 되는 것은 주권자이신 예수의 권위를 찬탈하며, 악한 생각은 예수의 영광스러운 성품에 정면으로 위배된다. 이처럼 사람을 외모로 취하는 차별은 신자들 사이의 하나 됨을 깨뜨려 분열을 일으킨다. 이 사람은 주님의 주권과 판단을 인정하지 않고 스스로 심판자가 되며, 자신이 주님의 영광스러운 성품을 가진 자가 아니라 악한 생각을 가진 자라는 사실을 드러낸다.

$ὁ\ κύριος\ \cdots\ τῆς\ δόξης$(1) vs $κριταὶ\ διαλογισμῶν\ πονηρῶν$(4)

영광의 주 vs 악한 생각들의 판단자들

1절과 4절은 대조를 이루며, 이는 신자의 차별이 얼마나 예수 그리스도의 신분과 성품에 반하는 것인지를 강조한다. 이로써 야고보는 외모에 의한 차별을 강하게 금지하고 있다.

설교를 위한 제안 8

본문 : 야고보서 2:1-4

제목 : 차별하여 대하지 말라

1. 차별 금지(1)
2. 수신 교회가 행한 차별(2-3)
3. 차별 금지의 근거 - 예수의 신분과 성품(1b)
   1) 주님 2) '우리의' 주님 3) 그리스도 4) 영광의 주님
4. 차별의 결과(4)
5. 적용 - 한국 교회가 해야 할 3불문(不問)
6. 맺음말

2) 하나님의 선택에 근거한 차별 경고(5-8) : 행위의 문제

'너희는 들으라'는 명령과 "나의 사랑하는 형제들아"에 의해 새로운 단락이 시작된다. '들으라'는 명령 아래 '아니다'(οὐ/x/χ)로 시작하는 세 개의 질문이 따라온다(5b, 6b, 7). 4절처럼 이 질문들도 긍정의 답변을 전제로 한다. 교회의 교사인 야고보는(약 3:1) 수신자들이 질문에 답하는 방식의 수사법을 활용한다. 그리하여 그는 수신자들의 잘못이 무엇인지를 적나라하게 드러내고, 또한 그들이 어떻게 행해야 마땅한지를 이미 잘 알고 있으며, 그럼에도 행하지 않는 수신자들의 잘못을 강하게 부각시키고 있다.

(1) 들으라(5a)

'들으라'는 명령은 뒤따라오는 교훈(5b-13)에 수신자들의 주의를 집중
시킨다.[200] 이 교훈들은 '사랑하는 형제들', 즉 수신 교회에 대한 교훈과
경고이다. 수신 교회는 야고보가 사랑하는 형제들이지만 동시에 그의
경고와 교훈의 대상이기도 하다. 야고보는 분명 형제들을 사랑하지만
그렇다고 해서 그들의 잘못을 간과하지는 않는다. 사랑은 윤리를 저버
리지 않는다. 신자의 사랑은 신자의 윤리를 떠나지 않는다. 사랑은 윤
리와 함께 있다. 야고보는 이 균형을 잃지 않는다.

(2) 첫 번째 질문 : 하나님의 선택(5b)

야고보는 이를 위한 첫 번째 질문을 한다. "하나님이 이 세상에서 가난
한 자들을 믿음에 부요한 자들로 그리고 그를 사랑하는 자들에게 그가
약속한 나라의 상속자들로 선택하시지 않았느냐?"(5b).[201] 이 질문 역시
'예'라는 긍정의 대답을 전제한다. "하나님이 선택하셨다." 이것이 이
문장의 주어와 동사이며 따라서 핵심이다. 본 절에서 하나님의 선택은
다음과 같은 특징을 가진다.

첫째, 하나님의 선택은 하나님의 주권의 실현이다. 하나님은 창세
전에 성도를 택하셨고(엡 1:4), 이스라엘의 조상(행 13:17)과 베드로를 선
택하셨다(행 15:7). 예수는 신자들을 택하셨고(막 13:20), 사도들을 선택하
셨다(눅 6:13; 요 6:70; 13:18; 15:16, 19; 행 1:2, 24). 하나님이 세상에서 가난한
자를 믿음에 부요한 자로 그리고 그가 약속한 그 나라의 상속자로 선택

하셨다(약 2:5). 하나님은 세상의 미련한 것들을 택하사 지혜 있는 자들을 부끄럽게 하려 하시고 세상의 약한 것들을 택하사 강한 것들을 부끄럽게 하려 하시며, 하나님께서 세상의 천한 것들과 멸시 받는 것들과 없는 것들을 택하사 있는 것들을 폐하려 하셨다(고전 1:27-28). 이 모든 선택을 하나님이 주권적으로 행하셨다. 하나님의 선택은 하나님의 주권의 표현이며 실현이다.

둘째, 하나님의 선택은 선택받은 자를 하나님 나라의 상속자로 만든다. 하나님은 세상의 가난한 자를 '그 나라'(ἡ βασιλεία)의 상속자로 선택하셨다. 하나님은 세상에서 가난하여 차별당하고 멸시받고 천대받는 자를 옷이나 금반지(약 2:2) 같은 썩어 없어질 것을 상속받는 자가 아니라 자그마치 '나라'를 상속받는 자로 선택하셨다. 이 나라는 하나님의 나라이다. 하나님은 세상에서 재물에 가난한 자를 하나님의 나라를 상속하는 부유한 자로 선택하셨다. 하나님의 선택으로 없어질 재물에 가난한 자가 영원한 나라의 상속자가 된다. 하나님의 선택은 비천한 빈자를 존귀한 부자로 만든다.

셋째, 그러므로 하나님의 선택은 존귀한 신분으로 만드는 선택이다. 하나님은 이 세상에서 가난한 자들을 선택하셨다. 문맥(약 2:1-4)에 근거할 때, 이 가난한 자는 재물에 가난한 자이다. 하나님은 세상에서 재물에 빈곤한 자를 부유한 자로 그리고 상속자로 선택하셨다.

이뿐 아니라 하나님의 선택은 가난한 자를 존귀한 자로 만든다. 수신 교회의 신자들은 가난한 사람을 멸시하고 경멸하였다(6). '멸시하다'(개역개정, 업신여기다)(ἀτιμάζω)는 말은 '존귀하게 여기지 않는다'는 뜻이다. 수신 교회는 가난한 사람을 존귀하게 여기지 않았다. 그러나 하나님은 그들을 부유한 자와 상속자가 되게 하심으로써 존귀한 자로 만드셨다. 결국 하나님이 가난한 자들을 선택하신 것은 그들을 존귀한 자로 만들기 위해서이다. 하나님의 선택으로 멸시받던 자가 존귀한 자가 되며, 비참한 인간이 존귀한 인간이 된다.

넷째, 하나님의 선택은 영원한 선택이다. 하나님은 세상에서 가난한 자들을 부유한 자로 선택하셨다. 이 부유함은 세상의 것이 아니며 물질적인 것도 아니다. 하나님은 이 세상의 가난한 자들을 '믿음'에 부유한 자들로 선택하셨기 때문이다. 이 믿음은 영광의 주이신 우리의 주 예수 그리스도를 믿는 믿음이다(약 2:1).[202] 하나님은 물질에 가난한 자를 예수 그리스도를 믿는 믿음에 부요한 자로 선택하셨다. 하나님은 세상의 가난한 자를 썩어 없어질 재물(약 1:10-11; 5:2-3)에 부유한 자로 선택하신 것이 아니라 영원하신(cf. 약 1:9-11; 4:14) 영광의 주 그리스도(약 2:1), 만군의 주(약 5:4), 다시 오셔서(약 5:7, 8) 심판하시는 주(약 5:9)이신 예수 그리스도를 믿는 믿음에(ἐν πίστει) 부유한 자로 선택하셨다. 따라서 이 선택은 영원한 선택이다. 하나님의 선택의 영원성은 이 일이 하나님의 주권의 작용이라는 점에서도 증명된다. 하나님의 주권은 영원하여 그 무엇에 의해서도 제한되지 않는다. 그러므로 하나님의 주권적 선택도 영원한 선택이다.[203]

다섯째, 하나님의 선택은 불변한다. 이것은 앞에서 밝힌 하나님의 선택이 영원한 선택이라는 내용과 일치한다. 하나님이 가난한 자를 하나님 나라의 상속자로 선택하신 것은 하나님의 약속에 근거한다. 하나님은 자기를 사랑하는 자들에게 그 나라를 약속하셨다(5c, cf. 약 1:12). 이 약속에 의해 세상에서 가난한 자들이 '그 나라'(ἡ βασιλεία)의 상속자로 선택되었다. 하나님의 약속은 변하지 않으므로 이 약속에 의해 하나님 나라의 상속자가 된 것도 변하지 않는다. 하나님 나라의 상속자가 되게 하신 하나님의 선택은 불변의 선택이다. 하나님의 선택은 변개치 않으며 영원하다. 아래 도식을 참조하라.

하나님의 선택 → 상속자 됨 ← 하나님의 약속
영원　　　　불변

　　하나님은 주권적으로 신자를 선택하셨다. 이 선택으로 인해 가난한 자가 부요한 자가 되었고 하나님의 나라의 상속자가 되었다. 하나님의 선택은 멸시받고 업신여김 받는 자를 존귀한 자가 되게 한다. 하나님의 선택은 영원한 선택이며 불변의 선택이다. 따라서 선택받은 자의 부요함과 상속자 된 신분도 결코 변하지 않고 영원하다. 그러므로 신자는 차별하면 안 된다. 그런데도 하나님을 믿는 신자들이 하나님이 선택하시고 믿음에 부요하게 하시며 하나님의 나라를 상속받게 하신 사람들을, 하나님을 사랑하는 사람들을(약 2:5) 단지 더러운 옷을 입었다는 겉모습 하나로 존귀하게 여기지 않았고 멸시하고 모독했다. 이것은 곧 가난한 자를 선택하신 하나님을 모독하고 멸시한 행동이다. 이런 까닭에 "야고보는 하나님의 선택 사상에 근거해서 사람을 외모로 보지 말 것(약 2:1)과 더 나아가서는 가난한 신자를 멸시하지 말 것(약 2:2-3)을 강력하게 경고한다. 하나님의 선택 사상은 이런 것에 대한 엄중한 근거가 된다. 이렇게 하나님의 선택 사상은 기독교의 윤리를 확립시킨다(참조. 엡 1:4)."[204]

(3) 수신 교회의 잘못(6a) : 가난한 자들을 멸시함

5b절과 6a절 사이에는 대조가 두드러진다. 아래 도식이 보여주는 바와 같이 이 두 문장은 역접 접속사인 '그러나'(δέ)로 연결되어 '하나님'(θεός)과 '너희'(ὑμεῖς)가, '선택했다'(ἐξελέξατο)와 '멸시했다'(ἠτιμάσατε)가 강하게 대조된다.[205]

5b. ὁ θεὸς   ἐξελέξατο τοὺς πτωχοὺς ⋯
     하나님이 선택했다   가난한 자들을

6a. ὑμεῖς δὲ ἠτιμάσατε τὸν πτωχόν.
     너희는 그러나 미워했다   가난한 자들을

"하나님은 가난한 자들을 ⋯ 선택하셨다(5b). 그러나 너희는 가난한 자를 멸시했다(6a)." 6a절에서 '너희'(ὑμεῖς)가 강조되고 있고, 이들(너희)은 "사랑하는 나의 형제들"(5a)로서 수신 교회의 신자들이다. 따라서 야고보가 말하는 핵심은 하나님을 믿는 신자들이 오히려 하나님께 반하는 행위를 하고 있다는 점이다. 하나님은 가난한 자들을 믿음에 부요한 자로 그리고 하나님 나라의 상속자로 선택하셨다(5). 그런데도 수신 교회의 신자들은 오히려 가난한 신자들을 배척하고 멸시했다. 이것은 하나님의 주권을 거스르는 행위이며 하나님의 선택에서 나타난 그 분의 성품에 반하는 범죄 행위이다(9). 신자가 가난한 신자를 업신여기면 안 되는 근본 이유는 하나님이 그를 차별하지 않고 선택하셨다는 사실에 있다.

하나님은 하나님을 사랑하는 자들에게 하나님의 나라를 주기로 약속하셨다(5b). 원래 하나님의 나라는 믿음으로 가는 나라이다. 그러므로 이 말씀에서 사랑과 믿음은 동의어이다. 하나님을 믿는 것은 곧 그를 사랑하는 것이다. 믿음은 사랑으로 고백되고 표현된다. 5절은 이런 의미로 믿음과 사랑을 가난한 자들에게 적용하고 있다. 그들은 비록 세상의 물질에는 궁핍하나 하나님을 믿고 사랑함에는 부요하다. 그러나 놀랍게도 '형제들' 즉 수신 교회의 신자들은 이렇게 하나님을 사랑하는 신자들을 가난하다는 이유로 멸시하고 천하게 여겼다. 하나님은 가난한 신자들을 존귀하게 여겼지만 수신 교회는 오히려 그들을 업신여겼다. 이것은 사람을 외모로 취하여 차별하는 행위이며, 죄를 짓는 것이다(9).

따라서 가난한 자들을 존귀하게 여기지 않고 업신여기는 행위는 단순히 인간의 윤리나 도덕의 문제가 아니라 영적 문제이다. 하나님이 그들을 선택하셨으므로 가난한 신자들을 차별하는 것은 단순히 사람을 멸시하는 일이 아니라 그들을 선택하신 하나님을 멸시하는 행위이다.[206] 하나님이 가난한 자들을 선택하셨으므로 가난한 자들을 차별하는 행위는 근본적으로는 사람과의 문제가 아니라 하나님과의 문제이다.

결국 가난한 신자에 대한 차별의 문제는 하나님과의 관계에서 해결되어야 한다. 신자의 외모를 주목하는 데서 눈을 돌려 그를 선택하신 하나님을 바라보아야 한다. 이렇게 하나님을 경외하는 것이 차별을 극복하는 비결이다. 실로 "궁핍한 사람을 불쌍히 여기는 자는 주를 경외하는 자"이다(잠 14:31b).

(4) 두 번째 질문 : 부자들의 억압과 횡포(6b)

이어서 야고보는 두 번째 질문을 한다. "부자들은 너희를 억압하며 그들 자신이 너희를 법정으로 끌고 가지 않느냐?"(6b) 신자들은 가난한 자들을 멸시한 반면에 부자들을 존귀하게 여겼다(3). 그러나 부자들은 도리어 신자들을 억압하고 그들 자신이 신자들을 법정으로 끌고 갔다. '억압하다'(καταδυναστεύω)는 말은 신약성경에서 사도행전 10:38에 단 한 번 더 나타난다. "하나님이 나사렛 예수에게 성령과 능력을 기름 붓듯 하셨으매 그가 두루 다니시며 선한 일을 행하시고 '마귀에 눌린' 모든 사람을(πάντας τοὺς καταδυναστευομένους ὑπὸ τοῦ διαβόλου) 고치셨으니 이는 하나님이 함께 하셨음이라." 여기서 이 단어는 마귀의 포악한 힘에 의한 압제를 의미한다.[207] 따라서 이 단어는 매우 격렬함을 나타낸다. 부자들이 신자들을 매우 강하게 억압했다는 말은 야고보서 내용에서 볼 때 그들이 신자들을 매우 강하게 착취했다는 의미도 가진다(cf. 약 5:1-4).[208] 그리고 '그들이 억압하고 있다'(καταδευναστεύουσιν)는 현재시제(pre.)인데, 이는 그러한 강압적인 착취와 억압이 실제이며 계속되고 있다는 것을 말한다. 가장 좋은 자리에 앉게 함으로써 존귀하게 여겼던 부자들이 그렇게 대우한 신자들을 존귀하게 여기기는커녕 도리어 억압한다. 존귀하게 여겨 편애했으나 돌아온 것은 억압이요 학대요 치욕이며 모독이요 불명예이다. 신자들을 억압하는 것은 가난한 자들이 아니라 부자들이다. 그런데도 신자들은 부자들을 편애하고 가난한 자들을 멸시했다. 이것은 참으로 교회의 아이러니이다.

또한 부자들 자신이 신자들을 법정으로 끌고 갔다. '그들 자신'(αὐτοί)

은 강조를 위한 인칭대명사이다. 다른 사람이 아니라 신자들이 존중한 바로 그 부자들 자신이 신자들을 법정에 끌고 갔다. 야고보는 부자들이 신자들에게 이렇게 하는 이유를 설명하지 않는다. 중요한 것은 이 일이 정당한 이유가 아닌 힘에 의해 강압적으로 시행되었다는 점이다.[209] 그리고 억압과 마찬가지로 강압적으로 법정에 끌고 가는 것도 그것의 시제로 볼 때(ἕλχουσιν, pre.), 야고보가 서신을 쓰고 있는 현재에 실제로 계속되고 있다. 신자들은 부자들을 외모로 취하여 존중했다. 그러나 부자들은 그러한 신자들을 강제로 법정으로 끌로 갔다. 신자들은 부자들을 좋은 자리에 앉혔으나(3) 부자들은 신자들을 법정에 끌고 갔다. '좋은 자리'가 '법정'으로 바뀌고, '앉힘'이 '폭력적인 끌고 감'으로 되돌아 왔다.

(5) 세 번째 질문 : 부자들의 비방(7)

이어서 앞의 질문과 동일한 형식의 질문이 반복된다. "그들 자신이 너희 위에 불린 그 고귀한 이름을 비방하지 않느냐?"(7). 이것은 신자들에 대한 부자들의 또 다른 잘못이다. 야고보는 먼저 '그들 자신'(αὐτοί)이라고 말함으로써 신자들이 차별하는 부자들(6)을 다시 강조한다. 그는 부자들로부터 이미 압제와 억압과 강압적인 불이익을 당했음에도 불구하고 여전히 그들을 편애하는 신자들의 이해할 수 없는 죄를 다시 들추어 폭로하고 있다. 신자들도 이 사실을 모르는 것이 아니다. 긍정의 대답을 전제로 한 질문이 이를 잘 반영한다. 그런데도 신자들은 여전히 부자를 편애한다. 이것은 죄성이어서 인간의 본성으로는 참으로 끊기

힘든 마약과 같은 것이다. 부자들은 신자들 위에 불린 그 고귀한 이름을 비방한다. '비방하다'(βλασφημοῦσιν)의 시제도 현재형이다. 이것은 부자들이 계속적으로 가난한 자들을 억압하고 법정에 끌고 가듯이(6) 지속적으로 비방하고 있다는 사실을 의미한다. '비방하다'는 말은 "그 비방이 신성(神性)이나 거룩한 것들을 대상으로 할 때에는 불경과 경건하지 않음을 나타낸다(cf. e.g., 마 9:3; 26:65; see BDAG 178a-b)."[210] 가치를 뜻하는 'καλός'는 '비방하다'와 대비하여 '고귀한'의 의미로 사용되었다(7).[211] 따라서 부자들이 비방하는 '고귀한 이름(ὄνομα)'은 '영광의 주 곧 우리 주 예수 그리스도'의 이름을 가리킨다(약 2:1). "너희 위에 불린다"는 말은 "소유나 소유권을 나타내는 셈이다."[212] 이것은 신자들이 예수 그리스도에게 속한 자들이라는 것을 의미한다. 다시 말해 신자들을 소유한 이가 바로 영광스러운 주 예수 그리스도라는 뜻이다. 부자들은 신자들을 소유하신 영광의 주 예수 그리스도의 이름을 비방한다. 이것은 신자들이 억압받고 압제당하는 것과는 비교조차 할 수 없는 모독이다. 부자들은 이 악한 일을 신자들에게, 궁극적으로는 예수 그리스도에게 행한다. 그런데도 신자들은 그 부자들을 편애하는 반면에 자신들에게 어떤 피해도 주지 않는 가난한 자들을 멸시한다. 이 또한 교회의 아이러니이다.

3) 왕의 법에 근거한 차별 비판(8-11)

5-7절에서 야고보는 신자가 가난한 자들을 차별하면 안 되는 이유를

두 가지로 설명했다. 첫 번째 이유는 하나님이 그들을 선택했기 때문이다. 하나님이 그의 호의로 가난한 자들을 믿음 안에서 부유한 자로 그리고 하나님이 약속하신 나라를 상속하는 자로 선택하셨다. 두 번째 이유는 부자들이 교회와 성도를 핍박하고 영광의 주이신 예수 그리스도의 이름을 모독하기 때문이다. 이제 본 단락(8-11)에서 야고보는 성도가 가난한 자들을 차별하면 안 되는 세 번째 이유에 대하여 말한다. 그것은 가난한 자를 차별하는 것이 '왕의 법'(νόμος βασιλικός)을 어기는 일이기 때문이다. 이 법은 "너는 너의 이웃을 너 자신처럼 사랑하라"는 것이다. 야고보는 이에 대하여 두 번의 가정법(εἰ)을 사용하여 논리적으로 설명하는데(8-9) 한 번은 긍정적으로(8), 다른 한 번은 부정적으로(9) 말한다.

(1) 긍정적 설명(8) - 왕의 법을 준행

먼저 8절은 "εἰ μέντοι"로 시작한다. μέντοι는 μέν의 강조형으로서 앞선 논의의 연속을 나타낸다. 이 접속사는 부정의 의미(yet, however, nevertheless)도 될 수 있고 긍정의 의미(indeed, truly)도 될 수 있다.[213] 본 절에서는 후자의 의미로 사용되었다. 8-9절은 "εἰ μέντοι … εἰ δὲ …"로 연결되어 서로 대조하는(δὲ) 내용이다. 이때 9절이 부정적인 내용이므로 이와 대조되는 8절은 당연히 긍정의 의미이다. 따라서 8절은 "만일 너희가 성경을 따라 '너는 너의 이웃을 너 자신처럼 사랑하라'는 왕의 법을 지키고 있다면 너희가 참으로 잘 행하고 있다."가 된다. 여기서 우리는 원문의 구조에 주의해야 한다. μέντοι가 '참으로'라는 의미로 사용되었다면, 이 단어는 문장의 조건절이 아니라 귀결절에 와야 옳다. 하지만 8절은 "εἰ μέντοι(만일 참으로) …, …, καλῶς ποιεῖτε(잘 너희가 행한다)"로 되어 있어서 μέντοι가 조건절에 위치하고 있다.[214] 이렇게 한 것은 μέντοι와 καλῶς ποιεῖτε가 문장 전체를 묶는 괄호의 역할을 하여 "참으로 … 잘 하는 것"이 어떤 것인지를 선명하게 드러내고자 함이다. 그것이 무엇인가?

성도에게 있어서 잘 하는 행위는 "왕의 법"(νόμος βασιλικός)을 지키는 것이다. '왕의'(βασιλικός)는 5b절의 '왕국'(나라, βασιλεία)을 염두에 둔 말로 보인다. 하나님은 그를 사랑하는 자들에게 나라를 상속으로 주신다(5b). 신자는 하나님 나라의 상속자, 즉 하나님 나라의 백성이다. 여기서 우리는 다음의 네 가지를 주목해야 한다. 그것은 왕, 나라, 법, 백성이다. 하나님 나라의 왕은 하나님이시다. 하나님의 나라는 왕이신 하나님이 통치하는 나라이다. 모든 주권이 하나님에게 있다. 이 때 하나님의 통치 원리는 왕의 법이다. 하나님 나라의 백성은 이 법을 지킴으로써 그 나라에 속한 자임을 확증한다. 하나님의 나라는 왕이신 하나님이 그의 법으로 그의 백성들을 다스리는 나라이다. 하나님은 무질서의 하나님이 아니라 질서의 하나님이듯이(고전 14:33a) 그의 통치를 받는 하나님의 나라도 무법한 나라가 아니라 왕의 법이 집행되는 질서의 나라이며, 그의 백성도 왕의 법을 지킴으로써 소속과 품위를 드러낸다(cf. 고전 14:40).

왕의 법에는 다음과 같은 몇 가지 특징이 두드러진다. 첫째, '왕의 법'에서 강조되는 것은 '왕의'(βασιλικός)이다. 이 말은 '왕에 의해 주어진'(given by the king)이라는 뜻이다.[215] 다시 말하면, 왕의 법은 왕이 직접 주신 법이다. 이처럼 왕의 법은 왕에 의해 시작된 것이기에 절대적 권위를 갖는다. 따라서 왕의 통치를 받는 백성은 반드시 왕의 법에 복종해야 한다. 하나님의 나라는 하나님의 법에 의해 지배되는 나라이다. 신자는 왕의 법을 지킴으로써 자신이 하나님 나라의 백성이라는 사실을 나타낸다.

둘째, 왕의 법은 그 법을 내신 왕의 성품을 잘 반영한다. 토기는 토기장이의 성품을 나타내며, 작품에는 작가의 성격이 드러난다. 작품은 작가의 성품을 표현하고 실현한다. 법도 마찬가지이다. 사울의 법은 사울의 성품을 나타내고 다윗의 법은 다윗의 성품을 반영한다. 왕이신 하나님으로부터 나온 법은 하나님 성품의 표현이다. 이 법이 실현되는 하나님의 나라는 하나님의 성품이 실현되는 나라이다.

셋째, 하나님 나라의 백성은 이 법을 지킴(τελεῖν)으로써 왕이신 하나님이 어떤 분이시며, 하나님의 나라가 어떤 나라이며, 그 나라 백성이 어떤 자들인지를 나타낸다. 백성은 왕의 법을 지킴으로써 왕의 성품을 닮고 왕의 성품을 실현하는 왕의 친 백성임을 증명한다. 이로 인해 왕과 그의 나라가 널리 선전되고 나아가서 왕의 나라가 확장된다.

넷째, 왕의 법은 성경에 기록되어 있다. "성경을 따라서 왕의 법을 지키면"(νόμος τελεῖτε βασιλικὸς κατὰ τὴν γραφήν)에 사용된 전치사 κατά 는 '따라서', '따르는', '대로'(개역개정), '일치하여', '처럼' 등의 의미를 가지고 있다.[216] 하나님의 법은 성경을 표준으로 한다. 성경은 하나님의 법전이다. 그러므로 하나님의 나라는 성경을 따라 통치하는 나라이며, 이 나라 백성은 성경대로 사는 백성이다.

8절에 의하면, 왕의 법은 성경을 따르는 법이며, 그 내용은 "너는 너의 이웃을 너 자신처럼 사랑하라"이다. 이 말씀은 레위기 19:18을 인용한 것이다. 왕의 법은 "너의 이웃을 너 자신처럼 사랑하라"는 성경에 복종함으로써 온전히 지켜진다. 미래 시제로 된 *ἀγαπήσεις*는 "너는 사랑하라"는 명령이다. 따라서 사랑은 이웃에 대하여 따뜻한 관심을 갖는 정도를 넘어 적극적으로 관심을 실행하는 것이다. 여기에 언급된 '이웃'(*τὸν πλησίον*)은 관사를 가지고 있어서 앞에서 언급된 '가난한 사람'(*ὁ πτωχός*, 2, 3, 5, 6)을 가리킨다. 또한 '너의'(*σου*)와 '너 자신'(*σεαυτόν*)은 '너'를 반복함으로써 그 누구도 아닌 신자 개인의 의무를 강조한다. 나아가서 '너 자신처럼'(*ὡς σεαυτόν*)은 "너 자신을 사랑하는 것처럼"이라는 의미이다. 그럼에도 '너 자신처럼'이라는 표현은 '너의 이웃'이 곧 '너 자신'이라는 점을 강조한다.[217] 신자의 이웃은 남이 아니라 신자 자신이다. 이웃과 자신은 다르지 않다. 이 둘은 동일하다. 신자는 이웃을 남으로 보는 것부터 시정해야 한다. 신자에게 있어 이웃은 남이 아니라 자기 자신이며, 가난한 자 역시 이웃으로서 차별하면 안 되는 또 다른 '나'이다. 그러므로 모든 신자는 가난한 자를 차별하지 않고 자기 자신처럼 사랑해야 한다. 이렇게 하는 것이 "참으로 잘 하는 것"(···*μέντοι* ··· *καλῶς ποιεῖτε*)이다.[218] 가난한 자를 자신처럼 사랑하면 왕의 법을 지키는 것이므로 이는 참으로 정당하게(*καλῶς*) 행하는 것이다. 이렇게 하여 왕이 어떤 분인지를 나타내는 것은 바르게(*καλῶς*) 행하는 일이며, 왕의 나라가 어떤 나라인지를 보여주는 것은 참으로 공정하게(*καλῶς*) 행하는 일이며, 나아가서 왕의 백성이 어떤 사람인지를 표현하는 것은 참으로 잘(*καλῶς*) 행하는 일이다.

(2) 부정적 설명(9) - 차별

9절은 8절과 대조로 연결되어 "그러나 만일 너희가 외모로 취한다면(차별한다면) 너희는 죄를 행하고 있고 범법자들처럼 율법에 의해 유죄선고를 받고 있다."로 번역된다. 이 두 절 사이에는 세 가지 대조가 있다. 첫째는 잘 행하는 것(καλῶς ποιεῖν)과 죄를 범하는 것(ἁμαρτίαν ἐργάζεσθαι)이며, 둘째는 왕의 법을 지키는 것(νόμον τελεῖν βασιλικόν)과 율법에 의해 정죄 받는 것(ἐλέγχεσθαι ὑπὸ τοῦ νόμου)이며, 셋째는 '너 자신처럼'(ὡς σεαυτόν)과 '범법자들처럼'(ὡς παραβάται)이다.

먼저 잘 행하는 것은 정당하고 바르고 공정하게 행하는 것이다. 이 것이 καλῶς의 의미이다. 반대로 죄를 범하는 것은 부당하고 비뚤어지고 불공평하게 행하는 것이다. 그러면 이것을 판단하는 기준은 무엇인가? 그것은 바로 율법, 즉 왕의 법이다. 죄는 왕의 법에 의해(ὑπὸ τοῦ νόμου) 유죄 판정을 받은 것, 유죄로 입증된 것을 가리킨다. 신자를 판단하는 기준은 세상의 법이 아니라 왕의 법이다. 모든 법이 그렇듯이 왕의 법도 정죄하는(ἐλέγχειν) 기능을 가지고 있다. 이것은 법 자체가 부정적이어서가 아니라 법을 지키지 못하는 인간의 연약함 때문이다. 법을 완벽하게 지키는 자에게는 율법이 결코 정죄의 기능을 하지 않는다. 어쨌든 차별하는 것은 왕의 법에 의해 정죄 받는다. 세상에서 아무리 외모로 취하는 차별이 용납되고 자연스러운 것이며 범죄가 아니라 할지라도 신자에게 이것은 분명히 범죄 행위이다. 신자는 세상 기준을 따라 사는 자가 아니라 하나님의 법, 왕의 법을 따라 사는 자이기 때문이다. 신자가 잘 하느냐 못하느냐를 판단하는 기준은 언제나 왕의 법이다.

이어서 야고보는 이와 같이 가난한 자를, 이웃을 차별 하는 것은 '하나님의 법'을 어긴 범법자와 같다(ὡς παραβάται)고 선언한다. 여기서 '너 자신처럼 사랑하라'와 '범법자처럼 죄를 짓는다'가 대조된다. 이웃과 자신을 동일하게 여기지 않으면, 다시 말해 이웃을 자기 자신처럼 사랑하지 않으면 '하나님의 법'을 거역하고 위반하고 깨뜨린 범법자가 되고 만다.[219] 이런 의미에서 신자의 이웃에 대한 관계는 곧 신자의 하나님에 대한 관계이다. 이웃을 선대하는 것이 곧 하나님을 선대하는 것이다. 이웃을 사랑하는 것은 자신을 사랑하는 것을 넘어 궁극적으로는 하나님을 사랑하는 것이다. "임금이 대답하여 이르시되 내가 진실로 너희에게 이르노니 너희가 여기 내 형제 중에 지극히 작은 자 하나에게 한 것이 곧 내게 한 것이니라 하시고(마 25:40) ⋯ 이에 임금이 대답하여 이르시되 내가 진실로 너희에게 이르노니 이 지극히 작은 자 하나에게 하지 아니한 것이 곧 내게 하지 아니한 것이니라(마 25:45)." 하나님에 대한 신자의 관계는 이웃에 대한 신자의 관계에서 확인된다. 따라서 신자의 이웃에 대한 관계는 단순히 사람으로서 마땅히 지켜야 할 도리인 인륜의 도덕 문제가 아니라 하나님에 대한 문제이며 영적 문제이다.

(3) 이유(10-11) : 법의 기원

야고보는 10-11절에서 이웃을 차별하는 것이 왜 율법을 어기는 범법 행위가 되는지에 대해 설명한다. 1차적인 이유는 10절에서 설명된다. "왜냐하면 누구든지 온 율법을 지키다가 그러나 하나에서 죄를 범하면, 그는 모든 것을 범한 자가 되었기 때문이다"(10). 먼저 이 원리가 적용되는 대상은 '누구든지'(ὅστις)이다. 가난한 자든 부한 자든, 신자이든 아니든 이 원리에서 제외되는 사람은 아무도 없다. 모든 인류는 이 원리로부터 자유로울 수 없다. 모든 사람은 하나님의 법아래 있다. 싫든 좋든, 인정하든 하지 않던 사람의 의지나 의사와 상관없이 하나님의 법은 모든 사람에게 동일한 권세를 가진다. 왕의 법은 절대적인 법이다.

이어서 본 절에는 대조되는 내용들이 있다. '지키다'가 '죄를 범하다'에 대조되고, '온'(ὅλος)과 '모든'(πάντων)이 '하나'(ἑνί)에 대조된다. 이는 다음과 같은 교차대구를 이룬다.

세상은 일반적으로 다수결의 법칙을 따른다. 즉 '모든'에 의해 '하나'가 결정된다. '하나'는 '온'을 따른다. 그러나 하나님의 법은 이와 정반대이다. '하나'에 의해 '모든'이 결정되기 때문이다. 온 율법을 다 지켜도 그 중 한 가지(ἐν ἑνί)를 [220] 범하면 모든 것을 범한 것이 된다. 이것이 하나님의 법의 집행 원리이다. 야고보는 목적어인 "온 율법"(ὅλον τὸν νόμον)을 문장의 앞부분에 그리고 "하나"(ἑνί)를 문장의 뒷부분에 두고, 그 사이에 역접 접속사 "그러나"(δέ)를 배치함으로써 이러한 의미를 절묘하게 표현하고 있다.[221] 99가지를 다 지키다가도 한 가지를 범하면 잘 지킨 99가지까지도 범한 것이 되고 만다. '모두'가 '하나'의 지배를 받는다. '전부(온)'는 '하나'에 달려 있다. 그러므로 '하나'는 곧 '전부'이다. 이것을 강조하기 위해 야고보는 "그는 모든 것을 범한 자가 되었다"(10b)고 말한다. 여기에 사용된 γέγονεν(되었다)은 예상적(proleptic) 현재완료시제이다. 이것은 완료의 미래적 용법이다.[222] 이는 분명히 미래에 일어날 일이지만 그 사실이 너무나 분명하기에 마치 그것이 이미 실현되어 있는 것처럼 이야기하는 표현법이다. 야고보의 메시지는 분명하다. 왕의 법 중에서 하나를 어긴 자는 이미 모든 것을 어긴 자가 되었다.

그러면 이렇게 되는 이유는 무엇인가? 그 대답이 11절에 있다. "왜냐하면 너는 간음하지 말라고 말씀하신 이가 또한 너는 살인하지 말라고 말씀했기 때문이다. 그러므로 만일 네가 간음하지 않으나 살인하면 율법을 깨뜨린 자가 되었다(된 상태이다)." 율법 중 하나를 어기면 다른 모든 율법을 어긴 것이 되는 근본적인 이유는 율법 자체에 있는 것이 아니라 그 율법을 '내신 이'에게 있다. "말씀하신 이가 … 또한 그가 말씀하셨다"(ὁ εἰπών, …, εἶπεν καί, …). 강조점이 '말씀하신 이'(ὁ εἰπών)에게 있다.[223] 접속사 '또한'(καί)이 이 사실을 강화한다.[224] 어떤 말의 권위는 그 말을 한 이가 누구이냐에 달려 있다. 법의 권위는 그 법을 내신 이에게서 나온다. 율법은 하나님의 말씀이다. 하나님이 율법의 기원이요 원천이시다. 율법은 왕의 법이며 하나님이 내신 법이다. 율법 뒤에는 하나님이 계신다. 그러므로 율법의 권위는 곧 하나님의 권위이다.

그런데 율법의 한 가지 조항을 내신 하나님이 다른 모든 조항도 내셨다. 그래서 하나님의 법은 나뉠 수 없는 하나의 통일체이다.[225] 이런 까닭에 모든 율법을 다 지키다가도 그 중의 하나를 범하게 되면 모든 율법을 어긴 것이 된다. 율법 중 하나를 어기는 것은 율법 전체를 어기는 것이다. 모든 율법은 유기적인 하나이며, 그 이유는 모든 율법을 '하나님이 말씀하셨다'는 데 있다. 간음하지 말라 하신 이가 또한 살인하지 말라고 말씀하셨다. 그러므로(δέ)[226] 어떤 사람이 간음하지 않아도 살인하면 그는 이미 모든 율법을 범한 범법자가 되었다. 신자가 모든 율법을 다 지켜야 하는 이유는 한 분이신(εἷς, 약 4:12) 하나님이 모든 율법을 다 말씀하셨기 때문이다. 결국 신자의 도덕적 삶의 기초는 하나님이 '말씀하신 분'(ὁ εἰπών)이라는 데 있다.

4) 결론(12-13) : 신자의 말과 행위

12절의 '말하다'는 1-4절을(특히 3절, εἴπητε … εἴπητε) 그리고 '행하다'는 5-11절(특히 8절, ποιεῖτε)을 요약한다. 12-13절은 가깝게는 8-11절의 결론이다. 8-11절의 중요한 주제인 율법(νόμος)에 대하여 12절이 결론처럼 언급되고 있기 때문이다. 그러나 사실 12-13절은 2:1-11 전체의 결론이다. 이렇게 단정 짓는 이유는 12절의 "그와 같이 말하고 또한 그와 같이 행하라"(οὕτως λαλεῖτε καὶ οὕτως ποιεῖτε)는 명령과 13절의 "긍휼을 행하지 않는 자"(ὁ μὴ ποιήσας ἔλεος)에 대한 말씀 때문이다. '말하다'(εἴπητε)는 3절에서 이 단락의 핵심 주제인 차별을 설명하기 위한 중요한 단어로 두 번 사용되었다.[227] 그리고 '행하다'(8, 12 ποιεῖτε, 13 ποιήσας)는 8절에서 차별과 대조되는 이웃 사랑을 설명하기 위해 사용되었다. 결국 야고보는 말과 행위를 다시 한 번 요약하여 언급으로써 가난한 자에 대한 차별 금지라는 주제의 결론을 맺고 있다.

(1) 말과 행위의 표준(12) : 율법에 의한 심판

야고보는 결론으로 "너희는 말하라 또한 행하라"고 명령한다. 앞에서 본대로 이것은 1-11절의 결론이며 본 단락의 내용을 압축한 권면이다. 여기서 그는 말과 행위의 기준을 제시한다. "이와 같이 말하고 이와 같이 행하라"(οὕτως λαλεῖτε καὶ οὕτως ποιεῖτε). 야고보는 말과 행위 앞에 각각 비교 부사인 '이와 같이'(οὕτως)를 제시한다. 이는 말뿐만 아니라 행위도 어떤 표준을 따라야 한다는 점을 강조한다. 말이 선하므로 행위는 아무렇게나 해도 되는 것이 아니며, 행위가 좋으므로 말은 함부로 해도 되는 것이 아니다. 신자는 말과 행위 각각을 모두 "잘 해야"(8, καλῶς ποιεῖν) 한다.

그러면 신자의 말과 행위의 표준은 무엇인가? 야고보는 12b에서 ὡς(처럼)를 사용하여 그 표준을 제시한다. 신자는 "자유의 율법에 의해 장차 심판을 받을 자들인 것처럼" 그와 같이(οὕτως) 말도 하고 그와 같이(οὕτως) 행위도 해야 한다. 율법의 특성은 자유함이다.[228] 율법을 지켰을 때 자유함이 있다. 그러나 율법을 어겼을 때는 심판이 있다.[229] 율법을 지켰느냐 아니냐가 심판의 기준이 된다. 그런데 야고보는 "장차 심판을 받는다"(μέλλοντες κρίνεσθαι)고 말한다. 이것은 신학적 수동태로서 종말론적 심판을 의미한다(cf. 약 1:12; 2:5). 신자는 장차 있을 심판을 의식하며 현재를 산다. 심판은 장래에 있을 것이지만, 그것이 너무나 분명한 일이기에 신자는 여기 지금 이 땅에서 종말의 심판 앞에 서 있는 자로 산다. 신자는 미래에 의해 현재를 사는 사람이다. 신자의 현재는 미래의 반영이다. 신자의 삶은 미래가 오늘을 이끌어가며, 종말이 현재를 결정한다. 이러한 종말의 삶은 말과 행위로 표현된다. 요약하면, 신자는 율법에 의해 장차 심판을 받을 자처럼 말하고 행동해야 한다. 율법과 종말의 심판, 이 두 가지가 신자의 현재의 말과 행위의 표준이다.

(2) 이유(13) : 긍휼이 심판을 이길 것이다.

그러면 신자는 왜 율법에 의한 종말론적 심판을 의식하며 살아야 하는가? 야고보는 이제 그 이유를 말한다. "왜냐하면 그 심판은 긍휼을 행하지 않는 자에게 긍휼이 없기 때문이다. 긍휼이 심판을 이길 것이다"(13). 그 심판(ἡ κρίσις), 즉 종말의 심판은 긍휼을 행하지 않은 자에게 (τῷ μὴ ποιήσαντι ἔλεος)[230] 긍휼 없이(ἀνέλεος) 시행될 것이다. 문맥상 긍휼 (ἔλεος)은 사람을 외모로 취하지 않고 가난한 자들을 차별하지 않으며 이웃을 자신처럼 사랑하는 것을 의미한다(약 2:1-11). 뒤에 말한 "긍휼이 없는"(ἀνέλεος)의 긍휼은 종말에 있을 하나님의 심판을 가리킨다(cf. 약 2:12). 결국 이 땅에서 행한 인간의 긍휼이 종말에 있을 하나님의 심판에서 긍휼을 결정한다.

그래서 "긍휼이 심판을 이긴다"(κατακαυχᾶται ἔλεος κρίσεως).[231] 이 구절의 의미는 긍휼의 주체에 따라 두 가지로 해석이 가능하다. 사람인 경우, 사람이 행한 "그 긍휼은 심판을 경험하지 않을 것이다"라는 뜻이 된다. 반면에 하나님인 경우, "하나님의 긍휼이 심판을 이길 것이다"가

된다. 대부분의 영어 번역본들과 주석가들은 전자를 지지한다.[232] 이 땅에서 행하는 신자의 긍휼은 장차 종말의 심판을 경험하지 않는다. 이것이 가난한 이웃을 차별하지 않고 긍휼히 여겨야 하는 궁극적인 이유이다. 야고보의 결론은 이것이다. "사람을 긍휼히 여겨 차별하지 않음으로 이웃을 너 자신처럼 사랑하라는 왕의 법을 지키라. 이 긍휼은 장차 심판을 경험하지 않을 것이다."

설교를 위한 제안 9

본문 : 야고보서 2:5-13

제목 : 차별하여 대하면

1. 수신 교회의 차별 행위(6a)
2. 차별 금지 이유
    (1) 하나님의 선택(5b)
    (2) 차별을 금하는 기독교 윤리의 근간
    (3) 왕의 법(8-11)
3. 왕의 법을 지키는 것과 범하는 것
4. '하나'가 곧 '전부(온)'
5. 맺음말

II. 믿음과 행함(약 2:14-26)[233]

개역개정 14 내 형제들아 만일 사람이 믿음이 있노라 하고 행함이 없으면 무슨 유익이 있으리요 그 믿음이 능히 자기를 구원하겠느냐 15 만일 형제나 자매가 헐벗고 일용할 양식이 없는데 16 너희 중에 누구든지 그에게 이르되 평안히 가라, 덥게 하라, 배부르게 하라 하며 그 몸에 쓸 것을 주지 아니하면 무슨 유익이 있으리요 17 이와 같이 행함이 없는 믿음은 그 자체가 죽은 것이라 18 어떤 사람은 말하기를 너는 믿음이 있고 나는 행함이 있으니 행함이 없는 네 믿음을 내게 보이라 나는 행함으로 내 믿음을 네게 보이리라 하리라 19 네가 하나님은 한 분이신 줄을 믿느냐 잘 하는도다 귀신들도 믿고 떠느니라 20 아아 허탄한 사람아 행함이 없는 믿음이 헛것인 줄을 알고자 하느냐

약 2:21 우리 조상 아브라함이 그 아들 이삭을 제단에 바칠 때에 행함으로 의롭다 하심을 받은 것이 아니냐 22 네가 보거니와 믿음이 그의 행함과 함께 일하고 행함으로 믿음이 온전하게 되었느니라 23 이에 성경에 이른 바 아브라함이 하나님을 믿으니 이것을 의로 여기셨다는 말씀이 이루어졌고 그는 하나님의 벗이라 칭함을 받았나니 24 이로 보건대 사람이 행함으로 의롭다 하심을 받고 믿음으로만은 아니니라 25 또 이와 같이 기생 라합이 사자들을 접대하여 다른 길로 나가게 할 때에 행함으로 의롭다 하심을 받은 것이 아니냐 26 영혼 없는 몸이 죽은 것 같이 행함이 없는 믿음은 죽은 것이니라

사   역 14 무엇이 유익하겠는가, 나의 형제들아, 만일 어떤 사람이 믿음을 가지고 있다고 말할지라도 그러나 그가 행위들을 가지고 있지 않다면? 그 믿음이 그를 구원할 수 있겠는가? 15 만일 형제나 자매가 헐벗고 매일의 양식이 부족한데 16 너희들 중에 어떤 사람이 그들에게 "너희는 평안히 가라, 따뜻하게 하라 그리고 배부르게 하라"고 말할지라도, 너희가 그들에게 몸의 필요한 것들을 주지 않는다면, 무엇이 유익하겠는가? 17 이와 같이 실로 그 믿음은, 만일 그것이 행위들을 가지고 있지 않다면, 그 자체가[234] 죽은 것이다.

18 그래서[235] 어떤 사람이 말할 것이다. "너는 믿음을 가지고 있다. 그러나 나는 행위들을 가지고 있다. 너는 행위들이 없는 너의 믿음을 나에게 보이라. 그러나 나는 나의 행위들에 의해 믿음을 너에게 보일 것이다." 19 너는 하나님이 한 분이시라는 것을 믿는다. 너는 잘 행하고 있다. 귀신들조차도 믿고 있고 또한 두려움으로 떨고 있다. 20 오 헛된 사람아, 그럼에도 너는 행위들이 없는 그 믿음이 헛것이라는 것을 알기 원하는가? 21 우리의 조상 아브라함이 그의 아들 이삭을 제단 위에 바칠 때에 행위들에 의해 의롭다 함을 받지 않았느냐? 22 너는 그 믿음이 그의 행위들과 함께 일하고 있었고, 그리고 그 행위들에 의해 그 믿음이 온전하게 되었다는 것을 보고 있다. 23 그리하여 "그런데 아브라함이 하나님을 믿었다. 그리고 그것이 그에게 의로 간주되었다"고 말씀하는 성경이 성취되었다. 그리고 그는 하나님의 친구라고 불렸다. 24 너희는 사람이 행위들에 의해 의롭게 되고 단지 믿음에 의해서만은 아니라는 것을 보고 있다. 25 그리고 이와 같이 매춘부 라합도 사자들을 영접하고 다른 길로 내 보냈을 때 행위들에 의해 의롭다 함을 받지 않았느냐? 26 참으로 영혼 없는 그 몸이 죽은 것처럼, 이와 같이 행위들이 없는 그 믿음 역시 죽은 것이다.

1. 문학적 구조와 특징

1) 구조

(1) 두 개의 문단

본 단락(section)은 두 개의 문단(paragraph)으로 이루어져 있다. 첫 번째 문단은 14-17절이며, 두 번째 문단은 18-26절이다. 이렇게 나누는 근거는 다음과 같다. 첫째, 18절이 문단의 전환을 나타내는 접속사 ἀλλά(그래서)로 시작한다. 둘째, 이 둘 사이에 두드러진 병행이 있다. 먼저 14b의 "어떤 사람이 말한다"(ἐὰν … λέγῃ τις … 14b)와 18a의 "어떤 사람이 말할 것이다"(… ἐρεῖ τις)가 병행한다. 또한 "나의 형제들아"(14a)와 "오 헛된 사람아"(20b)가 호격으로 병행한다. 게다가 두 문단은 주제 제시(14 // 18-21), 예를 통한 주제 논증(15-16 // 21-25), 그리고 확증으로서의 결론(17 // 26)이라는 독특한 구조적 병행이 있다. 이에 대해서는 아래에서 자세하게 설명할 것이다.

(2) 설득을 위한 동일한 논리적 구조

위에서 말한 바와 같이 14-17절과 18-26절은 각각 주제제시, 비유/실례를 통한 논증 그리고 결론의 순으로 되어 있다.

① 14-17절의 구조

야고보는 "무엇이 유익하겠는가?"를 문장 맨 앞에 두어 도치문(inverted sentence)으로 만듦으로써 강조의 효과를 극대화하였다. 그는 의도적으로 유익에 관한 질문으로 단락을 시작하여 행위 없는 믿음의 무익함을 강조하고 있다. 이어서 그는 "그 믿음이 그를 구원할 수 있겠는가?"(14d)라고 질문한다. '아니다'(μή)로 시작하는 이 질문은 부정의 대답을 전제로 한다. 이렇게 하여 야고보는 행위 없는 믿음의 무익성을 재차 강조한다.

이어서 15-16절은 이 사실(행위 없는 믿음의 무익함)을 논증하기 위해 일상에서 일어날 수 있는 한 가지 비유를 제시한다. 여기서 야고보는 '행위가 따르지 않는 말의 무익함'을 보여준다. 그러고 나서 그는 다시 한 번 "무엇이 유익하겠는가?"(16e, cf. 14a)라고 질문함으로써 행위 없는 믿음이 그와 같이 무익하다는 사실을 천명한다. 여기에서 두드러진 구조적 특징이 나타난다. "무엇이 유익하겠는가?"라는 반복적 질문은 14-16절에서 인클루지오(inclusio, book-end) 구조를 형성한다.

나아가서 14c는 행위 없는 믿음에 대한 어떤 사람의 주장이며, 15-16d는 말만하고 행위는 없는 일에 대한 한 가지 비유이다. 이렇게 하여 말만하고 행위가 없으면 아무런 유익이 없는 것처럼 믿음이 있다고 말하나 행위가 없으면 그 믿음은 구원하지 못하며, 아무런 유익이 없다는 사실이 강조된다. 이상의 내용을 도식으로 설명하면 다음과 같다.

a. τί τὸ ὄφελος(14a)
   무엇이 유익하겠는가?

   ἐὰν ⋯ λέγῃ ⋯ μὴ ἔχῃ;(14c)
   만일 ⋯ 말할지라도 ⋯ 가지고 있지 않다면

   μὴ δύναται ἡ πίστις σῶσαι αὐτόν;(14d)
   그 믿음이 그를 구원할 수 있겠는가?

   ἐὰν ⋯ γυμνοὶ ὑπάρχωσιν καὶ λειπόμενοι ⋯
   만일 ⋯ 헐벗고 ⋯ 부족한데도 ⋯

   εἴπῃ ⋯ μὴ δῶτε ⋯(15-16d)
   말하지만 ⋯ 주지 않는다면

aʹ. τί τὸ ὄφελος (16e)

무엇이 유익하겠는가?

이 후에 17절은 앞에서 제시한 주제와 이를 논증하기 위한 비유에 근거하여 행위가 없는 그 믿음은 죽었다는 결론을 내린다.

② 18-26절의 구조

18절에서 문단의 전환이 일어난다. 그러나 전체의 구조는 앞 문단과 동일하다. 먼저 좀 긴 도입(18-19)에[236] 이어, 야고보는 행위 없는 믿음이 헛것(ἀργή)이라고 선언한다(20). 이것이 이 문단의 주제이다. 그는 이 주제를 논증하기 위해 아브라함과 라합의 경우를 실례로 든다. 앞 단락(14-17)에서는 부정적인 비유 한 가지를 들어 주제를 논증한 반면에 본 단락에서는 두 가지 긍정적인 예를 들어 주제를 논증한다. 이처럼 부정적인 한 가지에서 긍정적인 두 가지로 이동한 것은 역설을 통한 강조이기도 하지만 행위 있는 믿음을 갖는 신자들이 많아지기를 바라는 야고보의 간절한 염원을 표현한 것일 수도 있다. 나아가서 26절은 앞의 논증에 근거하여 행위 없는 그 믿음은 죽었다는 결론을 내린다. 이 결론에는 앞 문단의 결론인 17절에 "참으로 영혼 없는 그 몸이 죽은 것처럼"(26a)이 추가되었다. 이것은 일종의 점층법으로서 결론을 강화하기 위한 문학적 장치이다. 결국 이 문단의 내용 역시 행위 없는 믿음은 죽었다고 결론내림으로써 믿음과 행위의 관계에 대하여 말하고 있다. 이를 통해 야고보는 14절부터 시작된 믿음과 행위에 대한 자신의 주장이 일관되며 변함이 없다는 사실을 강조하고 있다. 이상에서 설명한 두 문단의 구조를 비교하여 도식으로 표현하면 다음과 같다.

주제(14)

┌ Tί τὸ ὄφελος(14a) ···
│ 무엇이 유익하겠는가?

　　ἐὰν πίστιν λέγῃ τις ἔχειν ἔργα δὲ μὴ ἔχῃ;(14c)
　　만일 어떤 사람이 믿음을 가지고 있다고 말할지라도
　　그러나 그가 행위들을 가지고 있지 않다면

　　μὴ δύναται ἡ πίστις σῶσαι αὐτόν;(14d)
　　그 믿음이 그를 구원할 수 있겠는가?

논증(15-16a-c) ··· 일반적인 비유 한 가지(어떤 사람)(부정적)

└ τί τὸ ὄφελος(16d)
　무엇이 유익하겠는가?

결론(17)

οὕτως καὶ ἡ πίστις, ἐὰν μὴ ἔχῃ ἔργα, νεκρά ἐστιν ···(17)
이와 같이 실로 그 믿음은, 만일 그것이 행위들을 가지고 있지 않
다면,
그것 자체는 죽었다.

주제(18-20)

Ἀλλ'(18a) ··· ἡ πίστις χωρὶς τῶν ἔργων ἀργή ἐστιν ···(20c)
그러나 ··· 행위들이 없는 그 믿음이 헛것이다

논증(21-25) - 성경의 실례 두 가지(아브라함과 라합)(긍정적)

결론(26)

οὕτως καὶ ἡ πίστις χωρὶς ἔργων νεκρά ἐστιν (26b)

이와 같이 행위들이 없는 그 믿음 역시 죽었다.

③ 예를 통한 확증 (21-23)

21절은 20절의 질문에 대한 대답이다. 야고보는 행위 '없는' 믿음이 헛것임을 증언하기 위해 행위 '있는' 믿음의 표본인 아브라함을 예로 든다. 이것은 놀라운 역설이다. 아브라함은 아들 이삭을 제단 위에 바침으로, 즉 행위에 의해 의롭다 하심을 받았다. 이어 22-23절은 이 사실에 근거하여 결론을 내린다. 결론의 도입은 "너는 보고 있다"(βλέπεις)이다. 이 말은 수신자들의 눈앞에 결론을 명백하게 보여주는 역할을 한다. 결론은 두 가지이다. 믿음은 행위와 함께 일하고 있었고, 믿음은 행위에 의해 온전하게 되었다. 그리고 아브라함이 하나님을 믿었고 그것이 그에게 의로 간주되었다는 성경이 성취되었다. 이 내용을 간략히 정리하면 다음과 같다.

21 Ἀβραὰμ ὁ πατὴρ ⋯	조상 아브라함이 ⋯
22 βλέπεις	너는 보고 있다
ὅτι ἡ πίστις συνήργει τοῖς ἔργοις ⋯ ἐτελειώθη	믿음은 행위들과 함께 일하고 ⋯ 온전하게 되었다
23 καὶ	그리하여
ἐπληρώθη ἡ γραφὴ ⋯	성경이 성취되었다 ⋯

(3) 3중 반복에 의한 강조

첫 문단(14-17)은 "무엇이 유익한가?"라는 반복적인 질문에 이어 "행위들을 가지지 않은 그 믿음은 그 자체가 죽은 것이다"는 결론을 내린다 (17). 두 번째 문단(18-26)도 동일한 결론을 말함으로써 17절의 결론이 옳다는 것을 확증한다(26b). 이것은 이 단락의 최종 결론이기도 하다. 이 결론은 17절과 20c의 내용을 혼합하여 반복한 것이다.[237] 결국 이 단락은 14절부터 시작된 믿음과 행위의 관계에 대한 야고보의 주장이 일관되며 변함이 없다는 사실을 강조한다.

Τί τὸ ὄφελος(14) ··· τί τὸ ὄφελος(16)
무엇이 유익하겠는가? ··· 무엇이 유익하겠는가?

οὕτως καὶ ἡ πίστις, ἐὰν μὴ ἔχῃ ἔργα, νεκρά ἐστιν ···(17)
이와 같이 실로 그 믿음은, 만일 그것이 행위들을 가지고 있지 않다면, 그것 자체는 죽었다.

ἡ πίστις χωρὶς τῶν ἔργων ἀργή ἐστιν ···(20c)
행위들이 없는 그 믿음이 헛것이다 ···

οὕτως καὶ ἡ πίστις χωρὶς ἔργων νεκρά ἐστιν(26b)
이와 같이 행위들이 없는 그 믿음 역시 죽었다.

이처럼 야고보는 동일한 내용의 3중 선언을 통해 이것이 완전하고도 불변하는 진리라는 사실을 명백히 밝히고 있다.

(4) 병행 구조

야고보는 아브라함의 '믿음과 행위'를 라합의 '믿음과 행위'와 병행구조로 설명한다.

Ἀβραὰμ ὁ πατὴρ ἡμῶν οὐκ ἐξ ἔργων ἐδικαιώθη··· ;(21)
　우리의 조상 아브라함이 행위들로 인해 의롭다 함을 받지 않았느냐?

ὁμοίως δὲ καὶ *Ῥαὰβ ἡ πόρνη* οὐκ ἐξ ἔργων ἐδικαιώθη··· ;(25)
　이와 같이 매춘부 라합 역시 행위로부터 의롭다 함을 받지 않았느냐?

이 병행을 통해 야고보는 행위에 의해 의롭게 된다는 사실이 아브라함 뿐 아니라 라합에게도 동일하다는 진리를 보여 준다.

2) 특징

(1) 앞 단락(2:1-13)과의 연결

앞 단락(2:1-13)의 중심주제는 차별에 대한 경고인 반면에 본 단락(2:14-26)의 핵심주제는 믿음과 행위의 관계이다. 그럼에도 이 두 단락은 단어와 주제의 병행에 의해 서로 연결된다. 앞 단락은 '말하다'(εἴπητε)를 두 번(2:3bis.), '행하다'(ἐργάζεσθε)를 한 번(2:9) 언급한다. 즉 말과 행위의 문제가 앞 단락에서 다루어졌다. 12절의 '행하라'(ποιεῖτε)는 차별하는 죄를 '행하는 것'을 의미하는 9절의 '행하다'(ἐργάζεσθε)와 동의어이다.[238] 그래서 12절은 "너희는 이와 같이 말하고 또한 너희는 이와 같이 행하라"(οὕτως λαλεῖτε καὶ οὕτως ποιεῖτε)고 결론을 내린다. 이처럼 앞 단락(2:1-13)은 말과 행위의 문제를 다루었다.

그리고 이어지는 본 단락(2:14-26)에서도 야고보는 말과 행위의 문제를 다룬다. 그는 14절에서 "만일 … 말할지라도 … 행위들을 …?"(ἐὰν … λέγῃ … ἔργα …)이라고 함으로써 말과 행위의 문제로 단락을 시작한다. 또한 그는 16절(εἴπῃ)과 18절(ἐρεῖ)에서 말의 문제를 반복하며, 두 절을 제외한 모든 절에서 행위에 대하여 언급한다(ἔργον - 14, 17, 18tres., 20, 21, 22bis., 24, 25, 26; ποιέω - 19).[239] 이 외에도 다음의 내용들이 두 단락 사이에 병행을 이룬다.

ἀδελφοί μου … πίστιν(1) // ἀδελφοί μου … πίστιν(14)
나의 형제들아 … 믿음을   나의 형제들아 … 믿음을

πτωχός(2)   // γυμνοὶ ὑπάρχωσιν καὶ λειπόμενοι(15)
가난한 자   헐벗고   부족한데

πίστις(5)   // πίστις(14bis., 17)
믿음   믿음

이러한 병행은 두 단락이 주제에서 구별됨에도 불구하고 서로 밀접하게 관련되어 있다는 사실을 의미한다.[240] 차별의 문제도 믿음과 행함의 문제와 마찬가지로 말과 행위라는 큰 범주 안에서 행해진다. 이렇게 함으로써 2장 전체가 하나로 묶인다. 특히 12절은 말과 행위를 종말론

적인 심판을 염두에 두고 행하라고 명한다. 신자의 말과 행위는 종말론적이다. 따라서 14-26절에서 언급되는 행위 또한 그와 같은 차원의 일임을 암시한다.

(2) 단락 구분

"나의 형제들아"(14)는 새로운 단락이 시작되었음을 알린다. 이 표현은 2:1에서 언급되고 3:1에서 다시 나타난다. 이렇게 하여 "나의 형제들아"는 전후 단락을 구분하고 2:14-26을 하나의 단락으로 묶는 역할을 한다. 본 단락은 어떤 사람의 주장(14)과 또 다른 사람의 주장을 예로 든다(18). 이것을 기준으로 본 단락은 전반부(14-17)와 후반부(18-26)로 나누어진다.

(3) 표현법

야고보는 "무엇이 유익하겠는가?"를 문장의 맨 앞에 두어 강조를 위한 도치문을 만들었다. 또한 그는 동일 표현법을 되풀이하였다. 그는 의문문을 여러 번 사용했으며(14bis., 16, 20, 21, 25) 가정법(ἐάν)을 반복하였다(14, 15, 17). 특히 14, 16절에서는 가정의 귀결로 "무엇이 유익하겠는가?"라는 동일 의문문이 반복된다. 이것은 가정에 이어 질문의 형식을 취함으로써 독자 스스로 답을 내도록 유도하며, 궁극적으로는 직설법으로 표현된 저자의 결론(17)에 독자들이 전적으로 동의하도록 만든다. 이러한 구성은 행위 없는 믿음의 허구성을 강조하기 위해 매우 정밀하게 의도된 문학 장치이다. 이것은 행위 없는 믿음이 헛된 것이며 죽은 것이라는 저자의 주장을 논리적으로 설득하는 방편이다.

(4) 초점

"어떤 사람"(τις, 14)에서 "너"(σύ, 19)로, "너"에서 "허탄한 사람"(κενέ, 20)으로 초점이 이동한다. (τις → σύ → κενέ)

2. 해설

본 단락은 두 개의 문단으로 이루어져 있다. 하지만 두 단락의 핵심 내용은 믿음과 행위의 관계에 대한 것으로 동일하다.

1) 믿음과 행위에 대한 첫 번째 논증(14-17)

(1) 주제 제시 - 행위 없는 믿음의 무익함(14)

14, 16절이 "무엇이 유익하겠는가?"에 의해 인클루지오(inclusio)를 이루고, 또한 14, 17절은 '믿음(πίστις)과 행위'(ἔργα)로 병행함으로써 14-17절은 한 문단이 된다. 야고보는 "나의 형제들아"로 단락과 주제를 바꾼다. 그는 호격(vocative)을 사용하여 새로운 단락의 시작과 주제

의 전환을 알린다. 특히 그는 수신자들을 '나의' 형제라고 부름으로써 다시 한 번 그들이 자신과 동일하게 한 분 하나님으로부터 출생하여(cf. 약 1:18) 같은 신앙을 가진 신자들임을 강조한다. 나아가서 그는 수평적인 동등한 입장에서 수신 교회에게 따뜻한 권면의 말을 하고 있다.

그런데 이러한 전환에서 야고보가 가장 먼저 한 말은 "무엇이 유익한가?"(τί τὸ ὄφελος;)라는 질문이다. 이 말은 "그게 무슨 소용이 있는가?"라는 뜻이다. 야고보는 이 질문으로 이 단락을 시작할 뿐 아니라 또한 마무리 한다(14, 16). 그리고 결론을 맺는다(17). 사실 14절에서 "무엇이 유익한가?"(14a)라는 질문(14c "만일 어떤 사람이 믿음을 가지고 있다고 말할지라도 행위들을 가지고 있지 않다면")은 뒤에 오는 것이 가장 자연스럽다 (cf. 16e). 그런데도 야고보는 이 질문을 문장의 맨 앞에 둠으로써 매우 어색한 문장을 만들었다. 이것은 행위 없는 믿음이 아무런 유익이 없다는 사실을 강조하기 위해서이다. 이어 그는 "만일 어떤 사람이 믿음을 가지고 있다고 말할지라도 행위들을 가지고 있지 않다면"이라고 말한다.[241] 그는 이 가정법에서 조건절에 의도적인 말을 덧붙였다. 일반적인 표현이라면 "만일 어떤 사람이 믿음을 가지고 있으나 행위들을 가지고 있지 않다면"[242]이 되어야 할 것이다. 그러나 그는 여기에 '말한다면'(λέγη)을 첨가했다. 이것은 어떤 사람(τις)이 자신이 믿음을 가지고 있다고 '주장'하는 것을 강조한다.[243] 또한 이 단어는 현재시제로 되어 있어서 그 사람이 이 '주장'을 계속적으로 하고 있음을 보여준다. 하지만 그의 주장은 단지 무익할 뿐이다.

이에 더하여 "그가 행위를 가지고 있지 않다면"에서 ἔχη는 현재 가정법이다. 따라서 이 문장의 뜻은 "그가 지속적으로 행함이 없다면"이다. 이것은 계속적으로 믿음과 일치하는 행위가 없는 경우를 말하며, 행함이 없는 상태가 지속되는 경우를 가정한 것이다. 결국 야고보는 믿음에 합당한 행위는 믿는 순간 즉시 그리고 완전히 이루어지는 것이 아니라 오랜 시간을 두고 성취된다는 사실을 암시하고 있다. 나아가서 "함께 일하고 있었다"(συνήργει, 22)는 미완료 시제인데, 야고보가 "이 시제를 선택한 것은 … 그것은 바울이 성화라고 부를 만한 것, 곧 평생에 걸쳐 하나님께 대한 순종이 자라는 것을 보여주는 한 예다."[244] 행함이 없는 믿음은 구원을 줄 수 없는 무익한 것이다. 이것은 너무나도 분명하다. 그러나 믿음과 함께 일하는 행함은 믿는 즉시, 즉 믿는 순간 온전히 이루어지는 것이 아니라 오랜 시간 속에서 만들어진다는 것도 분명한 사실이다. 이 진리가 이 땅에서는 여전히 불완전하고 쉽게 넘어지는 신자들에게 다시 일어날 수 있는 소망을 준다. 이러한 '시간의 간격'이 소위 '바울의 새 관점'(NPP)에 속한 사람들이 주장하는 현재칭의와 미래칭의를 의미하는 것은 결코 아니다. 이것이 의미하는 바는 단지 의로 여기심을 받는 것(23)과 그것에 합당한 행위 사이에는 시간이 필요하다는 말이다.[245]

어떤 사람이 믿음을 가지고 있다고 아무리 말해도 그것에 합당한 행위가 없다면 그 믿음은 아무런 소용이 없다. 이 믿음은 말로만의 믿음이며 거짓 믿음이다. 이에 대한 분명한 증거는 이어지는 야고보의 질문에 내포되어 있다. "그 믿음이 그를 구원할 수 있겠는가?"(14c, μὴ δύναται ἡ πίστις σῶσαι αὐτόν;). 이 질문은 '아니다'(μή) 때문에 이미 부정의 대답을 전제하고 있다. 그러므로 대답은 '아니오'이다. "그 믿음"(ἡ πίστις), 즉 행위 없는 믿음은 구원할 수 없다. 이것이 이 문단의 핵심 내용이다. 행위들을 가지지 않는 믿음은 어떤 유익도 없다.

(2) 비유를 통한 논증(15-16)

① 비유 내용

이어서 야고보는 이 주장을 증명하기 위해 한 가지 비유(가정적인 실례)를 든다. 형제나 자매가 입을 옷이 없고 먹을 양식이 없는데도 몸을 따뜻하게 하고 음식을 먹으라고 말할 뿐, 정작 입을 옷과 먹을 음식을 주지 않는다면 그 '말'이 무슨 유익이 있겠는가? 여기서도 야고보는 가정법(ἐάν)을 사용하여 조건절과 귀결절로 진술한다(15-16). 그가 지적하는 문제는 "너희들 중의" 어떤 사람이 헐벗고 배고픈 이들에게 평안히 가라, 몸을 따뜻하게 하라, 음식을 먹고 배부르게 하라고 말은 하지만(εἴπη) 실제로는 말뿐이라는 것이다. 그리고 야고보는 그러한 말이 무슨 유익이 있겠느냐고 묻는다. 이에 대한 대답은 전과 동일하다(14). 행함이 없이 말만 하면 아무런 유익이 없다. 배고픈 자에게는 '말'이 아니라 먹을 음식을 주는 '행위'가 있어야 유익하고 헐벗은 자에게는 입을 옷을 주는 '행함'이 있어야 유익하다. 그런데도 행위는 없고 말만 있다면 그 말은 아무런 유익이 없다.

② 주의할 것

행위로 의롭게 된다는 말에 익숙해 있는 우리는 이 비유에서 특히 주의할 것이 있다. 우리는 믿음이 있다고 말하지만 행위가 없는 것(14)과 형제나 자매가 헐벗고 일용할 양식이 없을 때 평안히 가라, 덥게 하라, 배부르게 하라고 말만 하고 그들의 필요를 채워주지 않는 것(15-16)을 동일의미의 병행으로 보면 안 된다. 만일 전자와 후자를 병행 관계로 보아 행함 없는 믿음이 구원할 수 없는 것(전자)처럼, 형제나 자매의 필요를 채워주지 않는 사람 역시 구원을 받지 못한다(후자)고 결론을 내리면, 이것은 잘못된 해석이다. 그 이유는 다음과 같다.

첫째, 15-16절의 비유는 무익함에 관한 것이지 구원에 관한 것이 아니다.

14. 믿음이 있다고 말하지만 행위가 없음 → 이 믿음은 아무런 유익이 없음
　　　　　　　　　　　　　　　　　　　　자신을 구원할 수 없음

15-16. 배부르게 하라고 말만하고 먹을 것을 주지 않음 → 아무런 유익이 없음

17. 이와 같이, 즉 말만 하고 먹을 것을 주지 않으면 아무런 유익이 없는 것처럼, 행위가 없는 믿음은 죽은 것이다. 즉 아무런 유익이 없는 믿음이다(17)

"믿음이 있다고 말하는 것"(14)과 "배부르게 하라고 말하는 것"(16)은 전혀 다른 내용이며, 이 둘 사이에는 어떤 병행도 없다. 공통점은 오직 각각의 결과인 '아무런 유익이 없다'는 것이다. 이 둘은 '무익하다'에서 병행한다. 배고픈 자에게 먹을 것은 주지 않으면서 배부르게 하라고 말만하는 것이 무익하듯이 행위 없는 믿음 역시 무익하고 공허하며 허탄하다(17). 따라서 비유에서 "배부르게 하라고 말하는 것"을 "믿음이 있다고 말하는 것"으로, 필요를 채워주지 않는 것을 "행위가 없는 것"으로 해석하는 것은 단지 알레고리적 해석일 뿐이다.

둘째, 야고보는 비유(15-16)를 "무엇이 유익하겠는가?"(16e)라는 말로 끝맺는다. 그러므로 비유의 핵심은 배고픈 자에게 먹을 것을 주지 않으면 구원을 얻지 못한다는 것이 아니라, 행위 없는 말이 아무런 유익이 없다는 것이다. 다시 말해 행위에 의한 구원을 말하는 것이 아니라 행위가 따르지 않는 말의 '무익함'을 강조하는 것이다.

셋째, 비유(15-16)에서는 '믿음'이라는 말을 찾아 볼 수 없다. 이 비유는 믿음을 나타내는 행위, 그리고 그것에 따른 구원을 말하지 않는다. 이 비유는 구원의 조건에 대해 말하는 것이 아니며, 따라서 '행위 구원'을 지지하는 증거 본문도 될 수 없다.

넷째, 야고보서가 말하는 구원은 전적으로 믿음에 의한 구원이지 행위에 의한 구원이 아니다. 이 사실은 18-26절 해설에서 자세히 설명될 것이다. 그러므로 우리는 이 비유의 핵심을 놓치지 않도록 주의해야 한다.

③ 신자의 삶

야고보는 이 비유에서 헐벗고 일용할 양식이 부족한 사람들을 "형제 또는 자매"(ἀδελφὸς ἢ ἀδελφή)라고 칭한다(15). 그는 이 비유를 통해 신자의 믿음의 행위가 우선적으로 동료 신자에게 시행되어야 한다는 것을 암시한다. "그러므로 우리는 기회 있는 대로 모든 이에게 착한 일을 하되 더욱 믿음의 가정들에게 할지니라"(갈 6:10). 나아가서 그는 형제나 자매의 필요에 민감할 것을 요구하고 있다. 신자는 형제를 차별하지 말아야 하고(약 2:1-12), 시기하거나 싸우지 말아야 하며(약 4:1-2, cf. 약 3:14, 16), 비방하지 말아야 하고(약 4:11) 원망하지 말아야 한다(약 5:9). 그

대신에 신자는 형제의 몸의 필요를 공급하는 데 관심을 가져야 한다. 몸의 필요라고 말한 것은 그들이 필요로 하는 것이 대단한 것이 아니라는 뜻이다. 입을 옷과 일용할 양식이 없어서 춥고 배고픈 형제나 자매에게 필요한 것은 한 벌의 옷과 따뜻한 식사 한 끼면 된다. 집을 사주고 차를 사주고 그들의 인생 전체를 책임지라는 것이 아니다. 인생살이에 최소한으로 필요한 것들을 공급해 주라는 말이다. 이것은 신자의 마땅한 도리이다.

앞에서 언급한 대로 신자의 말과 행위는 종말론적이다(12). 형제나 자매에 대한 신자의 말과 행위는 종말을 의식한 것이어야 하며 종말을 사는 것으로 표현되어야 한다. 신자의 한 마디 말과 옷 한 벌, 그리고 음식 한 끼는 단순히 이 땅에서 없어지는 물질적인 가치가 아니라 종말적 가치를 가지고 있다. 신자의 모든 삶은 종말을 반영하는 삶이어야 한다. 신자는 현재를 사나 이미 종말을 살고 있다. 신자는 종말을 현재로 나타낸다. 신자의 윤리는 종말에 기초한 윤리이다.

④ 가정법과 부정대명사의 사용

야고보는 자신의 주장을 펼쳐나가는 데 있어서 가정법(ἐάν - 2:14, 15, 17; cf. 2:2; 4:15; 5:19; εἰ - 1:5, 23, 26; 2:8, 9, 11; 3:2, 3; 14; 4:11)과 부정대명사(τις - 2:14, 16, 18; cf. 1:5, 23, 26; 3:2; 5:13bis., 14, 19bis.)를 자주 사용한다. 또한 그는 본문에서 이 둘을 함께 사용하기도 한다(2:14, 16; cf. 1:5, 23, 26; 3:2; 5:9). 그는 가정법을 사용함으로써 부정적인 상황을 단정적으로 말하지 않고 개연적으로 표현하며,[246] 부정대명사를 사용하여 특정인을 지적하지 않고 두루뭉술하게 "너희 중에"라고 말한다. 이렇게 함으로써 야고보는 직접적으로 어떤 사람을 지적하는 언급을 피하고 있다. 무엇보다 구원에 관한 단락에서 이렇게 말한 것은 얼마나 감사한 일인가! 이러한 표현은 교회와 신자들을 향한 그의 속 깊은 배려이며 무엇보다 그들이 이런 부정적인 상황에 처하지 않기를 간절히 바라는 기대와 염원을 담고 있다.

(3) 결론(17)

야고보는 행위 없는 믿음의 무익함을 선언한 후, 비유를 들어 이것을 논증했다. 이제 그는 결론을 내린다. "이와 같이 실로 그 믿음은, 만일 그것이 행위들을 가지고 있지 않다면, 그 자체가 죽은 것이다"(17).[247] 이렇게 하여 "그 믿음이 그를 구원할 수 있겠는가"(14d)에 대한 대답이 주어졌다. 17절에는 다음과 같은 특징들이 있다. 첫째, "이와 같이 실로 그 믿음은"(οὕτως καὶ ἡ πίστις)이라는 말은 앞에서 선언하고 비유로 논증한 그러한 행위 없는 믿음, 즉 말로는 주장하고 행위가 없는 믿음을 강조한다. 둘째, "만일 그것이 행위들을 가지고 있지 않다면"은 14c의 반복이며, 문장 가운데에 있다. 사실 이 말(17b)을 빼고 17a와 17c를 곧장 연결하면 오히려 말이 부드럽다. 그런데도 이 말을 반복하고 또한 17절 가운데 둔 것은 지금까지 논한 행위 없는 믿음을 강조하기 위해서이다. 야고보가 말하고자 하는 것은 믿음 자체가 아니라 행위를 가지지 않은 믿음이다. 셋째, "그 자체는 죽은 것이다"(17c, νεκρά ἐστιν καθ᾽ ἑαυτήν)는 말도 "죽은"(νεκρά)이라는 주격 보어를 문장의 맨 앞에 둠으로써 행위 없는 믿음의 무익함을 강조하고 있다. 행함이 없는 믿음은 죽은 것이다! 다른 것이 죽은 게 아니라 '그 믿음 자체가' 죽은 것이다. 그러므로 그 믿음은 실재하지 않는 말로만의 믿음이다.

어둠은 빛을 낼 수 없듯이 죽음은 생명을 내지 못한다. 빛은 빛에서 나오며 생명은 생명에서 나온다. 어둠 자체에 빛이 없듯이 죽음 자체에도 생명이 없다. 살아 있어야만 살릴 수도 있다. 죽은 믿음은 다른 무언가를 살려낼 수 없다. 죽은 믿음은 구원 할 능력이 없다. 죽음은 분리이다(cf. 약 2:26). 죽은 믿음은 행위로부터 분리된 믿음이다. 이런 믿음에서 생명의 구원이 일어날 수 없다. 죽은 믿음은 허탄하고 무익하며 헛되다(20, ἀργή).

4) 믿음과 행위에 대한 두 번째 논증(18-26)

(1) 주제 제시(18-20)

① 도입 1 – 행위 없는 믿음을 보이라(18)

이어서 야고보는 "그래서 어떤 사람이 말할 것이다"(ἀλλ' ἐρεῖ τις)로 새로운 단락을 시작한다. 여기서 "그래서"(ἀλλά)는 앞 단락에 대한 역접의 역할보다는 다른 내용으로의 전환을 나타낸다.[248] 그리고 그 의미는 '그래서' 또는 '(자) 이제' 정도가 될 것이다.[249] 이어서 행위 있는 사람이 행위가 없으면서도 믿음이 있다고 주장하는 사람을 반박한다. 사실 이 반론은 야고보의 반론이며, 가상의 어떤 사람을 내세워 행위는 없으면서도 믿음이 있다고 주장하는 사람을 논리적으로 비판하는 그의 수사법적 논증이다. 행위들을 가지고 있는 어떤 사람(τις)이 "너는 행위들이 없는(χωρίς, 행위들로부터 분리 된, cf. 히 11:6) 너의 믿음을 나에게 보이라. 그러나 나는 나의 행위들에 의해(ἐx) 믿음을 너에게 보이겠다"(18d-e)고 말한다.

야고보는 "보이라"(δεῖξόν)는 명령을 문장 맨 앞에 두었다. 믿음은 '보이는' 것이며 따라서 믿음은 증명이 가능하다. 이 일은 행위를 통해 이루어진다. 참된 믿음은 행위를 가진다. 행위 없이 믿음만 따로 존재하는 것은 불가능하다. 물론 18절은 마치 믿음과 행위가 분리되어 각각 단독으로 존재하는 것처럼 말한다. 하지만 이것은 행위 없는 믿음을 주장하는 사람들에게 '그러한 믿음'을 보일 것을 강조하기 위한 반어법일 뿐이다.[250] 행위가 없는 데도 믿음이 있다고 주장하는 것은 거짓이다. 이에 반해 행위를 가진 사람은 그의 행위들로부터 믿음을 나타내 보인다(18e). 행위들에 의해(ἐx τῶν ἔργων) 믿음이 제시된다. "너의 믿음을 보이라"와 "나는 믿음을 보이겠다"는 둘 다 믿음이 '보이는 것'이라는 사실을 강조한다. 믿음은 '보이는 것'(δεικνύναι, δεικνύειν)이다. 믿음은 행위로 보여 지고, 행위는 믿음을 보여 준다. 행위는 믿음을 확증한다. 그러므로 행위는 구원의 근거가 아니라 구원하는 믿음을 나타낸다.[251] 이것이 바로 "그 믿음이 행위들과 '함께 일한다'(συνεργεῖν)"는 의미이다(22).

② 도입 2 - 행위가 없는 교조주의에 대한 비판(19)

19절부터는 행위는 없는데 믿음이 있다고 말하는 '어떤 사람'에 대한 야고보의 논박이 시작된다.[252] "너는 하나님이 한 분이라는 것을 믿는다. 너는 잘 행하고 있다. 귀신들조차도 믿고 있고 두려움으로 떨고 있다"(19). 야고보는 "너는 믿는다"고 말함으로써 '너'(σύ)를 강조한다. 또한 그는 "너는 믿는다"(πιστεύεις) 뒤에 일반적으로 예상되는 전치사 ἐν, εἰς, ἐπί를 사용하지 않고 ὅτι로 연결하였다. 이것은 그 믿음이 하나님을 향한 개인적인 신뢰가 아니라 단순히 그 분이 계시다는 사실을 믿는 신조적 고백이라는 것을 의미한다.[253] 게다가 "너는 잘 행하고 있다"(καλῶς ποιεῖς, 19b)는 말은 이 사실을 더욱 강화한다. 이 말은 야고보서 2:8에서 한 번 더 나오는데, 거기에서는 왕의 법을 지킨다는 매우 긍정적인 의미로 사용되었다. 하지만 이어 나오는 "귀신들조차도 믿고 있고 또한 두려워 떨고 있다"(19c)는 말에서 이러한 긍정의 판단은 여지없이 무너진다. 따라서 "너는 잘 행하고 있다"는 말은 행위가 없으면서도 믿고 있다고 말하는 사람, 즉 말로는 믿음이 있다고 하지만 실제로는 하나님을 인격적으로 신뢰하지 않는 사람, 그래서 단지 교조적인 사람을 비판하는 표현이다. 다르게 말하면, 야고보는 '너'의 믿음이 어떤 것인지를 설명하기 위해 귀신들의 믿음을 말하고 있다. 이것은 바로 뒤에 나오는 καί를 어떻게 이해할 것인가에 따라 두 가지 해석이 가능하다.

첫째로 καί는 '역시', '또한'의 의미를 가진다. 이 해석을 따르면, 야고보는 "너는 하나님이 한 분이심을 믿는다"고 말하지만 귀신들도 '역시' 너처럼 믿고 두려워한다고 말함으로써 행위 없는 너(σύ)의 믿음과 귀신들(τὰ δαιμόνια)의 믿음이 다르지 않다는 점을 강조한다. 이 사람의 믿음은 귀신들의 믿음과 같다. 귀신들의 믿음이 행위 없는 믿음이듯이 이 사람의 믿음 또한 그러하다. 물론 하나님이 한 분이시라는 사실이

틀렸다는 말이 아니다. 여기서 야고보가 지적하는 것은 하나님이 한 분이신 줄 믿으면 그 믿음에 합당한 반응(행위)들을 가져야 한다는 것이다. 귀신들도 하나님이 존재하신다는 사실을 결코 의심하지 않는다(막 1:24; 3:7; 행 16:17; 19:15). 귀신들도 하나님이 한 분이심을 믿는다. 하지만 그렇다고 해서 그들이 하나님을 경배하고 섬기거나 하나님의 말씀을 따라 살지는 않는다. 귀신들의 믿음에는 합당한 행위가 없다. 귀신들도 신자들과 동일하게 하나님의 존재(ἐστίν)와 하나님이 어떤 분이신지(εἷς)를 알고 믿지만 성경은 그것을 믿음의 고백 즉 '신앙고백'이라고 말하지는 않는다. 귀신의 믿음은 참된 믿음이 아니기 때문이다. 행위가 없는 사람의 믿음도 이와 같다. 그것은 단지 교조주의에 지나지 않는다. 야고보는 이 사실을 "너는 하나님이 한 분이심을 믿는다"는 표현을 통해 잘 나타내었다. 행함이 없는 '너'(σύ)의 믿음은 단지 "하나님은 한 분이시다"라는 이 사실을 믿을 뿐이다(σὺ πιστεύεις ὅτι εἷς ἐστιν ὁ θεός).[254] 그래서 '너'의 믿음은 인격적인 것(believe in)이 아니라 교리적(believe that)일 뿐이다.[255] 이 믿음은 말로만의 믿음이지 실제의 믿음이 아니다. 이에 반해 아브라함은 하나님을 믿었다(약 2:23, Ἐπίστευσεν δὲ Ἀβραὰμ τῷ θεῷ). 아브라함은 그의 믿음을 하나님 '안'에 두었고 그래서 행함이 함께 있었다.[256] 유일신 신앙은 관념으로 그치면 안 되고 반드시 행위로 표현되어야 한다. "야고보에 의하면 신자의 생활은 유일신 신앙의 연장이다. 유일신 신앙은 윤리의 시작점이다. 유일신 신앙을 가지고 있다면 반드시 행위로 표현되어야 한다."[257]

둘째로 καί는 '…조차도', '…까지도'(even)라는 의미를 가진다. "너는 … 믿는다. … 귀신들조차도 믿고 있고 또한 두려움으로 떨고 있다."

이 해석을 따르면 "'너'는 단지 믿을 뿐이지만, 심지어 귀신들조차도 믿을 뿐 아니라 떠는 행위를 가지고 있다."가 된다. '너'의 믿음에 대한 야고보의 평가는 매우 혹독하다. 귀신들은 하나님이 한 분이심을 믿고 있고 그리고 두려움으로 떨고 있다! 그러므로 하나님의 존재에 대하여 인식할 뿐, 그 존재 앞에서 합당한 반응을 보이지 않는다면 그것은 귀신들의 믿음보다 못하다. 야고보는 본 서신에서 하나님의 존재와 행위에 대하여 다양한 설명을 한다. 야고보가 요구하는 믿음은 이러하신 하나님의 신분과 활동을 믿을 뿐 아니라 그것에 대한 합당한 반응을 나타내는 것이다. 귀신들도 하나님이 한 분이심을 정말 믿는다(막 1:24; 3:7; 행 16:17; 19:15). 그래서 귀신들은 두려움으로 떨고 있다(막 1:23, 24; 5:7).[258] 그렇다고 해서 귀신들이 하나님을 인격적으로 신뢰한다는 말은 아니다. 그들은 하나님을 두려워하면서도 언제나 하나님을 대적하고 거스르는 자들이다. 이것은 야고보가 말하는 믿음 있는 신자의 합당한 반응이 아니다. 그런데 '너'는 귀신들이 보이는 떠는 반응'조차' 없다. '너'는 단지 하나님이 존재하시며 한 분이시라는 사실을 알고 있을 뿐이다. 이것은 공허한 시인이다. 그래서 '너'의 하나님에 대한 지식은 '너'의 내면에 하나님에 대한 인격적 신뢰를 만들지 못하며, 하나님께 합당한 반응이나 행위도 가지지 않는다. '너'의 행함이 없는 그 믿음은 귀신들의 믿음보다도 못하며, 아무런 유익이 없다. 어떤 사실에 지적으로 동의하는 것만으로는 아무런 유익이 없다. 하나님의 존재에 대하여 인식할 뿐, 그 존재에 합당한 반응을 보이지 않는다면 그것은 귀신들의 믿음과 다르지 않으며 심지어 그 보다도 못하다. 따라서 문맥을 따라 해석하면 첫 번째 해석보다 두 번째 해석이 훨씬 더 타당해 보인다.

③ 행위가 있는 믿음

결국 행위가 있는 믿음은 단지 경건한 감정이나 교리를 지적으로 동의하는 것이 아니다. 구원하는 믿음, 살아 있는 믿음, 유익한 믿음은 하나님을 믿을 뿐 아니라 그 믿음의 대상이신 하나님께 합당한 반응(행위)을 나타내는 것이다. 이 반응(행위)은 근본적으로는 하나님의 존재와 신분과 활동에 바탕을 둔다.[259] 야고보가 말하는 '행위'는 단순히 착한 행동을 의미하지 않는다. 그것은 인류의 도덕보다 훨씬 넓고 깊고 크며, 때로는 이 모든 것을 초월한다. 믿음과 협동하고 믿음을 온전케 하는 행위(22)는 하나님의 존재와 신분과 활동에 부응하는 합당한 반응이다. 그래서 이 믿음은 '행위'가 있는 믿음이지 '선한' 행위나 '착한' 행실이 있는 믿음이 아니다. 야고보는 본문에서 단지 '행위'라고 말할 뿐, 그 말에 어떤 수식어도 붙이지 않았다(약 2:14, 17, 18tris., 20, 21, 22bis., 24, 25, 26). 이뿐 아니라 야고보서 어디에도 '착한 행위'(καλὸν ἔργον)라는 말은 없다.[260] 믿음과 함께 일하고 믿음을 온전하게 하는 것은 '행위'이지 '착한' 행위가 아니다. 그렇다고 해서 야고보가 착한 행실을 배척하는 것은 당연히 아니다. 그는 야고보서 전체에서 편애, 언어, 차별, 미혹, 세속화 등 선행과 관련된 다양한 권면을 한다. 그럼에도 야고보가 본문에서 말하는 '행위'는 일반적으로 말하는 '착한' 행위가 아니다.[261] 야고보서의 '행위'를 '착한' 행위로 생각하는 것은 사람들의 선입견일 뿐 저자인 야고보의 생각은 아니다. 이 사실은 아브라함과 라합의 '행위'에서 잘 드러난다. 아브라함은 아들을 죽였으니(결과적으로는 죽이지 않았지만 실제로 죽이려 함. cf. 히 11:17-19, esp. 19) 이것은 살인하지 말라는 하나님의 십계명을 어긴 행위이다. 라합은 조국을 배신하고 거짓말을 함으로써 역시 십계명을 어겼다. 이런 까닭에 사람이 '아브라함(21)과 라합(25)처럼 행위로 의롭다 함을 받는다'고 하는 것은 우리도 의롭다 함을 받기 위해 아브라함처럼 살인하고 라합처럼 거짓 증언하자는 말이 되고 만다.

야고보가 말하는 '행위'는 아브라함이 하나님의 언약을 믿었을 뿐 아니라 실제로 그 믿음에 부응하는 반응을 의미한다. 앞에서 이미 밝힌 대로, 야고보가 말하는 행위는 단순히 인륜의 도덕적 선행을 의미하는 것이 아니라 그것보다 훨씬 더 넓고 깊고 근본적이며 때로는 초월적이다. 아브라함이 아들을 바친 행위는 하나님의 말씀, 즉 하나님의 언약을 믿고 그 언약이 그대로 성취될 줄 확신한 증거이다. 따라서 아브라함이 이삭을 제단에 바치는 행위로 의롭다 하심을 받았다(약 2:21)는 말씀에 근거하여 인간이 '선한 행위'에 의해 구원을 받는다고 말하는 것은 매우 어리석고 잘못된 주장이다. 결국 야고보서의 '행위'는 언약, 구속사와 같은 신학에 근거한 것이지 인간 윤리 도덕에 바탕을 둔 것이 아니다.[262]

④ 주제 제시(20)

이제 야고보는 다시 논증을 위한 주제를 제시한다. "오! 헛된 사람아, 그럼에도 너는 행위들이 없는 그 믿음이 헛것이라(쓸모없다)는 것을 알기 원하는가?"(20). "그럼에도"(δέ, 20a)는 논증의 심화를 위한 일종의 점층법적 표현이다. 또한 이 말은 지금까지 이렇게 반론을 했는데도 불구하고 여전히 행위가 없는 그 믿음이 헛되다는 사실을 더 알기(γνῶναι) 원하느냐는 책망의 질문이기도 하다. '허탄한'(κενός)이라는 말은 무엇이 비어있는 상태 또는 지적인 어리석음과 도덕적 무감각함, 영적 가치가 전혀 없는 것,[263] 그리고 아무런 결과가 없는 것 등을 의미한다.[264] 이 단어는 행위를 가지지 못한 믿음, 즉 무익한 믿음에 대한 매우 적절한 표현이다. 야고보는 이러한 믿음을 가진 사람을 처음에는 '어떤 사람'(τις, 14)으로, 그 다음에는 '너'(σύ, 19)로, 또 다음에는 '허탄한 사람'이라 부른다(χενέ, 20). 이렇게 하여 야고보의 논박의 대상이 가상의 막연한 어떤 사람(3인칭 부정대명사)에서 그의 앞에 서 있는 한 사람으로 바뀌었다. 이것은 어쩌면 불특정 다수 속에서 안심하고 있던 독자 개개인을 야고보의 비판 앞에 세우려는 의도로 볼 수 있다. 게다가 야고보는 자신 앞에 있는 그 사람을 어리석은 자라고 부름으로써 그의 지적, 윤리적, 영적 상태가 텅 비어 있음을 적나라하게 드러낸다. 결국 그는 독자들에게 자신의 상태를 점검하도록 강하게 도전한다.

이어서 야고보는 "행위들이 없는 그 믿음은 헛것이다(쓸모없다)"라고 말한다. 이것은 야고보가 '너'를 허탄한 사람이라고 부른 이유이기도 하다. 또한 이 구절은 "그 믿음이 그를 구원할 수 없다"(14d), "만일 그가 행위들을 가지고 있지 않다면, 그 믿음 자체는 죽은 것이다"(17)라는 말의 반복이다. 특히 '쓸모없다'(개역개정, 헛것이다)는 의미의 ἀργή(ἀργός의 여성형)는 일종의 언어유희(word-play)이다. 왜냐하면 ἀργός (무력한, 게으른)는 ἄεργος의 단축형이며, ἄεργος는 부정(not)의 α와 일이나 행위를 뜻하는 ἔργον의 합성어이기 때문이다. 따라서 이 구절은 "행위들이 없는 그 믿음은 행위가 없는 것이다"가 된다. 결국 행위가 반복적으로 강조되고 있다. 행위가 없는 믿음은 행위가 없는 것이기에 아무런 쓸모가 없으며 어떤 유익도 주지 못한다.

(2) 실례(實例)를 통한 논증(21-25)

① 아브라함의 믿음과 행위(21-24)

ⓐ 질문(21)

야고보는 '너'(허탄한 사람)에게 행위가 없는 믿음이 헛것이라는 것을 알기 원하느냐고 질문한 뒤에 예를 들어 이 사실을 입증한다. 그는 "아브라함이 … 의롭다 함을 받지 않았느냐?"('Aβραὰμ … οὐκ … ἐδικαιώθη; 21), "라합도 … 의롭다 함을 받지 않았느냐?"('Pαὰβ … οὐκ … ἐδικαιώθη; 25)고 말함으로써 구약성경의 아브라함과 라합을 그 예로 제시한다. 하지만 야고보가 실제로 예를 든 것은 그의 질문(20)과 반대되는 경우이다. 이 두 사람은 모두 행위를 가진 믿음을 보여 주었기 때문이다. 야고보는 행위 있는 믿음이 옳은 믿음이라는 진리를 예를 들어 제시함으로써 행위 없는 믿음이 헛것이라는 그의 주장을 역설적으로 증명한다.

야고보는 "우리의 조상 아브라함이 그의 아들 이삭을 제단 위에 바칠 때에 행위들에 의해 의롭다 함을 받지 않았느냐?"(21)고 질문한다. 그러나 이 질문은 몰라서 묻는 질문이 아니라 이미 '그렇다'라는 긍정의 대답을 전제한다.[265] 그러므로 이 질문은 아브라함이 행위들에 의해 의롭다 함을 받았다는 것을 강조하는 수사법적 질문이다. 이러한 강조는 이어지는 두 번의 '주목'(βλεπεῖν) 구절을 통해 잘 확인된다.

질문 - οὐκ … ἐδικαιώθη(그가 의롭다 함을 받지 않았느냐)(21)
'주목'을 통한 확인 1 - βλέπεις(sg.) ὅτι …. (너는 보고 있다)(22-23)

'주목'을 통한 확인 2 - ὁρᾶτε(pl.) ὅτι …. (너희는 보고 있다)(24)

아브라함은 "우리의 조상"이다. 야고보가 "우리"(ἡμῶν)라고 말한
것으로 보아 이 편지를 받는 수신 교회가 1차적으로는 혈통적 유대인
으로 구성되어 있을 가능성이 크다. 또한 야고보의 논지가 그 자신에게
만 해당되는 것이 아니라 그와 수신 교회 모두에게 해당된다는 사실을
말함으로써 신자 모두가 행위를 가진 믿음의 사람들이 되기를 독려한
다. 이런 의미에서 '우리'는 그 대상이 혈통적 차원을 넘어 영적인 차원
으로 확장된다. 이와 함께 야고보는 아브라함을 우리의 "조상"(πατήρ)
이라고 밝힌다. 이 말은 아브라함이 이스라엘에서 가지는 위치를 보여
준다. 아브라함은 이스라엘의 조상으로서 그들의 뿌리이자 대표이다.
이 사실은 아브라함이 보여준 믿음과 행위의 관계가 그의 영적 후손인
모든 믿는 자에게 동일하게 적용되는 원리요 규범이라는 것을 나타낸
다. 아브라함은 '우리', 즉 야고보와 신자들의 영적 조상이며, '우리'는
아브라함의 영적 후손(씨)이다. 그리고 조상에게서 확립된 신앙 원리는
영적 후손에게도 동일하다. 아브라함이 행위로 의롭게 되었으므로 그
의 후손의 의롭게 됨도 이와 같다.

21절의 주문장은 "아브라함이 의롭게 되었다"(Ἀβραὰμ … ἐδικαιώθη)
이다. 그런데 이것을 말하기 위해 강조되는 것은 "행위들에 의해"(ἐξ
ἔργων)이다. 아브라함은 행위들에 의해 의롭다 함을 받았다. 이것이 중
요하다. 그리고 그의 행위가 무엇인지는 이어서 나오는 분사구문에서
설명된다. "그의 아들인 이삭을 제단 위에 바칠 때에"(ἀνενέγκας Ἰσαὰκ
τὸν υἱὸν αὐτοῦ ἐπὶ τὸ θυσιαστήριον). 여기서 ἀνενέγκας는 '바치다', '가져오

다'를 뜻하는 ἀναφέρω의 부정과거 능동태 분사로서 주동사 '그가 의롭다 함을 받았다'(ἐδικαιώθη)에 부속된다. 이 분사형 단어는 시간(드릴 때에), 수단(드림에 의해), 이유(드렸기 때문에)의 의미로 해석이 가능하나, 대부분의 영어 번역본은 시간의 의미로 해석하고 있다. 아브라함은 그의 아들 이삭을 제물로 받쳤다. 칠십인경(LXX) 창세기 22:2은 이와 관련하여 "너의 사랑하는 아들을 취하라"(λαβὲ τὸν υἱόν σου τὸν ἀγαπητόν)로 기록하였다. 따라서 '그의' 아들이라는 말은 단순히 소유를 의미하는 것이 아니라 그의 '사랑하는' 아들이라는 것을 강조한다. 아브라함은 그의 사랑하는 아들인 이삭을 하나님께 제물로 제단 위에 드릴 때에 그 행위들에 의해 의롭다 하심을 받았다.

㉑ 행위들에 의해 의롭다 하심을 받았다는 말의 의미

여기에서 가장 먼저 확인해야 할 것은 "행위들에 의해 의롭다 하심을 받았다"(ἐξ ἔργων ἐδικαιώθη)는 말의 의미이다. 왜냐하면 자칫 잘못하여 이 말이 소위 '행위 구원'으로 오해될 수도 있기 때문이다. 하지만 야고보는 여기서 결코 믿음을 배제하지 않는다. 오히려 그는 믿음을 대전제로 제시한다. 그 이유는 다음과 같다.

첫째, 야고보는 22절에서 행위와 믿음을 함께 말한다. 그는 믿음이 행위들과 함께 일하고, 행위들로부터 그 믿음이 온전해졌다고 말한다. 그러므로 행위로 의롭다 하심을 받았다는 말은 행위'만'으로 의롭게 되었다는 말이 아니다. 아브라함은 아들 이삭을 제단에 드린 그 행위에 의해 의롭다 하심을 받았다(21). 그러면 아브라함이 이삭을 제물로 드릴 수 있었던 이유는 무엇인가? 히브리서 기자는 이렇게 말한다. "아브라함은 시험을 받을 때에 믿음으로 이삭을 드렸으니 그는 약속들을 받은 자로되 그 외아들을 드렸느니라"(히 11:17).[266] 이처럼 성경은 아브라함이 의롭다 함을 받은 행위는 그의 믿음이 전제된 행위임을 분명히 한다. 이 믿음에 대해 히브리서 기자는 또한 이렇게 말씀한다. "그가 하나님이 능히 이삭을 죽은 자 가운데서 다시 살리실 줄로 생각한지라"(히 11:19).[267] 아브라함이 이삭을 제물로 드리는 행위를 할 수 있었던 것은 그에게 하나님의 언약에 대한 확실한 믿음이 있었기 때문이다. 이것은 말로만의 믿음이 아니라 실제로 믿는 믿음이었다. 하나님이 이미 아브라함에게 "네 자손이라 칭할 자는 이삭으로 말미암으리라"(히 11:18)고 언약하셨고, 아브라함은 하나님께서 이 언약을 그대로 이루실 줄을 실제로 믿었다.[268] 바로 이 '믿음으로'(πίστει) 아브라함은 이삭을 드렸던 것이다. 이 사실은 이삭을 제사로 드린 후 '우리가' 돌아오겠다고 말한 아브라함의 말에서 분명하다. "이에 아브라함이 종들에게 이르되 … 내가 아이와 함께 저기 가서 예배를 드리고 우리가 너희에게로 돌아오리라"(창 22:5).[269] 아브라함이 이삭을 죽여 번제로 드린 후에 '혼자' 돌아오지 않고 '우리가'(pl.) 돌아오겠다고 말한 것은 하나님이 능히 이삭을 죽은 자 가운데서 다시 살리실 줄을 믿었기 때문이다. "그에게 이미 말씀하시기를 네 자손이라 칭할 자는 이삭으로 말미암으리라 하셨으니 그가 하나님이 능히 이삭을 죽은 자 가운데서 다시 살리실 줄로 생각한지라"(히 11:19). 그는 하나님께서 그에게 상속자를 주시고 그로부터 하늘의 뭇별과 같은 많은 후손을 주시겠다고 약속하신 그 언약을 문자 그대로 확실하게 믿었다. 이 믿음이 이삭을 제물로 드리는 행위를 낳았다. 그러므로 이삭을 드리는 행위 자체가 의롭다 하심을 받은 원인이 아니다. 이 행위는 아브라함이 하나님의 언약을 확고히 믿는 믿음을 드러낸 것이다. 달리 말하면 행위로 믿음을 '보인 것'이다(18, δειχνύειν). 아브라함의 행위의 궁극적 동인은 믿음이다. 믿음이 행위의 원인이며 행위는 믿음의 표현이다. 아브라함이 "의롭다 하심을 받은 것"(21)은 그가 '의로 여기심을 받은 것'(23; 창 15:6)과 마찬가지로 믿음으로 된 일이다.

요약하면 아브라함의 행위 이전에 그의 믿음이 있었고, 이 믿음은 '하나님의 언약'에 대한 믿음이다. 이 언약 성취는 구속사로 나타난다. 그러므로 하나님의 언약과 구속사라는 큰 흐름을 간과한 채, 단지 행위로 의롭게 된다는 말만 내세워 "행위가 없으면 의롭다 함을 받지 못한다"로 몰아가는 것은 야고보의 중심을 읽지 못한 부당한 해석이다. 아래에서 설명하겠지만, 라합이 행위에 의해 의롭다 하심을 받은 것도 이와 동일한 원리이다.

둘째, 야고보는 26절에서 영혼 없는 몸이 죽은 것처럼 이와 같이 행위 없는 믿음 역시 죽은 것이라고 말씀한다. 살아 있는 몸은 영혼이 함께 있고, 살아 있는 믿음은 행위가 같이 있다. 따라서 아브라함이 행위로 의롭다 하심을 받았다(21)는 말은 그에게 행위를 산출한 믿음, 즉 그의 행위와 분리될 수 없는 믿음이 있었다는 말이다. 아브라함이 행위에 의해 의롭다 하심을 받았다는 것은 그의 믿음을 전제로 한 것이지, 그의 믿음을 배제한 것은 결코 아니다.

결국 아브라함이 "행위들에 의해 의롭다 하심을 받았다"는 것은 행위로만 의롭게 되었다는 말이 아니라 온전한(22) 믿음은 행위를 나타낼 수밖에 없다는 의미이다. 다시 말해 행위를 강조하는 문맥에서[270] 믿음에는 행위가 수반되어야 한다고 강조하다보니 이렇게 행위에 의해 의롭다 하심을 받는다고 말하게 된 것이다. 사람이 의롭다 함을 받는 것은 믿음을 버리는 일이 아니다. 야고보는 행위를 강조하는 동시에 그 행위가 믿음이 원인이 되어 일어난 결과라는 사실도 분명히 한다. 이런 이유로 24절에서 야고보는 사람이 의롭다 하심을 받는 것이 "믿음으로만은 아니니라"고 말한다. 그는 칭의와 관련하여 절대로 '믿음'이 무익하다거나 무용하다거나 또는 불필요하다고 말하지 않는다. 그 반대로 그는 믿음을 전제로 한 칭의를 말한다. 행위는 믿음을 전제로 한다. 믿음에서 행위가 나온다. 그래서 행위가 있는 것은 믿음이 있다는 증거이다.[271] 믿음으로 의롭다함을 받는다. 그런데 믿음은 행위로 나타나며(협동) 행위는 믿음을 확증한다(온전케 됨). 행위는 믿음이 있다는 사실을 증언하는 것이므로 결국 행위로 의롭다함을 받았다는 말이 틀린 말이 아니다. 따라서 야고보는 결코 '행위 구원'을 말하지 않는다.

④ 행위들에 의해 의롭다 하심을 받았다는 말의 핵심

이와 함께 "그가 행위들에 의해 의롭다 하심을 받았다"(ἐξ ἔργων ἐδικαιώθη)는 말의 핵심이 무엇인지를 잘 이해해야 한다. 그것은 '행위들'이 아니라 "의롭다 하심을 받았다"이다. 의롭다 하심을 받았다는 말은 헬라어로 ἐδικαιώθη인데, 이는 δικαιόω(의롭게 하다)의 부정과거 수동태이다. 이것은 신적 수동태로서 하나님이 이 일을 행하셨다는 것을 의미한다.[272] 이것은 의롭게 됨의 원인이 아브라함의 행위가 아니라 하나님이시라는 사실을 강조한다. 하나님이 "의롭다 하심을 받음"에 관련된 모든 일을 주관하신다. 아브라함이 하나님의 언약을 믿음으로써 의로 여겨진 것도 하나님이 하신 일이고, 아브라함이 오랜 시간을 거쳐 여러 차례 언약에 '반하는 행위들'을 했음에도 불구하고 마침내 모리 아 산에서 아들을 제물로 바쳐 하나님의 언약에 '부합하는 행위'를 하여 '의롭다하심을 받은 것'도 다 하나님이 하신 일이다. 그 이유는 다음과 같다.

여호와께서 아브람을 의롭다고 여기신 사건은 창세기 15:1-6에 나타난다. 하나님은 아브람에게 그의 몸에서 날 상속자와 그를 통해 하늘의 뭇별과 같이 셀 수 없이 많은 자손들을 주시리라고 언약하셨다. 아브람이 여호와를 믿었고, 여호와께서는 이를 그의 의로 여기셨다(창 15:6).[273] 그리고 오랜 세월이 흐른 후에 이삭을 하나님께 번제로 드리는 아브라함의 행위가 있었다(창 22:1-19). 여기서 우리가 주목할 점은 아브라함이 그에게 상속자와 무수한 자손들을 언약하신 하나님을 믿어 '의로 여김'을 받은(23) 그 때부터 그가 언약의 상속자인 이삭을 제물로 드려 '의롭다 함'을 받기까지(21), 이 긴 시간 동안 믿음에서 승승장구하며 산 것이 아니라는 사실이다. 아브라함은 상속자를 그의 몸에서 주시겠다는 하나님의 언약을 거절하는 불신앙의 행위를 여러 차례 저질렀다.

먼저, 아브라함은 사래의 요청으로 하갈에게서 이스마엘을 낳았다(창 16:1-11). 또한 아브라함은 하나님께서 그에게 나타나셔서 "너는 여러 민족의 아버지가 될지라 … 네게서 민족들이 나오게 하며 왕들이 네게로부터 나오리라"(창 17:5-6)고 언약을 재확인하시고 그와 그의 아내 사래의 이름을 고쳐주시는 그 자리에서도 "엎드려 웃으며 마음속으로 이르되 백 세 된 사람이 어찌 자식을 낳을까 사라는 90세니 어찌 출산하리요"(창 17:17)라며 하나님께 "이스마엘이나 하나님 앞에서 살기를 원하나이다"(창 17:18)라고 말하기까지 했다. 이뿐 아니라 하나님이 아브라함에게 사라를 통해 상속자를 주신다고 하셨는데도[274] 그는 그랄에 내려갔을 때 그랄 왕 아비멜렉에게 사라를 누이라하여 아비멜렉이 사라를 데려가는 불상사를 일으켰다. 결국 하나님이 그를 막아 죄를 범하지 못하게 하고 사라를 아브라함에게 돌려보내게 하셔야 했다(창 20:1-7). 이처럼 아브라함은 하나님의 언약을 비웃고 불신했다. 그러나 하나님께서는 아브라함에게 약속하신 대로 상속자 이삭을 그에게 주셨다. "여호와께서 말씀하신 대로 사라를 돌보셨고 여호와께서 말씀하신 대로 사라에게 행하셨으므로 사라가 임신하고 하나님이 말씀하신 시기가 되어 노년의 아브라함에게 아들을 낳으니"(창 21:1-2).

그러므로 아브라함은 하나님의 언약을 믿어 의로 '여기심'을 받고도 긴 시간동안 여러 차례 그 언약을 불신하는 행위를 보였다. 그리고 창세기 22장에 가서야 아브라함은 언약에 대한 확고한 믿음을 행위로 보였다. 이것이 바로 아들 이삭을 제단 위에 드린 행위이다. 아브라함은 하나님의 언약을 믿는 그 순간에 하나님으로부터 의로 여기심을 받았지만, 그렇다고 해서 바로 그 순간부터 완전한 행위를 한 것은 아니다. 그는 하나님의 약속을 믿어 의로 여기심을 받았으나, 오히려 여러 차례 이 믿음에 반하는 행위들을 했으며, 오랜 시간동안 이런 과정을 거쳐 마침내 온전한 행위를 하여 '의롭다 하심'을 받는 자리에 이르게 되었다. 믿음으로 의롭다 여기심을 받은 것과 그것에 부합되는 행위를 하는 것 사이에는 상당한 시간적 간격과 많은 행위의 실패들이 있다. 믿음을 가지는 것과 그 믿음에 요구되는 온전한 행위를 가지는 것은 대부분 동시에 이루어지는 것이 아니라 오랜 시간동안 반복되는 행위의 실패를 통해서 이루어진다. 이것이 성경이 보여주는 진실이다. 그러면 이 일은 어떻게 가능했는가? '신적 수동태'가 바로 이것에 대한 대답이다.

하나님께서는 의롭다 여기시고 거기서 끝내시는 것이 아니라 그 '여기심'에 합당한 행위를 하는 그 자리까지 인내하시며 간섭하시고 이끌어 가신다. 하나님께서는 의로 여기신 것이 헛것이 되지 않도록 끝까지 인도하신다. 하나님은 '의로 여기심'(23, ἐλογίσθη εἰς δικαιοσύνην)이 '의롭다 하심'(21, ἐδικαιώθη)을 받는 데까지, 즉 '여기심'이 '실제'가 되기까지 포기하지 않으시고 인내하시며 이끄신다. 이것이 하나님의 열심이요 하나님의 충성하심이다. 이것이 바로 '의롭다 함을 받았다'(ἐδικαιώθη)가 신적 수동태로 사용된 의미이다.

ⓑ 주목을 통한 확인 1(22–23)

야고보는 아브라함이 행위들에 의해 의롭다 하심을 받았다고 말한 뒤 지금까지 상대하여 온 '너'(가상의 τις)에게 확인의 말을 한다. 이 사실은 그가 '너는 보고 있다'(βλέπεις)라고 한 말에서 분명하다. 이 말은 주목을 의미하는 것으로 그가 인식하고 있음을 나타낸다.[275] 그가 주목한 내용은 다음과 같다. "그 믿음이 그의 행위들과 함께 일하고 있었고, 그리고 그 행위들에 의해 그 믿음이 온전하게 되었다"(22). 여기에서 믿음과 행위의 관계가 두 가지로 설명된다.

첫째로 믿음은 행위와 함께 일한다(22). 아브라함은 이삭을 통해 후손을 주시겠다는 하나님의 언약을 의심하지 않고 확고히 믿었기에 이삭을 제단에 드리는 행위를 할 수 있었다. 이처럼 믿음은 행위와 함께 일한다. 달리 말하면 믿음은 행위로 나타난다(δεικνύναι, δεικνύειν, 18). 행위는 믿음을 표현한다. 이것이 바로 '함께 일하다'(συνεργεῖν)의 의미이다. 이 사실을 가장 잘 보여주는 말씀이 "나는 나의 행위들에 의해 믿음을 나타낼 것이다"(18e, δείξω ἐκ τῶν ἔργων μου τὴν πίστιν)이다. 따라서 믿음과 행위는 단단하게 하나로 결속되어 있다. 이 사실은 22절이 보여주는 아래의 교차대구 구조에 의해서도 잘 드러난다.

> a. ἡ πίστις συνήργει   그 믿음이 함께 일하고 있었다
> b. τοῖς ἔργοις   행위들과 함께
> b'. ἐκ τῶν ἔργων   행위들에 의해
> a'. ἡ πίστις ἐτελειώθη   그 믿음이 온전하게 되었다

우선 행위들이 강조되고 있다. 또한 행위들이 믿음에 의해 둘러싸여 있어서 믿음과 행위의 강력한 결속을 잘 보여준다. 믿음과 행위는 구별은 되나 서로 분리된 채 따로 존재할 수는 없다.[276] 믿음과 행위는 떨어질 수 없는 하나의 결합체이자 한 가지 사건이다. 이 둘은 분리되는 순간 하나님이 요구하시는 믿음이 아니며 하나님이 원하시는 행위도 아니다. 행위와 믿음은 언제나 함께 있어야 한다.[277] 행위와 믿음은 분리될 수 없다(26). 그러나 "이것은, 많은 사람들이 오해하듯이 또한 반(半)-펠라기우스주의자들이 기쁨으로 말하듯이, 믿음에 더하여 행위가 있어야 한다는 뜻이 아니다."[278]

둘째로 믿음은 행위에 의해 '온전하게 된다'(τελειωθῆναι). 야고보는 아브라함이 믿음으로 이삭을 드렸을 때, 이 행위에 의해 그 믿음이 온전하게 되었다고 말씀한다. "온전하게 되었다"(ἐτελειώθη)는 말은 어떤 것이 의도된 목적에 도달하게 되었다는 뜻이다.[279] 따라서 야고보가 말

하는 행위는 구원을 받게 하거나 칭의를 얻게 하는 공로가 아니다.[280] 행위는 단지 믿음에 의도된 목적이 이루어졌다는 것을 나타낸다(18, δεικνύειν). 그러므로 아브라함이 아들을 제단에 드린 행위는 아브라함이 하나님을 믿었을 때(창 15:6) 의도된 그 목적이 이루어졌다는 것을 보여준다.[281] "행함으로 믿음이 온전하게 되었다"는 말은 부족한 믿음을 행위가 보충한다는 의미가 아니라 믿음이 목적한 것이 이루어졌다는 사실을 행위가 보여준다는 뜻이다. 믿음은 행위를 목적으로 하고, 행위는 이 목적이 성취되었음을 나타낸다(18). 믿음은 행위로 표현되고 행위는 믿음을 증언한다.[282] 전자는 '함께 일함'이요 후자는 '온전케 됨'이다. 이상의 설명을 도식으로 정리하면 다음과 같다.

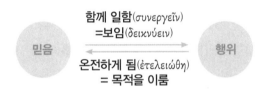

함께 일함(συνεργεῖν)
=보임(δεικνύειν)

믿음 ← → 행위

온전하게 됨(ἐτελειώθη)
= 목적을 이룸

야고보는 아브라함이 행위를 통해 그의 믿음의 온전함을 나타냄으로써 "아브라함이 하나님을 믿었다. 그리고 그것이 그에게 의로 간주되었다"(ἐλογίσθη εἰς δικαιοσύνην)는 성경이 성취되었다고 말한다(23). 야고보는 아브라함이 하나님을 믿었을 때, 그 믿음을 '의롭다 하심을 받았다'(ἐδικαιώθη)라고 말하지 않고, 단지 그것이 '의로 여겨졌다'(ἐλογίσθη εἰς δικαιοσύνην)고 말한다. '의로 여기심을 받는 것'(의로 여겨짐)과 '의롭다 하심을 받는 것'은 매우 다르다. 의로움은 본래 아브라함에게 속한 것이 아니다.[283] 단지 하나님이 그를 의롭다고 '여기셨다.' 그리고 오랜 세

월이 흘러 아브라함이 믿음으로 이삭을 제단에 드릴 때에 그는 하나님으로부터 '의롭다 하심을 받았다.' '의롭다고 여기신' 말씀의 목적이 드디어 이루어진 것이다(ἐπληρώθη, 23). "이루어지다"(πληρόω)는 계획된 목적에 도달하는 것을 의미하는 말로 신적 예언이나 약속의 성취를 의미한다.[284] 그러므로 23절의 '이루어졌다'는 말은 의로 간주된(여겨진) 것(ἐλογίσθη εἰς δικαιοσύνη)이 마침내 의롭다 하심을 받은 것(ἐδικαιώθη)을 가리킨다. 의로 '여겨진' 것이 드디어 실제로 '의로운 것'이 되었다.[285] 다시 말하면, 하나님께서 아브라함을 의롭다고 여기실 때 의도하신 그 목적에 부합하는 행위를 마침내 아브라함이 함으로써 그는 하나님이 의롭다고 하시는 데 적합한 자가 되었다는 뜻이다. 이 사실은 ἀνενέγκας(바칠 때에)가 잘 보여준다.[286] 이상의 내용을 21-22절과 연결하여 도식으로 설명하면 다음과 같다.

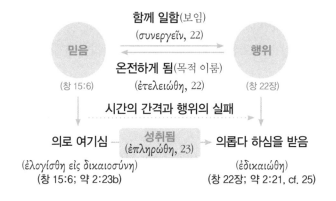

여기서 우리는 또한 아브라함이 '의롭다 하심'을 받음으로써 하나님이 그를 '의로 여기심'이 '이루어졌다'는 사실에 주의해야 한다. 이루

어졌다(23. ἐπληρώθη)는 말도 역시 신적 수동태이다. 이것의 의미는 다음과 같다. 하나님은 아브라함의 믿음이 여전히 부족하지만 그런데도 의롭다고 여기셨고, 인정하셨다. 그리고 긴 시간 동안 그의 넘어지는 모든 과정들을 다 인내하시어 마침내 행위를 통해 온전한 믿음을 나타내는 그 자리까지 이끌어 가셨다.

이 해석은 하나님의 언약과 관련해서도 지지를 받는다. 하나님이 아브라함을 의로 여기신 일은 하나님이 그와 언약을 맺은 사건에 들어 있다. 하나님은 아브라함에게 "네 몸에서 날 자가 네 상속자가 되리라"고 하시고 그에게 하늘의 뭇별과 같이 많은 자손을 줄 것을 약속하셨다. 이것이 하나님이 아브라함과 맺은 언약이다(창 15:18). 아브라함이 이 언약을 하신 하나님을 믿으므로 하나님이 이 믿음을 그의 의로 여기셨다(창 15:6). 이 언약은 창세기 17장에서 더욱 구체화되고, 그 상속자가 바로 이삭이라는 것이 밝혀진다(창 17:21). 그리고 창세기 22장에서 아브라함은 언약의 상속자인 이삭을 제단 위에 제물로 바친다. 그러자 하나님이 이 일을 막으셨다. 이 때 하나님은 아브라함에게 자신이 언약을 성취하실 것을 다시 확인하신다(창 22:16-18).[287] 이상의 내용은 다음과 같은 교차대구를 이룬다.

> 하나님이 언약하심 – 상속자와 많은 자손(창 15:4-5)
> 아브라함이 믿음 – 의로 여기심(창 15:6)
> ···
> 아브라함의 행위 – 이삭을 제물로 드림(창 22:1-12)
> 의롭다하심(약 2:21)
> 하나님이 언약 재확인 – 후손의 번성(창 22:16-18)

이 교차대구 구조는 의로 여겨진 아브라함의 믿음과 이삭을 드림으로 의롭다 하심을 받은 그의 행위가 하나님의 언약의 틀 속에 있다는 것을 잘 보여준다. 하나님은 언약을 하실 뿐 아니라 그것을 이루시는 하나님이시다. 언약하신 하나님은 그 언약을 끝끝내 이루시는 하나님이시다. 하나님에게는 약속과 성취 사이에 어떤 간격도 없다. 그래서 언약과 성취의 틀 속에서 자신의 역할을 감당하는 아브라함은 능동적이나 그것마저도 하나님의 성취 안에서 행한 것이므로 궁극적으로는 수동적이다. 그는 능동적 수동(active-passivity)의 위치에 있다. 아브라함이 이삭을 제단에 가져온 것(ἀνενέγκας, aor. act. ptc.)은 분명 그의 믿음의 표현으로서 능동적인 행위이다. 그러나 이것은 하나님의 언약 성취 안에서 행하여진 것이므로 근본적으로는 수동적이다. 아브라함은 하나님의 언약을 온전히 믿었기에 이삭을 제물로 드릴 수 있었고, 하나님은 이삭을 아브라함에게 돌려주심으로써 자신의 언약을 지키셨다(히 11:17-19). 결국 하나님의 언약이 아브라함의 칭의의 근거이다.

하나님이 믿음을 보시고 의로 여기셨을 때는 그 믿음에 합당한 행위를 하게 만들겠다는 하나님의 뜻과 의지가 그 안에 함께 있다. 하나님은 이 뜻을 신실하게 이루신다. 하나님은 믿음을 보시고 의롭다 여기시고 오랜 시간 인내하시며 마침내 의롭다 하심을 받는 데까지 이끌어 가신다. 하나님이 이 모든 것을 하나로 행하신다. 그러므로 하나님의 관점에서 보면 아브라함을 의롭다 여기신 것(창 15:6)과 이후에 그를 의롭다 하신 것(창 22장; 약 2:21) 사이에는 사실 어떤 간격도 없다. 인간의 입장에서는 의롭다 여기심을 받는 것과 의롭다 하심을 받는 것 사이에는 긴 시간의 간격과 많은 행위의 실패들이 있다. 하지만 언약을 이루시는 하나님의 관점에서 보면 거기에는 간격도 없고 실패도 없다. 하나님은 아브라함을 의롭다 여기셨을 때, 바로 그 때에 하나님은 그를 의롭다 하실 그 자리까지 이끌어 가실 것을 확정하고 계셨기 때문이다. 이것이 바로 하나님의 언약의 특징이다. 하나님은 언약하시면 반드시 이루신다. 시작하신 하나님은 이루시는 하나님이시다(cf. 빌 1:6).[288] 이런 면에서 아브라함이 '의롭다 여기심'을 받은 것은 곧 '의롭다 하심'을 받은 것과 같다.[289] 결국 아브라함의 칭의의 근본 원인은 그의 믿음이나 행위가 아니라 하나님의 언약이다. 지금까지의 내용을 도식으로 나타내면 다음과 같다.

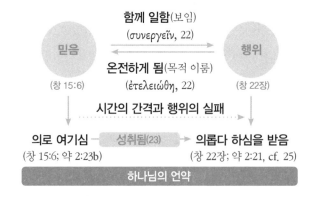

여기서 한 가지 질문이 생긴다. 아브라함의 믿음과 행위는 분명히 하나님이 하신 언약의 틀 안에서 하나로 연결되지만, 이 언약과 라합은 무슨 관련이 있는가? 다시 말해 라합이 언약과 무관하다면 아브라함과 라합 사이의 병행은 깨어지는 것이 아닌가? 그렇지 않다. 왜냐하면 라합도 결국은 하나님께서 언약하시고 그것을 이루시는 구도 속에 들어와 있기 때문이다. 예수의 계보는 하나님이 아브라함에게 약속하신 언약이 어떻게 이루어졌는가를 잘 보여 주는데, 이 계보 안에 라합도 포함되어 있다. "살몬은 라합에게서 보아스를 낳고 보아스는 룻에게서 오벳을 낳고 오벳은 이새를 낳고 이새는 다윗 왕을 낳으니라"(마 1:5).

ⓒ 주목을 통한 확인 2(24) - 일반화, 교리

이어서 야고보는 "너희는 보고 있다"(ὁρᾶτε)고 말함으로써 22절에 이어 또 다시 '보다'(ὁράω)는 말로 시작한다. 이것 역시 22-23절과 마찬가지로 주목을 통한 확인 또는 확증의 의미를 갖는다.[290] 그러나 야고보는 22절에서 2인칭 단수인 '너'를 사용한 것과 달리 여기에서는 2인칭 복수인 '너희'를 사용하였다. 야고보는 교훈의 대상을 가상의 '너'에서 수신 교회와 그의 독자들에게로 전환했다.

그리고 그가 '너희가 보고 있다'고 한 내용은 "사람이 행위들에 의해 의롭게 되고 단지 믿음에 의해서만 의롭게 되는 것이 아니다"이다. 여기에서는 '사람'(ἄνθρωπος)이 주어이며, 이는 어떤 특정인이 아닌 모든 인류를 가리킨다. 따라서 이야기의 초점이 아브라함에게서 인간 보편으로, 특정한 예에서 일반적인 적용으로 전환되었다. 특히 이 일반화는 교리적 의미를 갖는 것으로 볼 수 있다. "사람이 행위들에 의해 의롭게 되고 단지 믿음에 의해서만 의롭게 되는 것이 아니다"(ἐξ ἔργων δικαιοῦται ἄνθρωπος καὶ οὐκ ἐκ πίστεως μόνον)에서 "ἐξ ἔργων"이 21, 22절과 동일하게 앞쪽에 놓여 강조되고 있다. 그리고 '의롭게 되다'(δικαιοῦται)는 동사도 주어 앞에 놓여 강조하는 위치에 있다. 특히 야고보는 "사람이 의롭게 된다"를 문장의 가운데 두고 그 양쪽에 행위와 믿음을 배치함으로써 이 둘 사이의 독특한 관계를 강조한다. 이러한 믿음과 행위의 관계는 특정인에게만 제한되는 것이 아니라 모든 사람에게 적용되는 원리이다. 따라서 행위를 나타내보이지 않으면서도 믿음이 있다고 하는 것은 전적으로 잘못된 말이다. 모든 사람은 이 점을 주목해야 한다.

또한 "믿음에 의해서만 아니다"는 말은 의롭다하심을 받는 것이 '믿음 + 행위'라는 말이 아니다. 문맥을 따르면, 이 말은 믿음이 있으면 행위로 나타난다는 뜻이다. 행위는 믿음 있음을 증명하는 것이다. 이것이 바로 앞에서 여러 차례 언급한 '함께 일하다'의 의미이기도 하다. 나아가서 야고보가 믿음은 제외하고 행위만 중요하다고 말하는 것도 아니다. 우리는 "사람이 행위들에 의해 의롭게 된다"는 말을 마치 믿음을 배제하는 것으로 생각하면 안 된다. 오히려 야고보는 "단지 (μόνον) 믿음에 의해서만 의롭게 되는 것이 아니다"라고 말함으로써 오히려 믿음에 의해 의롭다 하심을 받는다는 사실을 강조하고 있다. 본 절은 행함을 강조하는 것일 뿐 그 행함을 있게 한 원인은 여전히 믿음이라는 사실을 버리지 않는다.

② 라합의 믿음과 행위(25)

이어서 야고보는 "그리고 이와 같이 라합 또한"(ὁμοίως δὲ καὶ Ῥαάβ)이라고 말함으로써 지금까지 설명한 믿음과 행위의 관계를 아브라함에 이어 라합을 예로 들어 한 번 더 설명한다. "이와 같이"(ὁμοίως)는 라합의 '믿음과 행위'의 관계가 아브라함의 '믿음과 행위'의 관계와 다르지 않다는 것을 의미한다. 야고보는 이 단어를 문장 맨 앞에 두어 이 사실을 강조하고 있다. 이러한 강조는 라합에 대한 설명이 아브라함에 대한 설명과 정확하게 일치하는 데서 더욱 분명하다.

Ἀβραὰμ ὁ πατὴρ ἡμῶν   οὐκ ἐξ ἔργων   ἐδικαιώθη…… ;(21)
아브라함 아버지 우리의   아니다 행위들에 의해 의롭게 되었다

Ῥαὰβ   ἡ πόρνη   οὐκ ἐξ ἔργων   ἐδικαιώθη…… ;(25)
라합   창녀   아니다 행위들에 의해 의롭게 되었다

야고보는 이 병행을 통해 라합이 행위들에 의해 의롭다 하심을 받은 것과 아브라함이 행위들에 의해 의롭다 하심을 받은 것이 문자까지도 동일하다는 사실을 증거하고 있다. 그는 21절과 같이 긍정의 대답을 전제로 한 질문을 함으로써(25) 이 사실을 더욱 강화한다. 아브라함뿐 아니라 라합도 행위에 의해 의롭다 하심을 받았다. 행위에 의해 의롭다 하심을 받는 것은 인종과 신분과 성을 차별하지 않는다. 그러면 라합이 의롭다 하심을 받게 된 행위는 무엇이었는가? 그것은 그가 여리고를 정탐하러 온 사자들을 영접하고 다른 길로 내 보낸 것이다(약 2:25; 수 2:9-11). 라합은 이 일을 행했을 때,[291] 하나님에 의해 의롭다 하심을 받았다(ἐδικαιώθη, 25). 라합은 정탐꾼들에게 다음과 같이 말하였다.

"여호와께서 이 땅을 너희에게 주신 줄을 내가 아노라 우리가[292] 너희를 심히 두려워하고 이 땅 주민들이 다 너희 앞에서 간담이 녹나니 이는 너희가 애굽에서 나올 때에 여호와께서 너희 앞에서 홍해물을 마르게 하신 일과 너희가 요단 저쪽에 있는 아모리 사람의 두

왕 시혼과 옥에게 행한 일 곧 그들을 전멸시킨 일을 우리가 들었음
이니라 우리가 듣자 곧 마음이 녹았고 너희로 말미암아 사람이 정
신을 잃었나니 너희의 하나님 여호와는 위로는 하늘에서도 아래로
는 땅에서도 하나님이시니라"(수 2:9-11).[293]

이 말씀에 근거할 때, 라합은 하나님이 어떤 분이신가를 알았을 뿐
아니라 그녀가 말한 그대로를 믿었고(히 11:31), 또한 그 믿음에 합당한
반응을 나타냈다. 라합은 하나님께서 가나안 땅을 이스라엘에게 주셨
고 홍해 물을 마르게 하신 것과 아모리의 두 왕을 멸절시키신 것을 믿
었다. 또한 그녀는 하나님 여호와는 하늘에서도 땅에서도 하나님이시
라는 것을 확실히 믿었다. 그렇지 않았다면 목숨을 걸고 정탐꾼들을 숨
겨주지 못했을 것이다. 그녀는 하나님이 애굽과 홍해와 광야에서 행한
일들에 대하여 듣고 알고 믿었다. 그리고 정탐꾼들이 라합의 집에 들어
가 유숙했고, 어떤 사람이 여리고 왕에게 이 사실을 알렸다. 그러자 여
리고 왕이 라합에게 사람을 보내어 정탐꾼들이 "네게로 와서 네 집에
들어 간 그 사람들을 끌어내라"(수 2:3)고 명령했다. 왕은 이미 정탐꾼들
이 라합의 집에 들어갔다는 것을 다 알고 사람들을 보냈던 것이다. 그
런데도 라합은 '믿음'으로 정탐꾼들을 '평안히'(μετ' εἰρήνης) 영접했고
(히 11:31) 다른 길로 내보냈다.

라합은 어떤 믿음이 있었기에 이렇게 할 수 있었을까? 그것은 바로
정탐꾼들의 하나님이신 여호와가 하늘과 땅의 하나님이심을 참으로
믿는 믿음이었다. 라합은 하나님이 출애굽을 행하시고 홍해를 가르시
고 광야를 지나게 하셨다는 것을 들었을 때 그녀는 곧이곧대로 하나님

을 그러한 분으로, 상천하지의 하나님으로 믿었다.

물론 라합의 평소 행위 역시 아브라함처럼 여전히 온전하지 않았을 것이 분명하다. 왜냐하면 그녀는 그 얘기를 듣고 난 후에도 그리고 정탐꾼들이 그녀에게 왔을 때도 여전히 '매춘부'였을 것이기 때문이다. 라합이 매춘부였다는 말은 그녀의 평소 행위가 어떠했는가를 잘 보여준다. 그렇다면 야고보는 어떻게 그녀가 '행위'에 의해 의롭다 하심을 받았다고 말할 수 있었을까? 이것 역시 아브라함의 경우와 동일하다. 야고보는 라합이 "의롭다 하심을 받았다"(ἐδικαιώθη, divine pass.)는 말을 통해 이러한 실패를 뛰어넘어 믿음에 합당한 행위를 하는 자리까지 인도하신 분이 하나님이심을 보여준다. 이처럼 라합의 경우도 믿음은 행위와 함께 일하고 행위들에 의해 그 믿음이 온전해졌다.

마지막으로 다시 한 번 확인할 것이 있다. 만일 이 단락의 의미를 "믿으면 곧바로 그 믿음대로 행위를 해야 한다. 그렇지 않으면 그 믿음은 죽은 것이다"라는 식으로 단순화한다면, 그것은 본문의 진의에서 이탈한 것이다. 그것은 본문의 지지를 받지 못한다. 분명 믿음과 그 믿음이 온전하다는 사실을 나타내는 행위 사이에는 긴 시간의 간격과 많은 행위의 실패가 있다. 그럼에도 하나님은 이 간격과 실패들을 초월하여 끝끝내 믿음의 행위를 나타내는 자리까지 인도하신다. 이것이 가능한 것은 이 모든 일이 하나님께서 언약 안에서 이루시는 하나님의 행위, 즉 신적 수동태이기 때문이다. 이 사실은 야고보서 전반에서 나타나는 구원에 대한 말씀에서도 동일하다. 구원은 하나님이 이루시는 것이며, 그렇기에 하나님은 인간의 실패에도 불구하고 반드시 그 구원을 성취하신다. 그렇다고 해서 인간의 행위가 무시되는 것은 아니다. 하나님은 언제나 믿음에 합당한 인간의 행위를 요구하고 계신다.

(3) 결론 - 행위 없는 믿음은 죽은 것이다(26)

야고보는 이제 본 단락의 결론을 내린다. "참으로 영혼 없는 그 몸이 죽은 것처럼, 이와 같이 행위들이 없는 그 믿음 역시 죽은 것이다"(26). 특히 "이와 같이 행위들이 없는 그 믿음 역시 죽은 것이다"(26b)는 25절부터 시작된 라합의 예에 대한 결론이자 20절의 질문에 대한 대답이며, 나아가서 14절부터 시작된 이 단락 전체의 결론으로 볼 수 있다.[294] 26절은 "…처럼, 이와 같이 … "(ὥσπερ …, οὕτως …)로 되어 결론에 설득력을 더 한다. 또한 이 문장은 다음과 같이 병행을 이룬다.

> ὥσπερ   τὸ σῶμα χωρὶς πνεύματος νεκρόν ἐστιν,
> 처럼   몸이   없는   영혼   죽은 것이다
>
> οὕτως   ἡ πίστις χωρὶς ἔργων   νεκρά ἐστιν.
> 이와 같이 믿음이 없는   행위들   죽은 것이다

여기서 몸과 믿음이, 영혼과 행위가 병행이다. 이것은 행위가 영혼에 상응하고 믿음이 몸에 상응한다는 알레고리를 말하는 것이 아니다.[295] 단지 야고보는 한 가지 원리를 제시하고 있다. 죽음은 몸과 영혼이 분리된 것이다. 따라서 영혼 없는 몸은 죽은 것이다. 이와 마찬가지로 행위와 분리된 믿음도 죽은 것이다. 그 믿음은 구원하지 못하는 헛된 믿음이다.

설교를 위한 제안 10

본문 : 야고보서 2:14-26

제목 : 믿음과 행위

1. 야고보서의 믿음
2. 행함이란 무엇인가?
3. 믿음과 행위 : 믿음과 결과
4. 행위와 시간
5. 행위의 원인 - 하나님의 열심
6. 맺음말

192 Vlachos, *James*, 67: "The term προσωπολημψία … is likely a NT coinage based on the LXX πρόσωπον λαμβάνειν."

193 약 1:7, 12. 하나님을 주님으로, 예수를 주님으로 혼용한다.

194 "영광의"(τῆς δόξης)가 무엇을 수식하는지에 대한 자세한 설명을 위해서는 조병수, 『신약성경총론』, 463f.를 보라.

195 Thomas R. Schreiner, 『간추린 신약신학』, 김현광 옮김 (서울: 기독교문서선교회, 2013), 204-205: "주님으로서의 예수님의 지위는 '영광의 주'라는 칭호에 의해 확증된다(2:1; 참고, 2:7). 전형적으로 하나님과 관련된 영광이 여기에서 예수 그리스도께 돌려 진다(참고, 출 16:7, 10; 24:17; 레 9:6; 시 24:8, 10도 보라). 그러한 언어는 예수님의 승귀와 최종적 심판자로서의 그의 역할을 암시하며 따라서 그의 높아진 지위를 가리킨다."

196 조병수, 『신약성경총론』, 464: "영광을 소유하신 예수 그리스도 때문에 '사람을 차별하여 대하는 것'(2:1)이 발생해서는 안 된다. 모든 성도가 예수 그리스도로 말미암아 영광스럽게 된 상태에 있기 때문이다. 그렇다면 빈자나 부자나 모두 하나님 앞에서는 동등한 위치에 있는 것이다."

197 야고보는 조건절을 사용함으로써 이 예(例)가 가정(설)적인 것이라고 말하는 듯 보이나, 6-7절에서 "너희는"이라고 말함으로써 이러한 상황이 실제로 수신 교회에서 일어나고 있었다는 것을 강하게 시사한다. See Vlachos, *James*, 68.

198 διεκρίθητε는 διακρίνω의 수동형이다. Vlachos, *James*, 71: "Διακρίνω is most commonly understood here in one of the following ways: 1. 'discriminate, make distinctions' (similarly all English versions of the Bible) or 2. 'become divided' (see BDAG 231c). Option 1 fits the context, and this meaning of the verse is attested in the NT (cf., e.g., Acts 15:9). However, it does not properly render the passive. Option 2 is supported by the use of the verse in 1:6 (cf. also Mark 11:23; Acts 10:20). The notion of becoming divided also properly renders the passive διεκρίθητε." Cf. Johnson, *The Letter of James*, "The phrase *diekrithēte en heautois* has a rich ambiguity. At the literal level, the passive of *diakrino* demands being taken as internal dividedness: they are trying to live by two measures at once and are 'divided in consciousness'. At the same time, something of the active sense of *diakrino* ('to make distinctions/discriminate,' as in Matt 16:3; Acts 11:12; 15:9) is retained."

199 Daniel B. Wallace, *The Basic of New Testament Syntax* (Grand Rapids: Zondervan Co., 2000), 48-50. διαλογισμῶν은 (속성을 나타내는) 한정하는 소유격이다(Attributive Genitive). 의미론적으로 이와 반대되는 소유격은 속성을 나타내되, 오히려 한정을 받는

소유격(Attributed Genitive)이다.

200 Vlachos, *James*, 72: "Like ἴστε ἀδελφοί μου in 1:19, the imperative ἀκούσατε, 'listen' coupled with the vocative calls attention to what is to follow."

201 κόσμῳ. 관심의 여격 - 세상에 관하여, 공간의 여격 - 세상에서, 소유의 여격 - 세상의

202 야고보서에서 믿음은 모두 16회 사용되었다. 약 1:3, 6; 2:1, 5, 14bis., 17, 18tres., 20, 22bis., 24, 26; 5:15. Cf. "믿다"(πιστεύω)는 3회. 약 2:19bis., 23.

203 재물의 가난함과 그리스도를 믿는 믿음의 부요함이 대조된다. 그러므로 그 각각의 특징도 대조된다. 재물은 썩어 없어지지만(약 1:10-11; 5:2-3) 믿음은 영원하다.

204 조병수, "야고보서의 신론 윤리", 557.

205 Vlachos, *James*, 73: "Ἠτιμάσατε is …. The verb is set over against ἐκλέγομαι.

206 잠언은 가난한 자를 멸시하면 안 되는 이유를 하나님이 그들을 창조하신 사실에 둔다. "가난한 사람을 학대하는 자는 그를 지으신 이를 멸시하는 자요"(잠 14:31a). "가난한 자를 조롱하는 자는 그를 지으신 주를 멸시하는 자요"(잠 17:5).

207 [Fri] καταδυναστεύω (1) denoting domination of the poor by the rich *oppress*, *exploit* (JA 2.6); (2) passive, of being under the devil's tyrannical power *be oppressed* (AC 10.38). [BDAG] Of the tyrannical rule of the devil.

208 [BDAG] of exploitation by the rich (oft. in LXX of outrages against the poor, widows, and orphans)

209 Vlachos, *James*, 74: "The term suggests violent treatment, whether legal or physical (cf. Acts 16:19; 21:30). [Fri] as a legal technical term *lead by force, drag into court* (JA 2.6). [BDAG] εἰς κριτήρια *hale into court*.

210 Vlachos, *James*, 74.

211 Vlachos, *James*, 74: "Standing in contrast to blasphemy, καλός denotes value or worthiness: 'noble,' 'fair,' 'honorable,' 'excellent,'; cf. Jas 3:13."

212 Vlachos, *James*, 75: "The τὸ ἐπικληθὲν ἐφ᾽ ὑμᾶς is a Semitic denoting possession or ownership ("the noble name of him to whom you belong," cf., e.g., Deut 12:11). See πάντα τὰ ἔθνη ἐφ᾽ οὓς ἐπικέκληται τὸ ὄνομά μου ἐπ᾽ αὐτούς in James's council speech (Acts 15:17)." "나의 이름이 그들 위에 불리는 모든 이방인들이 (주를 찾게 하려 함이라)."

213 Cf. [Fri] with δέ as a correlative to mark the adversative on the one hand … but

yet on the other hand (JA 2.8-9).

214 그래서 ESV, NIV, NKJ, RSV 등은 "If you really …"라고 번역함으로서 'μέντοι'를 '참으로'(really)의 의미로 조건절(8a)에 포함시켰다.

215 [BDAG] 170d.

216 [USB] according to, corresponding to, with reference to, just as. [BDAG] according to, in accordance with, in conformity with, according to.

217 약 2:8 τὸν πλησίον σου ὡς σεαυτόν

218 See 약 2:19. Cf. "εὖ πράξετε"(행 15:29. 개역개정 "잘 되리라").

219 Cf. 롬 2:25, 27; 약 2:11.

220 아마도 ἐν은 관련의 여격(dative of reference)으로 사용되었을 것이다. Cf. Brooks, Carlton L. Winbery, 『신약성경 헬라어 구문론』, 59.

221 약 2:10 ὅλον τὸν νόμον τηρήσῃ πταίσῃ δὲ ἐν ἑνί

222 Andreas J. Köstenberger, Benjamin L. Merkle, and Robert L. Plummer, *Going Deeper with New Testament Greek* (Nashville: B&H Academic), 302: "E.g., John 20:23; Rom 14:23; Jas 2:10; 1 Joh 2:5. This use is also sometimes called the proleptic perfect (Fanning and Wallace)."

223 Vlachos, *James*, 81: "The substantive participle focuses attention on the speaker."

224 Vlachos, *James*, 81: "The conj. emphasizes that God uttered both commandments."

225 Douglas J. Moo, *James* (Pillar New Testament Commentary) (Grand Rapids: Eerdmans, 2000), 114: "an indivisible unity", 115: "one indivisible whole."

226 Vlachos, *James*, 81: "Δέ signals a logical assumption to be drawn from the previous clause: 'now' (NRSV); 'therefore' (NABRE)."

227 물론 3절에서는 λέγω가, 12절에서는 λαλέω가 사용되었다. 그러나 이 둘은 동의어이다.

228 이에 대하여는 약 1:25 해설을 참조하라.

229 Cf. Vlachos, *James*, 83: "What brings liberation when obeyed becomes the means of judgement when disobeyed."

230 Vlachos, *James*, 83: "The aor. is constative, looking at a person's action as a whole (for the constative aor., see BDF § 332)."

231 Vlachos, *James*, 83: "The gen. κρίσεως is due to the prep. κατά ('down') in κατακαυχάομαι which implies subordination: 'Mercy triumphs over judgement.'"

232 Vlachos, *James*, 84.

233 약 2:14-26에 나타난 믿음과 행위에 관한 논의는 이복우, "야고보서 2:14-26에 나타난

'믿음과 행위'에 대한 연구", 「신학정론」 35권 2호 (2017. 12), (수원: 합신대학원출판부), 249-290을 참조하라.

234 [Fri] as indicating isolation or separation καθ' ἑαυτόν *by oneself* (AC 28.16); [BDAG] of isolation or separateness, *by ... πίστις νεκρὰ καθ' ἑαυτήν faith by itself is dead.*

235 [BDAG] ἀλλά §.2: when whole clauses are compared, ἀλλά can indicate a transition to someth. different or contrasted. [FRI] ἀλλά, (3) to strengthen a command now, then, so (MK 16.7; AC 10.20); (4) in the consequence clause of conditional sentences to change thought direction *yet, certainly, at least* (MK 14.29). ἀλλά를 ASV와 KJV는 "Yea"(실로, 참으로)로, NAB는 "Indeed"(실로, 참으로)로 번역하였다.

236 사실 의미상 18-19절은 14c(ἐὰν πίστιν λέγῃ τις ἔχειν ἔργα δὲ μὴ ἔχῃ;)의 확대로 볼 수 있다. 따라서 14c는 문단(14-17)의 도입이 될 수 있다.

237 그리스어 원문에서 26b는 17과 20c의 내용을 혼용하여 표현함으로써 이 둘을 융합하고 있다.

238 "Εργα는 행위들을 의미한다. 이것은 2:1-13의 내용과 15-16절에서 든 실례(實例)에서 잘 나타난다.

239 이것은 한 주제를 논하는 데 사용된 특정 단어들을 다른 주제를 진술하는 데에서도 반복하여 사용하는 저자의 독특한 표현방식이다. 이것은 마치 끝말이어가기 식의 표현이며, 이에 대하여는 이미 1장에서 설명하였다.

240 Vlachos, *James*, 87: "The phrase πίστιν ἔχειν, 'to have faith' returns to the theme sounded in 2:1: ἔχετε τὴν πίστιν τοῦ κυρίου ἡμῶν Ἰησοῦ Χριστοῦ τῆς δόξης. James is still addressing those who are guilty of discrimination.

241 Vlachos, *James*, 86f. "ἐὰν πίστιν λέγῃ τις ἔχειν ἔργα δὲ μὴ ἔχῃ"(14c)에서 "믿음"(πίστις)에 관사가 없는 것은 믿음의 속성이나 본질을 설명하기 위해서이다.

242 ἐὰν πίστιν τις ἔχῃ ἔργα δὲ μὴ ἔχῃ

243 Cf. Vlachos, *James*, 86.

244 Craig L. Blomberg and Mariam J. Kamell, 『강해로 푸는 야고보서』, 정옥배 옮김 (서울: 도서출판 디모데, 2014), 146.

245 박동근, "향유 옥합 사건과 사실 칭의와 선언적 칭의(눅 7:36-50)", 기독교개혁신보, 제 845호 (2021. 7. 24): "개혁신학자들은 이런 이유로 단번에 완전히 칭의 받은 사실 자체를 '사실 칭의'라고 불렀고, 성화의 열매를 통해 확증된 믿음으로 인해 다시 한 번 이미 받은 칭의의 진정성을 선포해 주시는 하나님의 선언을 '선언적 칭의'라고 했다."

246 물론 논리적 상황을 가정한 표현일 수도 있다.

247 그리스어 원문의 구성에 주의하라. "οὕτως καὶ ἡ πίστις, ἐὰν μὴ ἔχῃ ἔργα, νεκρά ἐστιν καθ' ἑαυτήν"

248 [BDAG] ἀλλά §.2: when whole clauses are compared, ἀλλά can indicate a transition to someth. different or contrasted. 이런 까닭에 ASV와 KJV는 "Yea"로, NAB는 "Indeed"로 번역하였다.

249 [BDAG] ἀλλά §.2: Introducing an objection, ἀλλά ἐρεῖ τις (Jos., Bell. 7, 363 and Just., A I, 7, 1 ἀλλά φήσει τις) probably colloq. = 'well', someone will say: 1 Cor 15:35; Js 2:18.

250 Vlachos, *James*, 93: "James responds ironically by challenging his opponent to show him his faith χωρὶς τῶν ἔργων (χωρίς modifies the noun: 'apart from deeds'), an impossibility in light of his statement in the previous verse that faith unaccompanied by deeds is dead."

251 J. A. Motyer, 『야고보서 강해』, 정옥배 옮김 (서울: IVP, 2008), 25: "바울에게 주어진 질문은 '구원은 어떻게 경험할 수 있는가?'라는 것이었으며, 그 대답은 '오직 믿음으로만'이라는 것이다. 야고보에게 주어진 질문은 '참되고 구원하는 믿음을 어떻게 인식할 수 있는가?'라는 것이었으며, 그 대답은 '그 열매에 의해서'라는 것이었다. 바울과 야고보가 불화하고 있다는 추측은 잘못된 것이다. 둘 다 사실상 같은 문제에 직면하고 있었다."

252 "너는 믿음을 가지고 있다. 그러나 나는 행위들을 가지고 있다"(18b)를 "어떤 사람"(14c)에 대한 반론자의 말로, 그리고 "너는 행위들이 없는 너의 믿음을 나에게 보이라. 그러나 나는 나의 행위들에 의해 믿음을 너에게 보일 것이다"(18e)를 야고보의 반론으로 볼 수도 있다. Cf. Vlachos, *James*, 93.

253 Martin, *James*, 89.

254 εἷς ἐστιν ὁ θεός에 나타난 문법적 특징인 강조를 위해 형용사가 동사 앞에 온 것과 주어가 술부에 온 것에 대하여는 각각 약 2:17과 1:26을 참조하라.

255 Vlachos, *James*, 93: "The ὅτι introduces the object of the belief – the *Shema* (Deut 6:4). "Οτι = 'that.' The 'faith' that James addresses here is not personal, 'believe in,' but creedal, 'believe *that*'" Cf. Machen. 67f. Vlachos의 말에 상당부분 동의가 되지만 성경의 용례들을 보면 이 주장이 절대적인 것은 아니다. 예. 요 13:19; 14:10; 17:21; 20:31; 요일 5:1, 5.

256 여기에 사용된 여격(τῷ θεῷ)은 처소의 의미를 갖는다.

257 조병수, "야고보서의 신론 윤리", 557f.

258 약 2:19b. καὶ τὰ δαιμόνια πιστεύουσιν καὶ φρίσσουσιν.

259 조병수, "야고보서의 신론 윤리", 569-570.

260 야고보서에서 '선한'과 '행실'이 같이 사용된 경우를 찾아본다면 약 3:13이 유일하다. "선한 행실에 의해 지혜의 온유함으로 그의 행위들을 나타내어라"(δειξάτω ἐκ τῆς καλῆς ἀναστροφῆς τὰ ἔργα αὐτοῦ ἐν πραΰτητι σοφίας). 하지만 여기에서도 야고보는 '선한'(καλῆς)과 행위(ἔργα)를 같이 사용하지 않는다. 해당 구절의 주해를 참조하라. 신약성경에서 '선한 행실'이 언급된 예는 다음과 같다: 마 26:10; 막 14:6; 요 10:32, 33; 딤전 3:1; 5:10, 25; 6:18; 딛 2:14; 3:8,

14; 히 10:24; 벧전 2:12 등.

261 Martin은 바울의 '행위'를 율법의 명령들을 준수하는 것으로, 야고보의 '행위'를 자비와 친절한 행동을 의미한다고 말한다(*James*, 265). 그는 바울의 행위에 대하여는 잘 말했으나, 야고보의 행위에 대한 이해는 사실과 거리가 멀다.

262 조병수, "야고보서의 신론 윤리," 569: "야고보서는 신자의 윤리를 신론에 기초시키려는 신학적 의도를 가지고 있다. … 이것은 신자들의 행동을 위한 신학적 이유를 제공하는 것을 목적으로 삼는다."

263 [BDAG] to being without someth. material, *empty*; to being devoid of intellectual, moral, or spiritual value, empty.

264 [UBS] empty, empty-handed; to no purpose, without result (εἰς κ. in vain); foolish, senseless.

265 부정어 οὐκ의 사용이 이 사실을 잘 나타낸다.

266 히 11:17 Πίστει προσενήνοχεν Ἀβραὰμ τὸν Ἰσαὰκ πειραζόμενος καὶ τὸν μονογενῆ προσέφερεν, ὁ τὰς ἐπαγγελίας ἀναδεξάμενος

267 히 11:19 λογισάμενος ὅτι καὶ ἐκ νεκρῶν ἐγείρειν δυνατὸς ὁ θεός.

268 λογίζομαι count, reckon, calculate, take into account; credit, place to one's account; consider, think, suppose; evaluate, look upon as, class; maintain, claim; think on, reflect upon. 이 외에도 believe의 의미도 있다 [BDAG].

269 εἶπεν Αβρααμ τοῖς παισὶν αὐτοῦ καθίσατε αὐτοῦ μετὰ τῆς ὄνου ἐγὼ δὲ καὶ τὸ παιδάριον διελευσόμεθα ἕως ὧδε καὶ προσκυνήσαντες ἀναστρέψωμεν πρὸς ὑμᾶς (LXX. 창 22:5).

270 본 단락은 이 앞의 단락과 마찬가지로 말과 행위의 문제를 다루고 있다.

271 두안 리트핀 외 3인, 『디도서, 빌레몬서, 히브리서, 야고보서』, 김운성 외 옮김 (서울: 사단법인 두란노서원, 2016), 225: "야고보는 행함이 믿음의 본질이라든지 아니면 믿음은 중요하지 않다고 말하지 않았다. 야고보의 논지는 행함이 믿음의 '증거'라는 점을 주장하는 데 있다."

272 Vlachos, *James*, 95: "God is the implied agent of the pass. vb."

273 LXX. 창 15:6 καὶ ἐπίστευσεν Αβραμ τῷ θεῷ καὶ ἐλογίσθη αὐτῷ εἰς δικαιοσύνην.

274 창 17:19 "하나님이 이르시되 아니라 네 아내 사라가 네게 아들을 낳으리니 너는 그 이름을 이삭이라 하라 내가 그와 내 언약을 세우리니 그의 후손에게 영원한 언약이 되리라." 창 17:21 "내 언약은 내가 내년 이 시기에 사라가 네게 낳을 이삭과 세우리라." 창 18:10 "그가 이르시되 내년 이맘때 내가 반드시 네게로 돌아오리니 네 아내 사라에게 아들이 있으리라 하시니." Cf. 창 21:2.

275 βλέπεις 현재시제가 이에 대한 증거이다.

276 박윤선, 『계시의존사색』, 239: "야고보의 이 말은 참된 믿음이 보통으로 행위로

나타난다는 의미이고 어떤 율법주의적 행동을 믿음이라고 함은 아니다. 사실상 믿음과 행동의 구분은 논리적으로는 가능하나 실질적으로는 불가능한 것이다."

277 조병수, 『신약성경총론』, 361.

278 이승구, "칭의에 대한 야고보의 가르침과 바울의 가르침의 관계 (2)", 『신학정론』 30권 2호 (2012, 11) (수원: 합신대학원출판부), 651.

279 τελειόω, Vlachos, James, 97: "The vb. is variously rendered in EVV(English Versions of the Bible), either with the notion of something being *perfected* or *completed/made complete*. The sense appears to be 'brought to its intended end' (the end, in view of v. 18, likely being vindication). For this sense of τελειόω, cf. 1 John 4:12: ἐὰν ἀγαπῶμεν ἀλλήλους, ὁ θεὸς ἐν ἡμῖν μένει καὶ ἡ ἀγάπη αὐτοῦ ἐν ἡμῖν τετελειωμένη ἐστίν: 'if we love one another, God lives in us and his love is *made complete* in us' (i.e., reaches its intended goal)." [FRI] bringing something to its goal. [Thayer] bring to an end. Blomberg and Kamell, 『강해로 푸는 야고보서』, 146-147.

280 Cf. 이승구, "칭의에 대한 야고보의 가르침과 바울의 가르침의 관계 (2)", 651-652.

281 하나님은 아브라함에게 그의 몸에서 날 자가 그의 상속자가 되고, 하나님은 그를 통해서 무수히 많은 자손들을 일으킬 것이라고 언약하셨다. 아브라함은 이 언약을 믿었고 이것이 그에게 의로 여겨졌다. 그러나 아브라함은 이 언약을 받은 후에도 긴 세월동안 여러 차례 언약을 불신하는 행동들을 했다. 그러다가 드디어 그의 몸에서 난 그의 씨인 이삭을 번제로 드리는 행위를 통해서 그가 하나님의 언약을 온전히 믿는다는 것을 나타내었다. 이것이 바로 행위로 믿음이 온전하게 되었다는 말의 의미이다.

282 박윤선, 『신약 주석 공동서신』 (서울: 영음사), 57.

283 λογίζομαι, aor. pass. ind. 3p. sg. Vlachos, James, 98: "… λογίζομαι, which suggests an accounting of something not inherently belonging to Abraham."

284 [BDAG] to bring to a designed end; of the fulfillment of divine predictions or promises. Cf. 마 1:22; 2:15, 17, 23; 4:14; 8:17; 12:17; 13:35; 21:4; 26:54, 56; 27:9; 막 14:49; 15:27(28); 눅 1:20; 4:21; 21:22; 24:44; 요 12:38; 13:18; 15:25; 17:12; 19:24, 36; 행 1:16.

285 Ronald Y. K. Fung, "'Justification' in the Epistle of James," in *Right with God: Justification in the Bible and the World*, ed. D. A. Carson (Grand Rapids: Baker, 1992), 162. 전자는 믿음에 의한 법정적 의롭다 함이며, 후자는 행위에 의한 증거 제시적 의롭다 함이다. Blomberg and Kamell, 『강해로 푸는 야고보서』, 149: "첫 번째 것은 어떤 사람이 자신의 삶을 맡기는 순간 하나님이 하시는 법적 선포이다. 두 번째 것은 변화된 삶으로 그런 헌신이 진정한 것이었음을 보여주는 것이다."

286 이 사실은 라합에게서도 동일하다. 약 2:25. "접대하여 … 다른 길로 나가게 할 때에 … 의롭다 하심을 받은 것이 아니냐?"(ἐδικαιώθη ὑποδεξαμένη … καὶ ἑτέρᾳ ὁδῷ ἐκβαλοῦσα).

287 "내가 나를 가리켜 맹세하노니 네가 이같이 행하여 네 아들 네 독자도 아끼지

아니하였은즉 내가 네게 큰 복을 주고 네 씨가 크게 번성하여 하늘의 별과 같고 바닷가의 모래와 같게 하리니 네 씨가 그 대적의 성문을 차지하리라 또 네 씨로 말미암아 천하 만민이 복을 받으리니 이는 네가 나의 말을 준행하였음이니라 하셨다 하니라"(창 22:16-18).

288 Blomberg and Kamell, 『강해로 푸는 야고보서』, 148-149: "야고보가 사람에게 성숙 혹은 '온전함'(τελειόω라는 동사를 사용해서)을 가져오는 칭의의 최종 결과로 묘사하는 것을, 바울은 빌립보서 1:6에서 '너희 안에서 착한 일을 시작하신 이가 그리스도 예수의 날까지 이루실[관련된 동사 ἐπιτελέω에서 나온] 것에 대한 그의 확신을 표현할 때 인정한다."

289 아브라함이 하나님의 말씀을 아직 준행하지 못한 때 주신 언약(창 15:4-5)과 하나님의 말씀을 준행하였을 때 주신 언약(창 22:17-18)이 조금도 다르지 않다. 따라서 '의롭게 여기신'(창 15:6)과 '의롭다 하신'(창 22장, 약 2:21)의 실질적인 효과는 다르지 않다.

290 Vlachos, James, 99: "There appears to be no difference in meaning between ὁράω and βλέπω in James."

291 라합의 행위는 "'Ραὰβ … ἐδικαιώθη ὑποδεξαμένη … καὶ … ἐκβαλοῦσα"로 설명되어, 아브라함의 행위와 같이 부정과거 분사로 되어 있다. 이것은 시간, 도구, 이유의 분사로 볼 수 있으나, 문맥상 시간의 의미로 보는 것이 가장 적합할 것 같다. Cf. Vlachos, James, 100.

292 라합과 여리고 주민들의 공통점과 차이점에 주목하라.

293 하나님이 이 땅을 너희에게 주셨다는 표현은 언약에 관한 고백이다. 라합이 아브라함 언약을 알았던 몰랐던 간에 이 말은 결국 하나님의 언약의 성취를 의미한다.

294 Vlachos, James, 101: "The clause … frames the paragraph as a whole by restating the principal point of the passage that was sounded in v. 20b, a faith without works does not work."

295 조병수, 『신약성경총론』, 361.

야고보서 3장

· ·

Epistle of James

I. 말로 죄를 범하지 말라(약 3:1-12)

개역개정 ¹ 내 형제들아 너희는 선생된 우리가 더 큰 심판을 받을 줄 알고 선생이 많이 되지 말라 ² 우리가 다 실수가 많으니 만일 말에 실수가 없는 자라면 곧 온전한 사람이라 능히 온 몸도 굴레 씌우리라 ³ 우리가 말들의 입에 재갈 물리는 것은 우리에게 순종하게 하려고 그 온 몸을 제어하는 것이라 ⁴ 또 배를 보라 그렇게 크고 광풍에 밀려가는 것들을 지극히 작은 키로써 사공의 뜻대로 운행하나니 ⁵ 이와 같이 혀도 작은 지체로되 큰 것을 자랑하도다 보라 얼마나 작은 불이 얼마나 많은 나무를 태우는가 ⁶ 혀는 곧 불이요 불의의 세계라 혀는 우리 지체 중에서 온 몸을 더럽히고 삶의 수레바퀴를 불사르나니 그 사르는 것이 지옥 불에서 나느니라 ⁷ 여러 종류의 짐승과 새와 벌레와 바다의 생물은 다 사람이 길들일 수 있고 길들여 왔거니와 ⁸ 혀는 능히 길들일 사람이 없나니 쉬지 아니하는 악이요 죽이는 독이 가득한 것이라 ⁹ 이것으로 우리가 주 아버지를 찬송하고 또 이것으로 하나님의 형상대로 지음을 받은 사람을 저주하나니 ¹⁰ 한 입에서 찬송과 저주가 나오는도다 내 형제들아 이것이 마땅하지 아니하니라 ¹¹ 샘이 한 구멍으로 어찌 단 물과 쓴 물을 내겠느냐 ¹² 내 형제들아 어찌 무화과나무가 감람 열매를, 포도나무가 무화과를 맺겠느냐 이와 같이 짠 물이 단 물을 내지 못하느니라

사 역 ¹ 나의 형제들아, 우리가 더 큰 심판을 받을 줄 알고 있으므로 너희는 많이 선생이 되지 말라. ² 왜냐하면 우리 모두가 많은 것을 잘못하고 있기 때문이다. 만일 어떤 사람이 말로써 죄를 범하지 않고 있다면, 그 사람은 온 몸까지도 재갈과 고삐로 이끌 수 있는 완전한 사람이다. ³

만일 우리가 말들이 우리에게 복종하도록 하기 위해 말들의 입에 재갈들을 물리고 있다면, 우리는 그들의 온 몸까지 지배하고 있다. ⁴ 보라 또한 배들이 매우 클지라도 그리고 강력한 바람에 의해 밀려갈지라도 가장 작은 키에 의해 키잡이(타수, 舵手)의 마음이 원하는 곳으로 나아간다.²⁹⁶ ⁵ 이와 같이 혀도 작은 지체이나 큰 것들을 자랑한다.

보라 얼마나 작은 불이 얼마나 큰 산림을 불태우는가! ⁶ 그리고 혀는 불이며, 불의의 세계이다. 온 몸을 더럽히고 생의 행로를 불태우며²⁹⁷ 그리고 지옥에 의해 불태워지는 그 혀가 우리들의 지체들 안에 있다. ⁷ 왜냐하면 짐승(네발짐승)들과 새들과 기어 다니는 짐승들과 바다 생물들의 본성마다 인간의 본성에 의해 길들여지고 있고 또한 길들여져 왔으나 ⁸ 아무도 사람들의 혀를 길들일 수 없기 때문이다. (사람의 혀는) 제어할 수 없는(끊임없는) 악이며, 죽이고야 마는 독이 가득하다. ⁹ 우리는 이것으로 주님 곧 아버지를 찬양하고 또한 이것으로 하나님의 형상을 따라 만들어져 있는 사람들을 저주한다. ¹⁰ 같은 입으로부터 찬양과 저주가 나온다. 나의 형제들아, 이것들이 이와 같이 되지 않아야 한다. ¹¹ 샘이 같은 구멍으로부터 단물과 쓴물을 분출하느냐? ¹² 나의 형제들아, 무화과나무가 올리브 열매를 또는 포도나무가 무화과를 맺을 수 있느냐? 짠 샘도 또한 단물을 뿜어 낼 수 없다.

- 내용분석 -

1. 많이 선생 되는 것을 금지(1-2a)
   1) 금지 내용(1a)
   2) 금지 이유 – 더 큰 심판(1c)
   3) 더 큰 심판의 이유(2a)

1. 문학적 구조와 특징

1) 구조

본 단락에서 6절의 구조가 독특하다.

a. ἡ γλῶσσα πῦρ·	a. 혀는 불이며
b. ὁ κόσμος τῆς ἀδικίας	b. 불의의 세계이다
c. ἡ γλῶσσα καθίσταται ἐν τοῖς μέλεσιν ἡμῶν,	c. 그 혀가 우리들의 지체들 안에 있다
b'. ἡ σπιλοῦσα ὅλον τὸ σῶμα	b'. 온 몸을 더럽히고
a'. φλογίζουσα τὸν τροχὸν τῆς γενέσεως	a'. 생의 행로를 불태우며

2) 특징

(1) 부정어(negative)

본 단락의 첫 단어는 부정(negative)을 나타내는 '아니다'(μή)이다. 이 단어는 이 후에도 11절(μήτι)과 12절(μή)에서 반복된다. 즉 '아니다'(μή)는 본 단락의 첫 절(1절)과 마지막 절(12)에서 병행으로 나타나 인클루지오(inclusio, book-end)를 형성한다. 이처럼 긴 단락 전체를 부정의 단어로 시작하고 또한 마친 것은 단락 전체를 말에 관한 금지와 경고로 묶어서 신자들이 언어생활에 각별히 신중하고 주의하도록 교훈하기 위해서이다.

(2) 분량

주님의 형제이자 예루살렘 교회의 지도자였던 야고보는 신자들의 삶에 대해 여러 가지 교훈을 한다. 그 중에서도 신자의 '말'의 문제를 매우 심각하고 비중 있게 다룬다. 그럴 수밖에 없는 이유는 우리의 하루 생활 중에 숨 쉬는 것 외에 가장 많이 하는 것이 바로 말하는 것이기 때문이다. 야고보서에는 '말하다'가 최소한 9번(λαλέω, 1:19; 2:12; λέγω, 1:13; 2:3bis., 14, 16; 4:13, 15), '말'이 1회(3:2), 말과 동의어로 쓰인 '혀'가 5번(1:26; 3:5, 6bis., 8) 나온다. 이렇게 해서 야고보서는 적어도 15번 이상 신자의 말에 대하여 언급한다. 특히 1:26에서 야고보는 신자의 말은 단순히 공기를 통해 청각에 전달되는 물리적인 파장이 아니라 경건과 예배의 문제라고 말씀한다. 말이 경건하지 못하면 경건도 예배도 모두 무너지고 만다. 그러니 언어생활에 얼마나 신중해야하며 거룩해야 하겠는가! 이런 까닭에 야고보는 3장에서 다시 이 문제를 다룬다. 이번에는 한 두 구절이 아니라 무려 열두 절이나 할애하여 매우 길고도 자세하게 신자의 언어생활에 대하여 교훈한다.

(3) 명령법의 사용

야고보는 여러 차례 명령법을 사용한다. 먼저 그는 본 단락을 "되지 말라"(Μὴ … γίνεσθε)는 금지의 말로 시작한다(1). 이것은 단락 전체를 하나의 경고 메시지로 묶는 역할을 한다. 또한 그는 배와 불의 비유를 각각 '보라'(ἰδού)는 명령으로 시작한다(4, 5b). 이 때 비유는 저자의 논지를 강화하며, '보라'는 독자들이 이 논지를 직시하게 한다.

(4) 비유를 통한 논지 강화

야고보는 본 단락에서 많은 비유들을 사용한다. 말과 재갈(3), 큰 배와 배의 키(4), 작은 불과 큰 숲(5b), 샘과 물(11), 나무와 열매(12). 또한 그는 혀를 생의 행로를 태우는 불, 온 몸을 더럽히는 불의의 세계(6), 쉬지 않는 악, 죽이는 독으로(8) 비유한다. 따라서 열두 절 가운데 최소한 일곱 절이 비유이다. 야고보는 많은 비유를 들면서도 비유의 소재로는 독자에게 생경한 것이 아닌 삶에서 자주 대하는 자연 현상과 일상의 일들을 사용한다. 예수님의 비유도 이와 같은 특징을 가지고 있다. 이러한 비유는 메시지를 쉽고 선명하게 하며, 논지를 분명하게 한다. 야고보는 수신 교회에게 자신의 메시지를 더 쉽고 정확하게 이해시키려는 노력을 아끼지 않는다.

(5) 동의어 사용

야고보는 본 단락에서 말(λόγος)과 혀(γλῶσσα)라는 주제를 함께 다룬다. 사실 이 두 가지는 동의어로 사용되었다.[298] 그런데도 이렇게 말과 혀로 구분하여 언급한 것은 본 단락을 이전 단락들과 연속성 속에 두려는 의도로 보인다. '말'(약 3:2a)에 의해 본 단락과 야고보서 1:19-20; 2:12, 14, 16이 연결되며,[299] '혀'(약 3:5, 6bis, 8)에 의해 본 단락과 "참된 경건은 '혀'를 재갈 물리는 것"이라는 야고보서 1:26이 관련된다.[300] 이렇게 하여 말의 문제는 야고보서 2:14-26의 행위가 있는 믿음의 문제와 연결되며,[301] 언어의 사용도 믿음과 결합된다. 신자의 언어는 그의 믿음의 표현이다. 신자의 언어는 그의 행위이며, 그의 믿음의 어떠함을 보여준다. 신자의 말은 단순히 물리적 현상이 아니라 그의 신앙의 발로이다.

2. 해설

1) 많이 선생이 되지 말라(1-2a)

(1) 금지 내용(1a)

"나의 형제들아"는 새로운 단락의 시작을 알린다. 그런데 1a는 명령문에 부정어(μή)를 붙여서 금지를 나타낸다. 이것은 일종의 경고이다. 그것도 '말라'(μή)를 문장 맨 앞에 둠으로써 문장 전체가 금지의 뜻을 지닌 강력한 경고로 시작하고 있다. 또한 "말라 ··· 너희는 되지"(Μὴ ··· γίνεσθε) 사이에 '많은'(πολλοί)과 '선생들'(διδάσκαλοι)을 둔 것도 강조를 위한 일종의 그림언어이다. '많은'은 동사 안에 있는 주어인 '너희'를 수식하며, '선생들'은 술어이다. 이것을 우리말로는 "너희 많은 사람들은 선생들이 되지 말라" 또는 "너희 중에 많은 사람들은(many of you) 선생들이 되지 말라"로 번역하면 좋을 것이다.[302] '선생'은 아마도 교회에서 가르치는 직분의 사람을 가리킬 것이다. 이는 교회에 가르치는 이가 필요 없다는 말이 아니라 많이 선생이 되지는 말라는 것이다.

(2) 금지의 이유(1c)

야고보는 무엇 때문에 그토록 강력하게 많이 선생이 되지 말라고 금지(경고)하는가? 그 이유는 이어지는 분사 구절에서 설명된다. "우리가 더 큰 심판을 받을 것을 알고 있으므로"(1c). '알고 있으므로'(εἰδότες)는 '알다'(οἶδα)의 현재완료 분사이다. '알다'(οἶδα)의 시제는 현재완료이지만 그 의미는 현재이다.[303] "우리"는 야고보를 포함한 교회의 교사된 자들을 가리킬 것이다. 야고보가 많이 선생이 되지 말라고 엄하게 경고한 이유는 선생이 "더 큰 심판"을 받게 될 것이기 때문이다. "더 큰 심판"은 강조의 위치에 있다. 특히 형용사 '더 큰'(μεῖζον)은 관사 없이 사용되었고, 뒤의 명사 '심판'(κρίμα)을 수식한다. 야고보서에서는 일반적으로 무관사의 수식하는 형용사는 그것이 꾸미는 명사 바로 뒤에 나타난다. 그러나 여기에서는 이와 달리 명사 앞에 나타나며 이는 최고의 강조를 표현한다.[304] 선생 된 자들이 '더 가혹한 형벌'을 받게 될 것이다.[305] 그리고 입법자와 심판자는 한 분 하나님이므로(약 4:12) 이 심판은 인간적인 것이라기보다는 신적인 것이다. 여기서 궁금한 것은 왜 선생이 더 큰 심판을 받게 되느냐 하는 것이다. 야고보는 이에 대한 이유를 이어지는 2절에서 자세히 설명한다.

(3) 더 큰 심판을 받는 이유(2a)

"왜냐하면(γάρ) 우리 모두가 많은 것을(많이) 잘못하고 있기 때문이다"(2a). '많은'(πολλά)이 종류를 나타내는 경우에는 '많은 것을' 잘못하고 있다는 뜻이 되며, 횟수를 가리킬 경우에는 '많이'의 의미가 되어 부사적 기능을 하게 된다. 이 둘 중에 어느 것이든 '많은'(πολλά)은 강조위치에 있으며, 특히 1절의 '많은 사람들'(πολλοί)과 의도적인 병행으로 보인다. 즉 '많이' 선생이 되지 말아야 하는 이유는 그들이 '많이' 죄를 범하기 때문이다. '죄를 범하다'(πταίω)는 말은 개역/개정에서 '실수하다'로 번역되었다. 그러나 이 단어는 단순 실수가 아니라 범죄를 의미한다. 그래서 야고보서 2:10에서 이 단어는 하나님의 법을 범한다는 뜻으로 사용되었고,[306] 1절은 이 단어와 '심판'(κρίμα)을 연결하며, 10절은 사람의 입에서 나오는 말이 실수 정도가 아니라 해서는 안 되는 '저주'(κατάρα)라고 밝힌다.

　"우리"(πταίομεν)는 "선생들" 또는 "모든 사람들"을 가리킨다. 먼저 "모든 사람"일 가능성은 "ἅπαντες"에 의해 지지를 받는다. 특히 이것은 말로 잘못을 범하는 것을 논하고 있는 문맥에서, "사람들 중 단 한 사람도"(οὐδεὶς … ἀνθρώπων) 혀를 길들일 수 없다는 야고보서 3:8절에 의해서도 지지를 받는다. 둘째로 "우리"가 교사들을 가리킬 수 있다. 여기에 사용된 잘못을 범하는 "우리"는 1절에서 교사를 가리키는 "우리"와 문맥상 같은 것이기 때문이다. "어쨌든, 야고보가 9절에서 1인칭 복수를 사용할 때쯤에는 이 논의가 교사들에게서 교회의 신자들에게로 이동했을 것으로 보인다."[307] "ἅπαντες"(모두)는 πᾶς(모든)의 강조형이다. 야고보서에서 πᾶς는 12회 언급되는 반면에[308] ἅπαντες는 오직 여기에서만 한 번 나타난다. 이 단어(ἅπαντες)는 이 구절의 첫 단어인 "πολλά"(많은 것들)와 1절의 "πολλοί"(많은 사람들)를 되돌아보게 한다. 모든 교사 또는 모든 사람이 많은 것을 (많이) 잘못하고 있다. 특히 야고보가 "잘못하다"를 "많은"과 "모두" 사이에 둔 것은 이 사실을 부각시키기 위한 것으로 보인다.

2) 말(혀)의 특성(2b-12)[309]

야고보는 모든 사람들이 많이(많은 것을) 죄를 범한다고 말한 후에, 그것에 대한 구체적인 설명을 시작한다. 이것을 위해 그는 여러 가지 비유를 사용한다.

(1) 온전한 사람(2b)

"만일 어떤 사람이 말로써 죄를 범하지 않는다면, 그 사람은 온 몸까지도 재갈과 고삐로 이끌 수 있는(제어할 수 있는) 사람이다"(2b). 야고보는 앞에서 모두가 죄를 범한다고 말했을 때, 그것이 무엇에 관련된 것인지를 밝힌다. 그것은 바로 "말에서"(ἐν λόγῳ), 또는 "말로" 죄를 범하지 않는 것이다. 말로 죄를 범하지 않는 사람은, 이 사람은 완전한 사람(τέλειος ἀνήρ)이다. 완전한 믿음이 행위로부터 확증되듯이(약 2:22) 완전한 사람은 그의 행위인 말에 의해 확증된다. 사람이 온전한지 아닌지를 판단하는 기준은 그 사람의 말이다. 말이 사람의 온전함을 판단하는 표준이다.

　여기서 우리가 눈여겨보아야 할 것은 말도 '신자의 행위'라는 사실이다. 그런데 야고보는 말에서 범죄하지 않는 완전한 사람은 하나도 없다고 말한 뒤(2a), 이것을 "사람들 중의 단 한 사람도 혀를 길들일 수 없다"(8, οὐδεὶς … ἀνθρώπων)는 사실로 확증한다. 따라서 행위에서 완전한 사람은 세상에 단 한 사람도 없다. 행위에 의해 의롭다 하심을 받을 사람은 없다. 그렇다면 이 사실은 행함으로 의롭다 하심을 받는다는 야고보서 2:21, 24과 모순되는 것인가? 그렇지 않다. 왜냐하면 언제나 행위에 앞서 믿음이 전제되고 있고 또한 신자의 전 삶에 그를 '의로 여기심'에서부터 '의롭다 하심'까지 변함없이 이끄시는 언약에 근거한 하나님의 신실하심과 충성하심이 멈추지 않고 역사하고 있기 때문이다.

말로 범죄하지 않는 사람은 온전한 사람이며, 그는 어떤 능력 (δυνατός)을 가진 사람이다. 그에게는 그의 온 몸도 굴레 씌울 수 있는 능력이 있다. "굴레 씌운다"(개역개정)로 번역된 "χαλιναγωγῆσαι"는 말의 입에 물리는 재갈을 뜻하는 "χαλινός"(3)와 이끈다는 뜻의 단어인 "ἄγω"의 합성어이다. 따라서 이 말은 재갈과 고삐로 이끈다, 즉 제어한다는 의미이다. 그래서 만일(εἰ) 사람이 말로 범죄하지 않는다면 그 사람은 자신의 온 몸도 제어할 수 있는 온전한 사람이다. 이것은 말(λόγος)의 힘을 보여주는 것이다. 말(λόγος)이 온 몸을 제어한다.

(2) 말의 재갈과 배의 키(3-5a)

이 사실을 확증하기 위해 야고보는 먼저 말(ἵππος, horse)과 재갈의 비유를 든다(3). '말들'이 강조되고 있다. 말은 체구가 크고 힘이 세다. 그래서 말은 거친 들판을 거침없이 내달린다. 사람은 크기로나 힘으로나 이러한 말을 조종할 수 없다. 그래서 사람은 말의 입에 재갈을 물린다. 재갈은 비록 작은 것이지만 그것이 말의 입에 물리면, 그 크고 힘센 말의 온 몸을 통제한다. 말의 입을 지배한 것이 말의 온 몸을 지배한 것이 된다. 작은 것이 온 몸을 주관한다.

이어서 야고보는 배와 배의 키를 비유로 든다. 그는 '보라'(ἰδού)는 말로 독자들의 주의를 자신의 설명에 집중시킨다. "배들이 매우 클지라도 그리고 강력한 바람에 의해 밀려가고 있을지라도 가장 작은 키에 의해 키잡이(타수, 舵手)의 마음이 원하는 곳으로 항해한다."(2b-5a). 말하고자 하는 핵심 내용은 전과 같다. 그것은 작은 것에 의해 큰 것이 지배된다는 것이다. 큰 배가 있다. 그 큰 배가 강력한 바람에 의해 밀려가고 있을지라도 타수가 잡고 있는 작은 키에 의해 그 배는 타수가 원하는 곳으로 나아간다. 말(ἵππος)과 배의 공통점은 작은 것에 의해 큰 것이 이끌린다는 것이다. 작은 재갈에 의해 말의 온 몸이 이끌리고(μετάγειν), 작은 키에 의해 큰 배가 이끌린다(μετάγειν).

이어서 야고보는 이와 같이 혀도 작은 지체이나 큰 것들을 자랑한다고 말한다(5).[310] 그는 '이와 같이'(οὕτως)라는 단어로 3-4절의 비유와 혀(말, 2) 사이의 비교의 핵심을 설명한다. '혀'(γλῶσσα)는 이 구절의 주어이면서 동시에 1-12절 전체의 주어이다. 말, 즉 혀의 특징은 무엇인가? 그것은 작은 지체이나 큰 것을 자랑한다(5a). 말의 입에 들어가는 작은 재갈이 크고 힘센 말의 온 몸을 휘어잡는다. 배의 작은 키가 강한 바람에 의해 떠밀려가는 큰 배를 조종한다. 이와 같이 작은 혀도 큰 것들을 자랑한다. '큰 것들'(μεγάλα)이 무엇인지는 자세히 알 수는 없지만, 아마도 그것은 인간 혀의 막강한 세력을 의미하는 것으로 보인다.[311] 인간의 혀는 아주 작은 지체이나 온 몸(2, cf. 3, 6)에 영향을 미치기 때문이다. 혀는 작은 부분이지만 말하는 작용을 통해서 온 몸을 지배한다. 말은 사람을 죽이기도 하고 살리기도 한다. 이것이 말의 힘이다. 혀는 작지만 막강한 힘을 가지고 있다.

그러나 혀의 큰 것에 대한 자랑은 오히려 더 큰 심판(μεῖζον κρίμα, 1c)

의 원인이 된다. 인간의 혀(말)는 통제 되지 않는 매우 큰 힘을 가지고 있어서 말에 의한 범죄(πταίω, 2, cf. 2:10)를 많이 행하기 때문이다. 결국 "혀가 온 몸을 더럽힌다"(6c). 하여튼 여기서 야고보가 말하고자 하는 핵심은 인간 혀의 막강한 세력이다. 인간 혀는 비록 작은 지체이지만 그것의 세력은 너무나 커서 도저히 통제가 불가능하다. 혀는 작은 지체 이나 온 몸이 범죄하게 한다.[312] 그래서 작은 지체(μικρὸν μέλος)인 혀(말) 는 더 큰 심판(μεῖζον κρίμα, 1c)을 초래한다.[313]

(3) 태우는 불(5b-6)

야고보는 4절에 이어 다시 '보라'(ἰδού)는 명령으로 5b절을 시작한다. 이것은 5절을 둘로 나누는 구분의 기능도 한다. 'ἡλίκος'는 '얼마나 큰'(how great)과 '얼마나 작은'(how small)의 뜻을 다 가지고 있는 독특한 단어이다. 본 절에서 저자는 이 단어로 언어유희(word-play)를 하고 있 다. "보라 얼마나 작은(ἡλίκον) 불이 얼마나 큰(ἡλίκην) 산림을 불태우는 가!"(5b). 작은 불이 큰 산림을 태우는 것을 말함으로써 이 비유도 앞의 비유들처럼 작은 것이 큰 것을 지배하는 것을 나타낸다. 혀를 불에 비 유한 것은 혀의 파괴적인 특성을 은유적으로 나타낸 것이다.[314] 이어서 야고보는 인간 혀의 특성에 관해 몇 가지 설명을 한다.[315] 이러한 혀가 우리 지체 가운데 있다. 이 사실은 다음의 구조에서 잘 드러난다.

ἡ γλῶσσα
혀는

a. *πῦρ·*
불이다

  b. *ὁ κόσμος τῆς ἀδικίας*
  불의의 세계이다

    c *ἡ γλῶσσα καθίσταται ἐν τοῖς μέλεσιν ἡμῶν,*
    그 혀가 우리의 지체들 안에 있다

  b'. *ἡ σπιλοῦσα ὅλον τὸ σῶμα*
  온 몸을 더럽히는

a'. *φλογίζουσα τὸν τροχὸν τῆς γενέσεως καὶ φλογιζομένη ὑπὸ τῆς*
γεέννης.
생의 행로를 불태우며 그리고 지옥에 의해 불태워지는

a는 a'에서 자세히 설명된다. 혀는 불이되, 생의 전 과정을 태우는 불이며, 지옥에 의해 태워지는 불이다. b'는 b를 설명한다. 혀가 불의의 세계라는 말은 혀가 온 몸을 더럽히기 때문이다. 그리고 c는 혀의 위치를 설명한다. 이것이 6절의 중심이다. 이제 인간 혀의 특성에 대한 야고보의 설명을 하나씩 살펴보자.

첫째로 혀는 불이며, 불의의 세계이다(6a). 이 진술은 다음과 같은 독특한 구조로 되어 있다.

ἡ γλῶσσα	그 혀는
πῦρ	불이다
ὁ κόσμος τῆς ἀδικίας	불의의 세계이다
ἡ γλῶσσα	그 혀는

여기서 혀를 인클루지오(inclusio)로 하여 불과 불의의 세계가 마치 마주보는 거울과 같다. 불과 같은 작은 혀가 큰 산림을 다 태워버리듯이 불의의 작은 혀가 온 몸을 더럽힌다(6c).

둘째로 혀는 온 몸을 더럽히며 인생의 행로를 불태운다. 혀는 작은 불이지만 생의 행로(τροχός, 존재의 전 범위)를 불태운다. 작은 지체인 혀가 한 사람의 인생 전체를 불의의 세계로 만들고 불로 태워 없앤다. 혀/말에 의해서 존귀한 인생 전체가 불의의 인생이 되며 타서 없어지고 마는 허무한 인생이 된다. 이처럼 작은 혀는 큰 파괴력을 가지고 있다.

셋째로 혀는 지옥에 의해 태워지는 불이다. 지옥 불은 성경에서 일반적으로 밤낮 꺼지지 않고 타오르는 불이며 유황으로 타는 강력하게 뜨거운 불이다(계 19:21; 20:10; 20:8). 이것은 불의의 혀가 행하는 파괴의 영원성과 맹렬함을 의미한다. 불의의 혀는 영원토록 파괴하며 맹렬하게 파괴한다.

넷째로 혀는 우리의 지체들 안에 있다. 그러한 파괴력을 가진 혀가 다른 데도 아닌 바로 "우리의 지체들 안에 있다." 이것이 이 구절의 핵심이며, 혀와 관련된 가장 큰 문제이다. 혀는 지체이며 몸의 일부이기에 우리 몸에서 떼어 낼 수 없다. 혀는 인생이 다하는 날까지 우리 안에 있다. 이것은 혀가 행하는 파괴의 집요함이다. 그래서 말로 범죄하지 않는 사람은 완전한 사람이다(2b).

(4) 길들일 수 없다(7-8)

이어서 야고보는 혀가 그와 같은 파괴적 특성(6)을 갖는 이유(γάρ)에 대하여 설명한다. 그것은 혀를 길들일 수 없다는 것이다. "짐승(네발짐승)들과 새들의 본성(φύσις)마다, 기어 다니는 짐승들과 바다 생물들의 본성마다 인간의 특성(본성)에 의해 길들여지고 있고 또한 길들여져 왔다. 그러나 아무도 사람의 혀를 길들일 수 없다. 사람의 혀는 제어할 수 없는 악이며, 죽이는 독이 가득하다"(7-8). 짐승과 새, 기어 다니는 짐승과 바다 생물들의 본성(φύσις)은 인간의 본성(φύσις)에 의해 길들여져 왔고 길들여지고 있다(7). 인간의 특성 중 하나는 하나님이 창조하신 다른 피조물들을 다스리는 것이다(창 1:28). 그래서 인간은 많은 동물들을 길들이고 지배해 왔다. 그리고 지금도 그렇게 하고 있다. 인간은 다른 피조물들의 본성을 자기들이 원하는 대로 바꾸어 놓는다.

　여기까지 말한 야고보는 갑자기 이야기의 분위기를 바꾼다. 그는 "그러나"(δέ)라고 말함으로써 동물들이 길들여지는 것과는 달리 동물들을 길들이는 인간의 혀는 정작 아무도 길들일 수 없다고 말한다. 그는 "혀를 … 인간들의"(τὴν γλῶσσαν … ἀνθρώπων)라고 문장을 만듦으로써 인간의 혀를 매우 부각시키고 있다. 야고보는 혀를 말한 뒤, 아무도 길들일 수 없다고 말한다. 그리고 마지막으로 "인간들의"라고 말함으로써 아무도 길들일 수 없는 혀가 있는데, 그것은 짐승이나 새나 기어 다니는 동물이나 바다 생물들의 혀가 아니라 바로 인간의 혀라는 사실을 강조한다. 또한 야고보는 연속적인 'δ'(οὐδεὶς δαμάσαι δύναται)로 두운을 맞춤으로써 아무도 인간의 혀를 길들일 수 없다는 그의 논점을 수사학적으로 강조하고 있다. 따라서 인간의 혀는 짐승의 본성보다 더 완강하며 꺾이지 않는 것이다. 미련하고 우둔한 짐승들의 본성보다 인간의 혀는 더 미련하고 우둔하다. 이성 없는 짐승(유 10)보다 못한 것이 인간의 혀이다. 또한 인간의 혀는 제어할 수 없는(ἀκατάστατος), 쉼이 없는(restless), 불안정한(unstable) 악이며, 죽이는 독이 가득한(μεστὴ ἰοῦ θανατηφόρου)[316] 것이다. 인간의 혀는 제어되지 않는 악일 뿐 아니라 그 안에 죽이는 독을 가득 담고 있다. "ἀκατάστατον κακόν, μεστὴ ἰοῦ θανατηφόρου"(제어할 수 없는 악이요, 죽이고야 마는 독이 가득하다, 8b). 여기서 혀의 특성을 말하기 위해 두 개의 형용사가 처음과 끝에 사용되었다. 인간의 혀는 제어할 수 없고(쉼이 없고, 불안정하고) 죽이고야 마는, 치명적인 독이다.

야고보는 지금 이미 6절에서 설명한 인간 혀의 특성에 또 다른 특성을 첨가하고 있다. 영원하고 맹렬하고 집요하며 아무도 길들일 수 없고 죽이는 독을 가득 품은 제어할 수 없는 악! 이것이 인간 혀의 실상이다. 그러므로 인간의 혀는 실로 큰 재앙이다. 인류 최대의 재앙은 아이러니하게도 인간 안에 있는 그들의 혀이다. 인간의 혀가 이토록 무섭고 악하다! 그러나 야고보는 여기서 멈추지 않는다. 그는 인간 혀의 또 다른 특성을 첨언한다.

(5) 모순적인 이중성(9-12)

야고보는 인간의 혀의 또 다른 특성을 설명한다. 그것은 바로 모순적인 이중성이다. 연결사 없는 9절은 새로운 논의의 시작을 알린다. 이것은 혀에 관한 비유들에서 사실적 진술로 이동한 것이다. 9절은 아래와 같이 전, 후반부가 대조를 이룬다.

ἐν αὐτῇ εὐλογοῦμεν   τὸν κύριον καὶ πατέρα
이것으로 우리는 찬양하고 있고   주님을   곧   아버지를

ἐν αὐτῇ καταρώμεθα   τοὺς ἀνθρώπους
이것으로 우리는 저주하고 있다   사람들을

τοὺς καθ' ὁμοίωσιν θεοῦ γεγονότας
하나님의 형상을 따라   만들어져 있는

혀를 나타내는 "이것으로"(ἐν αὐτῇ)는 강조를 위해 문장 맨 앞 쪽에 있으며, 하반절 시작부의 "이것으로"(ἐν αὐτῇ)는 이러한 강조를 더욱 강화한다. 대조의 핵심은 축복과 저주이다. 인간은 자신의 혀로 주 곧 아버지를 찬양하고 또한 이것으로 하나님의 형상을 따라 만들어져 있는[317] 사람들을 저주한다. 인간은 자신의 혀로 주 곧 아버지를[318] 찬송할 뿐 아니라, 바로 그 혀로 찬송하는 하나님이 자신의 형상을 따라(καθ' ὁμοίωσιν θεοῦ)[319] 창조하신 사람들을 저주한다. 인간은 하나님과 무관한 존재가 아니다. 인간은 하나님이 자신의 형상을 따라 만드신 존재이다. 그러므로 사람이 하나님을 찬송한다면 마땅히 그의 형상을 가진 인간을 저주해서도 안 된다.

그러나 사람을 저주하면 안 되는 더 근본적이고 핵심적인 이유는 하나님이 창조주이시라는 사실에 있다. "하나님의 형상을 따라 만들어

져 있는"이라는 말씀이 이를 잘 나타낸다. 창조주이신 하나님은 "주 곧 아버지"이시다. 하나님이 사람을 창조하신 주 아버지이시기 때문에 우리는 우리의 혀/입으로 사람을 저주하면 안 된다. 내신 것을 저주하는 것은 내신 이를 저주하는 것이기 때문이다. 이처럼 "언어 통제의 이유는 창조주 신학에 바탕을 둔다. 창조주 신학은 바른 언어생활의 중대한 근거이다."[320] 그런데도 인간의 혀는 거침없이 죄를 범한다. 야고보는 여기서 '우리'라는 1인칭 복수를 사용하여 이런 일이 인간 일반에서 일어나는 일임을 나타낸다. 이어서 그는 9절의 내용을 압축하여 표현한다. "같은 입으로부터 찬양과 저주가 나오고 있다"(10).[321] 이것이 인간 혀의[322] 이율배반적이고 모순적인 이중성이다. 혀의 불안정성 (ἀκατάστατος, 8)은 이와 같은 자기모순을 낳는다.

야고보는 다시 "나의 형제들아"라고 부름으로써 독자들의 주의를 자신의 권면에 집중시킨다. 그리고 권면의 내용은 "이것들이 이와 같이 되지 않아야 한다(οὐ χρή)."는 것이다. 여기서 '해야 한다'(χρή, should, ought)는 매우 강한 의미를 가지고 있다. 그래서 이 말은 한 입에서 찬송과 저주가 나오는 것이 옳지 않으므로 그렇게 하지 않도록 하라는 강한 경고성 권면이다. 이어서 야고보는 또 다시 비유를 든다. 이것은 그의 메시지 전달 방식의 특징이다. 비유는 매우 유용하고 효과적인 의사전달 방식이다. 그리고 그는 일반인들이 일상에서 쉽게 접하는 것들로 비유를 한다. 이미 앞에서 본 것같이 재갈과 말, 키와 배, 불과 숲, 짐승과 새, 기어 다니는 짐승과 바다 생물 등은 수신자들이 매일의 삶에서 늘 접하며 자주 경험하고 만나는 것들이다.

이번에 드는 비유는 샘과 샘의 물에 관한 것이다. 샘이 같은 구멍에서 단물과 쓴물을 분출할 수 없다. 이것을 강조하기 위해 야고보는 '하느냐?'($\mu\eta\tau\acute{\iota}$)로 시작하는 의문문을 사용했다.[323] 그리하여 절대로 같은 샘에서 두 가지 다른 물이 나올 수 없다는 것을 이미 질문 속에 담고 있다. "같은 구멍으로부터"($\dot{\epsilon}\kappa\ \tau\tilde{\eta}\varsigma\ \alpha\dot{\upsilon}\tau\tilde{\eta}\varsigma\ \dot{o}\pi\tilde{\eta}\varsigma$)는 "같은 입으로부터"($\dot{\epsilon}\kappa\ \tauο\tilde{\upsilon}\ \alpha\dot{\upsilon}\tau ο\tilde{\upsilon}\ \sigma\tau \acute{o}\mu\alpha\tauο\varsigma$)와 상응하고, "찬양과 저주"($\epsilon\dot{\upsilon}\lambdaο\gamma\acute{\iota}\alpha\ \kappa\alpha\grave{\iota}\ \kappa\alpha\tau\acute{\alpha}\rho\alpha$)는 "단물과 쓴물"($\tau\grave{o}\ \gamma\lambda\upsilon\kappa\grave{\upsilon}\ \kappa\alpha\grave{\iota}\ \tau\grave{o}\ \pi\iota\kappa\rho\acute{o}\nu$)과[324] 병행한다. 그러므로 11절의 질문에 대한 대답은 이미 10절에 있다. "$ο\dot{\upsilon}\ \chi\rho\acute{\eta}$", 즉 그렇게 되지 않는다는 것이다. 그런데 야고보는 12절에서 "그것은 불가능하다"($\mu\grave{\eta}\ \delta\acute{\upsilon}\nu\alpha\tau\alpha\iota$)라고 대답함으로써 수신자들의 마음속에 있는 답을 밖으로 드러내고 있다. 그런데 특이한 것은 이 대답($\mu\grave{\eta}\ \delta\acute{\upsilon}\nu\alpha\tau\alpha\iota$)은 새로운 질문이 되고 있다. "무화과나무가 올리브 열매를 또는 포도나무가 무화과를 맺을 수 있느냐?" 이 질문 역시 그럴 수 없다는 부정의 대답을 전제로 한 것이다. 이 사실에 근거하여 12d에서 야고보는 11절의 질문에 명확한 대답을 준다. "짠 샘(물) 또한 단물을 낼 수 없다."[325] 짠물을 내는 샘은 단물을 낼 수 없다. 하나의 샘에서는 한 종류의 물만 나온다. 따라서 하나의 샘에서 두 종류의 물이 나올 수도 없고 나와서도 안 되듯이, 하나의 입, 같은 입에서 찬송과 저주가 나올 수 없고 나와서도 안 된다.

그러나 실상은 식물이나 샘에서, 즉 자연에서 조차 절대로 일어날 수 없는 일이 인간의 혀에서 늘 일어나고 있다. 자연은 이런 모습을 보이지 않는다.[326] 식물과 샘은 하나님의 창조 질서에 순응한다. 이런 면에서 인간의 혀는 자연만도 못하다. 인간의 혀는 짐승만도 못할 뿐 아니라(7-8절 참조) 식물만도 못하다. 인간의 혀는 인간 부패와 타락에 대한 부인할 수 없는 증거이다. 혀의 모순적인 이중성, 이것이 바로 인간 혀의 참상이다.

인간의 혀는 아무도 통제할 수 없는 막강한 세력을 가지고 있다. 그러나 이 엄청난 힘은 긍정의 힘이 아니라, 불의의 힘이요 파괴하는 힘이며 영원토록 맹렬하게 타오르는 힘이다. 또한 혀는 집요하고 완강하다. 제어가 불가능한 독선적이고 쉬지 않는 악이다. 혀는 멈추지 않는 악의 공장이다. 나아가서 인간의 혀는 하나님의 창조질서까지도 거스르는 모순적인 이중성을 가지고 있다. 야고보가 말하는 인간의 혀는 막강하나 부정적인 세력이다. 이 모습은 요한계시록 12장에 나오는 용(δράκων)의 모습을 많이 닮았다.[327] 그래서 인간의 혀는 그 성격상 매우 마귀적이다(약 3:15).

설교를 위한 제안 11

본문 : 야고보서 3:1-12
....
제목 : 작은 지체, 큰 자랑
....

1. 온전한 사람
2. 혀의 세력(3-5a)
3. 혀의 영향력(5b-6)
4. 길들일 수 없다(7-8)
5. 혀의 모순적인 이중성(9-12)
6. 맺음말

II. 위로부터 내려오는 지혜(약 3:13-18)

개역개정 .13 너희 중에 지혜와 총명이 있는 자가 누구냐 그는 선행으로 말미암아 지혜의 온유함으로 그 행함을 보일지니라 14 그러나 너희 마음 속에 독한 시기와 다툼이 있으면 자랑하지 말라 진리를 거슬러 거짓말하지 말라 15 이러한 지혜는 위로부터 내려온 것이 아니요 땅 위의 것이요 정욕의 것이요 귀신의 것이니 16 시기와 다툼이 있는 곳에는 혼란과 모든 악한 일이 있음이라 17 오직 위로부터 난 지혜는 첫째 성결하고 다음에 화평하고 관용하고 양순하며 긍휼과 선한 열매가 가득하고 편견과 거짓이 없나니 18 화평하게 하는 자들은 화평으로 심어 의의 열매를 거두느니라

사   역 13 너희 가운데 지혜롭고 총명한 자가 누구냐? 그는 선한 생활 방식에 의해, 지혜의 온유함으로 그의 행위들을 나타내도록 하라. 14 그러나 만일 너희가 너희의 마음속에 쓴 질투와 이기심을 가지고 있다면, 너희는 자랑하지 말고 진리를 대항하여 거짓말하지 말라. 15 이 지혜는 위로부터 내려오는 것이 아니라 땅에 속한 것이요, 물질적인 것이며, 마귀적인 것이다. 16 왜냐하면 질투와 이기심이 있는 곳에, 거기에 무질서(혼란, 불안정, 소동, 걱정)와 모든 악한 일이 있기 때문이다. 17 그러나 위로부터 온 지혜는 첫째로 실로 거룩하고, 그 다음에는 평화롭고 관대하고(친절하고) 온당하며 긍휼과 선한 열매들이 가득하며 편애가 없고 위선이 없다. 18 그래서 의의 열매는 평화를 이루는 사람들에 의해(사람들을 위해) 평화 안에서 뿌려진다.

- 내용분석 -

1. 지혜와 총명(13)
2. 땅에 속한 지혜(14-16)
   1) 특성(14)
   2) 출처(15)와 이유(16)
3. 위로부터 난 지혜(17-18)

1. 문학적 구조와 특징

1) 구조

(1) 두 지혜 대조[328]

	14-16	17-18
기원	위에서 내려 온 것이 아님 땅에 속한 것, 물질적인 것 마귀적인 것	위에서 내려 온 것임
특성	질투(시기) 이기심(다툼)	거룩함, 평화, 관대함, 온당함 긍휼, 선한 열매, 편애 없음 위선 없음
결과	무질서 모든 악한 일	의의 열매

(2) 13b의 구조

ἐκ τῆς καλῆς ἀναστροφῆς – 외적
선한 생활 방식에 의해

　τὰ ἔργα αὐτοῦ
　그의 행위들을

ἐν πραΰτητι σοφίας – 내적
지혜의 온유함 안에서

두 개의 전치사구 사이에 "그의 행위들"이 들어와 있다.

2) 특징

(1) 13a는 의문문인 반면에 14a는 가정법이다. 그러나 그 의미 해석에 있어서는 13a도 14a처럼 가정법이 된다. "너희 중에 지혜 있고 총명이 있는 자가 누구이냐?"는 곧 "만일 너희 중에 지혜 있고 총명이 있는 자가 있다면"으로 해석이 되기 때문이다. 이런 까닭에 13b와 14b는 모두 하반절이 명령법으로 되어 있다. 야고보는 지루해질 수도 있는 동일 표현법을 피함으로써 독자들의 관심을 자신이 원하는 핵심 내용으로 이끌어 간다.

(2) 15절은 "아니다 … 그러나"(*οὐκ … ἀλλά*)의 문장을 사용하여 14절과 같

은 특성을 가진 것이 위로부터 내려온 지혜가 아니라는 사실을 강조한다.

(3) 15-16절과 17-18절은 대조(δέ)로 시작한다. 그리하여 이 단락의 핵심 주제인 위로부터 내려오지 않은 지혜와 위로부터 온 지혜의 특성을 대조한다.

2. 해설

야고보는 말의 문제에서 지혜의 문제로 주제를 옮긴다. 그럼에도 야고보서가 보이는 독특한 문학특징, 즉 주제가 바뀌어도 동일한 단어가 반복되는 현상은 여기에서도 나타난다. 야고보서 3:1-12은 사람의 혀의 문제에 대하여 말하고 야고보서 3:13-18은 지혜에 대하여 진술한다. 하지만 이 둘 사이에는 '쓴'(πικρόν, 11//14), '제어할 수 없는, 불안정한'(ἀκατάστατος, 3:8)과 '무질서, 불안정'(ἀκαταστασία, 3:16)이, 그리고 '가득한'(μεστή, 3:8//17)이 반복된다. 야고보가 '혀/말'의 주제에서 '지혜' 주제로 전환한 이유는 무엇일까? 이 두 단락 사이에는 어떤 연관성이 있을까?

1) 지혜와 총명(13)

야고보는 "너희 가운데 지혜롭고 지적인 자가 누구냐?"(13a)는 질문으로 지혜에 대한 논의를 시작한다. 이 질문의 특징은 먼저 주어가 단수(τίς)로 되어 있다는 것이다. 물론 이것은 야고보의 글 쓰는 습관일 수도 있다(약 1:5, 23, 26; 2:14, 16, 18; 3:2; 4:12; 5:13bis., 14, 19bis.). 또한 이것은 아마도 수신 교회의 상황을 염두에 둔 표현인 듯하다. 야고보는 수신 교회 안에 지혜롭고 총명한 사람이 매우 드물다는 것을 은연중에 드러낸다. 그리고 그는 궁극적으로 그들이 하늘로부터 온 지혜에 관심을 갖게 되고 또한 그러한 지혜자들이 되기를 바라고 있다. 이 질문의 또 다른 특징은 이 문장이 의문문이지만 실은 14a와 같은 가정법의 의미를 가진 문장이라는 것이다. 다시 말해 13a는 "만일 너희 가운데 지혜롭고 지적인 자가 있다면"으로 바꾸어 쓸 수 있다. 이런 까닭에 귀결절인 13b와 14b가 모두 명령법으로 되어 있다. 야고보는 자칫 지루해질 수 있는 반복을 피하고 의문문과 가정법을 교대로 사용함으로써 문장의 역동성을 더하고 독자의 관심을 자신의 논지에 집중시킨다.

지혜롭고 총명한[329] 자는 그의 행위들(ἔργα)을 나타내야 한다. 행위의 문제는 믿음과 행위의 관계를 말하는 야고보서 2:14-26에서 이미 심도 있게 다루어졌다. 행위는 믿음과 관련된 것일 뿐 아니라 지혜와 총명과도 관련되어 있다. 물론 이 지혜는 다음에서 얘기하는 대로 위로부터 오는 지혜(15, 17), 즉 하나님께서 주시는 지혜이다. 야고보는 지혜 있고 총명한 자는 그의 행위들을 보이라(δειξάτω)고 명령한다. 그는 2:18에서 "행위 없는 네 믿음을 내게 보이라(δεῖξόν) 나는 행위로 내 믿음을 네게 보이리라(δείξω)"고 말씀했다. 믿음이 있다는 사실을 나타내 보이는 것이 행위이다. 행위가 믿음을 나타내고 확증한다. 이와 마찬가지로 지혜 있는 자는 그 지혜를 행위로 보여주어야 한다. 지혜 있는 자인지 아닌지를 판단하는 근거(기준)는 그의 '행위들'이다. 행위로 믿음 있음을 나타내 보이고 증명하듯이,[330] 지혜도 행위를 통해 증명된다.

이 행위(τὸ ἔρτον)는 '선한 삶의 방식'(καλὴ ἀναστροφή, 개역개정-선행)[331]에 의해(ἐκ) 그리고 지혜의 온유함 안에서(ἐν) 이루어진다.[332] 야고보는 이 사실을 강조하기 위해 "그의 행위들"(τὰ ἔργα αὐτοῦ)을 두 개의 전치사구, 즉 "선한 삶의 방식에 의해"(ἐκ τῆς καλῆς ἀναστροφῆς)와 "지혜의 온유함으로"(ἐν πραΰτητι σοφίας) 사이에 두는 문장을 구성했다. 지혜는 선한 삶의 방식을 수단으로(ἐκ), 지혜의 온유함 안에서(ἐν) 행위로 드러난다. 지혜자는 내적으로(ἐν) 온유함을, 외적으로(ἐκ) 선한 삶의 방식을 갖는다. 이 둘의 작용으로 인한 결과가 곧 "그의 행위들"(τὰ ἔργα αὐτοῦ)이다.

이 행위들은 '지혜의 온유함 안에서' 나타나야 한다. "지혜의 온유함으로"(ἐν πραΰτητι σοφίας)는 '나타내라'(δειξάτω)와 '행위들'(ἔργα) 둘 다 수식할 수 있다. 만약 '온유함'이 동사인 '나타내라'를 수식하는 것이라면, 이것은 행위들이 드러나는 수단으로서의 온유함이다. 반면에 '온유함'이 '행위들'을 수식하는 것이라면, 그것은 행위의 성격을 규정하는 것이 된다. 즉 "지혜의 온유함 안에서 행한 행위들을 보이라"가 된다. "지혜의 온유함"이 '행위들'에 더 가까이 있어서, 아마도 이 온유함은 '행위들'을 수식할 가능성이 더 높다. 그리고 '온유함'(πραΰτης)의 의미는 문맥상 14절의 내용과 대조되므로, '쓴 질투'와 '이기심'과 반대되는 것을 의미할 것이다. 그리고 "지혜의 온유함"이란 지혜의 온유한 특성을 의미하는 것으로 보인다. 다시 말해 "지혜의 온유함"(πραΰτης σοφίας)은 '온유한 지혜'로 해석함이 옳다.[333] 이 사실은 지혜를 온유한 특성들로 규정한 것(17)에서도 잘 드러난다.

지혜 있는 자는 그의 행위로 증명된다. 이 행위는 선한 삶의 방식에 의한 것이며, 이 삶의 방식은 지혜의 온유한 특성을 가지고 있다. 따라서 선한 삶의 방식이 지혜자의 외적 요소라면 온유함은 내적인 요소이다. 이 둘은 언제나 함께 있어야 한다.

2) 질투와 이기심(14)

이어서 야고보는 '그러나'(δέ)로 문장을 시작함으로써 독자들의 관심을 13절과 대조되는 어떤 것으로 이끈다. "그러나 만일 너희가 너희의 마음속에 쓴 질투와 이기심을 가지고 있다면, 너희는 자랑하지 말고 진리를 대항하여 거짓말하지 말라." '쓴'(πικρός)은 질투(ζῆλος)를 '쓴' 물(ὕδωρ πικρόν)(11)과 인간 혀의 죄악에 관련짓는다. 질투와 이기심은 마음 안에 자리하고 있다. 그래서 "너희가 가지고 있다"(ἔχετε)도 능동형이다. 인간의 질투와 이기심은 그들 외부에 있지 않고 내부에 있다. 죄의 자리는 인간의 마음이다. 이것은 모든 죄악이 공통적으로 갖는 특성이기도 하다. 그런데 '질투'에 '쓴'이라는 수식을 붙인 것은 질투가 앞에서 말한 혀의 문제와도 관련되기 때문이다. 마음 안에 있는 질투는 혀를 통해 밖으로 쏟아져 나온다(cf. 롬 3:13). 이것은 자랑하고 거짓을 말하는 것으로 표현된다. 야고보가 혀의 문제에 이어서 지혜의 문제를 다룬 이유가 여기에 있다. 지혜롭지 못한 자는 쓰디쓴 질투와 이기심으로 자랑하는 말을 하고 자신의 혀로 거짓말을 쏟아낸다. 자랑과 거짓말은 마음에서 시작되어 혀를 통해 내보낸다. 마음의 악함이 혀를 통해 뿜어 나온다.

지혜 없는 자의 특징은 내적으로는 질투와 이기심이며 외적으로는 자랑과 거짓말이다. 그러면 자랑과 거짓말의 구체적인 내용은 무엇인가? 아마도 가능한 대답은 다음의 둘 중 하나가 될 것이다. 첫째, 자랑과 시기와 이기심은 다른 사람에게 자신을 지혜 있는 자로 과시하려는 것이다. 이것은 지혜와 지식이 없는 데도 이 사실을 거슬러(κατὰ τῆς ἀληθείας, 개역개정, 진리를 거슬러) 마치 그렇지 않은 것처럼 거짓말하는 것이다. 이럴 경우에 자랑과 거짓말의 내용은 '자기 자신'이 될 것이다. 둘째, 문맥(13-14)을 따를 때 가장 합당한 것은 지혜와 지식은 없고 오히려 그 반대로(δέ, 14a) 쓴 질투와 이기심을 가지고 있다면 지혜와 지식이 있다고 자랑하지 말라는 것이다. 이때에 자랑과 거짓말의 내용은 '지혜와 지식이 있다'는 것이 된다.[334]

"너희는 자랑하지 말고 거짓말하지 말라"(14b)는 금지의 명령이다.[335] 이것은 이미 시작된 행위의 중지를 명령하거나 또는 항상 피해야 하는 행위에 역점을 두는 것이다.[336] 이 금지가 13절의 긍정적인 요구에 대조되는 부정적인 것이며 또한 가정법 εἰ에 연결된 것이므로[337] 전자의 의미로 보는 것이 더 좋다. 야고보서 수신 교회에는 이미 이런 자랑과 거짓말이 횡행하고 있었다. 이것은 이 교회에 선한 삶의 방식은 사라지고 질투와 이기심이 장악하고 있었다는 것을 의미한다. 그러므로 이런 자랑과 거짓은 당장 멈추어야 한다.

3) 위로부터 오지 않은 지혜(15-16)

이렇게 쓴 질투심과 이기심으로 자랑하고 거짓말하는 것은 13절의 지혜와 대조되는 것이며, 이것은 위로부터 오는 지혜가 아니다. 문장 맨 앞에 있는 '아니다'(οὐκ)는 이 사실을 강조하며, "아니다 … 그러나"(οὐκ … ἀλλά)의 구문은 이런 질투와 이기심으로 인한 자랑과 거짓말이 어떤 것인가를 명확하게 증언한다. 그리고 이 문장은 14b의 금지에 대한 근거를 제공한다. "위로부터"(ἄνωθεν)는 하나님을 의미하는 말이다. "모든 좋은 은사와 온전한 선물이 다 위로부터 빛들의 아버지께로부터 내려오나니"(약 1:17). 위로부터, 즉 아버지께로부터 내려오는 것은 좋은 것이며 온전한 것이다. 질투와 이기심은 여기에 어울리지 않는다. 그리고 이렇게 선하고 온전한 것은 '내려오는 것'이다. 이 말은 선함과 온전함은 인간에게서 나오는 것이 아니라 전적으로 하나님이 주시는 것이라는 의미이다. 질투심과 이기심, 자랑과 거짓말, 이런 것들은 하나님과는 결코 어울릴 수 없다.

이런 것들은 땅 위의 것이고, 물질적인 것이며, 마귀의 것이다(15). 이 지혜(15), 즉 질투와 이기심(14)의 기원과 출처는 '위'가 아니고 땅, 물질, 마귀이다. '땅 위의 것'(ἐπίγειος)은 땅에 속한 것이라는 뜻이며 이는 '위로부터'와 대조된다. 물질적(ψυχική)이라는 말은 육적이라는 말이다.³³⁸ 마귀적(δαιμονιώδης)이라는 말은 '마귀와 같다'는 뜻이다. 이 세 단어는 '마귀적'이라는 데에서 절정을 이루며, '마귀적'은 '위로부터'에 대한 결정적인 대조어이다. 나아가서 질투와 이기심에 의해서 혀로 자랑하고 거짓말하는 것이 마귀적이라고 한 것은 "혀는 불이며 지옥의 불에 의해 태워지는 것"(약 3:6)이라는 말씀에 관련된다.

　이제 야고보는 질투와 이기심이 왜 위로부터 온 지혜가 아니며 오직 땅에 속한 것이요 물질적인 것이며 마귀적인 것인지에 대한 이유를 설명한다. "왜냐하면 질투와 이기심이 있는 곳에, 거기에 무질서와 모든 악한 일이 있기 때문이다"(16). '무질서'(ἀκαταστασία)는 야고보서 1:8; 3:8에 이미 언급되었다. 즉, 믿음이 없는 사람이 두 마음을 품어 모든 일에 정함이 없는 것을 설명할 때(1:8), 그리고 혀는 제어할 수 없는 (정함이 없는, 쉼이 없는) 악이라고 말할 때(3:8) 사용되었다. 따라서 이 단어는 하나님을 신뢰하지 않거나 대적하는 의미를 함축한다. 질투와 시기가 있는 곳에 이와 같은 불신앙과 불안정이 있다. 질투와 이기심이 있는 곳에 어찌 선함이 있겠으며, 어찌 온전함이 있겠는가? 질투와 이기심은 하나님에게 속한 것이 아니라 마귀에게 속한다. 나아가서 "모든 악한 일"(πᾶν φαῦλον πρᾶγμα)은 13절의 "선한 삶의 방식에 의한 행위들"(ἐκ τῆς καλῆς ἀναστροφῆς τὰ ἔργα)과 대조된다.[339] 위로부터 하나님에게서 내려오는 것은 선한 것이요 온전한 것인 반면에 땅에 속하여 마귀에게 속한 것은 악한 것이다. '모든'(πᾶν) 악한 것이 다 마귀적이다. 하나님은 절대 선이시지만 마귀는 절대 악이기 때문이다.

4) 위로부터 온 지혜(17-18)

17절은 '그러나'(δέ)로 시작한다. 그러므로 17절은 15-16절에서 말한 위로부터 오지 않은 지혜, 즉 거짓 지혜에 대한 대조이다. 이 사실은

"이 지혜는 위로부터 내려오는 것이 아니라"(15)에 대조되는 "위로부터 온 지혜는"(ἡ ἄνωθεν σοφία, 17a)이라는 말에 의해 분명하다. 야고보는 위로부터 오지 않은 지혜(14-16)와 위로부터 온 지혜(17-18)를 의도적으로 대조하고 있다. '위로부터'(ἄνωθεν, 15, 17)의 반복은 지혜의 신적기원을 강조한다. 참된 지혜는 하나님이 주신다. 위로부터 오는 지혜의 출처는 하나님이시다. 위로부터 오는 지혜는 첫째로 거룩하다(17a). 하나님께로부터 오는 지혜의 첫 번째 특성은 거룩함(ἁγνός)이다. 이 문장에서 형용사 '거룩한'(ἁγνός)은 부사인 '첫째로'(πρῶτος)와 불변화사인 '실로'(μέν)[340]에 의해 매우 강조되고 있다.[341] 그리고 이 단어의 뜻은 순결한, 순전한, 깨끗한, 성결한, 정결한 등이다. 이 특성은 처음 언급되고 또한 홀로 언급된다. 그래서 대부분의 학자들은 이것이 그 이하에 나오는 다른 특성(덕목)들의 근원(origin)이라고 생각한다. 하나님이 거룩하시니 하나님에게 기원을 둔 지혜 또한 거룩한 것이 당연하다. 달리 말하면 거룩하지 않은 것은 결코 하나님에게서 온 것이 아니다.

하나님에게서 온 지혜는 "그 다음으로 평화롭고(εἰρηνική) 관대하고 (친절하고)(ἐπιεικής) 온당하다(εὐπειθής)"(17b). 이 세 가지 특징은 모두 'ε'로 시작한다. '평화롭고'(εἰρηνική)[342]는 16절의 '무질서'(ἀκαταστασία)와 대조된다.[343] '관대한'(ἐπιεικής,[344] 친절한 kind, 온순한 gentle)은 근본적으로 호전적이지 않은 것을 의미한다.[345] '온당한'(εὐπειθής)은 양보하다(willing to yield), 고분고분하다(compliant), 순종하다(submissive), 사리에 닿다(open to reason) 등의 의미를 가진다. 또한 위로부터 오는 지혜는 긍휼(ἔλεος)과 선한 열매(καρπὸς ἀγαθός)들이 가득하다(17c, cf. 약 3:13). '가득한'(μεστός)은 야고보서 3:8에서 이미 나왔다.

나아가서 하나님에게서 나오는 지혜는 편애가 없고(ἀδιάκριτος) 위선도 없다(ἀνυπόκριτος). 두 단어 모두 'α'를 접두어로 가지고 있고, 발음도 비슷하다. '편애가 없는'(ἀδιάκριτος)은 '공평한', '치우침이 없는' 등의 의미이다. 또한 이것은 야고보서 2:4의 '차별하다'(διακρίνω)와 반대되는 의미로 차별하지 않는 것'을 의미한다. 게다가 이것은 야고보서의 문맥에서 '동요하지 않는', '확고한' 등의 의미를 가진다. 왜냐하면 야고보서 1:6에서 '편애가 없는'(ἀδιάκριτος)의 반대말인 'διακρίνω'가 수동태로 사용되어 '의심하다', '주저하다'의 의미로 쓰였는데, 1:8에서는 이것을 '두 마음을 가진 것'으로 설명하기 때문이다.

이상에서 하나님께로부터 온 지혜는 모두 여덟 가지로 설명되었다. 만약 18절의 '의'를 여기에 포함한다면 모두 아홉 가지가 된다. 그럼에도 '지혜'(σοφία)는 모두 단수로 말해지고 있다.[346] 따라서 이 여덟(혹은 아홉) 가지는 각각의 여덟(혹은 아홉) 가지 지혜를 말하는 것이 아니라 하나의 지혜에 들어있는 여덟(혹은 아홉) 가지의 특성들을 나타낸다. 그런데 이 특성들은 모두 성품적인 내용들이다. 질투와 이기심이 성품이듯이, 위로부터 오는 지혜의 특성은 온유하고(13) 거룩하고 평화롭고 관대하고(친절하고) 온당하며 긍휼과 선함과 편애가 없고 위선적이 않고 의로운 것도 모두 성품을 의미한다. 열매, 즉 행위는 이 성품의 표현이며, 이 성품은 곧 하나님의 성품이다. 위로부터 내려오는 지혜는 그 기원이 하나님이시므로 당연히 하나님의 성품을 특성으로 가질 수밖에 없다. 지혜는 분명 지식(ἐπιστήμων, 명철, 총명)을 배제하지 않지만(13), 그렇다고 해서 성품이 배제된 단순한 지식 자체를 의미하지도 않는다. 위로부터 내려 오는 지혜는 능력이 아니라 하나님의 성품이다.[347] 신자들이 지혜를 생각할 때 반드시 이 사실, 즉 지혜는 능력이 아니라 성품이라는 사실을 잊지 않아야 한다.

이것은 성령의 열매(단수!)가 하나님의 성품의 표현인 것과 같다. 그래서 이 둘 사이에는 평화, 선함, 온유함(13) 등과 같이 일치하는 항목들이 나타난다. 또한 성령의 '열매'(ὁ καρπός, 갈 5:22)와 병행하여 지혜는 의의 '열매'(18, καρπός)로 설명된다. 성령의 열매가 하나님의 성품의 표현이듯이 위로부터 오는 지혜도 역시 그러하다. 그러므로 하늘로부터 오는 지혜를 가진 신자는 자신의 인격과 삶에서 하나님의 성품을 실현해야 한다(약 3:13).[348] 이것을 13절에서는 '행위들'(ἔργα)이라고 표현했다. 이는 믿음을 나타내는 '행위'(약 2:14-26)가 하나님이 어떤 분인지를 믿을 뿐 아니라 그것에 합당한 반응을 나타내는 것이라는 앞의 설명과 일치한다.

"그래서 의의 열매는 평화를 이루는 사람들을 위하여[349] 평화 안에서 뿌려진다." 18절의 'δέ'는 '그래서'라는 의미로, 이 단락 전체의 결론을 나타낸다. 위로부터 오는 지혜는 결국 "의의 열매"이다. 하나님은 의로우신 분이시니(cf. 약 1:20; 2:23) 그 분으로부터 나오는 지혜도 의의 열매일 수밖에 없다. '의의 열매'는 의로 이루어진 열매를 의미한다. 여기서 '의'(δικαιοσύνη)는 법정적 의미가 아니라 성품적이며 행위적이다 (cf. 약 1:20). 의의 열매가 평화를 행하는 자들과 관련되는 것을 보면 이는 분명하다. '평화'(εἰρήνη)는 17절의 '평화로운'(εἰρηνική)과 관련된다. 이와 같이 동일 의미의 단어가 17-18절에서 반복된 것도 하나님의 지혜의 평화로운 특성을 강조하기 위한 것이다. 여기에서도 하나님의 지혜의 성품적 특성이 나타난다. 위로부터 오는 지혜는 쓰디쓴 질투와 이기심으로 자랑하고 거짓말함으로써 싸움과 불화를 일으키는 것이 아니라 평화를 이루는 것을 목적으로 한다. 그래서 의의 열매는 평화를 이루는 사람들을 위하여(또는 사람들에 의해서) 뿌려진다고 말씀하는 것이다. "화평하게 하는 자는 복이 있다"(마 5:9). 그들이 의의 열매를 얻게 될 것이다.

설교를 위한 제안 12

본문 : 야고보서 3:13-18

제목 : 두 가지 지혜

1. 도입 - 능력이 아니라 성품
2. 위로부터 나지 않은 지혜(14-16)
   1) 기원
   2) 특징
   3) 결과
3. 위로부터 난 지혜(17-18)
   1) 기원
   2) 특징
   3) 하나님의 성품
   4) 결과
4. 맺음말

296 [BDAG] μετάγω. 1. to direct or bring from one area/direction to another, guide (=lead to another place) lit., the bodies of horses Js 3:3. Pass. of a ship μετάγεται is steered, guided vs. 4.

297 [UBS] τροχός, wheel, cycle (τ. τῆς γενέσεως course of existence Jas 3.6); [Fri] τροχός, literally wheel; figuratively, as an ordered pattern of events; ὁ τ. τῆς γενέσεως *the course of life, the whole round of existence* (probably JA 3.6); the whole cycle of nature, how we live (perhaps JA 3.6).

298 Vlachos, *James*, 106: "The term λόγος ⋯ is ⋯ the term being synonymous with γλῶσσα in v. 5."

299 약 1:19 Ἴστε, ἀδελφοί μου ἀγαπητοί· ἔστω δὲ πᾶς ἄνθρωπος ταχὺς εἰς τὸ ἀκοῦσαι, βραδὺς εἰς τὸ λαλῆσαι, βραδὺς εἰς ὀργήν. 약 2:12 οὕτως λαλεῖτε καὶ οὕτως ποιεῖτε ὡς διὰ νόμου ἐλευθερίας μέλλοντες κρίνεσθαι. 약 2:12과 본 단락은 '심판'(κρίμα, 약 3:1)에 의해서도 연결된다. 약 2:14 λέγῃ, 2:16 εἴπῃ.

300 Εἴ τις δοκεῖ θρησκὸς εἶναι μὴ χαλιναγωγῶν γλῶσσαν αὐτοῦ ἀλλὰ ἀπατῶν καρδίαν αὐτοῦ, τούτου μάταιος ἡ θρησκεία. 여기에서는 재갈물리다(χαλιναγωγέω)라는 말로도 병행을 이룬다.

301 이 연결은 약 2:22의 "그 믿음이 온전해졌다(ἐτελειώθη)"와 약 3:2의 "이 사람이 온전한(τέλειος) 사람이다"라는 병행에 의해서도 나타난다.

302 대부분의 영어 번역본들은 "many of you"로 번역했다.

303 현재완료의 형태로 현재의 의미를 나타내는 단어에는 πέποιθα/πέπεισμαι(πείθω), οἶδα, ἔστηκα(ἵστημι), μέμνημαι(μιμνήσκομαι) 등이 있다. 그 이유는 행동과 그 결과 사이에 거의 구별이 없기 때문이다. 이들은 모두 상태동사이다. See Wallace, *The Basic of New Testament Syntax*, 314.

304 이와 같은 경우로는 약 1:12; 2:2; 3:5 등이 있다.

305 Vlachos, *James*, 105: "The phrase can be understood in two ways:
    1. a harsher punishment (Dibelius-Greeven 182) or
    2. a stricter standard of judgement (Davids 137).
Since κρίμα is mostly used in an unfavorable sense (cf., e.g., Heb 6:2) and there is a likely allusion to Jesus' teaching on retribution (Mark 12:38-40), option 1 is the probable meaning."

306 [Fri] πταίω from a basic meaning *stumble against* something; intransitively and

figuratively in the NT, of failing to do God's will *stumble, err, sin.*

307 Vlachos, *James*, 106: "In any case, by the time James gets to the inclusion 1st pls. in v. 9, the discussion seems to have from teachers to church members in general."

308 약 1:2, 5, 8, 17bis, 19, 21; 2:10; 3:7, 16; 4:16; 5:12.

309 조병수는 『야고보서-계시록』, 2015 합신강의안, 미제본, 19에서 4-12절을 다음과 같이 구분하여 설명한다. 혀의 작용(4-5a), 혀의 영향(5b-6), 혀의 세력(7-8), 혀의 모순(9-12).

310 여기에 사용된 현재형 αὐχεῖ는 격언의 현재이다.

311 혀가 자랑하는 "큰 것들"을 복수로 표현한 것은 혀의 큰 세력뿐만 아니라 이어서 나오는 혀의 다른 다양한 특성들을 가리키는 것으로 보인다. 이 외에도 문맥적 추론으로 혀는 작은 지체이나 '큰 지체들'을 대하여 자랑한다는 뜻으로 읽을 수는 없을까? 하여튼 문제는 αὐχέω(자랑하다)가 hapax legomenon이어서 더 이상 참고할 자료가 없다는 것이다. 물론 다양한 사전들이 고대 그리스 문서들에서 이 단어를 찾아 그 의미를 설명하지만, 모두 한결같이 '자랑하다'는 의미로 해석하고 있다.

312 Cf. "입에 들어가는 것이 사람을 더럽게 하는 것이 아니라 입에서 나오는 그것이 사람을 더럽게 하는 것이니라"(마 15:11). "입에서 나오는 것들은 마음에서 나오나니 이것이야말로 사람을 더럽게 하느니라"(마 15:18).

313 μικρὸν μέλος와 μεῖζον κρίμα는 둘 다 관사 없이 형용사가 명사 앞에 옴으로써 강조구문이 되었다. 1c의 해설을 참조하라.

314 잠 16:27 "불량한 자는 악을 꾀하나니 그 입술에는 맹렬한 불같은 것이 있느니라."

315 야고보는 이미 5b에서 혀와 불을 동일시했다. 그는 지금 이 점을 강조하고 있다. (Vlachos, *James*, 110; Moo, *James*, 156).

316 Vlachos, *James*, 114: "The adjective, as here, is usually followed by a genitive which specifies the content of the word to which it is related (see on 1:21 περισσείαν κακίας)." 약 3:17 μεστὴ ἐλέους καὶ καρπῶν ἀγαθῶν. Cf. 요 1:14. πλήρης χάριτος καὶ ἀληθείας.

317 τοὺς … γεγονότας, pf. act. ptc. Cf. Vlachos, *James*, 115: "The perfect tense looks both to the past and present: humans were created in the image of God, and they continue to bear this image."

318 관사 + 실명사(존재를 나타내는 명사) + 실명사 = 한 사람. see. 약 1:27 παρὰ τῷ θεῷ καὶ πατρί. Cf. Vlachos, *James*, 115.

319 κατά는 일치를 의미한다.

320 조병수, "야고보서의 신론 윤리", 566.

321 Vlachos, *James*, 115f. ἐκ τοῦ αὐτοῦ στόματος ἐξέρχεται εὐλογία καὶ κατάρα에서 복수 주어와 단수 동사 사이의 불일치는 이러한 상황의 모순에 적합하다.

322 입(στόμα)은 혀와 동의어이다.

323 μητί는 μή의 강조형이다. 그리고 μή로 시작된 의문문은 부정의 대답을 전제로 한 것이다.

324 각각의 형용사에 정관사를 사용한 것은 이 둘의 본질이 다르다는 것을 강조한다.

325 여기서 짜다는 말은 앞에서 사용된 쓰다는 말과 교호적으로 사용되었다.

326 이것은 예수님의 말씀을 반영한다. "그들의 열매로 그들을 알지니 가시나무에서 포도를, 또는 엉겅퀴에서 무화과를 따겠느냐 이와 같이 좋은 나무마다 아름다운 열매를 맺고 못된 나무가 나쁜 열매를 맺나니 좋은 나무가 나쁜 열매를 맺을 수 없고 못된 나무가 아름다운 열매를 맺을 수 없느니라"(마 7:16-18).

327 이복우, "요한계시록의 용(δράκων)에 대한 연구", 「신학정론」 34/2 (2016), 175-218.

328 Cf. Motyer, 『야고보서 강해』, 197.

329 13a에는 "총명한"(ἐπιστήμων, understanding, knowledgeable, well-instructed, skilled)이라는 단어가 "지혜로운"(σοφός)이라는 단어와 함께 쓰였지만, 이 단어는 야고보서 전체에서 더 이상 나타나지 않고 오직 "지혜로운"이라는 말만 나타난다. 그러므로 "지혜"(σοφία)라는 말이 이 둘을 통합하여 대표하는 것으로 볼 수 있다. Vlachos, James, 120: "While σοφός is a moral quality, ἐπιστήμων appears to denote expertise: 'being knowledgeable in a way that makes one effectual in the exercise of such knowledge.'"

330 Cf. 약 2:18 δείξω ἐκ τῶν ἔργων μου τὴν πίστιν.

331 ἀναστροφή는 생활 방식(way of life)이나 생활 태도 또는 성품을 의미한다[BDAG]. 따라서 '선행'(개역개정)(καλὴ ἀναστροφή)은 행위(ἔργον)가 아니라 그 행위의 성격이다. 그리고 13b의 '행위들'(τὰ ἔργα)은 이 성격의 성취이자 실현이다. See Motyer, 『야고보서 강해』, 189f.

332 여기서 야고보는 명확하게 τὰ ἔργα와 ἡ καλὴ ἀναστροφή를 구분한다.

333 Wallace, The Basics of New Testament Syntax, 49: "The Attributed Genitive. ⋯ This is just the opposite, semantically, of the attributive genitive. The head noun, rather than the genitive, is functioning (in sense) as an attributive adjective. Although rarer than the attributive genitive, this is not altogether uncommon. ⋯ If it is possible to convert the noun to which the genitive stands related into a mere adjective, then the genitive is a good candidate for this category. One simple way to do this conversion is to omit the of in translation between the head noun and genitive and change the head noun into its corresponding adjective. Thus 'newness of life' become 'new life.'" Cf. 약 1:11 ἡ εὐπρέπεια τοῦ προσώπου; 빌 1:22; 벧전 1:7.

334 Moo, James, 172: "But James does not indicate any object for the verb(14b, κατακαυχάομαι) here. The literal sense of the verb would require that the object be the other people who are claiming to be wise. James's point would be that they should not put themselves over these others. But James does not actually introduce such a person here, so it is probably better to supply an object from the immediate context. This object could

be 'truth' (see NEB) or 'wisdom' (see TEV). The latter is the better alternative, since James goes on speak about false wisdom in v. 15."

335 κατακαυχᾶσθε는 2:13의 κατακαυχᾶται를 보라.

336 Vlachos, *James*, 122f.

337 εἰ + 직설법은 현재시간에 대하여 말하는 것이다.

338 [TDNT] Jms. 3:15. In this verse *psychikós* describes what is earthly and closed to God's world. In this case, however, demonic influence is involved and disorder results.

339 이복우, "야고보서 2:14-26에 나타난 '믿음과 행위'에 대한 연구", 263f. 각주 23: "야고보서가 말하는 이 '행위'(ἔργον)는 일반적 의미의 '착한 행위'나 '악한 행위'를 말하는 것이 아니다. 야고보서에서 '행위'를 의미하는 단어는 ἔργον 외에 '선행'(ἡ καλὴ ἀναστροφή, 약 3:13)에서 ἀναστροφή가 그리고 '악한 일'(φαῦλον πρᾶγμα, 약 3:16)에서 πρᾶγμα가 오직 한 번씩 사용되었다. 야고보는 어떤 수식어(착한 또는 악한)도 없는 '행위'(ἔργον)와 이 둘을 구분하기 위해 수식어가 동반될 때는 의도적으로 ἔργον 대신에 ἀναστροφή와 πρᾶγμα를 사용한 것으로 보인다."

340 [Fri] μέν intensive particle (a weakened form of μήν [I]) *surely, indeed*. [Thayer] μέν, a weakened form of μήν, and hence, properly a particle of affirmation: *truly, certainly, surely, indeed*.

341 ἡ δὲ ἄνωθεν σοφία πρῶτον μὲν ἁγνή ἐστιν. Vlachos, *James*, 124: "The particle, an alternate form of μήν and usually not translated, was originally used to emphasize single words, usually the weightiest word in the sentence. ⋯ it appears to do so here, spotlighting the adjective."

342 Cf. 히 12:11.

343 고전 4:33 하나님은 무질서의 하나님이 아니시요 오직 화평의 하나님이시라.

344 ἐπί + εἰκός. εἰκός = what is reasonable, suitable, fair, mid.) kind. 그러므로 이 단어는 '공평한', '온당한', '공정한'의 의미이다.

345 Vlachos, *James*, 125.

346 약 3:15 ἔστιν ··· ἡ σοφία ···.; 3:17 ἡ ··· ἄνωθεν σοφία ··· ἐστιν.

347 "ἡ δὲ ἄνωθεν σοφία πρῶτον μὲν ἁγνή ἐστιν"(약 3:17)에서 ἐστιν은 위로부터 난 지혜의 정체성을 나타낸다.

348 Cf. "여호와를 경외하는 것이 지혜의 근본이요 거룩하신 자를 아는 것이 명철이니라"(잠 9:10).

349 또는 "사람들에 의해서"로 번역이 가능하다. τοῖς ποιοῦσιν εἰρήνην는 중개(agency)의 여격이 아닌 이익(advantage)의 여격으로 보는 이유에 대하여 Vlachos는 다음과 같이 설명한다. "… the dat. of agency is very rare in the NT, usually occurring with a perf. pass. vb."(*James*, 126).

야고보서 4장

Epistle of James

I. 싸움과 다툼(약 4:1-3)

개역개정 ¹ 너희 중에 싸움이 어디로부터 다툼이 어디로부터 나느냐 너희 지체 중에서 싸우는 정욕으로부터 나는 것이 아니냐 ² 너희는 욕심을 내어도 얻지 못하여 살인하며 시기하여도 능히 취하지 못하므로 다투고 싸우는도다 너희가 얻지 못함은 구하지 아니하기 때문이요 ³ 구하여도 받지 못함은 정욕으로 쓰려고 잘못 구하기 때문이라

사 역 ¹ 너희 가운데 싸움들이 어디서부터 나며 다툼들이 어디서부터 나느냐? 이것으로부터, 너희의 지체들 안에 있는 너희의 싸우는 욕망들로부터 (나는 것이) 아니냐? ² 너희가 열망하나 너희는 가지지 못하고 너희는 살인한다. 또한 너희가 질투하나 너희는 얻지 못하고 너희는 다투고 너희가 싸운다. 너희가 구하지 않기 때문에 너희는 가지지 못한다. ³ 너희가 구하나 너희는 받지 못한다. 왜냐하면 너희의 쾌락들을 위해 너희가 허비하려고 너희가 악하게 구하기 때문이다.

- 내용분석 -

1. 싸움과 다툼의 원인(1)
2. 가지지 못함과 얻지 못함의 결과와 원인(2)
3. 구하여도 받지 못하는 이유(3)

1. 문학적 구조와 특징

1) 구조

(1) 1절은 3-3-3의 구조를 이룬다. 그것은 세 번의 '-θεν'(Πόθεν ⋯ πόθεν ⋯ ἐντεῦθεν)과 세 번의 전쟁용어(πόλεμοι ⋯ μάχαι ⋯ στρατευομένων)와 세 번의 2인칭 복수(ὑμῖν ⋯ ὑμῶν ⋯ ὑμῶ)이다.

(2) 1절과 3절은 "욕망"(ἡδονή)이라는 공통적인 말을 가지고 있다. 따라서 1-3절은 이 단어에 의해 인클루지오(*inclusio*)를 이루며, 하나의 문단이 된다. 그리고 4절은 "간음한 여인들아"라고 부름으로써 새로운 문단이 시작된다.

(3) 1a에서 "싸움"과 "다툼"이 명사로 나타난다. 그러나 2c에서 이 명사형 단어들은 순서가 바뀌고 또한 동사로 언급된다. 이것은 다음과 같이 교차대구 구조를 이룬다.

1a   A.   πόλεμοι καὶ ⋯ μάχαι   싸움들과 ⋯ 다툼들이

         B.   ἐκ τῶν ἡδονῶν ὑμῶν ⋯

2c   B'.   ἐπιθυμεῖτε καὶ οὐκ ἔχετε ⋯

       A'.   μάχεσθε καὶ πολεμεῖτε   다툰다 ⋯ 싸운다

(4) 2절의 "구하다"(αἰτεῖν)가 3절에서 반복되면서 교차대구 구조를 형성한다.

2 A. οὐκ ἔχετε ⋯   A. 너희가 가지지 못한다
   B. μὴ αἰτεῖσθαι ⋯   B. 너희가 구하지 않는다
3 B'. αἰτεῖτε   B'. 너희가 구한다
   A'. οὐ λαμβάνετε   A'. 너희가 받지 못한다

2) 특징

(1) 의문문을 통한 질문과 대답(1)

"너희 가운데 싸움들이 어디서부터 나며 다툼들이 어디서부터 나느냐?"(1a)라는 질문에 이어 "이것으로부터, 너희의 지체들 안에 있는 너희의 싸우는 욕망들로부터 (나는 것이) 아니냐?"(1b-c)라고 질문한다. 여기서 후자의 문장 형식은 의문문이지만 실제로는 전자의 질문에 대한 대답을 제공하고 있다.

(2) 2인칭 복수의 반복적 사용(17회)

2인칭 복수 대명사가 3장에서는 2번 사용된(13, 14) 반면에 3절밖에 안되는 본 문단에서는 무려 5번이나 사용되었다(1tres., 2, 3). 또한 2인칭

복수 동사도 본 문단에서 무려 12번이나 사용되었다(2절에 8번, 3절에 4
번). 이는 싸움과 다툼이 수신 교회 안에 그 무엇보다 심각한 문제가 되
고 있다는 사실을 의미한다.

(3) 잦은 동의어 사용

다음과 같이 동의어가 자주 사용되었다. 욕망을 의미하는 $\dot{\eta}\delta o\nu\dot{\eta}$(1, 3)와
$\dot{\epsilon}\pi\iota\theta\upsilon\mu\dot{\epsilon}\omega$(2), 전쟁을 뜻하는 $\pi\dot{o}\lambda\epsilon\mu o\varsigma$(1)와 $\mu\dot{\alpha}\chi\eta$(1), 전쟁하다는 뜻의
$\pi o\lambda\epsilon\mu\dot{\epsilon}\omega$(2)와 $\mu\dot{\alpha}\chi o\mu\alpha\iota$(2)와 $\sigma\tau\rho\alpha\tau\epsilon\dot{\upsilon}o\mu\alpha\iota$(1), 구하다의 $\alpha\dot{\iota}\tau\dot{\epsilon}\omega$(3)와
$\alpha\dot{\iota}\tau\dot{\epsilon}o\mu\alpha\iota$(3), 그리고 소유를 뜻하는 $\ddot{\epsilon}\chi\omega$(2bis.)와 $\dot{\epsilon}\pi\iota\tau\upsilon\gamma\chi\dot{\alpha}\nu\omega$(2)와
$\lambda\alpha\mu\beta\dot{\alpha}\nu\omega$(3a).

(4) 주제는 바뀌었으나 동일 단어의 계속적 사용

4장으로 넘어오면서 주제가 바뀌었다. 그러나 3장에서 사용된 단어들
이 4장에서도 계속적으로 사용된다. 지체($\mu\dot{\epsilon}\lambda o\varsigma$)(3:5, 6//4:1), 질투($\zeta\tilde{\eta}\lambda o\varsigma$)
(3:14, 16)와 질투하다($\zeta\eta\lambda\dot{o}\omega$)(4:2). 이러한 현상은 야고보서가 보여주는
전형적인 문학특징이다.

(5) 반어법적 표현

'…하지만 …하지 못한다'라는 표현이 연속적으로 나타난다. "너희가
열망하나 너희는 가지지 못하고 … 너희가 질투하나 너희는 얻지 못하

고 ··· 너희가 구하나 너희가 받지 못한다"(ἐπιθυμεῖτε καὶ οὐκ ἔχετε ··· ζηλοῦτε καὶ οὐ δύνασθε ἐπιτυχεῖν ··· αἰτεῖτε καὶ οὐ λαμβάνετε, 2-3). 이것은 반어법적 표현으로서 강조를 위한 것이다.

2. 해설

1) 싸움과 다툼의 원인(1)

야고보는 지혜에 대한 결론으로 화평하게 하는 자들은 화평으로 심어 의의 열매를 거둔다고 말했다(3:18). 신자는 지혜로운 사람이며 따라서 화평케 하여 의의 열매를 산출하는 사람이다. 그런데 놀랍게도 바로 이어지는 4:1에서 야고보는 매우 격한 목소리로 "너희 중에 싸움들이 어디로부터 나며 다툼들이 어디로부터 나느냐"(1)고 따져 묻는다. 2절에서는 이 순서를 바꾸어 다시 한 번 "다투고 싸우는도다"라고 말하며, 심지어 살인한다고까지 말한다. 이렇게 하여 평화에 대한 언급이 싸움과 다툼에 대한 논의로 전환되었다. 하나님의 성품을 따라 화평해야 하는 성도들이 도리어 마귀의 성품을 따라 심히 질투하며 싸우며 다투고 살인했다. 이 싸움(πόλεμος)과 다툼(μάχη)은 가벼운 말다툼 정도가 아니라 전쟁을 의미한다. 싸우다(πολεμέω, 2)와 다투다(μάχομαι, 2)도 전쟁하다는 동사이다. "싸우는 정욕"(1)에서 '싸우는'(στρατευομένων)이라는 말도 전쟁을 수행하다(combat, wage war)는 뜻이다. 이처럼 야고보는 성도들 사이의 험악한 싸움과 다툼을 전쟁 용어로 표현하고 있다.

특히 야고보가 반복하는 "어디서"(πόθεν)라는 말의 1차적인 의미는 싸움과 다툼의 출처를 말하는 것이다. 그러나 1b는 "이것으로부터, 너희의 지체들 안에 있는 너희의 싸우는 욕망들로부터 (나는 것이) 아니냐?"고 말한다. 따라서 '어디서'는 싸움과 다툼의 출처보다는 그것의 원인에 대한 질문이다.[350] 1절의 가장 두드러진 특징은 세 번씩 반복되는 세 단어이다. 첫째는 세 번의 '-θεν'이다. 이것은 출처를 나타내는 어미이다. "Πόθεν ⋯ πόθεν ⋯ ἐντεῦθεν." 둘째는 전쟁을 의미하는 단어의 세 번 반복이다. "⋯ πόλεμοι ⋯ μάχαι ⋯ στρατευομένων." 셋째는 2인칭 복수 '너희'의 세 번 반복이다. "ἐν ὑμῖν ⋯ ὑμῶν ⋯ ὑμῶν;" 이것은 강조법이며, 이를 통해 야고보는 '너희' 안에 전쟁이 계속 되는데, 그 전쟁의 근본 원인이 무엇인지를 확증한다. 이 사실은 전치사 ἐκ와 ἐν의 사용에서도 분명하다. 싸움과 전쟁은 '너희의 욕망에서(ἐκ)' 나오는데, 이 욕망은 '너희의 지체들 안에(ἐν)' 있다. 싸움은 '너희'의 욕망이 원인이며, 이 욕망의 자리는 '너희'의 지체 안에 있다. 따라서 '너희' 중 그 누구도 이 싸움의 책임과 무관할 수 없다.

또한 야고보가 '싸움들'(πόλεμοι)과 '다툼들'(μάχαι)이라고 복수로 표현한 것은 이러한 싸움이 한두 번으로 끝나지 않고 반복적이고 지속적이었다는 의미이다. 나아가서 '싸움'(πόλεμος)은 남성명사이고 '다툼'(μάχη)은 여성명사인데, 성이 다른 동의어를 나란히 써서 '다툼과 싸움'이라고 표현한 것은 아마도 이 싸움이 남자들에게만 한정된 것이 아니라 남녀를 가리지 않고 너나할 것 없이 맹렬히 싸우고 있었던 것으로 보인다.[351]

야고보는 4장에 들어오면서 2인칭 대명사 복수와 2인칭 복수 동사를 여러 차례 사용한다. 이는 수신 교회 안에 싸움과 다툼이 말(혀)의 문제보다 훨씬 더 심각한 문제였다는 의미로 이해될 수 있다. 그러면 "너희 안에", 즉 교회 안에 일어나고 있는 싸움과 다툼은 도대체 어디에서 나오는 것인가? 그것은 무엇 때문에 일어나는가? 이에 대한 대답으로 야고보는 긍정의 대답을 전제로 한 질문형식의 수사법을 사용한다. 이는 이미 교회의 성도들이 싸움과 다툼의 원인을 다 알고 있다는 사실을 강조하는 것이다. 그는 이것을 더욱 두드러지게 나타내기 위해 원인을 말하기에 앞서 '이것으로부터'(ἐντεῦθεν)라는 말을 먼저 언급한다. 교회 내의 싸움과 다툼은 "너희의 지체들 안에 있는 너희의 싸우는 욕망으로부터" 나온다. 신자라고 해도 여전히 욕망이 있다. 그것은 선한 욕망이 아니라 싸우는 욕망이다. 전쟁을 수행하는 욕망이다. 이 욕망이 지체들 안에 자리하고 있다.[352] 여기서 특별히 주목할 것은 '너희'가 반복되고 있다는 사실이다. '너희' 안에 있는 싸움들과 다툼들은 '너희'의 지체들 안에 있는 '너희'의 싸우는 욕망 때문이다(ὑμῖν … ὑμῶν … ὑμῶν). 그러므로 "너희 안에"서 일어나는 싸움과 다툼의 원인은 외부에 있는 것이 아니라 '너희' 안에 있다. 신자들은 교회 안에서 일어나는 싸움의 원인을 외부에서 찾지 말라. 신자들은 자신들 안에 싸우고자 하는 호전적인 욕망이 여전히 자리하고 있다는 사실을 명심하라.

2) 가지지 못함과 얻지 못함의 결과와 원인(2)

2절은 1절에서 사용된 단어가 반복된다. 그러나 순서는 싸움(πόλεμος)과 다툼(μάχη)에서 다투다(μάχομαι)와 싸우다(πολεμέω)로 바뀌었고, 품사는 명사에서 동사로 전환되었다. 이를 통해 1절의 주제는 2절에서 더욱 확장되며, 문장의 단조로움은 피하되 저자의 의도는 더욱 강화된다.

2-3절에서는 다음과 같이 동일한 형식의 문장이 연속된다.

ἐπιθυμεῖτε καὶ οὐκ ἔχετε, φονεύετε (2a)
너희가 열망하나 너희는 가지지 못하고 너희가 살인한다.

ζηλοῦτε καὶ οὐ δύνασθε ἐπιτυχεῖν, μάχεσθε καὶ πολεμεῖτε … (2b)
또한 너희가 질투하나 너희는 얻지 못하고
너희가 다투고 너희가 싸운다.

αἰτεῖτε καὶ οὐ λαμβάνετε διότι κακῶς αἰτεῖσθε … (3a)
너희가 구하나 너희가 받지 못한다.
왜냐하면 너희가 악하게 구하기 때문이다.

열망의 뜻을 가진 단어들이 연속(series)을 이루어(ἐπιθυμεῖτε → ζηλοῦτε → αἰτεῖτε) 일종의 점층법을 형성한다. 이것은 수신 교회의 신자들의 열망을 강하게 나타내는 것이다. 게다가 연속되는 세 번의 반어법(A καὶ οὐ[κ] B)이 이와 맞물려 이 열망의 결과와 이유를 매우 부정적 어조로 드러내고 있다.[353]

'너희가 열망한다'(ἐπιθυεῖτε)의 2인칭 복수는 본 문단에서 12번 나타나는 2인칭 복수 중 처음 것이다. 여기에서 열망하다(ἐπιθυμέω)는 정욕적인 의미보다는 간절히 바라다(long for), 원하다(want) 등의 일반적인 의미로 사용되었다. 이것은 뒤에 오는 "너희가 가지지 못한다"(οὐκ ἔχετε)는 말에서 잘 이해된다. 수신 교회의 신자들이 갖기를 간절히 열망하나 가지지 못할 때 일어나는 결과는 살인이다(φονεύετε). 이것은 실제로 사람을 죽이는 것을 의미하기보다는 분노[354]나 좌절된 욕망에서 일어나는 극단적인 행위를 의미한다. 이것은 야고보서 2:11의 용례에서도 지지를 받는다.[355] 또한 수신 교회의 신자들은 질투하지만 얻지 못한다. '질투하다'(ζηλοῦτε)는 다른 사람의 성취나 성공에 대한 격앙된 부정적 감정을 의미한다.[356] 수신 교회의 신자들은 형제나 자매의 잘됨을 보고 몹시 시샘하고 질시하지만 얻지 못하게 될 때, 다투고 싸웠다. '얻다'(ἐπιτυχεῖν)는 '가지다'(ἔχετε)에 상응하는 말이다. 다툼과 싸움은 가지고자 하는 질투에서 시작되어 그것을 얻지 못함으로 일어나는 현상이다. 신자들도 예외 없이 다른 사람의 성취나 성공을 보고 그것을 질투하며, 또한 그것을 얻고자 하나 얻지 못할 때 결국 싸우고 다툰다. 1절에 따르면 이것은 신자들 지체들 안에 있는 싸우려고 하는 강한 욕망이 작용한 결과이다.

그러므로 신자는 다른 사람의 잘됨을 보았을 때 자신 안에 있는 질투심으로 인해 다툼이나 싸움을 일으키지 않도록 주의해야 한다. 신자들도 남이 가지고 있는 것을 가지고 싶으나 그것을 얻지 못할 때, 시기하고 질투하며 마침내 분쟁을 일으키게 된다는 사실을 마음에 새겨야 한다. 개인의 이기적인 욕망이 교회 안의 분열을 초래하는 원인이 된다. 개인의 질시가 원인이 되어 공동체의 싸움을 가져온다. 이것은 작은 불이 큰 숲을 태우는 것과 같다(cf. 약 2:5b).

이어서 가지지 못하는 이유가 나타난다.[357] 그것은 구하지 않기 때문이다. "너희가 구하지 않기 때문에 너희가 가지지 못한다." '구하다'(αἰτέω)는 야고보서에서 5번 나온다(1:5, 6; 4:2, 3bis.). 수신 교회의 신자들은 어떤 것을 가지기를 간절히 원하면서도 기도는 하지 않았다. 대신에 그들은 질투함으로 싸우고 다투었다. "언제나 사람이 탐심에 불타면 기도할 시간을 내지 않고 텅빈다."[358] 그래서 질투와 싸움과 다툼을 멈추는 중요한 대안은 기도이다. 간절히 원한다면 부러워하지 말고 기도하라. 이것이 신자의 필요를 채우시는 하나님의 대안이다. 지혜가 부족한 사람은 하나님께 구하여야 한다. 왜냐하면 하나님은 모든 사람에게 후히 주시고 꾸짖지 아니하시며, 구하는 자에게 주시는 분이기 때문이다(약 1:5). 예수께서도 말씀하셨다. "구하라 그리하면 너희에게 주실 것이요"(마 7:7).[359] 하나님께 구하는 기도는 간절히 바라는 것을 소유하게 되는 은혜의 통로이다. 그러나 이 기도의 더 근본적인 중요성은 신자 개인에게 있지 않고 그가 속한 교회 공동체에 있다. 신자의 기도는 근본적으로 교회 공동체 내에서의 싸움과 다툼이 일어나지 않도록 하는 하나님의 은혜의 방편이다. 이런 의미에서 신자의 기도는 교회 공동체의 하나 됨과 직결된다. 교회의 연합을 위해서 질투와 시기를 버려야한다. 이것은 하나님께 구함으로써 해결된다. 여기에 기도의 또 다른 가치가 있다.

3) 구하여도 받지 못하는 이유(3)

이어서 야고보는 "너희가 구하지 않기 때문에 가지지 못한다."는 말에 예상되는 한 가지 반론을 말하고 그것에 대한 대답을 제시한다. 그 반론은 "구하였는데도 받지 못했다"는 것이고, 이에 대한 대답은 "너희들이 쾌락들을 위해 너희가 허비하기 위하여 너희가 그릇되게 구하기 때문"이라는 것이다. 구하지 않기 때문에 가지지 못하며(οὐκ ἔχετε), 잘못 구하기 때문에 구하여도 받지 못한다(οὐ λαμβάνετε). 여기에 구함, 받음, 그리고 가짐의 순서가 나타난다. 가지기 위해서는 하나님으로부터 받아야 하고, 받기 위해서는 하나님께 구해야 한다. 그러나 구해도 받지 못하고 결국 가지지 못하는 경우들이 많다. 그래서 다투고 싸운다. 그렇다면 왜 구하여도 받지 못할까? 그 근본 이유는 "그릇되게 구하기 때문이다"(διότι κακῶς αἰτεῖσθε). 이 문장에서 '그릇되게'(κακῶς)가 강조하는 자리에 있다. 이 말은 잘못된 동기로(NIV) 구한다는 뜻이다. 즉 구하는 자의 겉모습이 아니라 구하는 동기가 잘못되었다는 말이다. 이것은 이어 나오는 구하는 목적을 말하는 내용에서 분명하다. "너희들의 쾌락들을 위해 너희가 허비하기 위하여"(ἵνα ἐν ταῖς ἡδοναῖς ὑμῶν δαπανήσητε, 3b). 이 말은 그들의 기도는 그들의 쾌락을 위해 허비할 것을 채우기 위한 수단에 지나지 않는다는 뜻이다. 이런 목적으로 하는 기도를 하나님께서 들어주실 리가 없다.

하나님은 구하는 자의 중심, 마음, 동기, 목적을 보신다. 하나님은 두 마음을 품은 자에게 주시지 않는다(약 1:7-8). 하나님은 온갖 좋은 은사와 온전한 선물을 주신다(약 1:17). 그러므로 사람이 하나님의 '좋음'과 '온전함'을 벗어난 어떤 것을 구할 때 하나님은 그것을 허락하실 수 없다. 하나님은 자신의 성품에 반하는 그 어떤 것도 하실 수 없기 때문이다. 하나님 앞에서 신자의 경건은 정결하고 흠이 없어야 한다(약 1:27). 하물며 하나님께 드리는 기도 또한 그리해야 마땅하다. 세상과 벗되는 것이 하나님과 원수 되는 것이다(약 4:4). 그러니 하나님을 거스르고 세상과 짝하기 위해 구하면 하나님이 주실 리가 만무하다. 하나님은 교만한 자를 물리치시고 겸손한 자에게 은혜를 베푸신다(약 4:6). 그러니 자신을 높이기 위해 무엇을 구하는 기도를 하나님이 들어주시겠는가. 하나님을 가까이 하는 기도를 드려야 함에도 불구하고(약 4:8) 도리어 하나님을 멀리하는 것을 구한다면 이것은 결코 주어지지 않는다. 주의 뜻에 반하는 어떤 것을 구하면 그것 역시 받을 수 없다(약 4:15). 분명, 하나님은 가장 자비하시고 긍휼히 여기시는 분이시다(약 5:11). 그러나 하나님의 성품과 진리를 거슬러 구하는 것을 결코 용납하지 않으신다. 기도에 있어서 중요한 것은 기도자의 열심이나 간절함이나 겉으로 드러난 모습이 아니라 기도의 대상이신 하나님이 어떤 분이신지를 바로 믿고 의지하는 것과 하나님의 성품이 어떠한지를 알아 그것에 합당한 동기와 목적으로 구하는 것이다. 신자는 이 사실을 기억하며 기도해야 한다.

II. 세상의 친구, 하나님의 원수(약 4:4-6)

개역개정 ⁴ 간음한 여인들아 세상과 벗된 것이 하나님과 원수 됨을 알지 못하느냐 그런즉 누구든지 세상과 벗이 되고자 하는 자는 스스로 하나님과 원수 되는 것이니라 ⁵ 너희는 하나님이 우리 속에 거하게 하신 성령이 시기하기까지 사모한다 하신 말씀을 헛된 줄로 생각하느냐 ⁶ 그러나 더욱 큰 은혜를 주시나니 그러므로 일렀으되 하나님이 교만한 자를 물리치시고 겸손한 자에게 은혜를 주신다 하였느니라

사 역 ⁴ 간음한 여인들아, 너희는 세상의 친구가 하나님의 원수라는 것을 알고 있지 않느냐? 그러므로 누구든지 세상의 친구이기를 원하는 자마다 하나님의 원수가 된다. ⁵ 또는 너희는 성경이 헛되게 "그가(하나님이) 우리 안에 거하게 하신 영을 그가 질투하기까지 사모한다"고 말씀한다 생각하느냐? ⁶ 심지어 그는 더 큰 은혜를 주신다. 그러므로 그가 말한다. "하나님이 교만한 자들에게 대적하신다. 그러나 그가 겸손한 자들에게 은혜를 주신다."

- 내용분석 -

1. 세상의 친구, 하나님의 원수(4)
2. 하나님이 사모함(5)
3. 교만한 자, 겸손한 자(6)

1. 문학적 구조와 특징

1) 인클루지오(*inclusio*) 구조

6절은 "그러나 그가 은혜를 주신다"(δὲ δίδωσιν χάριν)에 의해 인클루지오(*inclusio*) 구조를 형성한다.

μείζονα δὲ δίδωσιν χάριν ⋯ ταπεινοῖς δὲ δίδωσιν χάριν

2) 대조법이 나타난다. "세상의 친구, 하나님의 원수"(4), "교만한 자들, 겸손한 자들"(6). 이 둘은 각각 적대관계를 강조한다.

3) 짧은 내용 안에서 두 번이나 성경을 인용한다(5b, 6b). 이것은 이 문단에 나타난 저자의 논지를 강화한다.

2. 해설

1) 세상의 친구, 하나님의 원수(4)

야고보는 갑작스럽게 '간음한 여인들아'(μοιχαλίδες)라고 함으로써 1-3절에서 계속되던 2인칭 복수 '너희'에서 3인칭 복수 '간음한 여인들'에게로 대상을 바꾼다. '간음한 여인들아'는 문자적 의미 그대로 특정한 성을 가리키는 것이 아니라 하나님께 불신실한 모든 자들을 가리킨다.[360] 따라서 '간음한 여인들'은 정욕, 즉 쾌락(ἡδονή, pleasure; passion, lust)을 위해 허비할 목적으로 하나님께 구하는 자들도 여기에 해당한다. 그들에게 있어 기도는 쾌락을 위해 허비할 것을 구하는 수단에 지나지 않는다. 그들은 참으로 무섭고 망할 기도를 했다. 이들은 세상과 친구가 되어 하나님과 원수 된 사람들이다. 이 사실은 바로 뒤에 나오는 내용들이 확증한다. 야고보는 그들을 향해 "너희는 세상의 친구가 하나님의 원수라는 것을 알고 있지 않느냐?"고 질문한다. 이미 독자들은, 특히 '간음한 여인들'은 이 사실을 잘 알고 있다. 이것은 하나의 진리이다.

4b는 문장의 구조상 '친구'(ἡ φιλία)는 주어이고 "원수"(ἔχθρα)는 주격 보어로서 술어이다. 그래서 주어 앞에만 관사가 있고, 술어에는 관사가 붙지 않았다. 이것은 세상의 친구인 사람과 하나님과 원수 된 자가 서로 다른 사람이 아니라는 뜻이다. 세상의 친구인 자와 하나님의 원수 된 자는 동일인이다. 세상과 친구가 되면 그 즉시 하나님을 대적하는 자가 된다. 세상과 친구이면서 동시에 하나님과도 친구일 수는 없기 때문이다. 또한 세상과 원수가 된 사람은 결국 하나님의 친구이다. 세상과의 관계에 의해 하나님과의 관계가 결정된다. 세상에 대한 태도를 보면 하나님에 대한 태도도 알 수 있다. 신자의 세상에 대한 관계가 신자의 하나님과의 관계를 재는 척도이다.

본문의 문맥에서 세상(κόσμος)은 하나님께 대적하는 모든 악한 것들을 의미한다. 친구(φιλία)는 밀접한 연합과 상호 관계를 나타낸다. 그러므로 세상의 친구라는 것은 하나님을 대적하고 거스르는 것에 긴밀하게 연합되어 있다는 의미이다. 그는 하나님을 증오하고 대적하며 반목하고 불화하는 대적자이다. 그러므로 누구든지 세상의 친구이기를 원하는 자마다 하나님의 원수가 된다(καθίστημι).[361] '누구든지'(ὃς ἐάν)는 이 원리에서 예외가 되는 사람은 없다는 뜻이다. 신자도 여기에서 예외일 수 없다.

2) 하나님이 사모함(5)

(1) 야고보서의 성경관

'혹은'(ἤ)으로 시작하는 5절은 야고보가 4절에서 단언한 것의 근거를 제시한다. "혹은 너희는 성경이 헛되이 말하고 있다고 생각하느냐?"(5a). 성경은 헛된 말을 하지 않는다. 여기에 야고보의 성경관이 나타난다.

첫째, 성경은 말씀한다. 이것은 성경의 기능을 가리킨다. 성경은 말하기 위해 존재한다. 성경은 계시를 목적으로 한다. 성경이 침묵한다면 그것은 더 이상 성경이 아니다. 성경은 하나님에 대하여 말씀하며 인간과 만물에 대하여 말씀한다. 성경은 하나님의 세계와 영적인 세계에 대하여 말씀하고 인간과 만물의 장래에 대하여 말씀한다. 특히 성경은 인간과 우주만물의 구속과 종말에 대하여 말씀한다.

둘째, 성경이 말씀한다는 것은 성경이 곧 하나님의 말씀이라는 뜻이다. 이것은 6절에서 "그러므로 그가 말씀한다(διὸ λέγει)."에서도 잘 나타난다. 뒤에서 말하겠지만, '그'는 문맥상 하나님이다. 따라서 야고보는 "그러므로 하나님이 말씀하신다"고 한 다음에 곧 바로 성경의 말씀을 인용한다(LXX. 잠 3:34, cf. 마 23:12; 벧전 5:5). 이것은 기록된 성경이 곧 하나님의 말씀이라는 의미이다. 성경은 하나님의 권위를 가진다.

셋째, 성경은 계시이다. 성경이 말씀한다는 것은 하나님이 말씀하신다는 뜻이다. 따라서 성경은 곧 하나님의 계시이다. 성경은 하나님을 모르는 인간에게 하나님을 계시하고 하나님의 계획과 뜻을 계시한다. 성경은 인간이 어떤 존재인지를 정확하게 계시한다. 성경은 말씀하는 성경이며 계시의 성경이다.

넷째, 성경의 기원은 하나님이시다. 성경은 말씀하되, 헛되게 말씀하지 않는다. 본 절에서 '헛되게'(κενῶς)가 강조의 자리에 있다. 성경은 하나님의 말씀이다. 이것은 성경이 하나님의 뜻을 담고 있다는 의미이기도 하지만 무엇보다 성경이 하나님으로부터 나왔다는 의미이다. 하나님이 성경의 기원이시다. 하나님은 식언치 않으시는 분이시다(민 23:19). 그러므로 하나님에 의해 존재하는 성경도 헛된 말씀을 하지 않는다. 이것은 성경 말씀이 진리라는 뜻이다. 하나님이 진리이시기에 그분에게서 나와서 그 분의 말씀을 말하는 성경도 진리일 수밖에 없다.

다섯째, 성경은 현재 "말씀하고 있다." 본 절에서 '말씀하다'(λέγει)는 현재시제이다. 이것은 6절에서도 마찬가지이다. 야고보가 가리키는 것은 분명 구약성경을 의미한다. 야고보가 이 서신을 기록하고 있을 당시에 구약성경은 이미 다 기록되었다. 그것은 과거의 일이다. 그런데도 야고보는 성경이 현재 '말씀하고 있다'고 선언한다. 이것은 인류에 대한 성경의 지속적이고도 직접적인 관련성을 강조한다. 성경은 예나 지금이나 앞으로나 변함없이 말씀한다. 성경은 과거의 일이면서도 현재의 일이며 또한 미래의 일이다. 성경의 저자이신 하나님이 예부터 계시며(시 55:19), 어제나 오늘이나 영원토록 통일하시기 때문이다(히 13:8). 성경은 과거의 사람들이나 현재의 사람들이나 미래의 사람들 모두에게 관련된 계시이다. 하나님이 모든 시대 모든 공간의 사람들을 상대하시기에 하나님의 말씀인 성경도 그러하다. 성경은 언제나 말씀하고 있다. 그래서 우리는 오늘도 성경의 말씀을 들을 수 있고 또한 들어야 한다.

(2) 5b의 주어와 목적어

5b는 4절의 단언에 대한 근거 구절이 무엇인지를 밝힌다. "그가(하나님이) 우리 안에 거하게 하신 영을 그가 질투하기까지 사모하고 있다." "질투하기까지"(πρὸς φθόνον)는 'φθονερῶς'와 같은 의미로서 '시기하여'(enviously)라는 의미이다. 이 단어는 신약성경 중 오직 여기에서만 긍정의 의미로 사용되었다.[362] 그러면 '그가 사모하고 있다'(ἐπιποθεῖ)에서 주어인 그는 누구인가?[363] 이것은 뒤에 오는 '그 영'(τὸ πνεῦμα)의 격(case)이 무엇인지에 따라 달라진다. 만일 '그 영'이 주격이면 성령이 사모한다는 말이 되고, 목적격이면 문맥상 하나님이 '그 영'(τὸ πνεῦμα)을 사모한다는 말이 된다.

이 중에 어느 것이 옳은지를 결정하기 위해서는 '그 영'이 어떤 영인지를 우선 결정해야 한다.[364] 이 영은 성령인가 아니면 인간의 영인가? '이 영'을 성령으로 보는 것은 바람직하지 않아 보인다. 야고보서 어디에도 성령에 관한 언급이 없을 뿐만 아니라 "그가 우리 안에 거하게 하신"은 '그 영'을 수식하기 때문이다. 이것은 하나님이 인간을 창조하실 때에 인간에게 생기를 불어 넣으신 것(창 2:7; 전 12:7)을 반영하는 것 같다.[365] 따라서 '그 영'(τὸ πνεῦμα)은 성령이 아니라 사람의 영으로 이해하는 것이 더 타당하다.[366]

또한 야고보는 "그가 우리 안에 거하게 하신 영을 그가 질투하기까지 사모하고 있다"(5b) 것을 "성경이 말씀하고 있다"(ἡ γραφὴ λέγει, 5a)고 말한다. 하지만 이 말씀이 구약 성경 어디를 가리키는 것인지 분명하지 않다.[367] 오히려 이 5b는 구약성경의 한 부분을 문자적으로 인용한 것이 아니라 출애굽기 20:5; 34:14 등에 언급된 자기 백성을 향한 하나님의 질투라는 구약성경의 전반적인 주제를 바꾸어 표현한 것으로 보인다.[368] 그리고 여기에는 성령이 언급되지 않는다. 따라서 본문의 주어는 하나님이며, 목적격은 인간의 영이다.

나아가서 문맥이 무엇을 말하는지 살펴보아야 한다. 인접한 문맥은 '하나님의 질투'라는 해석에 강하고 결정적인 지지를 제공한다. 4절은 신자들이 그들의 유일한 참 배우자이신 주님과 구별하여 세상을 따름으로써 저지르고 있는 영적 간음에 초점을 맞춘다. 그리고 5절은 4절의 이 논점을 분명히 입증한다.[369] 결국 5b는 "하나님이 우리 안에 거하게 하신 영을 그가 질투하기까지 사모하고 있다."로 해석하는 것이 가장 타당해 보인다.

3) 교만한 자, 겸손한 자(6)

야고보는 "하나님이 그가 우리 안에 거하게 하신 그 영을 질투하여 사모하신다."고 한 성경의 말씀이 헛된 말이냐고 물었다(5). 그리고 '오히려'(δέ, 6a)라는 말로 그의 논의를 이어간다. 이것은 5절에서 인용한 성경의 말씀이 헛말이 아니라는 것을 강조하는 것이다. 심지어 하나님은 더 큰 은혜를 주신다(μείζονα δίδωσιν χάριν).[370] 하나님의 은혜는 그의 백성이 그에게 신실한 자로 남기 위해 소용되는 것들을 더 많이 공급하신다. "그러므로(διό)[371] 하나님이 교만한 자(ὑπερήφανος)[372]에게 대적하신다. 그러나 그는 겸손한 자들에게 은혜를 주신다."[373] 이것은 야고보가 5b-6a에서 말한 것을 명확하게 하는 것이다. 하나님은 대적도 하시고 주기도 하시는 분이다. 하나님은 교만한 자들에게 대적하신다(ὁ θεὸς ὑπερηφάνοις ἀντιτάσσεται).[374] 그러나 하나님은 겸손한 자들에게는 은혜를 주신다. 문맥에 근거할 때 교만한 자, 즉 하나님의 대적자들은 세상의 친구가 되어 하나님과 원수 된 자들이다. 한 마디로 말하면 '간음한 자들'(μοιχαλίδες, 4a)이다. 반대로 겸손한 자들, 즉 하나님으로부터 은혜를 받는 자들은 세상과 원수가 되고 하나님과 친구가 된 자들이다. 하나님은 이들에게 은혜를 주시되, '더 큰' 은혜를 주신다. 교만한 자(ὑπερήφανος)는 자신을 높이(ὑπέρ) 드러내는(φαίνω) 자이나, 겸손한 자는 낮은 곳에서 위를 쳐다보는 자이다. 은혜는 위를 쳐다보는 자에게 임한다. 은혜와 관련하여 6절의 문장 구조에 주의할 필요가 있다. 6절은 다음과 같이 인클루지오(inclusio)를 이룬다.

"δὲ δίδωσιν χάριν   ⋯   δὲ δίδωσιν χάριν"
"그러나 그가 은혜를 주신다. ⋯ 그러나 그가 은혜를 주신다."

이 구조는 무엇보다도 하나님이 은혜를 주시는 분이라는 사실을 강조한다. 하나님은 세상과 친구인 교만한 자들을 대적하신다. 하지만 이것이 본 구절의 핵심 주제는 아니다. 하나님은 '주시는 분'이시다. 하나님은 후히 주시고 꾸짖지 아니하시는 분이시다(약 1:5). 하나님은 자기를 사랑하는 자들에게 생명의 면류관을 주신다(약 1:12). 하나님은 비를 주어 땅이 열매를 맺게 하시는 분이시다(약 5:18). 하나님은 온갖 좋은 은사와 온전한 선물을 내려주시는 아버지이시다(약 1:17). 이처럼 하나님은 '주시는' 분이시다.

또한 하나님은 주시는 분이시되, '은혜'를 주신다. 하나님은 아무런 받을 자격이 없는 자들에게 값없이 주신다. 하나님의 관심은 교만한 자를 대적하는 데 있지 않고 겸손한 자들에게 은혜를 주시는 데 있다. 은혜 받기를 사모하는 자들이여! 세상과 대적하고 하나님과 친구가 되라. 아브라함이 그러했다. "아브라함이 하나님을 믿었다. 그리고 그것이 그에게 의로 간주되었다고 말씀하는 성경이 성취되었다. 그리고 그는 하나님의 친구라고 불려졌다(φίλος θεοῦ ἐκλήθη)"(약 2:23). 6b에서 '더 큰'(μείζονα)이 강조되고 있음에 주의하라.[375] 하나님은 은혜를 주시는 하나님이시다. 하나님은 겸손한 자들에게 은혜를 주시되 '더 큰' 은혜를 주시기를 원하신다.

설교를 위한 제안 13

본문 : 야고보서 4:1-6

제목 : 더욱 큰 은혜를 주시나니

1. 성도들 사이의 싸움과 다툼

2. 싸움과 다툼의 원인

3. 신자의 욕망

4. 가지지 못하는 이유

5. 구하여도 받지 못하는 이유

6. 세상의 친구, 하나님의 원수

7. 더욱 큰 은혜를 주시나니

8. 맺음말

III. 하나님께 복종함(약 4:7-10)

개역개정 7 그런즉 너희는 하나님께 복종할지어다 마귀를 대적하라 그리하면 너희를 피하리라 8 하나님을 가까이하라 그리하면 너희를 가까이하시리라 죄인들아 손을 깨끗이 하라 두 마음을 품은 자들아 마음을 성결하게 하라 9 슬퍼하며 애통하며 울지어다 너희 웃음을 애통으로, 너희 즐거움을 근심으로 바꿀지어다 10 주 앞에서 낮추라 그리하면 주께서 너희를 높이시리라

사 역 7 그러므로 너희는 하나님께 복종하라. 그러나 너희는 마귀에게 대적하라. 그리하면 그가 너희에게서 달아날 것이다. 8 너희는 하나님께 가까이하라. 그리하면 그가 너희에게 가까이 하실 것이다. 너희는 손들을 깨끗이 하라, 죄인들아. 또한 너희는 마음들을 성결하게 하라, 두 마음을 품은 자들아. 9 너희는 슬퍼하라 그리고 너희는 탄식하라 그리고 너희는 울어라. 너희의 웃음은 애통으로 바뀌게 하라. 그리고 기쁨은 우울함(슬픔)으로 (바뀌게 하라). 10 너희는 주님 앞에서 겸손하라. 그리하면 그가 너희를 높이실 것이다.

- 내용분석 -

1. 하나님께 복종함(7a)
2. 대적함과 가까이 함(7b-8a)

3. 손을 깨끗이 하고 마음을 성결하게 함(8b)

4. 슬픔, 탄식, 울음, 애통, 우울(9)

5. 주 앞에서 겸손함(10)

1. 문학적 구조와 특징

1) 인클루지오(inclusio) 구조

7절의 "너희는 하나님께 복종하라"(ὑποτάγητε οὖν τῷ θεῷ)와 10절의 "너희는 주님 앞에서 겸손하라"(ταπεινώθητε ἐνώπιον κυρίου)는 그 의미에 있어서 인클루지오(inclusio) 구조를 이룬다. 이렇게 하여 7-10절은 하나의 단락을 형성한다.

A. ὑποτάγητε οὖν τῷ θεῷ(7a)

너희는 하나님께 복종하라

A'. ταπεινώθητε ἐνώπιον κυρίου(10a)

너희는 주님 앞에서 겸손하라

본 단락의 구조를 이렇게 이해하게 되면, 7b-9b은 하나님께 복종하

고 주님 앞에서 겸손한 것에 대한 구체적인 설명이다.[376]

2) 많은 명령법 사용

네 구절 밖에 안 되는 이 단락에는 무려 10개의 명령법이 연속적으로 나타난다. 따라서 이 단락은 야고보서 전체에서 명령법이 가장 많이 모여 있는 곳이며, 구약의 선지서를 생각나게 한다.

2. 해설

앞 단락(4-6)이 겸손한 자에 대한 권고인 반면에 본 단락은 겸손하게 될 것에 대한 권고이다. 그러면 하나님께 겸손하다는 것은 구체적으로 어떤 것인가? 그것은 행위와 태도로 나타난다.

1) 하나님께 복종함(7a)

7절은 '그러므로'(οὖν)로 시작한다. 이것은 하나님이 교만한 자들을 대적하시고 겸손한 자들에게 은혜를 주시므로(6b), '그러므로' 하나님께 복종하라는 말이다. 결국 겸손과 복종은 서로 연결되어 있다. 이것에 의해 7절과 '겸손하라'고 말하는 10절은 의미상 인클루지오(inclusio)를 이룬다. 하나님으로부터 은혜를 받는 자가 되기 위해서는 하나님께 복종해야 한다. 그러면 하나님은 어떤 분이시기에 인간의 복종을 받으시는가? 주님은 어떤 분이시기에 인간은 그 분에게 겸손해야 하는가? 야고보는 이 서신에서 하나님과 주에 대하여 많은 가르침을 제공한다.[377]

야고보는 하나님과 주님의 존재에 대하여 설명한다. 하나님은 한 분이시다(약 2:19). 하나님과 주님은 아버지이시다(약 1:17, 27; 3:9). 주님은 심판하시는 분이시며(약 5:9), 선지자들의 선포의 대상이시다(약 5:10). 주님은 결말을 내시는 분이시다(약 5:11a). 주님은 우리의 유일한 신앙의 대상이시다(약 2:1). 하나님은 우리 기도의 대상이시다(약 1:5; 2:23; 5:14). 주님은 우리 사랑의 대상이시다(약 1:12). 하나님은 신자가 가까이 해야 할 대상이시다(약 4:8). 주님은 신자가 그 분 앞에서 자신을 낮추어야 할 대상이시다(약 4:10).

또한 야고보는 하나님과 주님의 성품에 대하여 말한다. 하나님은 빛이시다(약 1:17). 주님은 가장 자비하시고 긍휼히 여기시는 분이시다(약 5:11b). 하나님은 악에 의해 시험을 받지 않으시는 절대 선이신 분이다(약 1:13). 하나님은 의로운 분이시다(약 1:20). 주님은 영광스러운 분이시다(약 3:1).

나아가서 야고보는 하나님과 주님의 활동에 대하여 묘사한다. 하나님은 창조주이시다. 하나님은 진리의 말씀으로 우리를 낳으셨다(약 1:18; 3:9. cf. 4:5). 하나님은 선택하시는 분이시며 약속의 나라를 상속으로 주신다(약 2:5). 주님은 다시 오시는 분이시다(약 5:7, 8). 주님은 우리의 기도에 응답하신다(약 5:15, 18). 하나님은 생명의 월계관을 주시는 분이시다(약 1:12). 온갖 좋은 은사와 온전한 선물을 주신다(약 1:17). 은혜를 주신다(4:6). 그는 법을 세우시고 재판하시며, 구원하기도 하시고 멸하기도 하신다(약 12). 인간의 억울함을 들으신다(약 5:4). 오직 주님의 뜻이 이루어진다(약 4:15).

이처럼 하나님에 대한 야고보의 설명은 매우 많고 다양하다. 그가 하나님을 이렇게 설명할 수밖에 없는 것은 하나님은 한 두 마디 말로 다 이해될 수 있는 분이 아니기 때문이다. 하나님은 광대하셔서 측량할 수 없다(시 145:3). 우리 주는 광대하시며 능력이 많으시며 그 지혜가 무궁하시다(시 145:5). 그러니 어찌 인간이 몇 마디 말로 하나님을 다 설명할 수 있겠는가!

이러하신 하나님과 주님이시니 인간이 하나님께 복종하고 주님께 겸손해야 하는 것은 너무나도 마땅하고 당연하다. 아니 그렇게 하는 것이 인간의 영광이다. 인간은 하나님께 복종하고 주님 앞에 겸손할 때 참으로 인간다워진다. 인간은 하나님 앞에 있을 때만 참된 인간이다. 그래서 인간은 신론적 인간이다.

2) 대적함과 가까이 함(7b-8a)

신자는 하나님께 복종해야 한다. '그러나'(δέ) 마귀는 대적해야 한다. 신자는 하나님께 복종하고 가까이해야 하지만 마귀는 대적해야 한다. 하나님은 복종의 대상이며 마귀는 저항의 대상이다. 이렇게 대항하면 마귀는 "너희에게서(ἀφ' ὑμῶν) 달아날 것이다." 이것은 신자가 마귀를 대적하면 마귀는 달아날 수밖에 없다는 말이다. 마귀는 신자의 적수가 되지 못한다. 신자가 마귀를 대항하면 마귀는 도망한다. 이것이 신자와 마귀와의 관계이다. 그러므로 신자들이여! 마귀를 무서워하지 말고 대적하라! 이것은 하나님의 명령이다.

그런데 마귀를 대적하라는 명령에는 더 근본적인 의미가 있다. 그것은 독한 시기와 다툼과 자랑과 거짓과 무질서와 악한 일들을 버리라는 뜻이다. 왜냐하면 이 모든 것들은 귀신의 것이기 때문이다. "그러나 너희 마음속에 독한 시기와 다툼이 있으면 자랑하지 말라 진리를 거슬러 거짓말하지 말라 이러한 지혜는 위로부터 내려온 것이 아니요 땅 위의 것이요 정욕의 것이요 귀신의 것이니 시기와 다툼이 있는 곳에는 혼란과 모든 악한 일이 있음이라"(3:14-16). 이 사실은 하나님을 가까이 하는 것이 물리적으로 하나님께 바짝 붙어있다는 뜻이 아니라 손을 깨끗이 하며 마음을 성결하게 하는 것과 관련된다는 점에서 잘 드러난다(8). 그러므로 마귀를 대적하는 것은 마귀의 성품과 마귀의 일을 대적하고 버리는 것이다.

이에 반해 겸손한 신자는 하나님을 가까이 한다. 하나님을 가까이 하는 것은 하나님의 성품을 따라 온유함과 성결과 화평과 관용과 양순과 긍휼과 선함과 편견이 없고 거짓이 없이 행하는 것이다(3:17-18). 하나님의 성품을 따라 행하는 것이 곧 하나님을 가까이 하는 일이다. 또한 하나님을 가까이 하는 것은 쾌락과 욕망을 위해 시기하고 다투고 싸우지 않는 것이다. 그리하여 세상과 원수가 되고 하나님과 벗이 되는 것이다(4:1-4).

이렇게 신자가 하나님을 가까이 하면, 하나님도 신자를 가까이 하신다(8a). 죄인이 의롭고 거룩하신 하나님을 가까이 할 수 있다는 것이 얼마나 놀랍고 영광스러운 일인가! 그러므로 신자는 하나님을 가까이 하는 것을 부담으로 여기면 안 되고 영광으로 알아야 한다. 우리가 하나님을 가까이 할 때, 하나님도 우리를 가까이 하신다. 하지만 우리가 하나님에게서 멀어지면 자동으로 하나님도 우리에게서 멀어지신다. 우리는 자주 하나님이 나를 멀리 하신다고 생각한다. 그러나 이것은 착각이요 영적 착시일 뿐이다. 하나님이 우리에게서 멀어지신 게 아니고 우리가 하나님에게서 멀어진 것이다. 그러므로 우리는 하나님을 가까이 함으로써 하나님이 가까이 하시는 신자가 되려고 애써야 한다. 이것은 참으로 큰 은혜이다. 하나님을 가까이 할 때, "하나님이 겸손한 자들에게 은혜를 주신다"(6b)는 말씀이 성취된다. 하나님을 가까이 하므로 하나님이 가까이 하시는 인생이 되고 하나님과 더불어 사는 기쁨과 은혜를 누리자.

3) 손을 깨끗이 하고 마음을 성결하게 함(8b)

그러므로 거룩하신 하나님을 가까이 하는 자가 더러운 손과 부정한 마음을 가지고 있어서야 어디 말이 되겠는가. 8b에는 두 개의 호격이 등장한다. 하나는 '죄인들아'(ἁμαρτολοί)이고 다른 하나는 '두 마음을 품은 자들아'(δίψυχοι)이다. 죄인은 손을 깨끗이 해야 한다. 아마도 이것은 행위를 의미할 것이다. 하나님께 복종하는 것은 깨끗한 행위를 하는 것이다. 더러운 행위를 하면서 하나님께 복종하고 있다거나 하나님을 가까이 한다고 말할 수는 없다. 두 마음을 품은 자들은 마음을 성결하게 해야 한다. 이것은 아마도 더러운 행위를 일으키는 원인인 내면의 동기와 태도를 의미할 것이다.[378] '두 마음을 품은 자'는 이미 야고보서 1:8에서 언급되었다. 여기에서는 하나님께 대한 믿음이 없어서 의심하는 사람을 의미했다. 그러므로 마음을 성결하게 하는 것은 곧 하나님을 믿는 믿음이 확실하고도 흔들리지 않는 것을 의미한다. 내면에 이런 믿음이 있을 때 악한 행위를 하지 않게 된다. 여기서 다시 우리는 '믿음과 행위와의 관계'를 보게 된다. '불결한 마음과 더러운 손'은 서로 연결되어 있다. 더러운 손은 성결하지 않은 마음에서 나온다. 그러므로 신자는 두 마음을 품지 않아야 한다. 이렇게 믿음이 분명하면 악한 행위를 하지 않게 된다. 그러므로 더러운 손을 가졌다면 믿음을 점검해야 한다. 신자는 두 마음을 품지 않아야 한다. 오로지 하나님을 확고히 믿고 어떤 것에서도 흔들리지 않아야 한다. 그리하면 더러운 손은 깨끗한 손이 될 것이다.

4) 슬픔, 탄식, 울음, 애통, 우울(9)

야고보는 하나님을 가까이 함과 손의 정결과 마음의 거룩함을 말한 다음, "너희는 슬퍼하라 그리고 너희는 애통하라 그리고 너희는 울어라."(ταλαιπωρήσατε καὶ πενθήσατε καὶ κλαύσατε)고 명령한다. '그리고'(καί)로 연결된 세 개의 동사는 모두 감정을 표현하는 말이며 동의어로 볼 수 있다. 슬퍼하고 애통하는 것이 마음 중심에 있는 안타까움이라면 우는 것은 그러한 감정이 겉으로 드러난 표현이다. 신자들이 하나님께 복종하고 주님 앞에 겸손하기 위해서는 자신들의 마음이 성결하지 못하고 그로 인해 행위도 깨끗하지 못한 것을 그 중심에서부터 슬퍼하고 애통해 하고 울어야 한다.

만일 어떤 사람이 마음이 정결하지 못하고 행위가 거룩하지 못한 것 때문에 하나님 앞에서 자신의 마음을 깨뜨려 슬퍼하고 그 영혼이 가난해지는 애통함이 있다면, 그리하여 웃음이 애통으로 바뀌게 되고 기쁨이 우울함(슬픔)으로 바뀌게 된다면, 그가 바로 하나님께 순종하고 주님 앞에서 겸비한 자이다. 우리는 하나님을 두려워하는 것을 잃어버린 시대, 그리하여 회개를 잃어버린 시대에 살고 있다. 이 시대에는 하나님을 단지 나의 안전과 평안과 복을 보장하기 위해 있는 정도로 생각하는 신자들이 참으로 많다. 이러한 때에 이 말씀은 선지자적 경고를 하고 있다. 손이 깨끗하지 못한 자들아, 마음이 성결하지 못한 자들아, 마음을 찢어 슬퍼하고 애통하며 울어라. 그리하여 바뀌는 것이 있어야 한다(μετατρέπω). 웃음은 애통으로 바뀌어야 하고 기쁨은 우울함으로 바뀌어야 한다.

5) 주 앞에서 낮춤(10)

이렇게 겸손한 사람이 주 앞에서 낮추는 사람이다. "너희는 주 앞에서 낮추라"(10). 그래서 '겸손한'(ταπεινός, 6)과 '낮추다'(ταπεινόω, 10)는 같은 어원의 단어이다. 주 앞에서 낮추라는 말의 일차적인 의미는 주님께 겸

328

손하라는 뜻이다. 이를 위해서 우리는 '주 앞에서'라는 말을 다시 이해해야 한다.

사람은 어디에 있을 때 겸손하고 낮아지게 되는가? 그것은 바로 "주님 앞에"(ἐνώπιον κυρίου) 있을 때이다. 그 엄위하시고 장엄하신 창조주요 구원자요 입법자요 재판관이신(4:12) 주님 앞에 있을 때, 그 영광스러움과 거룩함에 압도될 때 인간은 낮아질 수밖에 없다. 인간이 낮아지지 않는 이유는 자신을 존엄의 자리, 지고한 자리에 두고 있기 때문이다. 이것이 바로 '교만하다', '거만하다'(ὑπερήφανος, 6b)는 말의 의미이다.[379]

인간은 어떻게 해야 낮아질 수 있는가? 다른 것으로는 불가능하다. 오직 자신을 "주님 앞에" 둘 때만 가능하다. 사람은 주님 앞에서 그 분의 영광스러움과 거룩함에 압도당할 때에야 자신이 참으로 죄인임을 알게 되고, 그로 인해 자신이 멸망 받을 자임을 알아 슬퍼하고 애통하며 울게 된다. 그러므로 교만한 자들이여, 하나님 앞에 자신의 자리를 잡으라. 거만한 자들이여, 주 앞에서 낮추기 위해 자신을 하나님 앞에 세우라. 겸손한 자의 자리는 하나님 앞이다. 신자의 겸손은 하나님 앞에서의 겸손이다. 이렇게 할 때 하나님은 그를 높이신다. 교만한 자들이여, 하나님의 존전에서 그 분의 거룩하심과 광대하심에 온전히 압도되어라. 그리하여 애통하며 통곡하라. 이렇게 낮아질 때, 하나님이 그를 높이실 것이다. 하나님은 겸손한 자를 높이시는 분이시다. 그래서 "신자의 겸손은 신론적 겸손이다."[380] 10절에서는 공간의 변화가 일어난다. 낮음에서(ταπεινόω) 높음으로(ὑψόω)! 이것이 바로 "하나님이 겸손한 자들에게 은혜를 주신다"(6b)는 말씀이다.

참된 인간은 어디에서 발견되는가? 그것은 바로 주님 앞에서이다. 주님 앞에 있는 인간이 참된 인간이다. 주님은 이렇게 낮아진 자를 높이신다. 하나님은 겸손한 자에게 은혜를 주시며(6) 낮추는 자를 높이신다(10). 겸손한 자에게 주시는 하나님의 은혜는 겸손하여 낮아진 자를 높여주시는 것이다. 겸손으로 인해 낮음(ταπείνωσις)에서 높음(ὕψος)으로 이동이 일어난다. 하나님은 겸손하여 낮아진 사람을 높이신다. 이것이 하나님이 겸손한 자들에게 주시는 은혜이다(6b). 겸손은 인간의 낮아짐이며, 은혜는 하나님의 높이심이다.

설교를 위한 제안 14

본문 : 야고보서 4:7-10

제목 : 주 앞에서 낮추라

1. 겸손한 사람
    1) 하나님께 복종함(7a)
    2) 마귀를 대적하고 하나님을 가까이 함(7b-8a)
    3) 손을 깨끗이 하고 마음을 성결하게 함(8b)
    4) 슬픔, 탄식, 울음, 애통, 우울(9)
2. 주 앞에서 낮추는 사람(10)
3. 맺음말

IV. 비방과 심판(약 4:11-12)

개역개정 11 형제들아 서로 비방하지 말라 형제를 비방하는 자나 형제를 판단하는 자는 곧 율법을 비방하고 율법을 판단하는 것이라 네가 만일 율법을 판단하면 율법의 준행자가 아니요 재판관이로다 12 입법자와 재판관은 오직 한 분이시니 능히 구원하기도 하시며 멸하기도 하시느니라 너는 누구이기에 이웃을 판단하느냐

사 역 11 너희는 서로를 비방하지 말라, 형제들아. 형제를 비방하거나 그의 형제를 판단하는 자는 율법을 비방하고 율법을 판단한다. 그런데 만일 네가 율법을 판단하면, 너는 율법의 실행자가 아니라 판단자이다. 12 입법자와 판단자는 한 분이시다. 그는 구원하실 수도 있고 멸하실 수도 있는 분이시다. 그런데도 이웃을 판단하는 너는 누구냐?

- 내용분석 -

1. 비방금지(11a)
2. 비방하지 말아야 하는 이유(11b-12a)
3. 결론(12b)

1. 문학적 구조와 특징

1) 2인칭 복수(11a, 너희는 서로를 비방하지 말라)에서 3인칭 단수(11b, 형제를 비방하는 자, 그의 형제를 판단하는 자)와 2인칭 단수(11c, 만일 네가 판단한다면, 너는 …이 아니다. 12c, 이웃을 판단하는 너는 누구냐)로 변한다. 이것은 일종의 추적이며, 결국 비방과 판단의 잘못을 범하는 자가 바로 '너'라는 사실에 초점을 맞춘다. 특히 11c에서 εἶ(너는 …이다)가 그리고 12b에서는 σύ(너)가 문장 맨 앞에 나와서 이 사실을 한층 강화한다.

2) 야고보서에서 '명령법 + 호격'은 새로운 단락의 시작을 알리는 전형적인 표시이다.[381] 이 단락은 부정의 명령, 즉 금지로 시작한다. 이것은 매우 강한 어조를 띠고 있다. 특히 11절에서는 '비방하다'(καταλαλέω)를 3번 반복함으로써 이 강한 어조의 금지가 무엇인지를 드러낸다. 이와 함께 '판단하다'(κρινεῖν)가 11절에서 3회, 12절에서 1회 사용되었다. 이는 비방이 판단과 관련된 것임을 잘 보여준다. 그리고 12b는 의문문으로 마침으로써 독자들로 하여금 저자의 질문에 스스로 답하도록 요청하고 있다.

2. 해설

이 단락은 '비방하는 것'(καταλαλεῖν)에 관해 다룸으로써 야고보서 3:1-12에서 이미 서술한 말의 문제를 다시 거론한다.[382] 앞에서는 인간의 혀(말)가 가지고 있는 부정적인 면을 원론(총론)적으로 말한 것이라면, 여기에서는 그 부정적인 면 중에서 한 가지를 다룬다. 그것은 형제에 대하여 악하게 말하는 비방의 문제이다.

1) 비방 금지(11a)

야고보는 단락을 시작하면서 "아니다 + 명령법"(μὴ + impv.)을 사용함으로써 이 단락 전체를 강한 금지의 분위기 속에 몰아넣는다. 그리고 이 금지의 핵심 내용은 비방하지 말고 판단하지 말라는 것이다. 11절에서는 비방하다(καταλαλεῖν)와 판단/심판하다(κρίνειν)가 각각 세 번씩이나 언급되어 이 사실을 강화한다.[383] 야고보는 비방하지 말되, 서로(ἀλλήλων) 비방하지 말라고 명령한다. 이것은 이러한 비방이 어느 한 사람의 문제가 아니라는 것을 잘 보여준다. 비방은 쌍방 간에 이루어진다. 이 비방은 공공연히 행해지거나 또는 은밀히 시행된다. 야고보가 특히 문제 삼는 것은 쌍방 간에 그리고 공적, 사적으로 이루어지는 비방이 교회 공동체 내에서 자행되고 있다는 점이다. 이 사실은 "형제들아"(ἀδελφοί)에서 잘 알 수 있다.

2) 비방과 판단을 하지 말아야 하는 이유(11b-12a)

이어서 야고보는 형제들이 서로를 비방하지 말아야 하는 이유에 대하여 설명한다. "형제를 비방하거나 그의 형제를 판단하는 자"(ὁ καταλαλῶν ἀδελφοῦ ἢ κρίνων τὸν ἀδελφὸν αὐτοῦ, 11b)라는 말에서 비방하는 자와 판단하는 자는 하나의 관사에 걸려 있다. 이것은 한 사람이 비방과 판단 모두를 행하는 것을 의미한다. 이것은 판단에 의한 비방이다. 물론 이 두 가지는 동시에 행해질 수도 있고 각각 행해질 수도 있지만 모두 한 사람에게서 나타나는 죄이다. 11a에서 주어가 2인칭 복수이었으나 여기에서 주어가 3인칭 단수로 바뀌었다. 이것은 이러한 비방과 판단이 개인의 소행이라는 것을 의미한다. 모든 죄가 그러하듯이, 형제를 비방하는 죄도 개인이 행하는 것이며 개인에게 그 죄책이 있다. 그리고 현재 시제는 이러한 개인적인 비방과 판단이 습관적으로 지속되고 있다는 것을 잘 보여준다. 특히 이러한 비방과 판단은 모두 형제에게 하는 것이며, 그것도 '그의'(αὐτοῦ) 형제에게 행하는 것이다. 야고보가 "… 형제를 또는 … 그의 형제를"(… ἀδελφοῦ ἢ … τὸν ἀδελφὸν αὐτοῦ)로 문장을 구성한 것은 '그의'(αὐτοῦ)를 강조하기 위한 의도로 보인다. 비난 받고 판단 받는 사람은 비난하고 판단하는 그 사람의 한 부분이다. 그들은 서로 지체가 되기 때문이다. 그러므로 자신의 형제를 비난하고 판단하는 것은 곧 자신에게 그렇게 하는 것이다.

그런데 이렇게 형제를 비난하거나 그의 형제를 판단하는 자는 율법을 비방하고 율법을 판단하는 자이다(11b). 왜냐하면 왕적 율법은 '네 이웃을 너 자신처럼 사랑하라'는 것이기 때문이다(약 2:8). 하지만 율법은 결코 인간의 비방이나 판단의 대상이 될 수 없다. 그 이유는 하나님이 율법을 제정하신 입법자이며(νομοθέτης, 12) 그 율법을 판단하는 자이기 때문이다. 그래서 율법은 왕에게 속한 '왕의 법'이며(νόμος βασιλικός, 약 2:8), 하나님에게서 나온 하나님의 법이다. 그러므로 율법은 하나님이 온전하신 것같이(약 1:17) 온전하며(νόμος τέλειος, 약 1:25), 그 누구에게도 종속되지 않는 "자유"(ἐλεθερία)의 율법이다(약 1:25; 2:12).

이러한 율법의 특성 때문에 율법은 하나님의 백성이 반드시 지켜야 하는 법이고(약 2:10-11) 그렇지 않은 자를 범법자로 정죄한다(약 2:9). 또한 온전하지 못한 인간이 온전한 율법을 비방하거나 판단하는 것은 범죄행위이다. 더 나아가서 율법은 자유의 율법이다. 율법의 자유함은 인간에게 매이거나 지배를 받지 않으며 그 누구로부터도 비방을 받거나 비판을 받지 않는다. 대신에 율법이 판단하는 자리에 있다. 신자는 율법에 의해 판단을 받는다. 이것이 원칙이다. 그런데도 형제를 판단하고 비난함으로써 율법을 판단하는 자는 이것을 뒤집어엎는 죄를 범하는 것이다.

그러므로(δέ) 만일 '네'가 율법을 판단한다면(κρίνεις), '너'는(εἰ) 율법을 행하는 자가 아니라 율법을 판단하는 자가 된다. '아니다'(οὐκ)가 문장의 맨 앞에 와서 이 사실을 강조하며, "아니다 … 그러나"(οὐκ … ἀλλά)의 문장 구조가 이를 강화한다. 율법을 판단하는 자는 자신을 율법을 제정하신 자의 위치에 두는 것이다. 이것은 최고의 교만이다. 11절의 주어의 변화는 매우 인상적이다. "너희는 서로 비방하지 말라"(11a)에서 주어는 '너희'이다. 이어서 "형제를 비방하는 자, 그의 형제를 판단하는 자"(11b)로 바뀌면서 주어가 '그 사람'이 된다. 그리고 "네가 만일 율법을 판단하면, 너는 …이다"(11c), "이웃을 판단하는 너는 누구냐"(12b)에서는 주어가 '너'로 변한다. 이처럼 주어가 '너희'에서 '그 사람'으로, '그 사람'에서 '너'로 바뀌고 있다. 어떤 느낌이 드는가? '너희'에서 '그 사람'으로 멀어졌다가 다시 '그 사람'에서 '너'로 좁혀 온다. 그리하여 비방과 판단의 죄를 범하는 자가 바로 '너'라는 사실에 초점을 맞춘다. '너희'라고 했을 때는 묻어가는 느낌이 들고 비방과 판단이 마치 나와는 별 상관없는 일인 듯하다. 게다가 '너희'가 '그 사람'으로 바뀔 때는 더욱 이 일이 나와 무관하다는 확신이 들어 안심하게 된다. 하지만 그것도 아주 잠깐이다. 주어가 갑자기 '그 사람'에서 '너'로 바뀌면서 형제를 비방하고 판단하는 자가 바로 '나'라는 사실을 직면하게 만든다. 11c의 εἶ와 12b의 σύ가 문장 맨 앞에 나와서 이 사실을 매우 강조한다. 형제를 비방하고 판단하는 죄를 범하는 자는 다른 사람이 아니라 바로 '나' 자신이라는 말이다. 우리가 다 형제를 비방하고 판단하는 사람들이다. 우리가 다 재판관의 자리에 앉은 교만한 자이다.

이어서 야고보는 인간이 율법을 판단하는 자가 될 수 없는 이유를 말한다. "입법자와 재판관은 한 분이시다"(12a). 율법을 제정하신 분(입법자, νομοθέτης)이 곧 율법을 판단하시는 분(κριτής)이시다. 한 분(εἷς)이라는 말은 야고보서 2:19의 하나님이 한 분이시라는 말씀을 기억나게 한다. 그러나 이 단락에서 "한 분"은 삼위일체의 의미이기보다는 이 일을 행하시는 유일한 분이시라는 뜻이다. 게다가 이 단어는 문장 맨 앞에 있어서 이 사실을 강조한다. 결국 법을 제정하고 그 법을 판단하는 분은 오직 한 분 하나님 밖에 없다. 그러므로 형제를 비방하고 판단하는 자는 스스로 하나님의 자리를 빼앗는 것이 된다. 판단하는 이는 오직 하나님 한 분밖에 없으므로 형제를 판단하는 자는 결국 하나님의 자리를 찬탈하는 것이 된다. 이것은 마귀가 행하는 짓이다. 하나님만이 구원하시고 멸망시킬 수 있는 분이시다(12a). 우리의 모든 것이 하나님의 주권에 달려 있다. 이런 권세를 가지신 분의 자리를 인간이 감히 탈취할 수 있겠는가. 따라서 형제를 판단하고 비방하는 것은 단순히 사람과의 문제가 아니라 하나님과의 문제이며 이는 실로 심각한 범죄이다.

3) 결론(12b)

이런 까닭에 야고보는 결론삼아 확인하는 질문을 한다. "그런데도 이웃을 판단하는 너는 누구인가?"(12b). 이 질문은 "사실이 이런데도 너는 누구이기에 여전히 이웃(형제, 11b)[384]을 판단하고 있느냐?"라고 묻는 것이다. 여기에서 "너"(σύ)는 "한 분"(εἷς)과 대조된다. 야고보는 2인칭 단수를 사용하여 신자 개개인에게 강하게 도전하고 있다. 결국 교회 공동체의 지체들을 비방하고 중상하며 판단하는 일은 중지되어야 한다. 이 일은 하나님의 율법을 비방하고 판단하는 것이요 또한 스스로 율법을 판단하는 자가 되어 하나님의 고유한 권한을 찬탈하는 교만의 죄를 범하는 것이기 때문이다.

V. 인간의 계획과 하나님의 뜻(약 4:13-17)

개역개정 13 들으라 너희 중에 말하기를 오늘이나 내일이나 우리가 어떤 도시에 가서 거기서 일 년을 머물며 장사하여 이익을 보리라 하는 자들아 14 내일 일을 너희가 알지 못하는도다 너희 생명이 무엇이냐 너희는 잠깐 보이다가 없어지는 안개니라 15 너희가 도리어 말하기를 주의 뜻이면 우리가 살기도 하고 이것이나 저것을 하리라 할 것이거늘 16 이제도 너희가 허탄한 자랑을 하니 그러한 자랑은 다 악한 것이라 17 그러므로 사람이 선을 행할 줄 알고도 행하지 아니하면 죄니라

사 역 13 오라 지금,385 말하는 자들아, "오늘이나 내일 우리가 이 도시나 저 도시로 들어갈 것이다. 그리고 우리는 거기에서 한 해를 머물 것이다. 그리고 우리는 장사를 할 것이고 이익을 얻을 것이다." 14 너희는 내일의 것을 알지 못한다. 너희의 생명이 무엇이냐? 왜냐하면 너희는 잠시 동안 나타나고 그 후에 사라지는 안개이기 때문이다. 15 대신에 너희는 "주님이 원하시면 우리가 살뿐 아니라 이것이나 저것도 할 것이다"라고 말해야 한다. 16 그런데도 지금 너희는 너희의 오만들 안에서 자랑하고 있다. 그와 같은 모든 자랑은 악한 것이다. 17 그러므로 선을 행할 줄을 아는 자이나 행하지 않는 자에게, 그것이 그에게 죄이다.

1. 문학적 구조와 특징

1) 본 단락은 아래와 같은 구조를 이룬다.

A. Ἄγε νῦν οἱ λέγοντες, ... (13)   오라 지금 말하는 자들아 (13)

  B. οἵτινες οὐκ ἐπίστασθε ... (14)   너희는 알지 못한다 (14)

   C. ἀντὶ τοῦ λέγειν ὑμᾶς ... (15)   대신에 너희는 말해야한다 (15)

A'. νῦν δὲ καυχᾶσθε ... (16)   그런데도 지금 너희는 자랑하고 있다 (16)

"오라 지금"(A)(13)은 "그런데도 지금"(A')(16)과 '지금'(νῦν)이라는 말로 병행하며, 말하는 것은 곧 자랑하는 것을 의미한다. 이것은 A처럼 말하는 사람들의 영적 특성이 무엇인지를 밝힌다. B는 "너희가 알지 못하는 것"에 관한 것이고, C는 그렇기 때문에 이렇게 말하는 '대신에'(ἀντί) 어떤 말을 하는 것이 옳은지를 제시한다. A'는 C와 대조(δέ)를 이룬다. 그리고 17절은 전체의 결론(οὖν)이다.

2) 연속적인 의지의 미래

본문에서는 다음과 같이 '말하는 자들'(οἱ λέγοντες)의 의지를 담은 미래가 반복된다. "… 들어갈 것이다 … 머물 것이다 … 장사를 할 것이다 … 이익을 얻을 것이다"(… πορευσόμεθα … ποιήσομεν … ἐμπορευσόμεθα … κερδήσομεν …, 13). 묘하게도 이 네 개의 미래 동사는 중간태, 능동태, 중간태, 능동태 순으로 되어 있어서 야고보가 수사학적 효과를 얻기 위해 의도적으로 맞추었다는 느낌이 든다.

3) 인칭의 전환

동일 인물들임에도 불구하고 3인칭 복수(13a, 말하는 자들)에서 2인칭 복수(14-16, 너희)로 전환된다. 이것은 미래를 말하는 자들이 바로 교회의 신자인 '너희들'이라는 사실을 강조한다. 이러한 방식은 앞 단락에서도 나타나며, 막연한 주체에서 특정 주체로 추적해 들어가는 문학적 장치로서 강조를 위한 것이다.

2. 해설

야고보서 1:10-11은 부한 자의 일이 한 순간에 떨어지는 풀의 꽃과 같다고 말했다. 그리고 본 단락에서 야고보는 내일 일을 장담하는 자들의 생명이 잠깐 보이다가 사라지는 안개라고 말한다.

1) 내일 일을 말하는 자들(13)

13절은 "오라 지금"(Άγε νῦν)이라는 명령으로 시작한다. "오라"는 명령은 새로운 단락의 시작을 알리며 또한 독자의 관심을 저자가 하는 말에 집중시키는 의도를 가지고 있다. 그런데 이 명령이 2인칭 단수(Άγε)인데 반해 실제로 이 명령을 받는 대상인 '말하는 자들'은 3인칭 복수이다(οί λέγοντες). 이러한 수(number)의 차이는 명령법의 효력을 잃어버린 소위 '냉동된 명령법'(frozen imperative)에 의한 것이며, 신약성경에서 가끔 나타나는 현상이다.[386]

야고보는 수신 교회에서 일어나고 있는 또 다른 문제를 이야기한다. 이 문제는 '말하는 자들'과 관련된다(13, οί λέγοντες). 여기서 다시 '말'의 문제가 나타난다(15, λεγεῖν, 16, καυχᾶσθε). 말의 문제는 야고보서 전반에 나타난다.[387] 특히 바로 앞 단락(약 4:11-12)에서는 교회 공동체 내의 비방과 판단의 문제를 다루었다. 이와 같이 말의 문제가 자주 거론되는 것은 수신 교회 공동체 안에 말로 인한 폐해가 매우 심각했다는 것을 의미한다.

그러면 '말하는 자들'의 문제는 무엇인가? 그것은 그들이 말로 그들의 미래를 확신하고 자랑하는 문제였다. "오늘이나 내일 우리가 이런 도시나 저런 도시로 들어갈 것이다. 그리고 우리는 거기에서 한 해를 머물 것이다. 그리고 우리는 장사를 할 것이고 우리는 이익을 얻을 것이다"(··· πορευσόμεθα ··· καὶ ποιήσομεν ··· καὶ ἐμπορευσόμεθα ··· καὶ κερδήσομεν ···, 13b). 여기에는 미래시제가 연속되고 있다. 이 미래시제는 단순 미래라기보다는 그들의 뜻(will)을 나타내는 의지의 미래이다. 왜냐하면 15절에서는 이와 대조되어 "주님의 뜻"(Ἐὰν ὁ κύριος θελήσῃ)이 언급되기 때문이다. 또한 접속사 '그리고'(καί)가 3중 반복을 하고 있다. 이 각각은 네 개의 미래 시제 동사와 연결되어 있다. 따라서 '그리고'(καί)의 연속은 그들이 말하는 그 일들이 불가피하게 서로 잇따라 일어날 것이라는 확신을 강조한다.

그들은 미래의 일이 자신들의 뜻과 의지에 달렸다고 생각했다. 그들은 자기중심적 확신으로 고동치고 있다. 그들은 시간(σήμερον ἢ αὔριον)과 공간(τήνδε τὴν πόλιν, ἐκεῖ)과 기간(ἐνιαυτόν)과 인간의 행위(πορευσόμεθα, ποιήσομεν, ἐμπορευσόμεθα)와 그 결과(κερδήσομεν) 등 이 모든 것을 자신들이 주관한다고 떠들어댔다. 그들이 이와 같이 시간, 공간, 인간을 주관한다는 것은 자신들이 역사의 주관자라는 의미이다. 그들은 그들의 미래가 자신들의 주권 아래 있다고 말하며 자랑했다(καυχᾶσθε, 16).

그러나 이들의 말 속에는 이미 불 확신과 불안정이 깊이 스며들어 있다. "오늘이나 내일"(σήμερον ἢ αὔριον), "이 도시나 저 도시"(εἰς τήνδε τὴν πόλιν)라는 말은 자신들의 의지에 의해 시간과 장소가 결정된다는 뜻이지만, 오히려 이 말 속에는 그들의 변덕스러움이 반영되어 있다. 즉 오늘이 좋을까 내일이 좋을까, 이 도시로 갈까 저 도시에 갈까 하는 갈등과 불확신이 그들 속에 있다. 이러한 현상은 미래를 예측할 수 없고 담보할 수 없는 인간의 한계로 인한 불확실성과 불안정성을 잘 보여 준다.

그런데도 미래가 마치 자신들의 주권에 속한 것처럼 말하는 사람들은 자신을 하나님의 자리로 끌어 올리는데, 이는 곧 교만이다. 이것은 앞 단락에서 형제를 판단함으로써 하나님의 자리를 찬탈한 것과 다르지 않다. 따라서 11-12절과 마찬가지로 이 단락 역시 6-10절에서 말한 교만의 문제와 연결된다.

2) 내일 일을 말하는 자들의 실상(14)

이어 14절은 '너희'(οἵτινες)로 시작한다. 이것은 부정관계대명사로서 '말하는 자들'(οἱ λέγοντες, 13)과 동격이다. 이 부정관계대명사는 "'너희와 같은 사람'이라는 질적인 의미를 부여한다."[388] 14절에서 야고보는 이런 사람들의 특징을 두 가지로 설명한다.

첫째, 그들은 내일의 것(τὸ τῆς αὔριον)에 대하여 알지 못한다(οὐκ ἐπίστασθε). 그들은 미래에 대하여 무지하다. 미래는 그들에게 닫혀 있고 알려지지 않았다. 미래는 그들에게 어떤 것도 보여주거나 담보하지 않는다. 그럼에도 '말하는 사람들'은 '내일의 것'을 그와 같이 확정적으로 말했다.

둘째, 내일의 일을 '말하는 사람들'은 그들의 생명이 어떤 것인지를 알지 못한다. "너희의 생명이 무엇이냐?" 그들은 마치 자신들의 생명을 자신이 주장하는 것으로 생각한다. 그들은 오늘 내가 살고 있듯이 내일도 여전히 그렇게 살 것이라는 확신을 가지고 있다. 이것은 대부분의 인간이 가지고 있는 착각이다.[389] 오늘 살았으니 내일도 살 것이라는 주장은 교만이요 불신앙이다. 왜냐하면 그들은 단지 안개이기 때문이다.

"왜냐하면 너희는 안개이기 때문이다"(ἀτμὶς γάρ ἐστε, 14b). 여기서 안개가 강조의 자리에 있다. 인간의 생명은 안개이다. 안개는 잠시 나타났다가 사라진다. 그래서 이 구절은 "너희는 <u>단지</u> 안개일 뿐이다"로 번역되는 것이 옳다. '나타나다'(φαίνεσθαι)와 '사라지다'(ἀφανίζεσθαι)는 이것을 강조하기 위해 수사법적으로 묘사되었다. 야고보는 인간을 안개와 '같다'고 말하지 않는다. 그는 단지 인간은 안개'이다'(ἐστέ)라고 말한다. 이는 인간의 존재 자체가 안개라는 뜻이다. 인간은 잠시 잠깐 나타났다 곧 바로 사라지는 안개이다. 인간의 생명은 진실로 일시적일 뿐이다. 그런데도 마치 영원히 사는 것처럼 말하는 것은 어리석은 자의 무지를 잘 드러내는 것일 뿐이다. 이 어리석음은 마치 줄 끝에 매여 돌아가는 돌멩이와 같다. 줄 끝에 매인 돌멩이는 사람이 그 줄을 잡고 있기에 땅에 떨어지지 않고 돌고 있다. 그러나 돌은 조금 전에도 돌았으니 앞으로도 계속 돌아갈 것이라고 착각한다. 하지만 줄을 잡은 손이 그 줄을 놓는 순간 돌멩이는 곧바로 땅에 떨어지고 만다. 그러니 오늘 살았으니 내일도 살 것이라는 주장은 우리의 생명을 쥐고 계시는 하나님의 손을 의식하지 않는 교만이요 불신앙이다.

야고보는 "너희는 안개이다"라는 말을 통해 한 가지 대조를 함유하고 있다. 그것은 바로 주님과 '너희'의 대조이다. 13절과 15절에서는 인간의 의지와 주님의 뜻이 대조되고 있다. 인간의 일과 생명이 주님의 뜻에 달려 있다. 인간의 의지가 아닌 주님의 뜻이 인간의 생명과 일을 주관한다. 이런 대조 문맥에서 인간의 생명이 안개라는 말은 주님은 영원하시다는 함의를 가지고 있다. 주님은 '생명'의 면류관을 주시는 분이시다(약 1:12). 우리가 사는 것은 주님의 뜻에 달렸다. 주님만이 생명의 주관자이시다.

3) 내일 일에 대한 바른 태도(15)

15절은 '대신에'(ἀντί)라는 말로 시작한다. 이것은 장래의 일과 자신의 생명을 자신이 주관하는 것처럼 말하는 자들은 그렇게 말하는 '대신에' 다음과 같이 말해야 한다는 뜻이다. 부정사 "τοῦ λέγειν"은 '말해야 한다'는 의무나 당위의 뜻으로 볼 수 있다. 그들은 이렇게 말해야 한다. "주님이 원하시면 또한 우리가 살 것이고 그리고 이것이나 저것을 할 것이다"(15b). "주님이 원하신다면"은 "주님의 뜻이면"과 같은 말이다. 내 뜻이 아니라 주님의 뜻이 중요하다. "또한 우리가 살 것이고 그리고 이것이나 저것을 할 것이다"(καὶ ζήσομεν καὶ ποιήσομεν τοῦτο ἢ ἐκεῖνο, 15b)는 13b와 동일한 형식의 "καὶ + 미래시제"로 되어 있다. 그래서 15b만 보면 13b와 똑같이 자신들의 미래를 자신이 주관하는 것처럼 보인다. 그러나 15절에는 하나의 조건이 있다. "만일 주님이 원하신다면"(ἐὰν ὁ κύριος θελήσῃ, 15a). 인간에게는 이것이 절대적으로 중요하다. 인생에서 이 조건이 사라지면 그는 멸망당할 이성 없는 짐승과 다르지 않기 때문이다.

물론 이 말은 우리가 활동과 미래에 대한 어떤 계획도 세우면 안 된다는 뜻이 아니다. 하나님이 우리에게 지각을 주셨으니(cf. 약 3:13) 오히려 생각을 하고 계획을 세우고 계산을 해야 한다. 하지만 이들은 '우리가' 가서, '우리가' 머물며, '우리가' 장사하여, '우리가' 이익을 보리라(13)고 말한다. 이들은 '우리'를 반복함으로써 자신들의 모든 일과 행사가 그들의 계획과 뜻에 따라 이루어진다고 말하며 자랑한다. 바로 이것이 문제이다. 사람이 계획을 세워도 그것을 이루시는 분은 하나님이다. "사람이 마음으로 자기의 길을 계획할지라도 그의 걸음을 인도하시는 이는 여호와시니라"(잠 16:9).

> "주님은 뜻하시는 분이다. 야고보는 주님이 뜻을 세우고 행하시는 분임을 분명하게 천명하며, 인생의 모든 것이 주님의 뜻에 의존한다는 것을 말한다. 그러므로 야고보에 의하면 신자는 뜻을 세우시고 행하시는 주님에 대한 믿음을 확실하게 보유해야 할 것이며, 동시에 자신의 생명과 생활을 철저하게 주님께 의탁해야 한다. 결국 신자의 인생관은 신론에 기초하고 있다. 우리의 생사와 행사를 주관하는 것은 주님이시다. 우리의 생사와 행사는 모두 주님의 뜻에 달려있다."[390]

사도 바울은 이에 대하여 "우리가 그를 힘입어 살며 기동하며 존재하느니라"(ἐν αὐτῷ γὰρ ζῶμεν καὶ κινούμεθα καὶ ἐσμέν, 행 17:28)고 말씀했다. 우리의 생명과 활동과 존재가 전적으로 주님의 손에 달렸다. 반면에 인간은 단지 안개일 뿐이니 그의 뜻이 무슨 힘이 있고 의미가 있겠는가! 오직 주님의 뜻이 이루어질 뿐이다. 그러므로 인생에 대하여 말할 때는 반드시 "주님이 원하시면"이라는 조건을 앞세워야 한다. 이렇게 하는 것이 신앙이다. 사람이 앉고 일어서는 것, 자고 깨는 것, 살고 죽는 것, 일이 되고 안 되는 것, 이 모두는 오직 주님의 뜻에 달려 있다. 인간의 뜻은 주님의 뜻에 종속된다. 그러므로 하나님의 뜻에 의존하는 인생이 참으로 복된 인생이다. 참 신자는 오직 주님의 뜻을 구한다. 그는 죽는 것도 억울하지 않으며, 사는 것도 자랑이 될 수 없다. 그에게는 일이 잘 되는 것도 자랑이 아니며 망하는 것도 부끄러운 일이 아니다. 그는 이러나저러나 오직 주님의 뜻이 이루어지는 줄을 믿고 고백하며 그 뜻에 승복하기 때문이다.

그런데도 내일 일과 자신의 생명을 자신이 주관한다고 생각하는 자들은 주님의 뜻이 아닌 자신의 뜻을 주장하는 자들이다. 이들은 주님의 뜻보다 자신의 뜻을 절대적 자리에 두는 자들이다. 이들은 주님의 뜻이 아닌 자신의 뜻을 높이 드러낸다(ὑπερήφανος, 6). 결국 이들은 교만의 죄를 범한다.

4) 내일 일을 말하는 것은 악한 자랑이다(16)

인간의 교만은 여기에서 끝나지 않는다. 인간의 형편이 이러한데도 그들은 여전히 자랑하고 있다. "그런데도 너희는 지금 여전히 자랑하고 있다"(16). '지금'(νῦν)과 현재시제로 된 '자랑하고 있다'(καυχᾶσθε)는 이런 불신앙의 교만이 교회 공동체 안에서 계속 자행되고 있다는 것을 강조한다. 그들의 자랑거리는 13절에서 말하고 있는 장래 일과 자신들의 생명을 자신들이 뜻에 달렸다는 것이다. 이 자랑은 어디에서 나오는가? 그것은 "너희의 오만들 안에서" 이루어진다. 인간의 장래와 생명에 대한 자랑은 그들의 오만(ἀλαζονεία)에서 나온다.[391] 주님의 뜻을 무시하는 오만, 주님의 뜻을 거스르는 오만, 주님을 멸시하는 오만이 하나님을 대항하여 자랑하게 한다. 이는 하나님의 주권을 찬탈하는 악한 행위이며, 하나님을 대적한다는 점에서 11-12절과 일맥상통한다. 이와 같은 오만한 자랑은 악이다. 그 어떤 말로 아름답게 포장해도 그것은 악일뿐이다. 물론 모든 자랑이 다 악한 것은 아니다(약 1:9; 2:13). 그러나 하나님의 뜻을 거스르는 그와 같은(τοιαύτη) 자랑은 어떤 종류의 자랑이든 모두 악한 것이다. 신자는 빨리 이 오만(거만)을 벗어나야 한다. 오만의 울타리를 탈출해야 한다. 그래야 악을 범하지 않게 된다.

5) 선을 행하지 않는 것은 죄이다(17)

야고보는 이제 결론을 내린다. "그러므로 선을 행할 줄을 아는 자이나 행하지 않는 자에게, 그것이 그에게 죄이다"(17). 2인칭 복수에서 3인칭 단수로 다시 전환했다. 이것은 야고보가 '말하는 자들'에 대한 그의 비판을 끝내기 위해 독자적인 격언을 인용한 것이다.[392] '그러므로'(οὖν)는 17절이 이 단락의 결론 구절이라는 것을 의미한다. 선(καλός)은 16절의 악(πονηρός)의 반대말이다. 따라서 선을 행한다는 말은 13절의 '말하는 자들'과 같이 자신의 미래와 생명을 자신들이 주관한다고 말하지 않는 것이며, 오만함으로 그러한 자랑을 하지 않는 것이다. 다시 말해 본 절의 '선'(καλός)은 자신의 미래와 생명을 하나님의 뜻에 의탁하는 것이다. 여기서 우리는 다시 한 번 신자의 '선'은 단순히 인륜적 도덕이 아니라 신론적인 것이라는 사실을 확인한다.

야고보는 '말하는 자들'이 이와 같은 선을 행할 줄을 알고 있다고 천명한다. 그들은 몰라서 하나님을 거스르는 오만의 악을 범하는 것이 아니다. 그들은 선을 행할 줄 안다. 그들은 자랑하지 않으려면 하지 않을 수 있다. 그런데도 그들은 이렇게 하지 않고 하나님을 뜻을 대적한다. 이와 같이 '행하지 않는 자에게' 그것은 죄이다. 매일의 계획과 삶(생명)에서 하나님의 뜻을 무시하는 것은 불신앙이며 죄이다. 하나님의 뜻을 버린 인간의 계획과 생명은 오만(15)이며, 악이며(16), 죄이다(17).

VI. 야고보서 4:4-6과 4:7-17의 관계

야고보서 4:6은 교만한 자와 겸손한 자를 언급한다. 7-10절은 겸손한 자가 어떤 자인가를 설명하며, 10절은 "겸손하라"로 마친다. 그리고 11-12절과 13-17절은 각각 교만한 자에 대한 한 예를 제시하는 것으로 보인다.

먼저 11-12절에서 '비난하다'(καταλαλεῖν)는 말이 '아래'를 뜻하는 전치사 κατά와 '말하다'를 의미하는 동사 λαλέω의 합성어이다. 그러므로 '비난하다'를 문자적으로 이해하면, 그것은 누군가를 낮추어 보고, 아래로 보고, 깔보고 말을 한다는 의미이다. 물론 '비난하다'는 '대적하여 말하다'는 뜻이 될 수도 있다. 이 사람은 자신을 하나님의 자리인 입법자와 재판관의 자리에 둔다. 이것이 바로 교만이다. 교만한 자(ὑπερήφανος)는 자신을 높이 드러내는 자이다(6). 자신을 높은 데 두고 형제를 낮추어 보는 것이 교만이며, 하나님의 자리를 찬탈하는 것이 교만이다. 그리고 이러한 교만에서 나오는 말이 바로 '비난'이다. 따라서 11-12절은 6절의 교만한 자가 어떤 자인지를 보여 주는 한 가지 예가 된다.

또한 13-17절은 생명과 삶을 자신이 주관한다고 생각하는 사람에 대한 경고요 권면이다. 그들은 주님의 뜻을 생각하지 않고 자신의 생명과 내일이 모두 자신의 의지 속에 있다고 착각한다. 그들은 주님의 뜻보다 자신의 뜻을 확신한다. 그들은 자신의 뜻을 주님의 뜻보다 높은 데 둔다. 그러니 그들도 교만한 자들이다.

설교를 위한 제안 15

본문 : 야고보서 4:11-17

제목 : 주의 뜻이면

1. 비방과 판단 금지(11-12)
    1) 비방과 판단을 금지한 이유
    2) 모든 사람이 비방하고 판단하는 자이다.
    3) 사람이 재판관이 될 수 없는 이유
2. 허탄한 자랑(13-17)
    1) 허탄한 자랑의 내용
    2) 하나님의 자리 찬탈
    3) 두 가지 잘못
    4) 주의 뜻을 의존하라
    5) 신자의 선
3. 맺음말

350 Cf. [UBS] πόθεν interrog. adv. from where, where; how, why. [Fri] πόθεν interrogative adverb; (1) of place *from where? from what place?* (JN 3.8); (2) of origin *from what source? born of what parentage?* (JN 7.27); (3) of reason *how is it that? in what way?* (MK 12.37); in a question expressing surprise *why?* (LU 1.43).

351 1-3절에 있는 현재시제에 주의하라. Vlachos, *James*, 129: "The combination of terms suggests acute and chronic hostilities."

352 여기에서 지체(μέλος)는 교회의 지체를 말하기 보다는 인간 몸의 지체를 말하는 것으로 보인다. 그 이유는 야고보가 이미 이 용어를 인간 몸과 관련해서 사용했기 때문이고(약 3:5-6), 무엇보다도 본 절의 초점은 싸움의 결과보다는 그 원인에 있기 때문이다.

353 2절의 두 경우는 후반부가 결과를 나타내지만, 3절의 경우에는 이유(διότι)를 설명한다.

354 [BDAG] of anger.

355 죽음으로 이끄는 욕망(ἐπιθυμία)에 대하여는 약 1:14-15을 참조하라.

356 Vlachos, *James*, 131.

357 αἰτεῖσθαι는 원인의 부정사이다.

358 박윤선, 『계시의존사색』, 235.

359 Αἰτεῖτε καὶ δοθήσεται ὑμῖν.

360 [UBS] μοιχαλίς, adulteress; unfaithful (of men and women Jas 4.4). [Fri] μοιχαλίς, adulterous, lustful; figuratively, of religious unfaithfulness *unfaithful, treacherous, disloyal.* [BDAG] In bold imagery that moves beyond apparent gender specificity μοιχαλίδες adulteresses (unfaithful creatures REB et al.) Js 4:4.

361 καθίστημι, place, establish, appoint. [USB] make (someone to be something), [Fri] passive *be made, become*

362 [UBS] φθόνος, envy, jealousy, spite. [Fri] φθόνος, (1) in a negative sense *envy, jealousy* over the good success of another (MT 27.18); (2) in a positive sense of God's protective jealousy (perhaps JA 4.5 πρὸς φθόνον *to the point of envy, even with envy*).

363 ἐπιποθέω, yearn, desire, long. 이 단어는 신약성경에서 항상 긍정적인 의미로 사용되었다.

364 Cf. 조병수, 『신약성경총론』, 465f.

365 Vlachos, *James*, 136; Moo, *The Letter of James*, 190.

366 Vlachos는 이러한 해석이 옳다는 것에 대하여 다음과 같은 네 가지 이유를 제시한다. 1) 문법적으로 하나님을 주동사 ἐπιποθέω의 내포된 주어로 보는 것이 더 좋다. 이 주어는 분명히 종속동사 κατοικίζω의 주어이고 그리고 6절의 δίδωσιν의 주어이다. 2) 이 해석은 ἐπιποθέω가 신약성경에서 항상 내포하는 긍정적인 의미와 잘 맞는다. 3) φθόνος와 ζῆλος는 제2성전 유대교에서 때때로 교호적으로 사용되었고(예를 들면 1 마카비서 8:16). 그리고 ζῆλος는 종종 하나님의 질투에 사용되었고, φθόνος 또한 하나님에 관해 사용하는 것이 불가능하지 않다. 4) 5절의 "ἢ δοκεῖτε"가 4절이 말하는 영적 간음에 대한 경고의 근거를 도입하고 있으므로, 사람들의 헌신에 대한 '하나님'의 강한 열망을 말하는 5절의 진술은 논의의 논리적 흐름에 잘 어울린다(James, 137).

이 구절에 대한 상반된 해석을 위하여 Motyer, 『야고보서 강해』, 217-220과 Thomas Manton, 『야고보서 (하)』, 황영철 옮김 (서울: 아가페출판사, 2015), 162-163을 비교하라.

367 Moo, The Letter of James, 190: "The difficulty is that the words that James 'quotes' do not reproduce any OT test."

368 Vlachos, James, 137: "James is paraphrasing the overall OT theme of God's jealously for his people, as found in Eoxd. 20:5; 34:14; etc."; Moo, The Letter of James, 190-191. esp. 191: "This being so, we can identify that which graphē speaks about as the biblical theme of God's jealousy for his people."

369 Moo, The Letter of James, 190.

370 Vlachos, James, 138: "The adjective is forefronted and separated from the noun it qualifies (χάρις) for emphasis (see sim. syntax where the noun and adjective are separated by the vb. in 1:2; 4:6; 5:17)."

371 Vlachos, James, 138: "The inferential conj. διό is stronger than οὖν."

372 [Thayer] ὑπερήφανος, from ὑπέρ and φαίνομαι, showing oneself above others, overtopping, conspicuous above others.

373 인용, LXX 잠 3:34. κύριος ὑπερηφάνοις ἀντιτάσσεται ταπεινοῖς δὲ δίδωσιν χάριν. 약 4:6과 비교할 때 θεός가 κύριος로 바뀐 것 외에는 모두가 정확하게 일치한다.

374 ὑπερηφάνοις에 관사가 없는 것은 교만한 자의 특성을 강조하기 위한 것이다(Vlachos, James, 138).

375 See f. n. 367.

376 Vlachos, James, 142f.: "The conjunction (δέ) however functions as an introduction to what appears to be a carefully constructed series of imperatives that flesh out the

command to submit to God."

377 이에 대하여는 약 1:1 해설을 참조하라.

378 Johnson, *The Letter of James*, 284.

379 Cf. 막 7:22 ὑπερηφανία, 막 7:21-22에서 예수님은 이것이 인간의 마음으로부터 나오는 것이라고 천명하셨다.

380 조병수, "야고보서의 신론 윤리", 560.

381 이에 관해서는 약 1:2b, 19; 2:14-17 해설을 보라. Cf. Vlachos, *James*, 147: "As is typical in the letter, the impv. + voc. signals a new section (cf. 1:2, 16; 2:1; 3:1; etc.)."

382 이 외에도 말의 문제는 약 1:19; 2:3, 12, 14; 3:14에서 지속적으로 다루어지고 있다.

383 κρίνω는 12절에 한 번 더 나타난다.

384 "이웃"(πλησίον)은 11b의 "형제"(ἀδελφός)와 의미상 일치하며, 이 둘은 본 단락을 괄호로 묶는 인클루지오(*inclusio*)를 형성한다.

385 ἄγε νῦν, [USB] now listen, just a moment (약 4:13; 5:1). 자자!(재촉, 권유), 저런, 어이 이봐(놀람, 항의).

386 [BDF] § 144 "The nom. with ἰδού (§128(7)) and ἴδε (ἴδε ὁ ἀμνὸς τοῦ θεοῦ Jn 1: 29 and often) is explicable on the basis that these are frozen imperatives like ἄγε φέρε (ἰδού is a particle already in Att.), a conclusion which follows from their combination with the plural (e. g. ἴδε ἠκούσατε Mt 26: 65, ἄγε οἳ λέγοντες Ja 4:13; cf. 5:1, §364(2))." Vlachos, *James*, 151.

387 약 1:19(자랑); 2:3, 12, 14; 16; 3:14(거짓말); 4:11(비방, 판단), 13, 15, 16(자랑).

388 Moo, *The Letter of James*, 203: "This word bears a qualitative sense: 'people such as you.'" Blomberg, Kamell, *James*, 207: "which gives the qualitative sense of 'people such as you.'"

389 "또 내가 내 영혼에게 이르되 영혼아 여러 해 쓸 물건을 많이 쌓아 두었으니 평안히 쉬고 먹고 마시고 즐거워하자 하리라 하되 하나님은 이르시되 어리석은 자여 오늘 밤에 네 영혼을 도로 찾으리니 그러면 네 준비한 것이 누구의 것이 되겠느냐 하셨으니"(눅 12:19-20).

390 조병수, "야고보서의 신론 윤리", 561.

391 Cf. 요일 2:16 ἡ ἀλαζονεία τοῦ βίου.

392 Vlachos, *James*, 155.

야고보서 5장

Epistle of James

I. 부자들에 대한 경고(약 5:1-6)

개역개정 1 들으라 부한 자들아 너희에게 임할 고생으로 말미암아 울고 통곡하라 2 너희 재물은 썩었고 너희 옷은 좀먹었으며 3 너희 금과 은은 녹이 슬었으니 이 녹이 너희에게 증거가 되며 불 같이 너희 살을 먹으리라 너희가 말세에 재물을 쌓았도다 4 보라 너희 밭에서 추수한 품꾼에게 주지 아니한 삯이 소리 지르며 그 추수한 자의 우는 소리가 만군의 주의 귀에 들렸느니라 5 너희가 땅에서 사치하고 방종하여 살륙의 날에 너희 마음을 살찌게 하였도다 6 너희는 의인을 정죄하고 죽였으나 그는 너희에게 대항하지 아니하였느니라

사 역 1 오라 지금 부자들아, 너희는 내려오고 있는 너희의 고통들로 인해 울어라 너희는 울부짖으라. 2 너희의 재물들은 썩었고 너희의 옷들도 좀 먹었다. 3 너희의 금과 은은 녹슬었다. 그리고 그것들의 녹이 너희에게 증거가 될 것이다. 그리고 그것이 불처럼 너희의 살들을 먹을 것이다. 너희는 마지막 날들에 축적했다. 4 보라 너희에 의해 빼앗긴 너희의 밭들을 벤 일꾼들의 그 임금(賃金)이 외치고 있다. 그리고 추수한 자들의 부르짖음이 만군의 주님의 귀들 안으로 파고 들어갔다. 5 너희는 땅 위에서 사치했고 방종했으며 살육의 날에 너희의 마음을 살찌웠다. 6 너희는 의인을 정죄했고 죽였다. 그는 너희에게 저항하지 않는다.

- 내용분석 -

1. 부자들에게 임할 고통 경고(1)
2. 부자들에게 고통이 임하는 이유(2-6)
    1) 부의 축적(2-3)
    2) 임금 착취(4)
    3) 사치(5)
    4) 의인을 정죄하고 죽임(6)

1. 문학적 구조와 특징

1) 구조

(1) 본 단락은 명령법에 의해 다음과 같이 두 개의 문단(1-3; 4-6)으로 나누어진다. 1절의 명령은 야고보서 4:13의 명령과 동일하다.

   Ἄγε νῦν (오라 지금)··· (5:1-3)[393]

   ἰδου (보라) ··· (5:4-6)

그렇지만 두 번째 문단(4-6)은 첫 번째 문단(1-3)에 부속되어 전체가 한 단락을 이룬다.

(2) 1절은 부자들에게 임할 고통을 경고하고, 2-6절은 그들이 고통을 받게 되는 이유에 대하여 상세한 설명을 한다.

2) 특징

(1) 강조를 위한 점층법이 나타난다. "너희는 울어라 너희는 울부짖으라."(κλαύσατε ὀλολύοντες, 1b)에서 '울어라'가 '울부짖으라'(통곡하라)"로 이어져 슬픔을 극대화한다.

(2) 본 단락은 구약의 심판 선언(judgement oracles)과 닮았다.[394]

(3) 이 단락은 다음과 같은 특징들에 의해 하나의 단락으로 묶인다.
어의 : 부자들(1), 부(2), 금과 은(3), 저장하다(3), 사치스럽게 살다(5).
주제 : 지주들의 행위가 그들 자신에게로 돌아갈 것에 대한 강조(3, 4, 5).
문법 : 한 줄을 이루고 있는 현재완료와[395] 단순진술의 부정과거.
수사법 : 접속사 생략(asyndeton, 5a, c, 6a, b)과 단락 전체에 걸쳐서 윙윙거리는 -ων 소리.[396]

(4) 2인칭 복수 대명사인 '너희'가 매절에 등장한다. 1절(ὑμῶν), 2절

(ὑμῶν, ὑμῶν), 3절(ὑμῶν, ὑμῖν, ὑμῶν), 4절(ὑμῶν, ὑμῶν), 5절(ὑμῶν), 6절 (ὑμῖν). 이것은 본 단락의 주제가 '너희'와 긴밀하게 관련되어 있다는 의미이다.

(5) 1절에 돈호법을,[397] 3절에 제유법을[398] 그리고 4절에 의인법이 사용되었다. 이러한 수사법은 저자의 주장을 강화한다.

(6) 동일 전치사나 동일 단어를 포함한 어휘들이 사용된다. 1절 "… ἐπὶ … ἐπερχομέναις", 3절 "… κατίωται καὶ ὁ ἰὸς αὐτῶν …"[399], 4절 "… εἰς τὰ ὦτα κυρίου Σαβαὼθ εἰσελήλυθασιν." 이 모두가 강조를 위한 것이다.

2. 해설

1) 부자들에게 임하는 고통(1)

야고보서 5:1은 4:13에 이어 다시 한 번 "오라 지금"(ἄγε νῦν)으로 시작한다. 야고보서 4:13은 "말하는 자들"에 대한 경고였지만, 본 단락은 부자들에 대한 경고이다. "오라 지금 부자들아"[400]는 독자들, 특히 부자들의 주의를 환기시킨다. 여기서 '부자들'(οἱ πλούσιοι)은 모든 부자들을 말하는 것은 아니다.[401] 이 용어는 일종의 돈호법이다. 본 단락의 "부자들"은 기독교 공동체 내의 가난한 자들을 억압하고 있던 기독교 공동체 밖의 부유한 지주들을 가리킨다.[402] 이에 대한 문맥적 근거는 7절 이하에 나오는 형제들에 대한 권면이다. 본 단락(1-6)에서 야고보는 부자들의 착취를 고발하고 그들에게 임할 고통과 심판을 예고한다. 이어서 7절에서 그는 "그러므로 형제들아 … 너희는 오래 참으라"(μακροθυμήσατε οὖν, ἀδελφοί)로 시작함으로써 부자들에 의해 억압받는 형제들에게 인내하라고 권면하기 시작한다. 즉 형제들을 착취하는 부자들이 결국에는 하나님에 의해 고통을 받고(1) 심판을 받을 것이기에(3, 마지막 날들; 5, 도살의 날) 그는 "그러므로 형제들아" 오래 참으라고 권고한다. 또한 'ταλαιπωρία'(고통)는 구약성경에서 하나님의 진노를 받는 자들의 멸망의 고통을 선언하는 데 자주 사용되었다. 이러한 이유들로 인해 본 단락의 부자들은 부유한 불신자들을 가리킨다. 부자들에 관한 경고는 야고보서 1:10-11에서 이미 나타난 바 있다. 거기에서 부자는 교회 안의 부자를 가리키는 반면에 본 단락의 부자는 하나님을 믿지 않는 교회 밖에 있는 지주들이다.

야고보는 부자들에게 "들으라"(ἄγε νῦν)고 말하여 그들의 주목을 끈 다음, 두 가지 명령을 한다. "너희는 울어라 너희는 울부짖으라."(κλαύσατε ὀλολύοντες). '너희는 울부짖으라.'(ὀλολύοντες)는 분사이지만, 명령법과 함께 사용되어 명령의 의미를 가진다.[403] 이 둘은 '울다'에서 '울부짖다'로 이어져 점층법을 이룬다. 이러한 표현은 부자들이 참으로 슬퍼하고 애통해 해야 한다(cf. 약 4:9)는 사실을 강조한다. '너희는 울어라'(κλαύσατε)는 여호와의 심판을 받는 자들의 울음을 묘사하기 위하여 구약 선지서들에 공통적으로 사용된 용어이다(cf. 렘 8:23; 호 12:5; 욜 1:5). '울부짖다'(ὀλολύζειν)는 신약성경에서 오직 여기에만 나타나지만 칠십인경에서는 21번 나오며 모두 예언적 심판으로 인한 애가들(prophetic judge-ment laments)에 나타난다(cf. 사 13:6). 이 단어의 현재시제는 소리 내어 통곡하는 것을 계속하라는 의미이며, 이것은 그들 위에 임할(ἐπερχομέναις) 멸망의 심판이 얼마나 무겁고 무서운 고통인가를 잘 보여준다.

그러면 부자들은 왜 이토록 슬퍼하고 애통해야 하는가? 그것은 그들의 고통 때문이다(ἐπὶ ταῖς ταλαιπωρίαις ὑμῶν). '고통들'은[404] 복수로 설명되어 고통의 종류와 수가 많은 것을 함축하고 있다. 그런데 야고보는 이 고통들이 '임하고 있는'(ἐπερχομέναις) 고통이라고 말한다. 이 말은 '…위에 내려오다'(come upon)는 의미이며, 이는 고통들이 부자들 '위에' 닥친다는 의미이다. 그러면 야고보는 왜 하필 '위에'(ἐπί) 임한다고 말하는 것일까? 이것은 이 고통이 '위에 있는 분으로부터'(cf. ἄνωθεν, 약 1:17; 3:15, 17) 임한다는 사실을 암시하는 것으로 보인다. 즉 '부자들' 위에 임하는 고통의 출처가 바로 '위에 계신 분'이시다. 나아가서 이 단어는 현재분사로 되어 있다. 이것은 그러한 고통이 지금 또는 매우 가까운 미래에 내려온다는 것을 뜻하며, 또한 그 고통이 지속적으로 임한다는 것을 분명히 한다. 따라서 이 고통들은 부자들이 지금 상태로는 결코 피할 수 없는 고통들이 될 것이다.

2) 부자들에게 고통이 임하는 이유(2-6)

야고보는 부자들에게 고통을 경고한(1) 후에, 그들 위에 고통이 임하는 이유에 대하여 설명한다. 그는 크게 네 가지 이유를 제시한다.

(1) 부의 축적(2-3)

부자들에게 고통이 임하는 첫 번째 이유는 그들이 부를 축적했기 때문이다. "너희의 재물들은 썩었고 너희의 옷들도 좀 먹었다.[405] 너희의 금과 은은 녹슬었다"[406]는 말은 부자들이 재물과 옷과 금과 은을 축적해 두었다는 뜻이다. 그 직접적인 표현이 3b의 "너희가 축적했다"(ἐθησαυρίσατε)이다. 하지만 부의 축적 그 자체가 문제가 되지는 않는다. 본문은 부의 축적 자체 때문에 그들 위에 고통이 임한다고 말하지 않는다. 고통이 임하는 이유는 다른 데 있다. 그들은 왜 재물을 축적했는가? 그들의 재물 축적의 동기와 목적이 무엇인가? 바로 여기에 답이 있다.

부자들의 재물 축적은 벌써 오래전부터 계속되어 왔다. 그래서 재물이 썩었고 옷이 좀먹었다. 게다가 사람들이 영원히 변하지 않는다고 여기는 금과 은마저 녹이 슬 정도이니 그들의 부의 축적은 아주 오래된 일이다. 그들은 아주 오랫동안 썩을 재물과 좀먹을 옷과 녹슬어 없어질 보화를 모았다. 그들이 이렇게 한 이유는 썩고 좀 먹고 녹슬어 없어질 재물에 그들의 소망을 두었기 때문이다. 그들은 허망한 것, 일시적인 것, 영생을 줄 수 없는 것들에 소망을 두고 인생을 허비했다. 그래서 그들의 인생은 참으로 의미 없고 무가치하며 비참한 것이 되고 말았다. 그들은 썩어 없어질 재물이 자신을 지켜주고 보호해 주리라고 믿고 의지했다. 그들은 잠시잠깐이면 없어질 재물에 인생을 맡기고 신뢰했다. 그래서 결국 허망한 것들이 그들의 섬김의 대상이 되었고 우상이 되고 말았다. 부자들은 하나님을 의지하고 섬기는 대신에 썩어 없어질 재물과 좀먹을 옷과 녹슬 보화를 의지하고 섬겼다. 그리고 이것이 그들에게 죄가 되었다. 이에 대한 욥의 말을 들어보자.

> "만일 내가 내 소망을 금에다 두고 순금에게 너는 내 의뢰하는 바
> 라 하였다면 만일 재물의 풍부함과 손으로 얻은 것이 많음으로 기
> 뻐하였다면 … 그것도 재판에 회부할 죄악이니 내가 그리하였으면
> 위에 계신 하나님을 속이는 것이리라"(욥 31:24-28).

부자들이 재물을 축적한 동기는 그들이 하나님께 소망을 두지 않고 하나님을 의지하지 않은 데 있다. 그들이 그렇지 않다고 아무리 부인해도 금과 은에 슨 녹이 그 증거이다. 영원토록 변하지 않는다 하여 순결함의 대명사가 된 금과 은마저 녹이 슬 정도가 되었다면 도대체 그것을 얼마나 오랫동안 쌓아 두었다는 말인가! κατιόω(녹슬다)는 'κατά + ἰός'에서 왔다. ἰός는 독 또는 녹을 의미하며, κατιόω 바로 뒤에 나타난다(κατίωται καὶ ὁ ἰὸς αὐτῶν). 이는 강조를 위한 언어유희(word play)이다. 게다가 그것을 몸에 가까이 둠으로써 녹에서 나온 금속의 독이 살을 먹어 버릴 정도이니 그것을 또한 얼마나 아꼈다는 말인가! 그들은 하나님을 가까이 모신 것이 아니라 금과 은을 가까이 모셨다. 그들은 뭐라고 해도 오랫동안 재물을 축적했고, 그것에 애착을 가지고 그것을 섬기며 살아 왔다. 그들은 참으로 헛되고 썩어질 것에 매여 종노릇하며 살았다.

또한 부자들은 재물이 자신들의 소유라고 굳게 믿는다. 야고보는 이것을 강조하기 위해 '너희의' 부, '너희의' 옷들, '너희의' 금과 은이라고 말한다. 그러나 그는 이런 소유가 결국은 그들을 헤칠 것이라는 사실도 분명히 한다. '너희의' 고통(ταῖς ταλαιπωρίαις ὑμῶν, 1b), '너희의'

살(3a)이 이를 잘 증언한다. '너희의' 부는 '너희의' 고통이 되었고, '너희의' 금과 은은 '너희의' 살을 먹었다. 살을 먹었다는 말은 죽음을 암시한다.[407] 부자들은 자신들을 위해 오랫동안 재물과 옷과 보화를 쌓아왔지만, 오히려 그것에 매이게 되고 마침내 그것에 의해 죽음에 이르게 된다.

게다가 그들은 마지막 날들에 재물을 축적했다. '마지막 날'은 일반적으로 종말의 날, 심판의 날을 의미한다. 그래서 8절은 "주님의 오심이 가까이 와 있다"고 말한다. 심판주가 문 앞에 서 계신다(약 5:9). 그런데도 부자들은 이 사실을 믿지 않고 자신을 위해 계속하여 재물을 쌓아두려한다. 이 또한 하나님을 가까이 하지 않고 썩을 것을 가까이 하는 것이니 하나님께 복종하지 않는 교만의 죄를 범하는 것이다(약 4:6-10). 부자들의 이러한 불신앙의 행태 위에 고통이 임한다.

그러나 신자는 이들과 근본적으로 다르다. 신자는 필요한 것들을 쌓아두고 쓰는 사람이 아니라 하나님께 구하여 쓰는 사람이다(cf. 약 1:5-6b). 신자는 저수지를 가진 논이 아니라, 하늘만 의지하는 천수답이다. 물론 저수지도 하늘이 비를 주지 않으면 쌓아 둘 물을 얻지 못한다. 신자는 썩은 재물을 사용하며 좀 먹은 옷을 입고 녹이 난 금과 은으로 사는 사람이 아니라 날마다 위로부터 주시는 좋은 것과 온전한 것으로 사는 사람이다(약 1:17). 신자는 주님이 원하시면 살기도 하고 이것저것을 한다고 믿는 사람이지(약 4:15), 자신의 뜻으로 자신의 삶을 결정한다고 믿어 쌓아두기에만 급급한 어리석은 자가 아니다.

(2) 임금 착취(4)

부자들에게 고통이 임하는 두 번째 이유는 그들이 일꾼들의 임금(賃金)을 착취했기 때문이다. "보라 너희에 의해 **빼앗긴** 너희의 밭들을 벤 일꾼들의 임금이 외치고 있다. 그리고 추수한 자들의 부르짖음이 만군의 주님의 귀들 안으로 파고 들어갔다"(4). 본 절은 다음과 같은 구조를 이룬다.

ἰδοὺ[408]	보라
ὁ μισθὸς ... κράζει,	그 삯이 … 외치고 있다
καὶ αἱ βοαὶ ... εἰσεληλύθασιν	그리고 부르짖음이 … 들어갔다

야고보는 다시 한 번 독자의 주의를 끌기 위해 "보라"(ἰδού)라는 명령으로 시작한다. 이것은 주제가 달라졌다는 표시이기도 하다. 이 구조에서 가장 눈에 띄는 특징은 주어와 동사가 시작과 끝에 위치하며, 그 사이에 다른 수식구들이 들어가 있다는 것이다. 이렇게 함으로써 주어와 동사를 사실상 강조하는 효과가 있다. 또한 "임금이 외치고 있고, 부르짖음이 들어갔다"는 것은 의인법이다. 무생물(임금, 외침)을 주어로 하여 그것이 마치 생물처럼 감정을 가지고 활동하는 것으로 표현한 것은 강조를 위한 수사법이다.

① 일꾼들의 임금

야고보는 이 임금의 성격에 대하여 두 가지로 설명한다. 먼저 이 임금은 '일꾼들의'(τῶν ἐργατῶν) 임금이다. 이 일꾼들은 부자들의 밭에서 곡식을 벤 사람들이다. 그러므로 이 임금은 마땅히 일꾼들이 받아야 할 일꾼들의 품삯이다. 이 임금은 일꾼들에게 속한 것이다. 또한 이 임금은 부자들에 의해 **빼앗긴**(ὁ ἀπεστερημένος) 임금이다. 일꾼들은 부자들의 밭에서 일을 했고, 부자들은 그들에게 마땅히 임금을 지불해야 했다. 그러나 부자들은 일꾼들의 임금을 주지 않고 착취했다. 여기서 우리는 부자들이 어떤 방식으로 부를 축적했는지를(2-3) 알 수 있다. 그들은 썩어 없어질 물질에 소망을 두고 그것을 신뢰했다. 이를 위해 그들은 부를 모았다. 하지만 그들이 재물을 모은 방식은 착취요 강탈이었다 (ἀποστερεῖν). 부자들은 허망하고 소망이 없으며 신뢰할 수 없는 것을 쌓기 위해 악한 방법을 동원했다. 그들은 악한 재물을 악한 방법으로 쌓았다.

그런데 야고보는 바로 '그 임금'(ὁ μισθός)이 외치고 있다고 말한다. 이 외침은 멈추지 않는 계속적인 외침이며(pre.) 품삯을 강탈당한 일꾼들의 아픔을 대변한다. 임금을 강탈당한 일꾼들의 마음이 얼마나 억울하고 아팠으면 생명 없는 '임금'마저 소리를 질렀겠는가! 부자들은 자기 욕심을 채우기 위해서라면 다른 사람들의 아픔 따위는 안중에도 없었다. 이런 악행으로 인해 그들 위에 고통이 임하고 있다. 그들은 일꾼들의 임금이 '소리' 치게 했으므로 그들도 '소리' 내어 울부짖어야 한다 (1b). 부자들은 추수꾼들의 권리를 저버렸다. 그들은 하나님으로부터 심판을 받을 때 반드시 이 일에 대하여 대답하여야 할 것이다. 다시 한 번 욥의 말을 들어보자.

"만일 남종이나 여종이 나와 더불어 쟁론할 때에 내가 그의 권리를 저버렸다면 … 하나님이 심판하실 때에 내가 무엇이라 대답하겠느냐"(욥 31:13-14).

② 추수꾼들의 부르짖음

또한 추수꾼들의 부르짖음들($\beta o\alpha i$)[409]이 만군의 여호와의 귀들 안으로 파고 들어갔다($\varepsilon i\varsigma$ $\tau\grave{\alpha}$ $\tilde{\omega}\tau\alpha$ $\varkappa\nu\rho\acute{\iota}o\nu$ $\Sigma\alpha\beta\alpha\grave{\omega}\theta$ $\varepsilon i\sigma\varepsilon\lambda\eta\lambda\acute{\nu}\theta\alpha\sigma\iota\nu$, 4b). 추수꾼들은 부자들의 강탈과 착취로 인해 부르짖었다. 이 부르짖음이 여호와의 귀들(복수!) 안으로($\varepsilon i\varsigma$) 파고 들어갔다($\varepsilon i\sigma\varepsilon\lambda\eta\lambda\acute{\nu}\theta\alpha\sigma\iota\nu$). 이 표현은 참으로 무섭다. 이 표현은 $\varepsilon i\varsigma$를 반복함으로써 부르짖음이 들어간 방향성을 강조한다. 일꾼들의 부르짖음이 여호와의 귀들 '안으로 또 안으로' 들어갔으며, 주님이 그 소리를 들으셨다.[410] 또한 이 표현은 주님의 들으심이 이미 이루어졌음을 뜻하는 완료시제로 되어 있다. 추수꾼들의 부르짖음이 여호와의 귀들 안으로(방향성) 이미 파고 들어갔다(완료). 이로 인해 그 부르짖음이 여호와께 알려졌고, 지금도 계속해서 여호와의 귀에서 외치고 있다.[411] 부자들의 착취와 추수꾼들의 억울함은 여호와께 분명하게 알려져 있다. 이로 인해 여호와께서 반드시 이 일에 보응하실 것이다.

그런데 여호와는 어떤 분이신가? 그는 만군의 주($\varkappa\nu\rho\acute{\iota}o\nu$ $\Sigma\alpha\beta\alpha\acute{\omega}\theta$)이시다. 이 표현은 하나님을 군사 용어로 설명하는 것이다. 하나님은 전사들의 임금(warrior-king)이시다. 이는 대적을 멸하시는 하나님의 모습을 나타낸다. 또한 만군의 주는 "공의에 근거해서 만물과 인간을 통치하시는 하나님, 정의에 기초하여 만물과 인간을 심판하는 하나님을 가리킨다."[412] 나아가서 이는 하나님이 무력으로 이들을 심판하실 것을 강조한다. 만군의 주께서 부자들의 부정과 착취를 묵과하실 리가 없다 (레 19:13; 신 24:14-15; 말 3:5). 결국 축적하기 위해 착취하는 부자들 위에 무서운 고통이 임할 것이다. 그러므로 하나님이 만군의 주이심을 믿는 신자는 마땅히 이 땅에서 공의와 정의를 실현하는 삶을 살아야 한다. 정의를 구현하는 신자의 윤리는 하나님이 만군의 주가 되신다는 신론에 근거한 윤리이다.

(3) 사치와 방탕(5)

부자들이 고통을 당하는 세 번째 이유는 그들이 땅 위에서 사치하고 방종했기 때문이다. "너희가 땅 위에서 사치하며 살았다. 그리고 너희는 방종했고, 너희는 살육의 날에 너희의 마음을 살찌게 했다"(5). 부자들은 '땅 위에서' 사치했다. 이것은 재물을 축적한 것과 관련이 있다. 그들은 땅 위의 삶에 소망을 두었기 때문에 재물을 축적했고, 이것을 위해 착취했다. 그들은 하나님이 자기를 사랑하는 자들에게 약속하신 생명의 면류관(약 1:12)과 하나님의 나라에 대하여 관심이 없었다(cf. 약 2:5). 그들은 세상과 벗이 되어 세상에서 사치했다. 이것은 하나님과 원수 되는 행위이다(cf. 약 4:4). 또한 부자들은 방종했다($\dot{\epsilon}\sigma\pi\alpha\tau\alpha\lambda\dot{\eta}\sigma\alpha\tau\epsilon$).[413] 그들은 방탕한 삶을 살았다. 그리하여 그들은 결국 살육의 날에 자신들의 마음을 살찌웠다. '살육의 날'($\dot{\eta}\mu\dot{\epsilon}\rho\alpha$ $\sigma\phi\alpha\gamma\tilde{\eta}\varsigma$)은 '마지막 날'(3b)과 병행한다. 이 도살의 날은 임박한 종말의 날로서 하나님이 추수꾼들을 착취한 부자들을 도살하실 날이다. 부자들은 이 도살의 날, 즉 고통의 날

(cf. 1b)을 위해 일꾼들을 착취했고 부를 축적한 것이다. 그러나 이 행위는 표면적인 것일 뿐 이 일을 행한 동기는 그들 내면, 즉 그들의 '마음'에 있다.[414] 그래서 야고보는 그들이 마음을 살찌웠다고 판단한다.

(4) 의인을 정죄하고 죽임(6)

부자들 위에 고통이 임하는 네 번째 이유는 그들이 의인을 정죄하고 살인했기 때문이다. 여기서 '의인'(δίκαιος)은 의인 개인들을 통칭하는 집합적 단수(collective sg.)일 것이다.[415] "너희는 의인을 정죄했고 죽였다."[416] '살인했다'는 말은 문맥적으로 볼 때, 임금을 착취당함으로 인한 경제적인 어려움을 말하는 것으로 보인다.[417] 일꾼들에게 품삯을 주지 않는 것은 그들에게 죽음과 같은 것이다. 부자들은 의로운 사람들을 정죄하고 살인했다.

이어서 야고보는 이러한 억압에 대한 의인의 반응을 설명한다. "그는 너희에게 저항하지 않는다"(6c).[418] '그'는 의로운 개인들로서 가깝게는 임금을 착취당한 추수꾼들을 가리키는 것으로 보인다. 그들은 자신들을 착취하는 부자들에게 대적하지 않는다(οὐκ ἀντιτάσσεται).[419] "어떤 접속사 없이 두 개의 부정과거 시제 동사와 현재 시제로 된 세 번째 동사를 병렬로 연결한 스타카토 문체는 야고보의 고발(charge)의 강조점을 강화한다. 이 희생자들은 결백하다!"[420]

설교를 위한 제안 16

본문 : 야고보서 5:1-6

제목 : 만군의 주의 귀에 들렸느니라

1. 부자들은 어떤 사람들인가?

2. 부자들이 울고 통곡해야 하는 이유

3. 부자들에게 고통이 임하는 이유

    1) 부의 축적

    2) 임금 착취

    3) 사치와 방탕

    4) 의인을 정죄하고 죽임

4. 맺음말

II. 인내와 재림(약 5:7-11)

개역개정 7 그러므로 형제들아 주께서 강림하시기까지 길이 참으라 보라 농부가 땅에서 나는 귀한 열매를 바라고 길이 참아 이른 비와 늦은 비를 기다리나니 8 너희도 길이 참고 마음을 굳건하게 하라 주의 강림이 가까우니라 9 형제들아 서로 원망하지 말라 그리하여야 심판을 면하리라 보라 심판주가 문 밖에 서 계시니라 10 형제들아 주의 이름으로 말한 선지자들을 고난과 오래 참음의 본으로 삼으라 11 보라 인내하는 자를 우리가 복되다 하나니 너희가 욥의 인내를 들었고 주께서 주신 결말을 보았거니와 주는 가장 자비하시고 긍휼히 여기시는 이시니라

사   역 7 그러므로 너희는 오래 참으라, 형제들아, 너희는 주님의 오심까지. 보라 농부가 땅이 이른 비와 늦은 비를 맞기까지 그것(비)에 대하여 오래 참으면서 땅의 귀한 열매를 기다린다. 8 너희도 또한 오래 참으라. 너희는 너희의 마음들을 강하게 하라. 왜냐하면 주님의 오심이 가까이 있기 때문이다. 9 너희는 서로를 대하여 불평하지 말라, 형제들아, 너희가 심판받지 않기 위하여. 보라 심판자가 문들 앞에 서 있다. 10 너희는 본으로 받으라, 형제들아, 주님의 이름으로 말한 선지자들을 고난과 오래 참음의. 11 보라 우리는 인내한 자들을 복되다고 여긴다. 너희가 욥의 인내를 들었다. 그리고 너희는 주님의 결론을 보았다. 주님은 크게 자비롭고 긍휼히 여기신다.

1. 문학적 구조와 특징

1) 구조

(1) 세 개의 동일 구조

본 문단은 각각 '명령 + 형제들아(ἀδελφοί) ⋯ 보라(ἰδού) + 인물 ⋯'로 구성된 세 개의 문단으로 명확하게 구분된다.

μακροθυμήσατε, ἀδελφοί ... (7-8)   너희는 오래 참으라, 형제들아 ···
   ἰδοὺ ὁ γεωργός ...   보라 농부가 ···
μὴ στενάζετε, ἀδελφοί ...   (9)   너희는 불평하지 말라, 형제들아 ···
   ἰδοὺ ὁ κριτής ...   보라 심판자가 ···
λάβετε, ἀδελφοί   (10-11)   너희는 받으라, 형제들아 ···
   ἰδοὺ ... τοὺς ὑπομείναντας ...   보라 오래 참는 자들을 ···

(2) 대구

   A. 오래 참음 – 예) 농부   (7-8)
      B. 불평하지 말라 – 서로   (9)
   A'. 오래 참음 – 예) 선지자, 욥 (10-11)

A와 A'가 오래 참음과 오래 참음의 예에 의해 대구를 이룬다. 이 구조에서 오래 참음에서 불평이 문제가 될 수 있다는 것이 부각된다.

(3) 점층법

έως τῆς παρουσίας τοῦ κυρίου - 주님의 오심까지(7)
ἡ παρουσία τοῦ κυρίου ἤγγικεν - 주님의 오심이 가까이 있다(8)
ὁ κριτὴς πρὸ τῶν θυρῶν ἔστηκεν - 심판자가 문들 앞에 서 있다(9)

야고보는 시간적 점층법을 사용하여 주님의 오심이 가속화 되고 있음을 실감나게 그려내고 있다.

2) 특징

(1) 인내를 의미하는 단어들이 매우 자주 나타난다(6회). μακροθυμέω(7bis., 8), μακροθυμία(10), ὑπομένω(11), ὑπομονή(11).

(2) 대구법이 사용되었다. 7-8//10-11; 7a, b // 8.

(3) 명령법이 자주 나타난다(8회). ἰδού(7, 9, 11), μακροθυμήσατε(7, 8), στηρίξατε(8), μὴ στενάζετε(9), λάβετε(10).

2. 해설

1) 오래 참으라(7-8)

본 문단의 구조는 아래에서 보는 바와 같이 매우 분명하다. '오래 참으라 + 주님의 오심'이 반복되며(7a-b, 8), 그 사이에 농부의 오래 참음(7c)을 예로 제시하고 있다.

μακροθυμήσατε   ⋯   ἕως τῆς παρουσίας τοῦ κυρίου. (7a, b)
너희는 오래 참으라 ⋯   주님의 오심까지
  ὁ γεωργὸς ⋯ μακροθυμῶν ⋯ (7c)
  농부가 ⋯ 오래 참으면서
μακροθυμήσατε καὶ ὑμεῖς ⋯ ἡ παρουσία τοῦ κυρίου ἤγγικεν. (8)

너희도 오래 참으라 … 주님의 오심이 가깝다

야고보는 7절을 "그러므로"(οὖν)로 시작한다. 이 접속사는 앞 단락
(1-6)과 본 단락을 논리적으로 연결하는 역할을 한다. 이 역할의 의미는
다음과 같다. 부자들은 추수꾼들의 임금을 **빼앗아** 부를 축적한다. 이
일로 인해 추수꾼들은 고통을 당한다. 그러나 그 부자 위에 무서운 고
통이 임하고 있다. 만군의 여호와께서 마지막 때에 그들을 심판하실 것
이다(1-6). '그러므로' 형제들은 오래 참아야 한다(7-11).[421] 결국 야고보
는 신자들에게 그들이 무법한 압제자들로부터 당하는 고난과 아픔, 원통
함과 억울함에 대해 대항하지 말고 참아야 한다고 권면한다. 이것은 정당
하게 요구하고 주장할 수 있는 것에도 대적하지 말라는 말이다. 이것은
단지 역경을 견디는 것이 아니라 착취자들에게 보복하지 않는 것이다.[422]
이것을 강조하기 위해 야고보는 "너희는 오래 참으라"(μακροθυμήσατε)로
본 단락을 시작하며, 8절에서 동일한 명령을 반복한다. 그리고 그 중간
에 농부의 오래 참음을 예로 들어 설명한다.

(1) 인내의 기간(7a)

그러면 신자는 언제까지 착취자들을 대적하지 않고 부당한 압제를 참
아야 하는가? 이에 관해 야고보는 "주님의 오심까지"(ἕως τῆς παρουσίας
τοῦ κυρίου)라고 명확하게 밝힌다(7b). 여기서 가장 중요한 것은 '주님의
오심'(παρουσία τοῦ κυρίου)이다. 주님은 약속하신 대로 반드시 다시 오신
다. 이것은 공허한 소설이나 허황된 신화가 아니다. 주님께서 성육신하

시고 이 땅에서 우리 가운데 사시고 고난을 받으시고 십자가에 못 박혀 죽으시고 장사되시고 사흘 만에 부활하시고 승천하신 것이 역사적 사실이듯이, 주님의 다시 오심도 분명히 이 땅의 시공간 속에서 발생할 엄연한 역사적 사실이다. 이 역사적 사실성 때문에 야고보는 시간표현인 '까지'(ἕως)라는 말을 썼다. 만약 주님의 다시 오심이 없다면, 그것이 헛된 이야기에 불과하다면, 이 땅에서 당하는 고난을 인내하며 사는 신자들의 삶은 무의미한 것이 되고 만다.

하지만 주님은 반드시 재림하신다. '그 때까지' 참고 인내하면 된다. 이 말은 신자의 인내에도 끝이 있다는 뜻이다. 누가 억울해도 인내하며 보복하지 않을 수 있는가? 인내를 끝낼 때가 있다는 것을 아는 사람이다. 인내의 끝이 영원히 없다면 어느 누가 인내하려 하겠는가. 신자의 인내는 주님이 오시면 다 끝이 난다. 거기까지만 참으면 된다. 그래서 주님의 재림을 믿는 신자가 오래 참는다. 주님의 재림을 정말로 믿는지 아니 믿는지를 확인하는 척도는 억울함을 참느냐 아니면 보복하느냐이다. 바보이기 때문에 때리면 맞고, 뺏으면 빼앗기는 것이 아니다. 주님의 재림을 믿기 때문에 참고 기다리는 것이다. 신자는 주님이 심판자요 보응자로 강림하실 것을 믿기 때문에 오래 견디며 보복하지 않는다. 그래서 신자의 보복하지 않는 윤리는 종말론적 윤리이다. 이처럼 신자의 현재의 삶의 방향과 태도는 미래에 의해 결정된다. 신자는 이미 이 땅에서 종말의 삶을 산다. 이것이 신자의 삶의 놀라운 특징이다.

(2) 농부의 예(7b)

이어서 야고보는 오래 참음의 한 가지 예를 든다. 그는 독자들이 이 예에 주목하도록 하기 위해 "보라"(ἰδού)는 명령(감탄사)으로 시작한다. 농부의 대표적인 특징은 기다리는 것(ἐκδέχεσθαι)이다. 그는 땅이 내어 주는 좋은 열매, 귀한 열매를 기다린다. 그렇지 않은 농부가 어디에 있겠는가. 농부는 결코 나쁜 열매, 썩은 열매를 기대하지 않는다. 농부는 귀하고 큰 가치를 지닌 열매를 기다린다. 그러나 이런 열매는 하루아침에 아무런 수고 없이 그냥 얻어지는 것이 아니다. 존귀한 열매를 얻기 위해서는 인내가 필요하다. 열매를 얻기까지는 많은 시간을 기다려야 한다. 무엇보다도 좋은 열매를 내기 위해서는 땅으로부터 충분한 영양분과 수분을 얻어야 한다. 이를 위해 농부는 땅이 이른 비와 늦은 비[423]를 맞기까지 오래 참아야 한다. 이것을 참지 못하고 땅을 다 갈아엎어 버리면 열매는 없다. 열매는 농부가 내는 것이 아니라 하늘이 낸다. 하늘이 비를 주어야 땅이 열매를 맺는다(약 5:18). 농부가 할 일은 단지 하늘이 비를 주기까지 오래 참고 인내하는 것이다.

(3) 인내의 이유(8)

이제 다시 야고보는 "너희도 오래 참으라."(μακροθυμήσατε καὶ ὑμεῖς)고 명령한다. 농부만 오래 참는 것이 아니라 신자도 오래 참아야 한다. 농부가 하나님이 비를 내려 주실 때까지 오래 참듯이, 신자는 주님이 오시는 날까지 오래 참아야 한다. 비는 반드시 오고야 말듯이, 주님도 반드시 오시고야 만다. 그러니 그 때까지 억울해도 참고 또 참으라. 귀한 열매를 기다리는 농부는 오래 참는 자이다. 주님의 신원(伸冤)을 기다리는 신자도 역시 오래 참는 자이다.

하지만 이것은 결코 쉬운 일이 아니다. 억울함과 분함과 무고한 압박을 오래 참는 일은 참으로 힘들고 어려운 일이다. 그래서 야고보는 "너희는 너희의 마음들을 강하게 하라"(στηρίξατε τὰς καρδίας ὑμῶν)고 명령한다. 이것은 7a에는 없는 추가된 내용이다. 강하게 함이 없이는 오래 참을 수 없다. 육체의 인내는 육체를 강하게 하면 된다. 그러나 마음의 인내는 마음을 견고하게 해야 한다. 마음의 힘을 돋우어 강하게 하고, 마음이 흔들리지 않도록 꼭 붙잡아야 한다. 자기 마음을 속이지 말고(약 1:26) 마음에 독한 시기와 다툼이 없게 하고(약 3:14) 마음을 성결하게 하고(약 4:8) 마음을 살찌우지 않아야 한다(약 5:5). 왜냐하면 주님의 오심이 가까이 와 있기 때문이다(8c). 7절에서 주님의 오시기까지 오래 참으라고 권면한 야고보는 8절에서는 주님의 강림이 가깝다고 선언한다. 이 사실을 알고 믿음으로써 마음을 강하게 하는 자가 오래 참을 수 있다. 신자들을 억압하고 착취하여 썩을 재물을 쌓고 그것을 의지하는 불신 부자들이 고통으로 울고 통곡하는 것(약 5:1-6)도 신자들이 이런 억울함을 참고 기다리며 인내하는 것(약 5:8)도 모두 주님의 강림하심 때문이다.

결국 신자의 오래 참음은 그 자신이 원인이 되어 이루어지는 것이 아니다. 그 원인은 신자 외부에 있다. 그것은 바로 주님의 오심이다. 주님이 오실 것이기에 그 때까지 참고, 주님의 오심이 가까이 있기에 마음을 강하게 하고 오래 참는 것이다. 믿음도 구원도 신자 밖에서 오듯이 신자의 인내도 그 자신 밖에서 주어지는 것이다. 그럼에도 "너희는 너희의 마음을 강하게 하라"는 말씀에서 보듯이 이것을 이루려면 신자의 적극적인 순종이 있어야 한다. 오래 참을 수 있는 자가 누구인가? 주님의 오심을 변함없이 믿는 자이다. 주님의 오심이 가깝다는 것을 확고히 믿는 자이다. 믿음이 인내를 산출한다. 인내가 믿음을 대변한다. 오래 참음은 믿음의 표현이다.

2) 서로 불평하지 말라(9)

계속해서 오래 참으라고 권면하던 야고보는 갑자기 "서로를 대하여 불평하지 말라"(9)고 명령한다. 이것은 불평과 원망을 당장 멈추라는 말이거나 항상 피해야 하는 행위를 의미할 수 있다.[424] 이 금지는 교회 공동체 밖의 사람들에 대해 오래 참는 것이 공동체 내부의 사람들에게 불평과 원망으로 바뀔 수 있다는 것을 의미하는 것으로 보인다. 인내하는 것은 사람을 예민하게 만든다. 이 예민함은 사소한 것에도 쉽게 원망하고 불평하게 만든다. 이것을 주의해야 한다. 외부에서 넘어지지 않으려다가 내부에서 실족하는 일이 없도록 조심해야 한다. 신자의 삶은 교회 공동체 안과 밖이 다르지 않아야 한다. 그리고 불평하지 않아야 하는 목적은 심판을 받지 않기 위해서이다(ἵνα μὴ κριθῆτε, 9b).[425]

　야고보는 이 문단에서도 동일하게 "보라"(ἰδού)라는 말을 통해 이어지는 내용에 독자들의 주의를 모은다. 그리고 그는 심판자를 거론한다. "심판자가 문들 앞에 서 있다"(9c). 이 심판자(ὁ κριτής)는 멀리는 야고보서 4:12과 관련되고, 가깝게는 5:7, 8절에서 언급된 '오시는 주님'을 가리키는 것으로 보인다. 전자에서 야고보는 "율법을 주신 자와 심판자는 구원하실 수 있고 멸망시킬 수 있는 한 분이시다. 그런데도 이웃을 판단하는 너는 누구인가?"라고 하여 이 심판자가 하나님시라는 사실을 강조한다. 반면 후자에서 이 심판자는 그리스도이시다. 심판자가 이미 "문들 앞에 서 계신다(ἕστηκεν, pf.)." 8절의 "주님의 오심이 가까이 와 있다."는 시간, 공간의 두 가지 의미로 다 해석이 가능하다. 그러나 본 절(9c)에서는 "문 앞에"(πρὸ τῶν θυρῶν)라는 말로 인해 심판자가 공간적으로 가까이 와 있음을 나타낸다. 심판자는 시간적으로도 공간적으로도 우리와 매우 가까이 와 계신다.

앞 문단과 본 절은 주님의 오심이라는 주제로 서로 연결된다. "주님의 오심까지"(7b), "주님의 오심이 가까이에 와 있다"(8c), "심판자가 문들 앞에 서 있다"(9). 이 표현은 점층법으로서 주님의 오심이 가속화되고 있고 임박했다는 사실을 강조한다. 이제 곧 주님이 문을 열고 들어서실 것만 같다. 신자들이 원망을 멀리해야 하는 이유는 심판주(κριτής)의 강림이 임박했기 때문이다. 주님의 오심이 교회 공동체 밖의 사람들에 대한 신자의 태도뿐 아니라 공동체 내의 사람들에 대한 태도를 교정한다. 신자들은 주님의 오심이 가까이에 있다는 것을 알고 자신들을 억압하는 교회 밖의 사람들에 대하여 마음을 강하게 하고 오래 참아야 한다. 마찬가지로 신자들은 교회 공동체 내부의 사람들에 대해서도 심판자가 문 밖에 이미 서 계심을 알아 불평으로 인해 심판 받는 일이 없도록 해야 한다. 이처럼 강림이 임박한 심판주에 대한 신학이 신자들에게 원망 없는 삶을 결정해 준다.[426]

3) 오래 참음의 본을 받으라(10-11)

(1) 선지자들의 인내(10)

이제 야고보는 본 단락의 세 번째 문단을 앞의 두 문단과 동일한 형식으로 시작한다. "형제들아, 너희는 주님의 이름으로 말한 선지자들을 고난과 오래 참음의 본으로 받으라"(10). 10절에는 다음과 같이 두 개의 목적어가 하나의 동사에 걸려 있다.

    ὑπόδειγμα   **λάβετε,**
    본을   너희는 받으라

    τῆς κακοπαθίας καὶ τῆς μακροθυμίας
        고난과   오래 참음의

    τοὺς προφήτας
    선지자들을

여기서 '본'(ὑπόδειγμα)을 부사적 목적격으로 보면, 전체 내용은 '선지자들을 고난과 오래 참음의 본으로 받으라'가 된다. 야고보는 선지자들이 어떤 사람들인지를 정의한다.

첫째로 선지자들은 주님의 이름으로 말한 사람들(οἳ ἐλάλησαν ἐν τῷ ὀνόματι κυρίου)이다. 선지자는 말하는 사람이다. 말하지 않으면 선지자가 아니다. 비록 자신의 말로 인해 핍박을 받고 목숨을 잃을지라도 그는 말해야 한다. 또한 선지자는 "주님의 이름으로(또는 이름 안에서)"(ἐν τῷ ὀνόματι κυρίου) 말하는 사람이다. 이것은 선지자의 신분적 특징을 의미한다. 성경에서 이름은 단순히 구분을 위한 호칭이 아니라 신분, 성품, 활동 등 한 인물의 모든 것을 함의한다. 그래서 주님의 이름이란 곧 주님 자신을 의미한다. 따라서 주님의 이름으로 말한다는 뜻은 선지자가 주님을 대행하여 주님의 말씀을 말한다는 의미이다. 선지자들은 주님의 대행자로서 주님의 신분과 활동과 뜻과 계시 등 주님과 관련된 것을 말했다. 이것이 '주님'의 선지자들의 말의 제한이요 한계이다(ἐν). 주님과 무관한 것을 말하는 자는 선지자가 아니다.

둘째로 선지자는 고난과 오래 참음의 사람이다. 선지자는 주님의 이름으로 말했기 때문에 심한 고난을 받았다. 선지자는 핍박을 받았고 (마 5:12; 눅 6:23-23; 11:49; 행 7:52) 피 흘림을 당했으며(마 23:30; 눅 11:50; 계 16:6) 많이 죽임을 당하기도 했다(마 23:29, 31, 37; 눅 11:47, 49; 13:34; 행 7:52; 롬 11:3; 살 2:15; 계 18:24). 이렇게 고난을 당했지만 선지자는 죽음에 이르기까지 오래 참았다. 선지자는 고통과 인내의 사람이었다.

셋째로 선지자는 본이 되는 사람이었다. 야고보는 수신 교회의 신자들에게 오래 참으라고 권고하면서 선지자들을 고난과 오래 참음의 본으로 받으라고 말했다. 이것은 곧 고난과 오래 참음의 삶을 살았던 선지자들을 본받으라는 명령이다. 선지자들은 신자의 본이 되는 사람들이다. 선지자는 주님의 이름으로 말씀을 전하고 고난을 받되 죽기까지 인내했다. 이러한 삶은 그 자신만을 위한 것이 아니라 그가 전한 말씀을 받는 모든 신자들을 위한 것이기도 했다.

그래서 야고보는 "너희는 본을 취하라"(ὑπόδειγμα λάβετε)고 명령했다.[427] 그는 '본'을 문장 맨 앞에 두어 강조하고 있다. 본은 따라 행하도록 하기 위해 있는 것이다. 예수께서도 제자들의 발을 씻기신 후에 "내가 너희에게 행한 것 같이 너희도 행하게 하려 하여 본을 보였노라"(요 13:15)[428]고 말씀하셨다. 여기서 본은 "나처럼 너희도"(καθὼς ἐγὼ … καὶ ὑμεῖς …)의 의미를 가진다. 본의 목적은 구경이나 감동이 아니라 실행이다. 그래서 야고보는 본을 "취하라"(λάβετε)고 명령했다. 이것은 적용하라는 의미이다. 신자는 선지자들을 본받는 사람이다. 이것이 바로 야고보가 말하는 신자에 대한 정의이다. 신자는 '본받는 자'(μιμητής)이다. 이것은 신자에 대한 바울의 정의와도 일치한다.[429] "또 너희는 많은 환난 가운데서 성령의 기쁨으로 도를 받아 우리와 주를 본받은 자(μιμηταί)가 되었으니"(살전 1:6). "형제들아 너희가 그리스도 예수 안에서 유대에 있는 하나님의 교회들을 본받은 자(μιμηταί) 되었으니"(살전 2:14). 신자는 고난에서도 오래 참음에서도 선지자들을 본받는 자이다.

(2) 욥의 인내(11a, b)

이어서 야고보는 또 다시 앞의 두 문단과 같은 형식의 "보라"(ἰδού)라는 말로 독자들의 주의를 다음 내용으로 이끈다. 그 핵심 주제는 여전히 인내이다. "보라 우리는 인내하는 자들을 복되다고 여긴다"(11a). 야고보는 '우리는'이라고 말함으로써 자신과 수신자 모두가 이 사실에 동의하고 있다는 사실을 강조한다. 하지만 과연 오래 참는 사람이 복이 있는가? 사람들이 인정하든 하지 않던 야고보는 이런 인생이 복된 인생이라고 말한다. 누가 뭐라 해도 인내하는 자가 복이 있으며, 이것이 인정되어야 참 신자이다.

야고보는 인내하는 사람이 복된 사람이라고 단언한 뒤, 이 사실을 가장 잘 보여주는 한 인물을 소개한다. 그는 바로 욥(Ἰώβ)이다(10b). 욥은 인내하는 사람이 복되다는 사실을 증명하는 최적의 인물이다. 야고보가 욥을 예로 든 것은 이 사실이 이미 모든 신자들에게 잘 알려져 있었기 때문이다. 그래서 그는 "너희가 들었다"(ἠκούσατε)고 말했다. 욥은 인내의 대명사이다. 그래서 '욥의 인내'라고 말한다. 욥은 인내의 사람이다. 하지만 인내한 욥이 정말 복된 사람이었는가? 야고보는 그렇다고 말한다. "주님의 결말을 너희가 보았다." 욥의 인내를 수신 교회의 신자들이 들어서 알고 있을 뿐 아니라 그렇게 인내한 욥에게 내린 하나님의 결말이 무엇이었는지도 그들은 이미 보았다(εἴδετε). 야고보는 '들었다', '보았다'는 시청각적 표현을 동원하여 수신 교회의 신자들이 욥의 인내와 결말에 증인이라는 사실을 부각시키고 있다.[430]

(3) 욥의 결말(11c)

야고보는 "너희가 주님의 결국을 보았다"는 말에 이어 "주님은 크게 자비하시고 긍휼히 여기신다"고 말한다. 주님은 욥의 인내에 결말을 내시는 분이시다. '결말'(τέλος)은 목적의 완성과 성취를 의미한다. '욥의 인내'와 '주님의 결말'은 병행구이다. 욥이 인내하였지만 성취하여 끝내시는 분은 주님이시다. 주님이 욥의 인내를 성취하고 완성하여 목적을 이루셨다. 욥의 인내를 주님이 인내하시며 도우시고 이끄셨다. 욥이 인내하는 동안 주님은 가만히 계셨고 그의 인내가 끝났을 때 주님이 자신의 자비와 긍휼을 보이신 게 아니다. 욥이 인내하는 전 과정에 주님이 자비와 긍휼로 도우시고 붙드시며 함께 인내하시며 참아내셨다. 사람이 행하고 주님이 이루신다.[431] 그래서 "주는 가장 자비하시고 긍휼히 여기시는 이시다"(11c). 욥이 끝까지 인내할 수 있었던 원인은 주님의 자비와 긍휼 때문이다. 욥의 인내는 주님이 자신의 성품을 따라 행하신 결과이다. 따라서 "너희가 주님의 결말을 보았다"는 말은 주님이 자비와 긍휼로 욥의 인내를 채우시고, 이것을 통해 이루고자 한 목적의 성취를 보았다는 말이다.

신자의 인내는 그를 향한 주님의 자비와 긍휼로 이루어진다. 신자는 주님의 결말에서 욥이 다시 얻은 재물과 자녀와 장수를 보는 것이 아니라 욥을 자비와 긍휼로 대하시어 마침내 그의 인내를 완성하시고 목적을 이루신 주님의 인내를 보아야 한다. 하나님은 자비와 긍휼로 고난의 나그네 인생을 사는 신자의 인내에 자비와 긍휼로 동참하시며 마침내 완성하신다. 인내하는 신자의 인생 전체가 자비롭고 긍휼히 여기시는 하나님과 그분의 성품 안에 있다. 이것이 인내하는 자의 복이다.

놀랍게도 야고보는 하나님이 욥에게 처음보다 갑절의 소유를 주신 것이 그의 결말이라고 말하지 않는다. 그는 재물과 자식과 장수(욥 42:10-17)가 욥의 인내에 대한 하나님의 결말이라고 말하지 않는다. 단지 야고보는 "주님은 매우 자비롭고 긍휼히 여기신다"(ὅτι πολύσπλαγχνός ἐστιν ὁ κύριος καὶ οἰκτίρμων)고 말할 뿐이다.[432] 이 말이 인내를 권고하는 본 단락의 절정이다. 그러므로 하나님이 인내한 욥에게 주신 결과는 재물이나 자식이나 장수가 아니라 주님 자신이다! 하나님은 참으로 많이 동정하시고 불쌍히 여기시는 분이시다. 하나님은 자비와 긍휼로 옷 입으신 분이시다.[433] 인내하는 신자가 복된 이유는 하나님이 자신의 성품을 따라 신자의 인내를 성취하시고 완성하시기 때문이다. 욥은 인내를 통해 주님이 많은 자비와 긍휼의 주님이시며 욥의 인내를 채우시는 분임을 풍성하게 경험했다. 하나님이 욥의 인내를 통해 이루신 목적이 바로 이것이다. 나머지 것들은 단지 이 복의 부산물일 뿐이다. 이것이 바로 오래 참는 자를 복되다고 하는 근본 이유이다.

설교를 위한 제안 17

본문 : 야고보서 5:7-11

제목 : 길이 참으라, 길이 참으라

1. 오래 참으라(7-8)

    1) 인내의 기간(7a)

    2) 농부의 예(7b)

    3) 인내하는 이유(8)

2. 서로 불평하지 말라(9)

3. 오래 참음의 본을 받으라(10-11)

    1) 선지자들의 인내(10)

    2) 욥의 인내(11a, b)

    3) 주님의 결말(11c)

4. 맺음말

III. 맹세와 참된 말(약 5:12)

개역개정 ¹² 내 형제들아 무엇보다도 맹세하지 말지니 하늘로나 땅으로나 아무 다른 것으로도 맹세하지 말고 오직 너희가 그렇다고 생각하는 것은 그렇다 하고 아니라고 생각하는 것은 아니라 하여 정죄 받음을 면하라

사   역 ¹² 그러나 무엇보다도, 나의 형제들아, 너희는 하늘로나 땅으로나 다른 어떤 맹세로나 맹세하지 말라. 도리어 너희가 정죄 아래에 떨어지지 않도록 너희의 '아니요'는 '아니요'라고 하고, '예'는 '예'라고 하라.

- 내용분석 -

1. 맹세하지 말라(12a)
2. 참된 말을 하라(12b)

1. 문학적 구조와 특징

1) 본 구절은 아래와 같이 두 가지 명령이 역접(δέ)으로 연결되어 있다.

     Πρὸ πάντων δέ, ⋯

     그러나 무엇보다도 ⋯

     μὴ ὀμνύετε ⋯

     너희는 맹세하지 말라

     ἤτω δὲ ⋯

     도리어 하라

2) 가장 두드러진 특징은 아래와 같이 부정(negative)이 연속되는 것이다. μὴ(아니다) ⋯ μήτε(또한 아니다) ⋯ μήτε(또한 아니다) ⋯ μήτε(또한 아니다) ⋯ 뒤에 있는 세 번의 μήτε(또한 아니다)는 부정의 상관(correlative) 접속사이다(neither ⋯ nor ⋯ nor).

2. 해설

1) 맹세하지 말라(12a)

12절은 마태복음 5:34-37의 예수님의 말씀을 축약하여 반영한 것으로 보인다.[434] "모든 것들 앞에"(πρὸ πάντων, 무엇보다도)는 중요성이나 순위에 있어서 우선적인 것을 의미한다.[435] 이 전치사 구는 "그러나"(δέ)와 결합하여 앞에 있는 어떤 단락들과 연결하는 것처럼 보인다. 하지만 이 구절이 어떤 것과의 연결인지는 결정하기 어려우며, 오히려 문학적으로 상투적인 문구로 보는 것이 좋을 듯싶다.[436] "맹세하지 말라"(μὴ ὀμνύετε)는 μή + 현재 명령법인데, 이것은 매일의 대화에서 정직함을 입증하기 위해 맹세하는 습관을 금지하는 것으로 보인다.[437] 연속되는 세 번의 "μήτε"(neither … nor … nor)는 그 어떤 것으로도 맹세하지 말라는 금지의 의미를 최상으로 강조하는 효과가 있다. 신자는 "하늘로나 땅으로나 다른 어떤 맹세로나" 맹세하지 말아야 한다. 이것은 맹세에 대한 완벽한 금지이다.[438] "다른 어떤 맹세"는 어떤 종류의 맹세도 하지 말라는 것을 의미한다.

2) 참된 말을 하라(12b)

이렇게 맹세하지 않는 대신에 "도리어"(δέ) '아니요' 할 것은 '아니요'라고 해야 하고 '예' 할 것은 '예'라고 해야 한다.[439] 중복된 것은 강조를 위한 것이다.[440] 이것은 맹세하지 말라는 말씀을 실천하기 위한 대안이다. '예' 할 것은 '예' 하고, '아니요' 할 것은 '아니요'라고 하면 굳이 맹세할 필요가 없다. 이런 의미에서 맹세하지 말라는 앞의 내용은 도무지 아무런 맹세도 하지 말라는 것이 아닌 듯싶다(cf. 눅 1:73; 행 2:30 등).

그러면 왜 맹세를 하지 말라고 하는가? 이것의 목적은 이어지는

"너희가 정죄 아래에 떨어지지 않도록"(12c)이라는 가정법 구절이 설명한다. '예' 할 것은 '예'로, '아니요' 할 것은 '아니요'라고 함으로써 하늘로나 땅으로나 다른 어떤 맹세로나 맹세를 하지 말아야 하는 이유는 정죄 받지 않기 위해서이다(ἵνα μὴ ὑπὸ κρίσιν πέσητε).[441] 만일 맹세한 후에 그 맹세를 지키지 못하게 되면, 그 맹세는 거짓말이 되고 만다. 그리고 이것은 정죄를 받을 수밖에 없다. 결국 맹세의 문제도 '말'과 관련되어 있다. 문제의 핵심은 맹세 자체에 있는 것이 아니라 인간이 맹세를 잘 지키지 못한다는 사실에 있다. 그러므로 인간이 어떤 존재인지를 정직하게 인정하는 사람은 맹세를 하는 대신에 '예' 또는 '아니요'로 대답한다.

IV. 기도와 찬송(약 5:13-18)

개역개정 ¹³ 너희 중에 고난 당하는 자가 있느냐 그는 기도할 것이요 즐거워하는 자가 있느냐 그는 찬송할지니라 ¹⁴ 너희 중에 병든 자가 있느냐 그는 교회의 장로들을 청할 것이요 그들은 주의 이름으로 기름을 바르며 그를 위하여 기도할지니라 ¹⁵ 믿음의 기도는 병든 자를 구원하리니 주께서 그를 일으키시리라 혹시 죄를 범하였을지라도 사하심을 받으리라 ¹⁶ 그러므로 너희 죄를 서로 고백하며 병이 낫기를 위하여 서로 기도하라 의인의 간구는 역사하는 힘이 큼이니라 ¹⁷ 엘리야는 우리와 성정이 같은 사람이로되 그가 비가 오지 않기를 간절히 기도한즉 삼 년 육 개월 동안 땅에 비가 오지 아니하고 ¹⁸ 다시 기도하니 하늘이 비를 주고 땅이 열매를 맺었느니라

사 역 ¹³ 너희 중에 어떤 사람이 고난당하고 있느냐? 그는 기도하라. 어떤 사람이 즐거워하고 있느냐? 그는 찬송하라. ¹⁴ 너희 중에 어떤 사람이 병들어 있느냐? 그는 교회의 장로들을 부르라. 그리고 그들은 주님의 이름으로 [그에게] (올리브) 기름을 부으면서(ἀλείψαντες)⁴⁴² 그의 위에 기도하라. ¹⁵ 그리하면 믿음의 기도는 병든 자를 구원할 것이고 주님이 그를 일으키실 것이다. 그리고 만일 그가 죄들을 범했다면 그것이 그에게 용서될 것이다. ¹⁶ 그러므로 너희는 서로에게 죄들을 고백하라. 그리고 너희가 치료받기 위하여 너희는 서로를 위하여 기도하라. 의인의 기도는 크게 효력을 나타낼 수 있다. ¹⁷ 엘리야는 우리와 동일한 본성을 가진 사람이었다. 그런데 그가 비가 오지 않기를 기도로 기도했다. 그러자 3년 6개월 동안 땅 위에 비가 오지 않았다. ¹⁸ 그리고 그가 다시 기도했다. 그러자 하늘이 비를 주었다. 그리고 땅이 땅의 열매를 맺었다.

1. 문학적 구조와 특징

1) 본 단락은 여섯 번의 명령법으로 이루어져 있다. 이것을 순서대로 정리하면 다음과 같다.

"··· προσευχέσθω ··· ψαλλέτω ··· προσκαλεσάσθω ···
　　기도하라　　　찬송하라　　　기도하라

προσευξάσθωσαν ··· ἐξομολογεῖσθε ··· εὔχεσθε ··· ."
　기도하라　　　　　고백하라　　　기도하라

12-16절은 '기도하라'로 시작하고 진행하며 마무리한다. 처음부터 끝까지 기도하라는 명령이다. 그리고 명령의 대상을 보면, 첫 번째부터 세 번째 명령까지는 3인칭 단수이나, 네 번째는 3인칭 복수이고 다섯 번째와 여섯 번째는 2인칭 복수(너희)이다. 따라서 기도하라는 명령의 흐름은 개인에게서 공동체로 넘어가고 있다.

2) 위에서 보는 바와 같이 명령법이 6번이나 연속하여 나타난다. 앞의 세 명령은 모두 질문 또는 조건으로 시작한다.[443] 이 때 부정(不定)대명사 'τις'가 공통적으로 언급된다. 특히 여섯 개의 명령 중에 세 개가 '기도하라'는 명령이다. 이 외에도 "간구"(δέησις, 16), "기도로 기도했다"(προσευχῇ προσηύξατο, 17), "기도했다"(προσηύξατο, 18)가 나타난다. 따라서 이 단락의 중심 주제는 '기도의 실행'이 될 것이다.

2. 해설

1) 고난을 위한 기도와 즐거워함의 찬송(13)

(1) 기도하라(13a)

첫 번째 명령은 "그는 기도하라"이다(13a). "너희 중에 어떤 사람이 고난을 받고 있느냐? 그는 기도하라." '고난당하다'(κακοπαθέω)는 말은 10

절에서 명사형(κακοπάθεια)으로 언급되었다. 이 고난은 특정한 고난이 아니라 성도가 받을 수 있는 모든 고난을 의미하는 것으로 보인다. 또한 "어떤 사람"(τις)을 주어로 한 것은 신자라면 그 누구도 예외 없이 고난을 당한다는 것을 의미한다. 이 사실은 "너희 중에"(ἐν ὑμῖν)라는 말에서 더욱 확실하다. 신자는 누구든지 모든 고난에 노출되어 있다. 그러므로 "만일 신자가 평안하고 즐거운 가운데서만 신앙생활을 할 줄 알고 괴로운 중에는 못한다면 그는 병적이다."[444] 나아가서 이 단어의 현재시제는 고난이 반복된다는 것을 말한다. 모든 신자는 여러 가지 고난을 언제나 당할 수 있다. 고난의 이런 특성은 신자가 당하는 믿음의 시련인 시험의 성격과 많이 닮았다(약 1:2).[445]

그러면 고난을 당하는 신자는 어떻게 해야 하는가? "고난당하고 있는가? 기도하라!" 야고보는 기도하라고 명령한다. 그의 대안은 매우 간단하고 분명하다. 이 말은 곧 고난 받는 신자는 "하나님에게서 그 해결을 받으라는 의미"이다.[446] 고난이 반복적이듯이 기도도 반복된다(pre.). 야고보는 이미 지혜를 구하라고 했고(약 1:5), 믿음으로 구하고 하나도 의심하지 말라고 했으며(약 1:6, cf. 5:15), 악하게 구하지 말라고 말했다 (약 4:2). 그리고 이제 그는 기도의 결과를 포괄적으로 알려 준다(5:15-18). 신자도 고난을 피할 수 없으며, 이 고난을 극복하는 하나님의 대안은 기도이다. 그러므로 신자가 참으로 두려워해야 하는 것은 고난 자체가 아니라 고난을 당하면서도 기도하지 않는 것이다.

(2) 찬송하라 (13b)

이어서 야고보는 두 번째 질문을 한다. "어떤 사람이 즐거워하는가? 그는 찬송하라." 이 말은 "너희 중에 즐거워하는 사람은 찬송하라"는 뜻이다. '즐거워하다'(εὐθυμεῖν)는 앞에 있는 '고난당하다'(κακοπαθεῖν)의 반대말이다. 신자에게는 고난만 있는 것이 아니다. 그에게는 즐거움도 있고 행복도 있다. 이럴 때는 무엇을 해야 하는가? 이때는 찬송해야 한다. 물론 이 말은 좋을 때만 찬송하라는 뜻은 아니다. '찬송하라'(ψαλλέτω)는 '찬송하다'(ψαλλεῖν)의 현재 능동태 명령법이다. 그래서 이 단어는 계속의 의미를 지닌다. 찬송하는 것은 즐거울 때만 하는 것이 아니라 모든 때에 하는 것이다. 그런데도 즐거워하는 자는 찬송하라고 말씀한 이유는 그 즐거움의 출처 때문이다. 그의 즐거움은 자신에게서 나온 것이 아니라 하나님이 주신 것이다. 그렇기 때문에 그는 하나님을 찬송한다.

여기서 한 가지 눈여겨 볼 것은 '즐거워하다'는 단어가 고난당하는 자에게 '기도하라'고 말한 바로 다음에 온다는 사실이다. 즉 "고난당하고 있느냐? 그는 기도하라. 즐거워하고 있느냐?"(Κακοπαθεῖ … προσευχέσθω· εὐθυμεῖ)라는 순서에 주목해야 한다. 고난당하는 자와 기뻐하는 자 사이에 기도가 자리하고 있다. 이렇게 보면 고난당하는 자와 기뻐하는 자는 동일인일 수도 있다. 어쨌든 고난이 기도를 지나자 기쁨이 되었다! 앞에서 기도 응답의 내용이 언급되지 않았으나, 이제 그것이 알려진 셈이다. 기도의 응답은 고난이 없어지는 것이 아니라 고난 중에도 즐거워하는 것이다. 이것은 "아무 것도 염려하지 말고 오직 모든 일에 기도와 간구로, 너희 구할 것을 감사함으로 하나님께 아뢰라 그리하면 모든 지각에 뛰어난 하나님의 평강이 그리스도 예수 안에서 너희 마음과 생각을 지키시리라"(빌 4:6-7)는 말씀과 일맥상통한다. 기도하면 염려거리가 없어진다고 말씀하지 않고 하나님의 평강이 마음과 생각을 지키신다고 약속하시기 때문이다. 그래서 기도하는 자는 고난 중에도 즐거워하며 하나님을 찬송할 수 있다. 기도하는 사람이 고난이 있어도 즐거워하고 찬송한다. 그러므로 고난 자체가 즐겁거나 환영할 만한 것은 아니나 고난이 신자에게는 기도와 즐거움과 찬송의 동인이 되어야 한다.

2) 고난을 위한 기도 1 - 질병

(1) 장로들을 부르라(14a)

이제 세 번째 질문이 등장한다. "너희 중에 어떤 사람이 병들어 있느냐?" 13-14절은 '고난 받다'에서 '즐거워하다'로, 그리고 '병들다'로 진행된다. 야고보는 부정에서 긍정으로, 그리고 다시 부정으로 연결하는 교차법을 사용한다. 이것은 마치 성도의 생애를 보여주는 듯하다. 신자의 삶도 부정과 긍정의 연속이다. 신자도 병들 수 있다. 그래서 신자도 아파하고 고통을 당한다. 고난(13a)과 마찬가지로 질병도 종류를 가리지 않으며 사람을 가리지 않으며 시간을 가리지 않는다. 이것은 신자에게도 동일하다. 그러면 신자와 불신자의 차이는 무엇인가? 이에 대한 답이 이어진다. "그는 교회의 장로들을 부르라." "그는 부르라"(προσκαλεσάσθω)는 중간태이다. 이는 "장로들을 그 자신에게 소환하는 병든 자의 행동을 강조한다."[447]

장로들은 '교회의'($τῆς ἐκκλησίας$) 장로들이다. '장로의' 교회가 아니라 '교회의' 장로이다. 이 사실을 기억하는 것이 매우 중요하다. 장로는 교회에 소속된 사람이다. 장로가 교회를 소유하는 것이 아니라 교회가 장로를 소유한다. 그러므로 장로는 교회를 위하는 사람이다. 이것이 장로의 정체성이다. 그들은 교회를 보살피는 자로서(행 20:28) 교회를 위한 일꾼일 뿐이다. 무엇보다도 장로들은 문맥상 기도하는 사람들이고, 믿음이 좋은 사람들이며(15) 의로운 사람들일 것이다(16). 여기서 우리는 초대교회의 장로의 자격을 보게 된다. 장로는 연약한 자들을 찾아가며 그들을 위해 기도해야 한다. 무엇보다도 장로는 믿음이 강하여야 하고, 의로워야 한다.

(2) 장로들의 기도(14b-15)

① 주의 이름으로 기름을 부으면서 기도하라(14b)

병자의 부름을 받은 장로들은 그에게 와서 기도한다. "주님의 이름으로 (그에게) 기름을 부으면서 그를 위하여 기도하라." 여기에 이 단락의 네 번째 명령이 나타난다. "그들은 기도하라"($προσευξάσθωσιν$). 장로는 기도하는 사람이다. 기도하지 않는 장로는 장로가 아니다. 장로의 중요한 직무는 기도하는 것이다. 병자의 부름을 받은 장로들은 그를 위하여($ἐπ' αὐτόν$) 기도한다.[448] 이 때 장로는 병자에게 기름을 부으면서 기도한다. 기름은 치료를 위한 약으로 해석되기도 한다.[449] 그러나 칼빈

(Calvin)은 기름부음이 하나님의 은혜를 상징한다고 보았으며,[450] 또 어떤 이는 축복을 상징하는 것으로 해석한다.[451] 어느 것이 옳든지 간에 본문의 내용은 병자를 위하여 기도함으로 '기적적으로' 그 병이 낫는 것에 대하여 말씀하고 있다.[452] 기도가 주된 행위이고 기름부음은 그것에 동반되는 일이다.[453] 기름부음은 병자가 하나님의 특별한 관심을 위해 따로 떼어져 있다는 것을 상징했을 것이다.[454] 이 때 장로들은 "주님의 이름으로"(ἐν τῷ ὀνόματι τοῦ κυρίου)[455] 병자에게 기름을 붓는다. 이것은 병자의 치료를 주님의 신분과 권위와 권능 그리고 인격과 활동과 성품 등 예수 그리스도의 모든 것에 의존하는 것이다.[456] 즉 이것은 병자를 치료하는 능력이 장로 자신들에게는 없음을 고백하는 것이며 동시에 주님만이 병자를 치료할 수 있음을 고백하는 것이다(15a). 이것은 인간의 무능을 적나라하게 드러내는 것이고 주님의 전능하심을 높이는 것이다. 기도는 나의 무능함이 하나님의 전능함을 만나는 것이다. 이런 까닭에 병자가 나았을 때도 장로들은 자신을 드러내지 않아야 하며 오직 주님만 찬송을 받으셔야 한다.

② 믿음의 기도(15)

이어서 야고보는 이러한 기도의 결과에 대하여 설명한다. 그래서 15절에 사용된 '그리고'(καί)는 결과를 도입하는 접속사이다. "그리하면 믿음의 기도는 병든 자를 구원할 것이다." 이 믿음의 기도는 장로들의 믿음의 기도를 가리킨다. 기도에 있어서 이 믿음은 야고보서 1:6의 "오직 믿음으로 구하라"는 말씀을 기억나게 한다. 이 기도는 하나님이 기도에 응답하실 것을 분명히 확신하는 기도이다. 야고보는 이러한 기도가 드려질 때 치료가 일어난다고 확신시키고 있다. '구원하다'($\sigma\acute{\omega}\zeta\epsilon\iota\nu$)는 영혼의 구원을 의미하는 것이 아니라 병자의 치유를 의미한다.[457] 문맥이 병자에게 기름을 바르는 육체 치료를 말하며, 바로 이어 나오는 "주님이 그를 일으키실 것이다"라는 말도 이 해석을 지지한다. 사실 본 절에서 구원하다($\sigma\acute{\omega}\zeta\epsilon\iota\nu$)와 일으키다($\acute{\epsilon}\gamma\epsilon\acute{\iota}\rho\epsilon\iota\nu$)는 동의어에 가깝다. 그리고 "그가 일으키실 것이다"($\acute{\epsilon}\gamma\epsilon\rho\epsilon\~{\iota}$)는 미래시제인데, 이것은 종말론적인 의미이기보다는 논리적인 의미이다. 결국 장로들이 기름을 바르면서 기도하지만, 그래서 믿음의 기도가 병자를 낫게 하지만, 이 모든 논리의 끝에는 "주님이 그를 일으키실 것이다"가 자리하고 있다. 병자 치료는 기름이나 기도 자체나 장로들의 능력에 의한 것이 아니라 전적으로 주님이 하시는 일이다. 그래서 기도는 인간으로 하여금 주님 앞에서 겸손하게 만든다. 기도는 인간이 전적으로 주님만 의지하게 하는 은혜의 방편이다.

여기서 반드시 확인해야 할 사실이 있다. 그것은 믿음의 기도가 병든 자를 구원할 것이라고 말씀하셨으므로 병자를 위해 기도하면 무조건 기계적으로 다 치료가 되느냐 하는 것이다. 많은 사람들이 여기에서 걸려 넘어지고 시험에 든다. 병자를 위해 기도했지만 낫지 않는 경우에 믿음 없는 기도를 한 것으로 생각하기 때문이다. 그래서 본 단락에서 야고보가 말하는 내용의 핵심을 놓치면 안 된다. 그 핵심은 바로 병자 치유는 기도의 응답이라는 사실이다. 즉 "믿음으로 기도하면 무조건 나을 것이다"가 아니라, "병자 치유를 위해 기도하면 주님이 응답하셔서 치료해 주실 것이다"가 핵심이다. 이것은 장로들을 부르고 그들로 병자를 위해 기도하라고 하신 문맥에 잘 어울린다. 그래서 믿음의 '기도'가 병자를 구원한다고 말한 것이다. 우리의 기도의 대상은 하나님이시다. "하나님께 구하라"(약 1:5). 기도에 응답하시는 분도 하나님이시다. 하나님은 "후히 주시고 꾸짖지 아니하시는 하나님"이시다(약 1:5). 신자는 하나님께 기도하고 하나님으로부터 응답을 받는다. "하나님께 구하라 그리하면 주시리라"(약 1:5). 따라서 기도와 관련된 모든 권한은 오직 하나님께 있다. 이것은 "믿음의 기도는 병자를 구원할 것이다"와 "주님이 그를 일으키실 것이다"가 병행된다는 사실에서도 분명하다. 즉 믿음의 기도 자체가 병자를 치료하는 것이 아니라 '주님'이 그를 일으키시는 것이다.[458] 이 사실은 바로 이어서 나오는 "그것이 용서받을 것이다"(ἀφεθήσεται)가 신적 수동태라는 사실에서도 분명하다. 장로들이 믿음으로 기도하지만, 그 행위 자체가 병자를 치유하고 일으키는 것이 아니라 오직 주님이 그렇게 하신다.[459] "그러므로 중요한 것은 하나님의 능력과 하나님의 원하심이지 우리의 기도 자체가 아니다. … 하나님의 능력 때문에 기도는 효과를 내고 능력이 있는 것이지, 기도 그 자체가 무엇을 이루는 것이 아니다."[460] 이것이야말로 참으로 신자의 마음을 안정시킨다. 우리는 단지 하나님을 의존하면서 기도하면 된다. 결과는 주님의 뜻에 달려 있다. 여기에 자유함이 있다.

이 말은 곧 기도의 응답은 주님의 주권에 의한 것이라는 뜻이기도 하다. 그러므로 믿음의 기도와 병자 치유를 기계적인 관계로 생각하면 안 된다. 기도 응답의 핵심은 하나님의 뜻과 하나님의 주권이다. 이것이 야고보의 중요한 가르침이다. "주님이 원하시면(ἐὰν ὁ κύριος θελήσῃ) 또한 우리가 살 것이고 그리고 이것이나 저것을 할 것이다"(약 4:15). 인간의 생명과 모든 것은 오직 주님의 뜻에 달려 있다. 우리는 기도응답도 이런 차원에서 이해해야 한다. 주님의 뜻이면, 주님이 원하시면 죽은 자도 살리실 것이다. 기도에 있어서 핵심은, 초점은 믿음도 아니요 기도 행위도 아니요 오직 하나님의 뜻이다. "그를 향하여 우리가 가진 바 담대함이 이것이니 그의 뜻대로 무엇을 구하면 들으심이라"(요일 5:14). 모든 것이 하나님의 뜻에 종속된다. 하나님의 주권보다 우선되는 것은 없다. 기도 응답도 마찬가지이다. 병자 치료를 위한 기도에서도 하나님의 주권이 우선이다. 그래서 우리가 믿음으로 기도하면 하나님이 뜻이 이루어진다. 우리의 믿음의 기도는 우리가 주님의 주권 아래에 있으며 주님의 뜻에 복종하겠다는 신앙고백이다.

15b에서는 이 치료의 결과와 관련된 한 가지 내용이 더 이어진다. "만약 그가 죄들을 범했다면 그것이 그에게 용서될 것이다." 야고보는 한 가지 가정을 한다. 그것은 14절에 언급된 병자의 병의 원인이 그의 죄 때문일 수도 있다는 것이다. 물론 이 말은 모든 병이 다 죄 때문이라는 말은 아니다(cf. 욥 9:13-21; 29:1-30:31; 전 3:16-22; 5:12-17; 6:1-9; 요 9:2-3). 그럴 수도 있고 아닐 수도 있다. 하지만 죄로 인해 생긴 병도 있을 수 있다. 만일 그렇다면 장로들의 믿음의 기도를 통해 주님이 그를 치료해 주셨으니 결국 그의 병의 원인인 죄도 하나님이 용서해 주신 것이다. 그래서 "그것이 용서될 것이다"(ἀφεθήσεται)는 신학적 수동태가 된다.

(3) 서로의 기도(16-18)

16절은 "그러므로"(οὖν)라는 접속사로 시작한다. 또한 16절에는 "치료하다"(ἰᾶσθαι)는 말이 나타나며 3인칭 단수/복수에서(14-15) 2인칭 복수로의 전환이 일어난다. 이것에 의해 14-15절에서 거론된 기도에 의한 병자 치유 주제가 개인에게서 공동체로 확대된다. 내려지는 명령은 두 가지이다.

① 서로 죄를 고백하고 병 낫기를 기도하라(16a)

야고보는 먼저 "너희는 서로에게 죄들을 고백하라(ἐξομολογεῖσθε ἀλλήλοις τὰς ἁμαρτίας)"고 명령한다. '고백하다'(ἐξομολογέω)는 "그 말이 신약에서 사용된 방식에 비추어 볼 때, 이 말을 '서로 너희가 죄인이라는 것을 단언하라'는 의미로 해석하는 것은 불가능하다. 그렇기 때문에 그 본문은 그룹으로 모이거나 집회를 열어서 신자들이 서로 자신의 죄를 말하라는 뜻이 아니며, 야고보서 5:16을 근거로 그런 일을 정당화할 수도 없다. 그것은 (심지어) '다른 사람 앞에서 너희 죄를 하나님께 고백하라'고도 말하지 않고, '너희 죄를 서로 고백하라'고 말하기 때문이다."[461] 죄를 고백하는 성경적인 가르침은 다음과 같다. 오로지 하나님을 향해서만 지은 은밀한 죄는 하나님께 고백한다. 이는 은밀한 고백이다. 개인적으로 지은 죄는 그 죄의 대상이 된 사람에게 고백한다. 이는 사적인 고백이다. 어떤 집단이나 공동체 혹은 전체 지역 교회에게 지은 공적인 죄는 공적으로 고백한다. 이는 공적인 고백이다.[462] "'고백'은 그 범죄를 당한 당사자에게 해야 한다는 것이 일관된 성경의 원리이기 때문이다."[463]

야고보는 죄 고백에 이어 "너희는 너희가 병 낫기 위하여 서로를 위하여 기도하라(εὔχεσθε)"고 명령한다. 15절에서 병 치료와 죄 용서를 하나로 연결하여 말한 것처럼 16절도 이 둘을 하나로 묶어 언급한다. 그런데 순서가 중요하다. 죄 고백이 먼저이고 병 치료를 위한 기도는 그 다음이다. 죄를 고백함으로써 자신의 죄가 병의 원인이었을 수도 있음을 인식한다. 그리고 그의 병이 낫도록 서로를 위해 기도함으로써 주님의 은혜를 구하게 된다. 본 절에서 반복되는 말은 "서로"(ἀλλήλων)이다. 죄 고백도 서로에게 해야 하고, 치료받기 위한 기도도 서로를 위해 해야 한다. 서로에게 자신의 죄를 고백하는 것은 "서로를 위한" 기도로 이어진다. 그러므로 죄 고백은 서로를 정죄하고 넘어뜨리기 위한 것이 아니라 서로를 건강하게 세우기 위한 것이다. 나아가서 "너희가 병 낫기 위하여"(ὅπως ἰαθῆτε)는 죄 고백과 기도의 목적이 무엇인지를 알려준다. 여기에서도 '너희가 병 낫는다'(ἰαθῆτε)는 신적 수동태이며(cf. ἀφεθήσεται, 15), 이는 그들의 기도 자체가 그들을 치료하는 것이 아니라 하나님이 치료하신다는 사실을 강조한다.

② 의인의 간구(16b)

야고보는 이어서 "의인의 기도는 크게 효력을 나타낼 수 있다"(πολὺ ἰσχύει δέησις δικαίου ἐνεργουμένη)고 말한다.[464] "많은"(πολύ)은 형용사 중성 목적격이지만 여기에서는 부사적 목적격의 역할을 한다.[465] 그리고 이 단어는 본 절에서 강조의 위치에 있다. "의인"(δίκαιος)은 관사가 없어서 앞에 언급된 장로들을 지칭한다고 단정하기 어려우나,[466] 문맥상 얼마든지 장로들로 볼 수도 있다.

3) 고난을 위한 기도 2 - 엘리야의 예(17-18)

야고보는 의인의 기도는 매우 효과적으로 역사할 수 있다고 말한 뒤, 곧바로 엘리야의 기도를 예로 든다. 이것은 16절에서 말한 '의인'이 어떤 사람인지를 말하려는 것으로 보인다. "엘리야는 우리와 동일한 감정(열망, 고통)의 사람이었다." 엘리야에 대한 첫 번째 설명은 그가 '사람'이었다는 것이다('Hλίας ἄνθρωπος ἦν). 야고보는 대체적으로 사람에 대하여 부정적이다. 사람은 의심하는 연약한 자이며(1:6-7) 두 마음을 품어 모든 일에 정함이 없으며(1:8) 유혹을 받으며(1:13) 말하기와 성내는 데 빠르며(1:19) 말씀을 들으나 행하기는 쉽지 않으며(1:23) 행함이 없는 허탄한 자이며(2:20) 말에 실수가 많고(3:2) 길들일 수 없는 혀를 가졌으며(3:8) 한 입에서 찬송과 저주를 낸다(3:9). 그런데도 야고보가 엘리야를 소개하면서 '사람'이라는 말을 가장 먼저 쓴 것은 아마도 인간으로서의 그의 연약함을 강조하려는 의도로 보인다.[467] 이 사실은 그가 엘리야를 우리와 비교하는 데서도 분명하다. "우리와 동일한 감정을 가진 사람이었다."(ἄνθρωπος ἦν ὁμοιοπαθὴς ἡμῖν). '동일한 감정'(ὁμοιοπαθής. 개역개정: 성정이 같은)은 형용사 주격으로서 '같은 감정이나 욕망을 가지고 있는'이라는 뜻이다.[468] 엘리야는 우리와 같은 인간이어서 우리와 같은 감정과 욕망을 가진 자요 그래서 우리와 똑같이 연약한 사람이었다.[469] "이것은 기도응답을 받는 자라고 해서 그가 어떠한 초인간적인 특수 인격이 아니라는 사실을 드러낸다. 도리어 이 말씀은 기도의 특권이 우리의 연약성 때문이라는 진리를 보여준다."[470]

이와 같은 엘리야가 "기도로 기도했다"(προσευχῇ προσηύξατο). 이것은 간절히, 열심히 기도했다는 의미로 볼 수 있다.[471] 엘리야는 비가 오지 않기를 간절히 기도했다.[472] 그러자(καί) 3년 6개월 동안 땅 위에 비가 오지 않았다. "그런데 그가 다시 기도했다. 그러자 하늘이 비를 주었다. 그리고 땅이 땅의 열매를 맺었다."[473] 여기에서 "다시"(πάλιν)라는 말이 강조되고 있다.[474] 이것은 엘리야가 기도했다는 사실을 강조한다. 18절의 "기도했다"(προσηύξατο)는 13절의 "기도하라"(προσευχέσθω)와 인클루지오(inclusio)를 이루어 한 단락을 형성한다. 따라서 본 단락 전체가 기도로 싸여 있으며, 이 단락의 모든 논의를 기도로 마친다. 또한 순서상으로 "기도하라"(13)로 시작하여 "기도했다"(18)로 끝마침으로써 전체 단락이 마치 기도에 대한 명령과 이에 대한 순종의 의미를 암시하는 듯하다. 기도는 공허한 이론이 아니라 실천이다. 기도는 행위(action)이지 이론이 아니다.

엘리야에 관한 야고보의 가르침에서 특히 주의해야 할 것은 "그가 기도했다"는 사실이다. 분명 엘리야에 관한 소개는 부정적으로 시작했다. 그는 여전히 불완전한 사람이요 우리와 다를 바 없는 연약한 본성을 가진 사람이었다. 하지만 야고보가 엘리야에 대하여 말하려는 핵심은 이것이 아니다. 엘리야에 대한 이어지는 설명에서 야고보는 "그가 간절히 기도했다. … 그리고 다시 그가 기도했다"(προσευχῇ προσηύξατο … καὶ πάλιν προσηύξατο, 5:17b-18a)고 말한다. 이것이 중요하다. 연약한 인간이지만, 그래서 자주 분노하고 넘어지고 좌절하고 낙심하고 두려워하지만, 이런 한계 속에서도 하나님의 뜻을 이루기 위해 기도했던 사람이 바로 엘리야이다. 따라서 야고보가 말하는 의인은 인간적인 연약함이나 아픈 감정이 없는 사람이 아니라 하나님의 주권을 전적으로 의지

하고 기도하는 사람이다. 하나님의 뜻을 구하고 따르기 위해 기도하는 사람이 야고보서의 의인이다.[475]

엘리야는 '우리'와 똑같은 연약함을 가진 사람이었다. 그럼에도 그는 기도하는 의인이었다. 뒤집어 놓고 생각하면, 이 사실은 '우리'도 엘리야와 같은 기도하는 의인이 될 수 있고 또한 되어야 한다는 의미이다. 우리와 엘리야 사이에 본성적인 차이는 하나도 없다. 똑같이 연약할 뿐이다. 그러므로 우리도 기도해야 하고, 기도함으로써 하나님의 뜻을 이루어야 한다. 이것을 하느냐 하지 않느냐에 따라 엘리야와 우리 사이에 일치와 불일치가 생긴다. 엘리야와 우리는 본성적으로 동일하다. 그러나 엘리야는 기도로 땅에서 하늘을 움직인 사람이다. 따라서 우리가 기도하지 않으면 엘리야와 우리 사이에 '하늘과 땅'의 차이가 생긴다. 기도하지 않는 자는 땅에 매여 땅의 것으로만 사는 자이지만, 기도하는 자는 땅에서 사나 하늘의 것으로 사는 자이다.

장로들의 기도와 마찬가지로 엘리야의 기도에서도 일관된 중요한 교훈이 있다. 그것은 기도의 주관자는 하나님이시라는 사실이다. 엘리야가 기도하자 비가 오지 않았고 또 엘리야가 기도하자 비가 왔다. 그래서 엘리야는 특별한 기도의 능력을 가진 사람이었는가? 아니다. 야고보는 엘리야에 대하여 말하면서 이것을 분명히 밝혔다. 그도 우리와 같은 연약한 인간일 뿐이다. 그러므로 우리는 "하늘이 비를 주었다"(δ οὐρανὸς ὑετὸν ἔδωκεν)는 말씀에 주의해야 한다. 엘리야가 비를 준 것이 아니라 '하늘'이 비를 주었다. 야고보서에서 '하늘'은 하나님을 상징한다. "모든 선한 선물과 모든 온전한 선물이 위로부터 빛들의 아버지로부터 내려온다"(약 1:17). 여기서 '위'(ἄνωθεν)는 하늘로 그리고 하나님이 계신 곳으로 상징된다. 따라서 "하늘이 주었다"는 말은 하나님이 엘리야의 기도를 들으시고 응답하셔서 비를 내리셨다는 뜻이다. 엘리야가 이적을 행한 것이 아니다. 그는 단지 '하나님의 뜻을 따라' 기도했을 뿐이고(왕상 17:1; 18:41-45) 하나님이 그의 기도를 들으시고 비를 내리신 것이다. "엘리야의 기도는 … 자율주의 조작으로 한 것이 아니었다. 그가 비가 오지 않기를 기도한 배후에는 하나님의 지시가 있었다."[476] 사람은 기도할 뿐, 하나님이 주신다!

이와 관련하여 특히 주목할 점은 야고보서가 처음부터 끝까지 일관되게 기도를 강조한다는 사실이다. "주시는 하나님께 구하라 그리하면 주어질 것이다"($αἰτείτω\ παρὰ\ τοῦ\ διδόντος\ θεοῦ\ …\ καὶ\ δοθήσεται$, 약 1:5), "그가 다시 기도하니 하늘이 비를 주었다"(약 5:18). 그러므로 야고보서는 기도로 시작하고 기도로 끝난다(cf. 약 4:2-3). 야고보서 전체는 기도로 인클루지오(inclusio)를 이룬다. 기도는 야고보서의 처음이요 나중이다.

본문 : 야고보서 5:13-18

제목 : 하늘 비 땅의 열매

1. 중심 주제
2. 고난을 위한 기도(13)

    1) 기도하라

    2) 찬송하라

3. 질병 치료를 위한 기도(14-16)
4. 엘리야의 기도(17-18)
5. 맺음말

V. 진리에서 떠난 자를 돌이키라(약 5:19-20)

개역개정 19 내 형제들아 너희 중에 미혹되어 진리를 떠난 자를 누가 돌아서게 하면 20 너희가 알 것은 죄인을 미혹된 길에서 돌아서게 하는 자가 그의 영혼을 사망에서 구원할 것이며 허다한 죄를 덮을 것임이라

사 역 19 나의 형제들아, 만일 너희 중에 어떤 사람이 진리를 떠나 미혹된다면 그리고 어떤 사람이 그를 돌이킨다면 20 그로 알게 하라. 죄인을 그의 미혹의 길에서 돌이키는 자가 그의 영혼을 죽음에서 구원할 것이고 그리고 그가 많은 죄들을 덮을 것이라는 것을.

- 내용분석 -

1. 미혹된 자를 돌이키다(19)
2. 죄인을 돌이킨 자(20)

1. 문학적 구조와 특징

본 단락은 야고보서의 종결단락이다. 이 단락은 두 개의 조건절과 하나의 명령, 그리고 미래를 나타내는 두 개의 단어를 중심으로 구성되어 있다.

ἐάν ··· πλανηθῇ ··· καὶ ἐπιστρέψῃ ··· ,
만일 미혹된다면   돌이킨다면
γινωσκέτω ···
너는 알라
σώσει   ···   καλύψει ··· .
구원할 것이다   덮을 것이다

2. 해설

1) 미혹된 자를 돌이키다(19)

"나의 형제들아"(ἀδελφοί μου)는 새로운 주제와 단락이 시작되었음을 알린다. 그리고 야고보는 1:2에서도 "ἀδελφοί μου"로 시작하였는데, 이렇게 하여 야고보서는 "ἀδελφοί μου"로 인클루지오(inclusio)를 이룬다. 야고보는 어떤 주제를 어떻게 논의하든지 언제나 수신 교회를 "형제", "나의 형제", "나의 사랑하는 형제"라고 부름으로써[477] 모든 상황을 뛰어 넘어 이들의 근본에 예수 그리스도의 구속과 하나님의 아버지 되심이 있다는 것을 잊지 않는다. 교회를 대하는 사역자는 이러한 바탕을 잊지 않아야 한다. 어떤 극단의 부정적인 상황에서도 결코 깨뜨려서는 안 되고 깨뜨릴 수도 없는 하나 됨이 있다. 그것은 인간의 의지나 노력에 의한 것이 아니라 오직 하나님의 선택과 예정과 십자가를 통한 구속의 은혜에 근거한 하나 됨이다. 이 사실을 기억하는 것이 교회 공동체를 한 몸으로 세우는 일에 매우 중요하다.

이렇게 교회 공동체는 하나이어야 하지만, 그들 중에는, 즉 "너희 중에" 어떤 사람(τις)은 미혹을 받아 진리를 떠나는 경우도 있다. 진리에서 이탈하는 것이 '미혹됨'이다. 그러므로 미혹을 받지 않으려면 진리 교육을 강화해야 한다. 물론 진리를 안다고 해서 그것을 다 행하는 것은 아니다. 하지만 진리를 몰라서 진리에서 탈선하는 경우도 많이 있다. 교회는 하나 됨을 지키기 위해 진리 교육에 힘써야 한다. 그리고 만일 진리에서 미혹된 '어떤 사람'(τις)이 있다면 그를 돌이키는 '어떤 사람'(τις)도 있어야 한다. 이것이 중요하다. 야고보는 다음과 같이 교차법을 이용하여 이 사실을 강조한다. "τις(어떤 사람이) ⋯ πλανηθῇ(미혹된다면) ⋯ ἐπιστρέψῃ(돌이킨다면) τις(어떤 사람이) ⋯ ." 신자는 진리를 떠나 미혹을 당하지 않도록 주의해야 한다(막 13:5; 눅 21:8; 고전 6:9; 요일 3:7 등). 하지만 교회는 미혹된 자를 돌이키기 위한 수고도 해야 한다. 사도 바울의 고백을 들어보라. "누가 약하면 내가 약하지 아니하며 누가 실족하게 되면 내가 애타지 않더냐"(고후 11:29).

2) 돌이킨 결과

그러면 이렇게 애타는 마음으로 미혹된 자를 돌이키는 것은 어떤 유익이 있는가? 야고보는 이에 대하여 다음과 같이 선포한다. "그로 알게 하라. 죄인을 그의 미혹의 길에서 돌이키는 자가 그의 영혼을 죽음으로부터 구원할 것이다. 그리고 그가 많은 죄들을(πλῆθος ἁμαρτιῶν) 덮을 것이다." 야고보는 "그로 알게 하라"(γινωσκέτω ὅτι)고 명령한다. 이 명령은 야고보서의 맨 마지막 명령이며, 야고보서 1:3의 "…인 것을 앎으로"(γινώσκοντες ὅτι)와 인클루지오(inclusio)를 이룬다. 야고보는 신자의 지식을 매우 중요하게 여긴다. 진리의 지식이 신자를 미혹으로부터 지키듯이 진리의 지식을 앎으로 미혹된 자를 돌이켰을 때 주어지는 영적 유익을 알아 그 일을 힘 있게 하도록 한다. 죄인을 미혹의 길로부터 돌이켰을 때는 두 가지 결과가 나타난다. 첫째, 그의 영혼을 죽음에서부터 구원한다. 이 죽음은 종말론적인 의미이다. 둘째, 그의 무수히 많은 죄를 덮는다. 사실 이 두 가지는 사람의 능력으로 할 수 있는 일이 아니다. 이것은 하나님의 권세에 속한 것이다. 하지만 하나님은 자신의 이 권세를 미혹된 영혼을 돌이키기를 원하는 마음을 가지고 실천하는 신자를 통해 행사하신다.

결국 야고보서는 행위에 의한 정죄를 목적으로 기록된 서신이 아니라 미혹된 자까지도 돌이키기를 원하시는 주님의 간절한 마음을 담은 목회적 서신이다.[478]

"πολύσπλαγχνός ἐστιν ὁ κύριος καὶ οἰκτίρμων" (약 5:11)

주는 가장 자비하시고 긍휼이 여기시는 이시니라.

설교를 위한 제안 19

본문 : 야고보서 5:19-20

제목 :

1. 미혹된 자를 돌이키다(19)
   1) 교회와 신자를 대하는 자세
   2) 진리를 가르치기에 힘써야
   3) 미혹된 자를 돌이키기 위한 신자의 수고
2. 돌이킨 결과(20)
   1) 생명을 구원
   2) 죄를 용서
3. 맺음말

393 약 4:13 Ἄγε νῦν

394 Vlachos, *James*, 158.

395 2. σέσηπεν ... γέγονεν, 3. κατίωται(κατιόομαι, pf. 3.s), 4. ἀπεστερημένος

396 Vlachos, *James*, 158.

397 돈호법(頓呼法, apostrophe) - 사람이나 사물의 이름을 불러 독자의 주의를 환기시키는 수사법. 예. 여러분! 산아! 푸른 산아! 님이여! 나를 버리지 마오. 청산아, 왜 학처럼 야위었느냐. 등

398 제유법(提喩法, synecdoche) - 하나의 명칭으로 전체 또는 그와 관련된 모든 것을 나타내는 표현법. 예. 빵만으로 살 수 없다. → 빵이 식량을 의미. Cf. f. n. 18.

399 κατίωται, κατιόω, perfect passive indicative 3rd person singular. [Fri] ἰός, (1) *venom, poison*, as of snakes; metaphorically, of deceitful words (JA 3.8); (2) *rust, tarnish*, as of metals (JA 5.3).

400 Ἄγε νῦν과 οἱ πλούσιοι 사이의 수의 불일치에 대하여는 약 4:13 해설을 참조하라.

401 Scot McKnight, *The Letter of James* (New International Commentary on the New Testament) (Grand Rapids: Eerdmans, 2011), 383, f. n. 78.

402 Vlachos, *James*, 158.

403 예. 마 28:19-20 "πορευθέντες οὖν μαθητεύσατε πάντα τὰ ἔθνη, βαπτίζοντες αὐτοὺς εἰς τὸ ὄνομα τοῦ πατρὸς καὶ τοῦ υἱοῦ καὶ τοῦ ἁγίου πνεύματος, διδάσκοντες αὐτοὺς τηρεῖν πάντα ὅσα ἐνετειλάμην ὑμῖν." 엡 5:18 이하.

404 Cf. ταλαιπωρέω(약 4:9, 슬퍼하다).

405 σητόβρωτος, σής(moth) + βιβρώσκω(ea)t. Cf. Mt. 6:20, σής.

406 ὁ χρυσὸς ὑμῶν καὶ ὁ ἄργυρος κατίωται(약 5:3). Vlachos, *James*, 160: "The sg. vb. with pl. subj. indicates that the gold and silver are viewed together as components of wealth."

407 살(σάρξ)은 사람을 나타내는 제유법으로 사용되었다.

408 이 표현은 야고보서에 총 6회 나타난다(약 3:4, 5; 5:4, 7, 9, 11).

409 Cf. 창 4:10 아벨의 피의 부르짖음, 출 2:23 애굽에서 핍박받는 이스라엘 백성의 부르짖음.

410 조병수, "야고보서의 신론 윤리", 561: "야고보는 주님의 들으심을 희화화하기 위해서 일종의 동어반복법(tautology)을 사용한다. 품삯의 외침과 품꾼의 통곡이 만군의 주의 '귀 속으로

파고들어 왔다'(εἰς τὰ ὦτα ··· εἰσεληλύθασιν)."

411 Vlachos, *James*, 163: "The Perf. tense suggests that the cries of the poor have been heard by God, are ringing in his ears, and he will act. The phrasing recalls LXX Isa 5:9: ἠκούσθη γὰρ εἰς τὰ ὦτα κυρίου σαβαωθ ταῦτα, 'For these things have reached the ears of the Lord of hosts."

412 조병수, "야고보서의 신론 윤리", 561. Cf. Moo, *James*, 217; McKnight, *The Letter of James*, 303.

413 Cf. 딤전 5:6 향락을 좋아하는 과부, ἡ δὲ σπαταλῶσα ζῶσα τέθνηκεν. LXX 겔 16:49 소돔의 태평함.

414 '마음'(καρδία)은 내면이나 내적 야망을 언급하는 환유법이다.

415 Vlachos, *James*, 165.

416 5절의 도살의 날과 비교하라. 그들은 살인했기에 살인을 당한다.

417 이에 대한 여러 가지 견해에 대하여는 Vlachos, *James*, 165를 참조하라.

418 Vlachos, *James*, 165. 앞의 부정과거로 된 두 단어와 대조할 때, 이 단어의 현재 시제는 이미지를 유지할 수 있게 해 준다.

419 "οὐκ ἀντιτάσσεται"를 "대적하지 않는다." 대신에 "대적하지 못한다."로 번역할 수도 있다. 이 경우에는 부자들의 세력과 그들의 억압이 절대적인 것임을 나타낸다. 추수꾼들은 임금을 착취당하고도 어떤 저항도 하지 못하는 위치에 있다. 대신 그들은 만군의 여호와께 부르짖는다. 이러한 그들의 행위 때문에 야고보는 그들을 '의인'으로 묘사했을 수도 있다.

420 Blomberg, Kamell, *James*, 224.

421 이런 까닭에 본 단락에는 인내를 의미하는 단어들이 종류를 바꾸어 가면서 총 6회 나타난다. μακροθυμέω(7bis, 8), μακροθυμία(10), ὑπομένω(11), ὑπομονή(11). μακροθυμέω와 ὑπομένω의 비교를 위해서는 Johnson, *The Letter of James*, 312f.를 보라. Cf. Vlachos, *James*, 169.

422 Moo, *James*, 222. James calls his readers not merely to endure their adversities but to be non retaliatory toward their adversaries.

423 πρόϊμος, early rain (of the rain that comes early in the season), autumn rain. ὄψιμος, late rain (of the rain that comes late in the season), spring rain. [Fri] πρόϊμος, (also πρωΐμος) early; substantivally in the NT *early rain* (JA 5.7), opposite ὄψιμος (*late rain*); in the Middle East, the early rains come in late autumn (around November) and enable the

new planting of grain.

424 Vlachos, *James*, 172: "In general, μή + pre. impv. either demands the cessation of action already begun or addresses action that must always be avoided. The latter is the more natural sense."

425 Cf. 마 7:1. Μὴ κρίνετε, ἵνα μὴ κριθῆτε·

426 조병수, "야고보서의 신론 윤리", 569.

427 ὑπόδειγμα, δείκνυμι(to show)에서 파생함.

428 요 13:15 ὑπόδειγμα γὰρ ἔδωκα ὑμῖν ἵνα καθὼς ἐγὼ ἐποίησα ὑμῖν καὶ ὑμεῖς ποιῆτε.

429 고전 4:16 παρακαλῶ οὖν ὑμᾶς, μιμηταί μου γίνεσθε.

고전 11:1 μιμηταί μου γίνεσθε καθὼς κἀγὼ Χριστοῦ.

엡 5:1 γίνεσθε οὖν μιμηταὶ τοῦ θεοῦ ὡς τέκνα ἀγαπητά

살전 1:6 καὶ ὑμεῖς μιμηταὶ ἡμῶν ἐγενήθητε καὶ τοῦ κυρίου

살전 2:14 ὑμεῖς γὰρ μιμηταὶ ἐγενήθητε, ἀδελφοί

Cf. 히 6:12 ἵνα μὴ νωθροὶ γένησθε, μιμηταὶ δὲ τῶν διὰ πίστεως καὶ μακροθυμίας κληρονομούντων τὰς ἐπαγγελίας.

430 Martin, *James*, 194: "The occurrence of ἀκούω and ὁράω in this setting may recall Job 42:5: 'My ears had heard (ἤκουον) of you but now my eyes have seen (ἑόρακεν) you.'" Cf. Vlachos, *James*, 174: "More likely, the switch from ἀκούω to ὁράω is a stylistic variation (cf. 1:19; 2:5, 22, 24)."

431 Cf. "그러나 내가 나 된 것은 하나님의 은혜로 된 것이니 내게 주신 그의 은혜가 헛되지 아니하여 내가 모든 사도보다 더 많이 수고하였으나 내가 한 것이 아니요 오직 나와 함께 하신 하나님의 은혜로라"(고전 15:10).

432 Vlachos, *James*, 175, πολύσπλαγχνός, πολύς("much") + σπλάγχνα("entrails", "inward part" as the seat of the emotions). compassionate(NRSV), full of compassion(NIV).

433 이 사실은 "πολύσπλαγχνός ἐστιν ὁ κύριος καὶ οἰκτίρμων"의 구조에서 잘 나타난다. 주님을 가운데 두고 자비와 긍휼이 문장의 시작과 끝에 위치하여 '주님'을 에워싸고 있다.

434 마 5:34-37 ³⁴ ἐγὼ δὲ λέγω ὑμῖν μὴ ὀμόσαι ὅλως· μήτε ἐν τῷ οὐρανῷ, ὅτι θρόνος ἐστὶν τοῦ θεοῦ, ³⁵ μήτε ἐν τῇ γῇ, ὅτι ὑποπόδιόν ἐστιν τῶν ποδῶν αὐτοῦ, μήτε εἰς Ἱεροσόλυμα, ὅτι πόλις ἐστὶν τοῦ μεγάλου βασιλέως, ³⁶ μήτε ἐν τῇ κεφαλῇ σου ὀμόσῃς, ὅτι οὐ δύνασαι μίαν τρίχα λευκὴν ποιῆσαι ἢ μέλαιναν. ³⁷ ἔστω δὲ ὁ λόγος ὑμῶν ναὶ ναί, οὒ οὔ· τὸ δὲ περισσὸν τούτων ἐκ τοῦ πονηροῦ ἐστιν.

435 [BDF] 213. Pro, provides but few examples, most of which illustrate the temporal idea 'before'. Local 'before' only in Acts (5:23 v.l.,) 12:6 (v.l. πρός with the dative), 14, 14:13,

Ja 5:9 (otherwise ἔμπροσθεν s. §214(1)). Preference: πρὸ πάντων Ja 5:12, 1 P 4:8.

436 Vlachos, *James*, 178: "The preposition phrase here … would seem to bear a connection with the preceding. … it may be that the phrase is a literary cliché similarly in meaning to Paul's τὸ λοιπόν, 'finally,' signaling that the letter is coming to an end."

437 Vlachos, *James*, 179.

438 "μὴ ὀμνύετε μήτε τὸν οὐρανὸν μήτε τὴν γῆν μήτε ἄλλον τινὰ ὅρκον"에서 하늘, 땅, 다른 어떤 맹세 모두 목적격으로 사용되었다. 이것은 맹세의 목적격으로서 '어떤 것으로' 맹세한다는 의미이다. Cf. [BDF] 149. Accusative with verbs of fearing, etc. and of swearing. In addition to the accusative, the NT also employs ἀπό, with the genitive with verbs of 'fearing, fleeing, avoiding' etc., which was in part possible already in classical, but was encouraged by Semitic influence (Johannessohn II 245 n. 7, 276f.; Helb., Kas. 24–36, 71f.). E.g. φοβεῖσθαι is usually transitive; with ἀπό (MGr; Psichari 186) only Mt 10:28=Lk 12:4 (acc. immediately following). Only in Ja 5:12 does ὀμνύναι still take the accusative of that by which one swears, while it elsewhere takes ἐν (εἰς)=Hebr. B. (Mt 5:34 etc.) or κατά τινος (H 6:13, 16, Herm Vis 2.2.5 and 8, Homil Clem 5.5, Chrysostom in Mt; already in classical.

439 "ἤτω δὲ ὑμῶν τὸ Ναὶ ναὶ καὶ τὸ Οὒ οὔ" 직역하면, "너희의 아니오는 아니오, 예는 예이어라"이다.

440 [BDAG] a negative response to a question or statement, as accented form, οὔ: *no* Mt 13:29 (Schwyzer II 596f); J 1:21; 7:12; 21:5. ἤτω ὑμῶν τὸ οὒ οὔ *let your 'no? be 'no?* Js 5:12. Doubled for emphasis.

441 [BDAG] ὑπὸ κρίσιν π. *fall under condemnation* Js 5:12; [Thayer] to become liable to condemnation, James 5:12.

442 "προσευξάσθωσαν ἐπ' αὐτὸν ἀλείψαντες [αὐτὸν] ἐλαίῳ" Wallace, *Greek Grammar beyond the Basics*, 624-625: The *aorist* participle is normally, though by no means always, *antecedent* in time to the action of the main verb. But when the aorist participle is related to an aorist main verb, the participle will often be contemporaneous (or simultaneous) to the action of the main verb. This can be seen in the frequently used redundant participle in the formula ἀποκριθεὶς εἶπεν ("answering, he said"). The answering does not occur before the saying – it is the speaking. Vlachos, *James*, 185: "… is the tendency for an aorist participle that follows an aorist finite verb to refer to action contemporary with that of the aorist verb." (부정과거 동사 뒤에 오는 부정과거 분사는 앞에 있는 부정과거 동사와 동시간대의 행위를 언급하는 경향이 있다).

443 약 5:13-14a의 문장은 조건문보다는 의문문일 가능성이 더 높다. 왜냐하면 의문문이 많은(20회 이상) 야고보서 전체의 문체와 잘 어울리기 때문이다.

444 박윤선, 『계시의존사색』 237.

445 약 1:2 해설을 참조하라.

446 박윤선, 『계시의존사색』, 236.

447 Vlachos, *James*, 184.

448 Vlachos, *James*, 184. προσεύχομαι + ἐπί의 결합은 성경 다른 곳에서는 나타나지 않는다. 대부분의 영어성경은 납작 엎드린 사람 위에 기도한다는 의미로 번역한다.

449 이승구, "칭의에 대한 야고보의 가르침과 바울의 가르침의 관계 (2)", 636f.를 보라.

450 Calvin, *Matthew, Mark & Luke and the Epistle of James & Jude* (Calvin's New Testament Commentaries 3) (Grand Rapids: Eerdmans, 1972), 314: "Now we are sure that not all were healed, but that the Lord gave this grace as often and as far as He recognised it to be expedient. Nor is it likely that anointing of oil was given indiscriminately, but only where there was a positive hope of success. Along with the healing power, the ministers were given a discernment, in cases they should profane the symbol by abuse. James' sole purpose was to commend this charism of God, which the faithful could at that time enjoy, and prevent its benefit being lost by contempt or neglect." 기름부음에 대한 자세한 논의에 대하여는 Vlachos, *James*, 184f.를 보라.

451 Moo, *James*, 179; Martin, *James*, 208-212.

452 박윤선, 『계시의존사색』, 237.

453 Peter H. Davids, *The Epistle of James* (New International Greek Text Commentary) (Grand Rapids: Eerdmans, 1982), 193.

454 Moo, *James*, 242

455 이에 대하여는 약 5:10 해설을 참조하라.

456 이것이 성경에서 말하는 '이름'의 의미이다.

457 '구원하다'(σῴζω)의 다양한 의미

　1. 질병치료 - 이는 제 마음에 그 겉옷만 만져도 구원을 받겠다(σωθήσομαι) 함이라(마 9:21). 예수께서 돌이켜 그를 보시며 이르시되 딸아 안심하라 네 믿음이 너를 구원하였다(σέσωκέν) 하시니 여자가 그 즉시 구원을 받으니라(ἐσώθη)(마 9:22). 귀신 들렸다가 어떻게 구원 받았는지(ἐσώθη)를 본 자들이(눅 8:36). 예수께서 그에게 이르시되 보아라 네 믿음이 너를 구원하였느니라(σέσωκέν) 하시매(눅 18:42).

　2. 위험에서 구조 - 바람을 보고 무서워 빠져 가는지라 소리 질러 이르되 주여 나를 구원하소서(σῶσον) 하니(마 14:30). 여러 날 동안 해도 별도 보이지 아니하고 큰 풍랑이 그대로 있으매 구원(σῴζεσθαι)의 여망마저 없어졌더라(행 27:20). 바울이 백부장과 군인들에게 이르되 이 사람들이 배에 있지 아니하면 너희가 구원(σωθῆναι)을 얻지 못하리라 하니(행 27:31). 음식 먹기를 권하노니 이것이 너희의 구원(σωτηρία)을 위하는 것이요 너희 중 머리카락 하나도 잃을 자가 없으리라 하고(행 27:34).

　3. 영혼 구원 - 그에게 이르시되 일어나 가라 네 믿음이 너를 구원하였느니라(σέσωκέν)

하시더라(눅 17:19)

내가 복음을 부끄러워하지 아니하노니 이 복음은 모든 믿는 자에게 구원(σωτηρία)을 주시는 하나님의 능력이 됨이라 먼저는 유대인에게요 그리고 헬라인에게로다(롬 1:16).

4. 성장 - 그러므로 나의 사랑하는 자들아 너희가 나 있을 때뿐 아니라 더욱 지금 나 없을 때에도 항상 복종하여 두렵고 떨림으로 너희 구원(σωτηρία)을 이루라(빌 2:12). 갓난아기들 같이 순전하고 신령한 젖을 사모하라 이는 그로 말미암아 너희로 구원(σωτηρία)에 이르도록 자라게 하려 함이라(벧전 2:2).

458 조병수, "야고보서의 신론 윤리", 563: "그러나 야고보는 혹시라도 발생할 오해를 피하기 위해서, 바로 이어 믿음의 기도 그 자체에 능력이 있는 것이 아니라 사실은 '주께서 그를 일으키시는 것'(ἐγερεῖ αὐτὸν ὁ κύριος, 약 5:15)이라는 말을 덧붙인다."

459 바울의 기도도 이와 같다(고후 12:7-9). 이승구, "칭의에 대한 야고보의 가르침과 바울의 가르침의 관계 (2)", 638-639: "야고보의 이 말로부터 모든 경우에 치유가 보장된다는 것으로 오해해서는 안 된다. 하나님께서 필요하다고 인정하시는 때만 기도의 응답으로 치유해 주시는 것이기 때문이다."

460 이승구, "칭의에 대한 야고보의 가르침과 바울의 가르침의 관계 (2)", 639.

461 Motyer, 『야고보서 강해』, 297. Motyer, 『야고보서 강해』, 296. 각주 15: "어느 누구도 오로지 기도제목으로 삼기 위한 것 외에는 다른 사람이 죄를 자백하는 것을 들어서는 안 되고 누구든지 오로지 치유 받으려는 바람과 결심으로 인한 것 외에는 죄 문제를 털어놓으면 안 된다."

462 Daniel M. Doriani, 『야고보서 강해』, 정옥배 옮김 (서울: 부흥과개혁사, 2012), 346; Motyer, 『야고보서 강해』, 297.

463 Motyer, 『야고보서 강해』, 298.

464 ἐνεργέω, work, be effective.

465 Cf. 계 5:4 καὶ ἔκλαιον πολύ. And I began to weep greatly (NASB).

466 야고보서 5:6의 "κατεδικάσατε, ἐφονεύσατε τὸν δίκαιον, οὐκ ἀντιτάσσεται ὑμῖν"에서 "의인"은 관사를 가지고 있어서 부자들에 의해 착취당하나 그들을 대항하지 않는 수신 교회의 신자들을 가리키는 것으로 보인다.

467 Vlachos, James, 190: "The position of ἄνθρωπος before the vb, ... likely combines to stress the prophet's nature ... subject to limitations and weaknesses."

468 Vlachos, James, 190. [Fri] ὁμοιοπαθής, ές (1) of the same (human) nature, similar in experience, as opposed to having superhuman nature (AC 14.15); (2) with the same feelings, experiencing similar sufferings, as opposed to having supernatural power and exemption from suffering (JA 5.17); [BDAG] ὁμοιοπαθής, ές (ὅμοιος, πάσχω; Pla., Rep. 3, 409b, Tim. 45c; Theophr., HP 5, 7, 2; Wsd 7:3; 4 Macc 12:13; Philo, Conf. Lingu. 7; Just.; Tat. 35, 2) pert. to experiencing similarity in feelings or circumstances, with the same nature τινί as someone Ac 14:15; Js 5:17; [Thayer] ὁμοιοπαθής ὁμοιοπαθες (ὅμοιος, πάσχω),

suffering the like with another, of like feelings or affections: τίνι, Acts 14:15; James 5:17.

469 박윤선, 『계시의존사색』, 240: "'성정이 같다'고 함(ὁμοιοπαθής)은 엘리야도 연약한 인간이고 신자들도 연약한 인간인 점에서 동일하다는 의미이다."

470 박윤선, 『계시의존사색』, 241.

471 [BDAG] προσευχῇ προσεύχεσθαι pray earnestly

472 τοῦ μὴ βρέξαι는 기도의 목적보다 기도의 내용일 가능성이 크다. Cf. J. H. Moulton, Prolegomena, vol. 1 of A Grammar of New Testament Greek, ed. J. H. Moulton (Edinburg: Clark, 1908), 217.

473 엘리야의 기도가 이스라엘 민족 전체에 영향을 미친 교훈에 대하여는 박윤선, 『계시의존사색』, 241을 보라.

474 일반적으로 동사를 수식하는 부사는 그 동사 뒤에 위치한다. 그러나 본 절에서 부사는 동사 앞에 있다.

475 이런 이유로 16절의 의인을 병자를 위해 기도하는 장로들로 볼 수도 있다.

476 박윤선, 『계시의존사색』, 241.

477 야고보서에는 "형제들아"를 포함하는 호격들이 세 가지 종류로 여러 차례 나타난다. ἀδελφοί - 4:11; 5:7, 9, 10, ἀδελφός μου - 1:2, 16, 19; 2:1, 5, 14; 3:1, 10, 12; 5:12, 19, ἀδελφοί μου ἀγαπητοί - 1:16, 19; 2:5. 약 1:2b 해설 참조.

478 이복우, "야고보서 2:14-26에 나타난 '믿음과 행위'에 대한 연구", 286-287: "행위 없는 믿음이 죽은 것이라는 야고보서의 선언은 신학적 원리 또는 교리적 선언이 아니라 행위 회복을 위한 권고이다. 야고보서는 행위 없는 수신 교회에 보내는 영적 사망통지서가 아니다. 그 반대로 야고보는 그들이 신자다운 행위를 회복하도록 권면하기 위해 이 편지를 썼다. 야고보서는 사망 확인서가 아니라 믿음의 증거를 나타내라는 권면서(paraenesis)이다. … 야고보는 믿는 형제들이 믿음에 합당한 행위를 하여 그들이 죽은 자가 아니라 산 자임을 나타내도록 하기 위해 이 서신을 썼다. 야고보는 이 편지로 수신 교회가 하나님의 백성으로 언약관계에 신실한 삶을 살도록 격려하고 있다."

참고문헌

1. 사전

[BDAG] Bauer, Walter. Danker, F. W. Arndt, W. F. Gingrich, R. W. (eds.), *A Greek-English Lexicon of the New Testament and Other Early Christian Literature*, 3rd ed., Chicago: University of Chicago Press, 2000.

[BDF] Harrison, Everett F. (ed.), *Baker's Dictionary of Theology*, Grand Rapids: Baker Book House, 1983.

[FRI] Friberg, Timothy. Friberg, Barbara. Miller, Neva F. *Analytical Lexicon of the Greek New Testament* (Fri.), Trafford Publishing, 2018.

[LS] Liddell, H. G. and Scott, R. *Greek–English Lexicon*, Oxford Unversity Press, 1843.

[TDNT] Kittle, G. and Friedrich, G. (eds.), *Theological Dictionary of the New Testament*, trans. Bromiley, G. W. Grand Rapids: Eerdmans.

[Thayer] Joseph H, Thayer. *Thayer's Greek-English Lexicon of the New Testament* (Thayer), Peabody: Hendrickson Publishers, 2019.

[UBS] *The Greek New Testament*, United Bible Societies

2. 컴퓨터 프로그램

Bible Works

3. 연구서와 주석 및 논문

Achtemeier, Paul J,. Green Joel B. and Thompson, Marianne Meye. 『새로운 신약 성서개론』, 소기천, 윤철원, 이달 공역, 서울: 대학기독교서회, 2004.

Blomberg, Craig L. and Kamell, Mariam J. 『강해로 푸는 야고보서』, 정옥배 옮김, 서울: 도서출판 디모데, 2014

_____. *James* (ECNT), Grand Rapids: Zondervan, 2008.

Blomberg, Craig L. and Seal, Darlene M. with Duprée, Alicia M. *From Pentecost to Patmos – Acts to Revelation*, London: Apollos, 2021.

Brooks James A. and Winbery, Carlton L. 『헬라어 구문론』(=*Syntax of New Testament Greek*), 하문호 옮김, 서울: 성광문화사, 1993.

Calvin, John. *Matthew, Mark & Luke and the Epistle of James & Jude* (Calvin's New Testament Commentaries 3), Grand Rapids: Eerdmans, 1972.

Daniel B. Wallace, *The Basic of New Testament Syntax* (Grand Rapids: Zondervan Co., 2000)

Davids, Peter H. *The Epistle of James*, (New International Greek Text Commentary), Grand Rapids: Eerdmans, 1982.

Doriani, Daniel M. 『야고보서』, 정옥배 옮김, 서울: 부흥과개혁사, 2012.

_____. *James*, (Reformed Expository Commentary), Phillipsburg: P&R Publishing, 2007.

Fung, Ronald Y. K. "'Justification' in the Epistle of James," in *Right with God: Justification in the Bible and the World*, ed. D. A. Carson, Grand Rapids: Baker, 1992.

Guthrie, Donald. *Introduction to the New Testament*, Downers, Ill.: InterVarsity Press, 1990.

Johnson, Luke Timothy. *The Letter of James* (Anchor Bible), New York: Doubleday, 1995.

Jones, Larry Paul. *The Symbol of Water in the Gospel of John*, Sheffield: Sheffield Academic Press, 1997.

Köstenberger, Andreas J., Merkle, Benjamin L. and Plummer, Robert L. *Going Deeper with New Testament Greek*, Nashville: B&H Academic, 2016.

Manton, Thomas. 『야고보서 (하)』, 황영철 옮김, 서울: 아가페출판사, 2015.

_____ . *A Practical Commentary or an Exposition with Notes on the Epistle of James* (1842), London: 1842.

Martin, Ralph P. *James* (WBC), Waco, TX: Word, 1988.

McCartney, Dan G. 『야고보서』(BECNT), 강대이 옮김, 서울: 부흥과개혁사, 2016.

McKnight, Scot. *The Letter of James* (New International Commentary on the New Testament), Grand Rapids: Eerdmans, 2011.

Moo, Douglas J. *James* (Pillar New Testament Commentary), Grand Rapids: Eerdmans, 2000.

_____ . *The Letter of James*, Grand Rapids: Eerdmans, 2000.

Morgan, Christopher W. *A Theology of James*, Phillipsburg: P&R Publishing, 2010.

Motyer, J. A. 『야고보서 강해』, 정옥배 옮김, 서울: IVP, 2008.

_____ . *The Message of James* (The Bible Speaks Today), Illinois: InterVarsity Press, 1985.

Perkins, Pheme. *First and Second Peter, James, and Jude* (Interpretation: A Bible for Teaching and Preaching), Louisville: John Knox Press, 1995.

Poole, Matthew. 『야고보서 - 요한계시록』, 정충하 옮김, 서울: 크리스천다이제스트, 2016.

Robertson, A. T. *A Grammar of the Greek New Testament in the Light of Historical Research*, 4th ed., Nashville: Broadman, 1934.

Schreiner, Thomas R. 『간추린 신약신학』, 김현광 옮김, 서울: 기독교문서선교회, 2013.

Vlachos, Chris A. *James* (Exegetical Guide to the Greek New Testament. EGGNT), Nashville: Broadman & Holman Publishing Group, 2013.

Wallace, Daniel B. *Greek Grammar Beyond the Basics: An Exegetical Syntax of the New Testament*, Grand Rapids: Zondervan Publishing House, 1996.

Zerwick S. J, Maximilian. *Biblical Greek*, Rome: Editrice Pontificio Instituto Biblico. 2001.

리트핀, 두안. 외 3인, 『디도서, 빌레몬서, 히브리서, 야고보서』, 김운성 외 옮김, 서울: 사단법인 두란노서원, 2016.

박동근. "향유 옥합 사건과 사실 칭의와 선언적 칭의(눅 7:36-50)", 기독교개혁신보, 제 845호 (2021. 7. 24)

박윤선. 『계시의존사색』, 수원: 도서출판 영음사, 2015.

_____. 『신약 주석 공동서신』, 수원: 도서출판 영음사.

이복우. "야고보서 2:14-26에 나타난 '믿음과 행위'에 대한 연구", 「신학정론」35권 2호 (2017. 12), 수원: 합신대학원출판부.

_____. "요한계시록의 용(δράκων)에 대한 연구", 「신학정론」34/2 (2016), 수원: 합신대학원출판부.

이승구. "칭의에 대한 야고보의 가르침과 바울의 가르침의 관계 (2)", 「신학정론」30권 2호 (2012, 11), 수원: 합신대학원출판부.

조병수. "야고보서 1:1-11 주해", 『신약신학 열두 주제』, 수원: 합동신학대학원출판부, 2001.

_____. "야고보서의 신론 윤리", 「신학정론」30권 2호 (2012, 11), 수원: 합신대학원출판부.

_____. 『신약성경총론』, 수원: 합동신학대학원출판부, 2006.

_____. 『야고보서 - 요한계시록』, 미 출간 제본집 (2017), 25-26.